CONVERSACIONES

Descubre la sabiduría de las personas
más influyentes del mundo

CONVERSACIONES

Descubre la sabiduría de las personas
más influyentes del mundo

DAVID M.
RUBENSTEIN

REM
REVERTÉ MANAGEMENT

How to Lead
Conversaciones

© **Editorial Reverté, S. A., 2021**
Loreto 13-15, Local B. 08029 Barcelona – España
revertemanagement.com

Edición en papel
ISBN: 978-84-17963-31-6

Edición en ebook
ISBN: 978-84-291-9638-2 (ePub)
ISBN: 978-84-291-9639-9 (PDF)

Editores: Ariela Rodríguez / Ramón Reverté
Coordinación editorial y maquetación: Patricia Reverté
Traducción: Betty Trabal
Revisión de textos: M.ª Carmen G. Galott

Impreso en España – *Printed in Spain*
Depósito legal: B 13944-2021
Impresión y encuadernación: Liberdúplex
Barcelona – España
58

A Bettie y Bob, mis difuntos padres,
y a Camille y Grant, mis jóvenes nietos.

Índice

Introducción

Siempre me ha entusiasmado el tema del liderazgo y, en especial, lo que los líderes pueden lograr gracias a su inteligencia, sus capacidades, la fuerza de su personalidad o su poder de convicción.

Es indudable que esta fascinación la compartimos casi toda la población mundial durante la crisis de la COVID-19, mientras intentamos ver si determinadas personas estarán a la altura de las circunstancias al desarrollar las soluciones sanitarias, médicas, económicas, sociales y políticas para guiar a la humanidad a través de esta situación sin precedentes. Y está claro que algunas lo conseguirán.

Algo parecido ocurrió durante las protestas por la muerte de George Floyd, cuando muchos norteamericanos esperaban que sus líderes apaciguaran las tensiones raciales y aliviaran la angustia que sentía la población. También en esta ocasión, hubo líderes que estuvieron, de forma heroica, a la altura de las circunstancias.

El liderazgo adopta formas muy diferentes y se ejerce también de variadas maneras. Hay quienes comandan tropas, mientras que otros fundan y hacen crecer grandes empresas; algunas personas logran avances científicos que mejoran la vida de millones de individuos, o bien utilizan sus conocimientos para ayudar a la población a enfrentarse a nuevas y peligrosas enfermedades; también hay creadores en las artes visuales o escénicas que generan profundas emociones y llevan la expresión humana al más alto nivel; y muchos consiguen dominar técnicas deportivas que unen a seguidores de todo el mundo, mientras que otros transforman empresas ya existentes o hallan soluciones a problemas complejos. Por último, existe gente capaz de crear nuevas formas de comunicación o pensamiento.

Siempre me ha interesado saber cómo alguien llega a ser un líder y continúa siéndolo. Debido a mi inclinación por este rasgo de la personalidad humana, tengo la costumbre —tal vez la mala costumbre— de preguntárselo a los líderes que voy conociendo. ¿Cuáles fueron los factores clave para llegar a ser líder? ¿La suerte, la determinación, el talento, la formación, la experiencia o alguna otra cosa? ¿Cómo adquiriste esta habilidad y qué hiciste para cultivarla? ¿De qué forma la pusiste en práctica y a qué retos te enfrentaste? Lo cierto es que ninguno de esos líderes estaba preparado para responder de forma inmediata a mis preguntas.

Esta costumbre mía se dio a conocer cuando me nombraron presidente del Club Económico de Washington D. C. en 2008, y empecé a entrevistar casi cada mes a un destacado líder del ámbito empresarial, político o cultural. Para bien o para mal, mantuve mi interés en saber qué mueve a los líderes cuando empecé a hacer el programa de entrevistas *Peer to Peer* en Bloomberg TV, en 2016 (se emite también en PBS desde 2018).

Este libro, que es el resultado de dichas entrevistas, está pensado para ofrecer a los lectores las perspectivas de varios líderes, con la esperanza de inspirarles en la mejora de sus propias aptitudes de liderazgo. ¿Cómo construyeron Jeff Bezos y Bill Gates sus respectivos imperios tecnológicos contra todo pronóstico? ¿De qué manera consiguió Phil Knight levantar la mayor empresa de calzado deportivo a partir de una idea de su tesis para la escuela de negocios? ¿Cómo pudo la juez Ruth Bader Ginsburg superar los obstáculos legales a la igualdad de género y llegar a ser, tiempo después, toda una estrella del rock de la Corte Suprema? ¿De qué modo tomó Tim Cook el relevo del legendario Steve Jobs y fortaleció aún más su empresa? ¿Cómo llegó a ser Jack Nicklaus el mejor golfista del mundo? Y Condoleezza Rice, ¿cómo ascendió a los puestos más altos del Gobierno viniendo de una infancia en el segregado sur? ¿De qué modo lograron Bill Clinton y George W. Bush superar los tremendos retos a los que se enfrentaron como presidentes? ¿Cómo consiguió el doctor Anthony Fauci ser uno de los mayores y más respetados expertos en enfermedades infecciosas como el ébola, el sida y ahora la COVID-19?

Es evidente que para ser líder no basta con leer un libro sobre liderazgo; sin embargo, los relatos de algunos de los líderes actuales más conocidos nos muestran que estas cualidades se desarrollan a lo largo de la vida y de la carrera profesional. Muchas de las personas que aparecen en este libro empezaron con poco más que una idea y una intención. Y sus historias nos hacen ver también hasta qué punto un líder puede contribuir, de manera muy positiva para la humanidad, a la resolución de un problema. Porque todas esas historias son, como mínimo, inspiradoras.

Llegados a este punto, la pregunta del millón sería: ¿por qué deberíamos aspirar a ser líderes?

Bien, en primer lugar, un líder es alguien capaz de generar la clase de cambios o de resultados que mejoran la vida de los demás. En segundo lugar, sabe motivar a otras personas para que también lleguen a ser líderes y, a su vez, mejoren la vida del resto. Y, por último, un líder puede experimentar tal sentimiento de realización personal y de logro que dé lugar a una intensa felicidad y plenitud.

He escrito *Cómo liderar* porque me interesa mucho la influencia positiva que ejercen en la sociedad estas personas fuertes, decididas y con talento. Pero también creo que mi propia trayectoria en puestos de liderazgo no es suficiente para inspirar a otros; sabía que sería mucho más práctico contar las de otros líderes extraordinarios, en sus propias palabras.

Dicho esto, me gustaría añadir que he podido poner en perspectiva mi propio viaje de «liderazgo», más modesto y cada vez más ecléctico: de hijo único en una familia de clase obrera a estudiante becado, abogado, asesor en la Casa Blanca, cofundador de un fondo de inversión, filántropo, presidente de una ONG, conferenciante, entrevistador y presentador de televisión, y autor. (Supongo que, al no ser demasiado bueno en ninguno de estos ámbitos, he tenido que probar muchos diferentes).

Desde muy pequeños, somos capaces de reconocer cuándo los adultos hacen algo impresionante. En realidad, casi todos los niños se fijan en algunos líderes —o «héroes»— y quieren ser como ellos. En mi infancia, fueron personajes históricos como George Washington, Abraham Lincoln, Theodore y Franklin D. Roosevelt o Winston Churchill; también otros más contemporáneos, como John Wayne, Jonas Salk o Martin Luther King Jr; y otros más locales, como algunos deportistas de Baltimore, en concreto, Brooks Robinson, tercera base del Orioles, o Johnny Unitas, *quarterback* del Colts.

No obstante, ningún líder de mi infancia podía compararse con el joven, encantador y carismático presidente John F. Kennedy, que demostró su capacidad de liderazgo en la crisis de los misiles de Cuba en 1962: un conflicto entre Estados Unidos, la Unión Soviética y Cuba que a punto estuvo de desencadenar una guerra nuclear que habría matado a más de cien millones de personas (yo incluido). Mi profesora en el curso equivalente a 3º de la ESO estaba tan convencida de que iba a producirse esa crisis nuclear que no nos puso deberes durante varios días; decía que lo más probable era que no sobreviviéramos; y la verdad es que esa no era una razón muy estimulante para evitar los deberes.

Me preguntaba entonces (y sigo haciéndolo) qué hace que determinadas personas se conviertan en grandes líderes. ¿Qué hicieron para que sucedieran cosas que de lo contrario no habrían ocurrido? ¿Fue su personalidad, sus capacidades cognitivas o físicas, o la buena suerte de estar en el momento justo en el lugar adecuado? Y ¿por qué muchos de quienes fueron grandes líderes en su edad adulta no dieron muestras de ese potencial cuando eran más jóvenes? ¿Por qué no fueron delegados de clase, beneficiarios de una prestigiosa beca Rhodes o capitanes de un equipo deportivo? Creo que me preguntaba estas cosas con la esperanza de que, al no haber sido un líder en mi juventud, hubiera alguna posibilidad de serlo más adelante, cuando creía (y confiaba en) que importaba más.

Cuando hablo con líderes estudiantiles o, en general, con jóvenes suelo decirles que la vida se divide en tres etapas: en la primera, te educas para tu futura carrera; en la segunda, te centras en desarrollar tu carrera, perfeccionar tus conocimientos técnicos y ascender a puestos de mayor responsabilidad y liderazgo; y en la última etapa obtienes los beneficios —económicos, psicológicos y de reconocimiento público— derivados de los logros alcanzados en la segunda.

Siempre les digo a los estudiantes que «ganar» en la primera etapa de la vida resulta gratificante, pero que quienes lo hacen no suelen ser luego los líderes que se podía esperar por esos tempranos resultados. Y añado que ser líder en la segunda y tercera etapa de la vida es mucho más importante y duradero, tanto para el individuo como para la sociedad.

Pero ¿por qué la mayoría de esos «líderes de la primera etapa» no son luego los líderes mundiales que parecían destinados a ser? Bueno, tal vez porque los estudiantes con una beca Rhodes, los delegados de clase, los redactores jefe del periódico universitario o las estrellas deportivas acaban quemándose en la primera etapa de su vida. O quizá es que llegan a la conclusión de que ser un gran líder no es lo que esperaban y deciden que no vale la pena esforzarse tanto en las siguientes dos etapas.

En cambio, quienes son líderes en esas dos últimas fases vitales (es obvio que con ciertas excepciones) no suelen serlo en la primera. ¿A qué se debe esto?

Bien, algunas personas maduran tarde, otras viven sus primeros años en situación de desventaja —por problemas familiares o de salud, escasez de recursos económicos, pocas oportunidades de educación, etc.— y otras simplemente no tienen la motivación o la ambición de ser líderes porque no cuentan con oportunidades o referentes.

Yo me incluiría en una categoría interesante, pero no excluyente: me habría gustado ser líder en mis primeros años; no me falta ambición y, de hecho, lo intenté, pero no poseía las capacidades, la habilidad ni tantos otros atributos necesarios que en aquel entonces valoraban mis compañeros (por ejemplo, una personalidad extrovertida, ciertas dotes para el deporte, una familia poderosa o un talento especial para un ámbito concreto). Más adelante, hacia el final de la segunda etapa y principios de la tercera, tuve la suerte inesperada (y probablemente inmerecida) de llegar a ser líder en el ámbito de las finanzas, la filantropía y las ONG. Este éxito tardío sin duda habrá sorprendido a mis compañeros de clase y a mis amigos de la infancia, aunque muchos son demasiado educados para decírmelo.

Fui un estudiante bastante bueno, pero no excelente (si nos basamos en las calificaciones). También tuve más o menos buen nivel en los deportes... hasta los ocho años, cuando mis compañeros me adelantaron en tamaño y aptitudes, y pasé a ser un atleta mediocre. El caso es que participé en muchas actividades extraescolares y fui miembro de una asociación juvenil en Baltimore, pero nunca fui el típico líder que llega a la cima en esos ámbitos.

A pesar de todo, recibí una beca parcial (aunque no de baloncesto) para estudiar en la Universidad de Duke y una completa para la Facultad de Derecho de la Universidad de Chicago (necesitaba esas ayudas porque mi padre trabajaba en una oficina de correos y su salario era muy modesto). Tras graduarme, conseguí un trabajo en la prestigiosa firma de abogados Paul, Weiss, Rifkind, Wharton & Garrison de Nueva York, que me atraía mucho por la presencia allí de prestigiosos abogados que habían trabajado para el Gobierno, como Ted Sorensen (que fue asesor del presidente Kennedy). En esa época, tuve la oportunidad de colaborar con los abogados sénior de la empresa y con los principales empresarios y autoridades de Nueva York cuando me asignaron el asunto de la pendiente quiebra de la ciudad de Nueva York.

Me gustó aquel trabajo y pensé que trabajar en el Gobierno sería más gratificante. No me preocupaba ganar menos, porque el dinero nunca me ha interesado demasiado: ni he tenido mucho ni ganar grandes sumas ha sido una aspiración para mí; me atraían más la política y los asuntos de interés público.

Si me hubiera quedado en Paul, Weiss, casi seguro me habrían hecho socio de la empresa y me habría jubilado allí cuarenta años más tarde. Pero esa plataforma, que tantos abogados codician, no me habría dado la oportunidad de servir desde el Gobierno federal. Así que, tan solo dos años después llegar, dejé el bufete para perseguir mi sueño de formar parte del personal de la Casa Blanca y asesorar al presidente, igual que lo había hecho Ted Sorensen.

Aquello era algo así como un imposible. No tenía contactos políticos ni nada parecido, prácticamente acababa de licenciarme, pero era un enamorado de la política, el interés público y la presidencia; el mundo de los negocios era lo que menos me interesaba.

Es posible que mi sueño empezase a tomar forma al escuchar el elocuente discurso de investidura del presidente Kennedy, el 20 de enero de 1961; en él hizo un llamamiento a la nación para enfrentarse a los nuevos retos del mundo e inspiró a toda una generación a comprometerse con el Gobierno y el bien común. Aquel discurso era pura poesía en prosa, sus palabras sobre intentar hacer algo por este país me resonaron en la cabeza durante toda mi juventud.

A veces los que arriesgan son los que ven la luz.

Gracias a una recomendación de Ted Sorensen, dejé Paul, Weiss para ser el asesor principal del Subcomité para la Constitución del Comité Judicial del Senado de los Estados Unidos —título largo que puede sintetizarse en: asistente legal del senador Birch Bayh para los asuntos del Comité Judicial—. Pero Birch era candidato a la presidencia de Estados Unidos, y en mi opinión estaba cualificado para ello, así que lo más probable era que me pidiera formar parte de su equipo en la Casa Blanca tras su inevitable elección.

Por desgracia, el destino quiso que el senador Bayh se retirase de la carrera hacia la presidencia (aunque espero que no fuese por haber elegido mal a su equipo del Comité Judicial), y con ello se puso fin a mis posibilidades de trabajar en la Casa Blanca. Pero como seguí en el Senado tuve la oportunidad de sentarme allí y observar a los más grandes de la época —como los senadores Scoop Jackson, Warren Magnuson, Phil Hart, Jacob Javits, Howard Baker y Ted Kennedy— hacer gala de sus aptitudes de liderazgo.

Cerca de las primarias de 1976, me llamó alguien que trabajaba para otro candidato, el gobernador Jimmy Carter, y me ofreció entrevistarme para entrar en su equipo si era elegido presidente. Pensé que las probabilidades de que un productor de cacahuetes llegase a la casa Blanca eran escasas, pero no tenía nada que perder. Así que conseguí el puesto, me trasladé a Atlanta e hice lo posible por ayudar al director de campaña del gobernador Carter, Stuart Eizenstat.

Cuando me uní al equipo de la campaña, Carter estaba 30 puntos por delante del entonces presidente Gerald Ford; después de que yo interviniera, le ganaba solo por un punto.

Por suerte, no me culparon de aquello y pasé a ser secretario adjunto de Política Interior del presidente Carter, cargo para el que huelga decir que no estaba cualificado. Los puestos en la Casa Blanca suelen ocuparlos quienes trabajan en las campañas presidenciales, no necesariamente la gente más preparada.

Desempeñé ese cargo los cuatro años de la administración Carter y lo disfruté al máximo. Era imposible que, viniendo de una familia obrera y siendo el primer licenciado de mi casa, no me gustara trabajar en el ala oeste, viajar en el Air Force One y el Marine One, reunirme con el presidente y el vicepresidente, y ayudar a mi jefe, Stuart Eizenstat, a dirigir el equipo de Política Interior; y todo esto a mis escasos treinta años. ¿Podía ofrecer la vida algo mejor?

No estoy seguro de que aquella experiencia hiciera de mí un «líder» en la primera etapa de mi carrera profesional, pero sí es cierto que he logrado, con mucha suerte, impulsarla más allá de lo esperable si mi talento, inteligencia y cualidades de liderazgo hubieran sido el único criterio.

Pero al final, como suele ocurrir, la realidad me golpeó: pensaba que el presidente Carter ganaría la reelección y me ascenderían; entonces sí sería un verdadero «líder». No obstante, los dioses de las elecciones desecharon esa idea y Carter perdió frente a Ronald Reagan.

Estaba convencido de que Reagan no podía ganar, porque tenía setenta años. ¿Cómo iba a ser presidente alguien tan mayor? Yo tenía entonces 31 años; y ahora, que tengo 71, me veo más joven que como me imaginaba cuando tenía 31.

Un día era líder junior en la Casa Blanca, con la posibilidad de llegar pronto a sénior… y al día siguiente me había quedado sin trabajo. Porque los bufetes no estaban deseando contratar a un exayudante de Carter de 31 años con solo dos de experiencia como abogado. Así que enseguida me volví humilde y, por suerte, nunca he dejado de serlo.

Tardé varios meses en encontrar una firma que estuviera dispuesta a arriesgarse (aunque le dije a mi madre que tenía tantas ofertas que estaba pensando cuál aceptar). Cuando por fin me ofrecieron un empleo, me di cuenta de que nadie se moría de ganas de contratarme: no tenía apenas experiencia, no interesaba la opinión de la Casa Blanca de Carter en la era Reagan y, sin una especialidad ni formación legal verdadera, no iba a ser más que un abogado mediocre el resto de mi vida.

Así que decidí arriesgarme y abandonar la abogacía para crear una empresa de capital riesgo (en realidad, la primera) en Washington D. C.

Creo que los cinco factores que me motivaron a hacerlo fueron:

1. No me gustaba ejercer de abogado y reconozco que el verdadero éxito profesional depende de sentir pasión por lo que haces.
2. Había leído algo sobre la exitosa adquisición, por parte del exsecretario del Tesoro, Bill Simon, de la empresa de tarjetas de felicitación Gibson; unos resultados económicos así eran inalcanzables siendo abogado (en ese caso, una inversión de 300.000 dólares pasó a valer 70 millones en tan solo dieciocho meses).
3. Cada vez veía la abogacía más como un negocio que como una pasión, y pensaba que si iba a quedarme en el sector podía intentar algo más interesante y lucrativo que el ejercicio del derecho (mi antiguo desdén por el dinero había desaparecido: ahora tenía una familia que mantener).
4. Pensaba que existía poca competencia en el mundo de las adquisiciones en Washington —ya que no había firmas de capital riesgo—, así que tenía muchas posibilidades de éxito.
5. Había leído que los emprendedores solían abrir sus empresas hacia los 37 años, y que pasada esa edad dejaban de hacerlo; bien, era la edad que yo tenía en aquel momento.

En realidad, no había razón para que mi nueva firma de inversiones tuviera éxito. Para empezar, ese tipo de compañías solían estar en Nueva York; además, ninguno de mis socios contaba con experiencia en Wall Street o en el ámbito del capital riesgo; tampoco teníamos dinero al principio; ni siquiera un plan de negocio claro ni clientes para reunir capital.

Pero la empresa, The Carlyle Group, encontró la forma de despegar. Recluté a tres socios que tenían experiencia en inversiones; logré reunir los cinco millones de dólares necesarios para lanzar la firma en 1987; y nuestros primeros acuerdos funcionaron —lo que nos dio credibilidad para obtener más fondos y diversificar nuestra actividad en otros tipos de inversiones; al final nos convertirnos en una firma de inversión global—. Para sorpresa de todos, también mía, llegamos a ser una de las compañías de inversión más grandes y famosas del mundo en los siguientes treinta y tantos años, lo cual me llevó a ser «líder» en la segunda y tercera etapa de mi vida, a pesar de las discretas aptitudes para el liderazgo que demostré tener de joven.

Pero, además de ser «líder» en el floreciente mundo del capital de inversión, el éxito de Carlyle también me dio la posibilidad, y tal vez la autoconfianza, de implicarme en causas benéficas y ONG.

En el ámbito de la filantropía, fui uno de los firmantes originales de la campaña The Giving Pledge (impulsada por Bill y Melinda Gates y Warren Buffett) y, básicamente, difundí el concepto de «filantropía patriótica» llevando a cabo acciones para recordar la historia y el patrimonio de nuestro país: compré la Carta Magna y se la ofrecí al Archivo Nacional; conservé copias originales de la Declaración de Independencia y de la Proclamación de Emancipación de Estados Unidos; y contribuí a la restauración de los monumentos a Washington, Lincoln, Jefferson, Monticello, Montpelier e Iwo Jima.

En lo que respecta a las ONG, he sido presidente del Consejo de la Universidad de Duke y del Instituto Smithsonian, así como copresidente del Consejo de Administración del Centro John F. Kennedy para las Artes Escénicas y del Consejo de Relaciones Exteriores; presidente del Club Económico de Washington D. C.;

miembro de la Harvard Corporation; y administrador de la National Gallery of Art, la Universidad de Chicago, la Johns Hopkins Medicine, el Memorial Sloan Kettering Cancer Center y el Institute for Advanced Study. También he trabajado en el sector académico formando parte del consejo directivo de cuatro importantes universidades y creando programas de becas en las de Duke, Harvard y Chicago, así como en las D.C. Public and Charter Schools.

Pero ¿qué rasgos me ayudaron a convertirme en un líder en la segunda y tercera etapa de mi vida sin haberlo sido en la primera?

Si bien autoanalizarse siempre conlleva ciertos riesgos y existe el peligro de darse palmaditas en la espalda sin merecerlo, los atributos que voy a citar a continuación son los mismos que he oído una y otra vez a los líderes que he entrevistado en mi programa:

1. *La suerte*. No hay duda de que los líderes de éxito tienen siempre algo de suerte. En mi caso fue un encuentro fortuito el que me llevó a entrevistarme con Stuart Eizenstat, que fue quien me dio el cargo en la Casa Blanca. Aunque aquello no acabó bien, el puesto me dio la suficiente visibilidad, seguridad en mí mismo y ambición para crear una firma de inversión sin tener experiencia en el sector. Y tuve, además, la suerte de seleccionar a dos socios a los que no conocía, Bill Conway y Dan D'Aniello, y que tenían mucha más experiencia financiera y credibilidad que yo. Es algo inusual —y casual— en el mundo empresarial que llevemos más de treinta años juntos.

2. *El deseo de prosperar*. Un líder también debe tener el deseo de avanzar, de conseguir algo grande, de dejar su impronta en el mundo, de crear un producto o servicio atractivo y valioso para otros. Tal vez mi objetivo fuera el mismo que el de la mayoría de la gente procedente de un entorno socioeconómico humilde: tener una vida más interesante y gratificante que la que tuvimos de jóvenes (por ejemplo, mis padres no tenían el bachillerato ni fueron a la universidad; vivíamos en una casa de 75 m² en una zona judía obrera de Baltimore).

3. *Lograr algo nuevo y único*. Un líder suele ser una persona que desea crear o construir algo, llegar adonde otros aún no han intentado ir. La idea de fundar una empresa de inversión en Washington, y hacerlo personas sin experiencia en Wall Street, parecía ridícula para muchos, pero la reacción típica fue, de hecho, favorable si la comparamos con la que hubo a mi idea posterior de ofrecer todo tipo de inversiones de capital riesgo (no solo adquisiciones) y en todo el mundo. Bueno, esto último todavía no lo hemos hecho.

4. *El trabajo duro*. No existen atajos para llegar a ser un líder. Dedicarte a algo y ser excelente en ello pasa, necesariamente, por trabajar muchas horas y de forma ardua. Es imposible desarrollar las aptitudes de un líder trabajando cinco días a la semana de 9 a 17 h.

Siempre he pensado que hay personas más brillantes e inteligentes que yo, y que la única forma de competir con ellas es trabajando más horas y más duro que ellas. Mi «adicción al trabajo» llamaba la atención durante mi carrera, pero supongo que también me alejó de las típicas tentaciones de esas edades, que no están pensadas para mejorar desde el punto de vista profesional. Bueno, un pequeño plus para los adictos al trabajo.

Aunque, en realidad, he aprendido que la adicción al trabajo solamente es un plus cuando la persona tiene otros intereses extralaborales que le proporcionan experiencias diferentes y placenteras, y un cierto estímulo intelectual. Incluso Einstein necesitaba tocar el violín a diario y navegar con frecuencia en verano.

5. *Centrar el foco de atención*. Enfoca tus energías en dominar una habilidad o un tema; no diversifiques tus áreas de conocimiento hasta que te hayas ganado la credibilidad de tus compañeros y de otras personas en el área que dominas. En Carlyle, decidí centrarme en reunir el capital necesario para incrementar el número de inversiones de firma en Estados Unidos y otras partes del mundo. Una vez dominada

esa capacidad para recaudar fondos, empecé a centrarme en otras necesidades de la empresa.

6. *El fracaso*. Todos los líderes fracasan alguna vez, pero aprenden de la experiencia y pretenden demostrar que el fracaso ha sido una anomalía. Para mí, haber formado parte de una Casa Blanca «fracasada» alimentó mi ambición de prosperar en la siguiente etapa de mi carrera. Además, el fracaso te enseña a ser humilde y aumenta tu deseo de ser mejor la próxima vez.

7. *La perseverancia*. Casi por definición, un líder es alguien que hace algo nuevo, diferente y único, y por eso se enfrenta a la resistencia de los que prefieren mantener el *statu quo*. La clave está en insistir cuando otros te dicen que no o luchan contra lo que quieres hacer.

    A mí todo el mundo me decía que Carlyle no sería nunca la firma de inversión global que quería que fuera respecto al capital no financiero de Washington D. C. Y, cuanto más me lo decían, más decidido estaba a perseverar en mi sueño y mi ambición.

8. *La persuasión*. Es imposible ser líder si nadie te sigue. Debes saber convencer a los demás a través de alguno los tres medios de comunicación básicos: escribir algo que inspire a los lectores; decir algo que motive a los oyentes; o hacer algo que sea un ejemplo para los demás.

    En concreto, la gente sigue a quienes son capaces de convencerla de los méritos o la sabiduría de sus opiniones o acciones. Y pocos lideran igual de bien en todos los medios; yo, por ejemplo, he intentado durante años, mediante la práctica y el ensayo-error, mejorar mis aptitudes como escritor y orador, y también he emprendido acciones con la esperanza de que otros me siguieran, sobre todo en el ámbito de la filantropía.

9. *La humildad*. A ciertos líderes su posición de autoridad les convierte en personas arrogantes; en cambio, otros reconocen que no son omnipotentes ni lo saben todo, y que la suerte los ha ayudado; por lo tanto, son más humildes. La humildad

es una forma mucho más efectiva de ganarse el respeto de los seguidores.

Es verdad que algunos de los líderes más relevantes del mundo no han sido personas agradables, en parte por culpa de su arrogancia. Pero, en mi opinión, los líderes más eficaces y duraderos son los humildes y los que reconocen sus debilidades y su buena suerte. Yo he intentado siempre ser modesto, en primer lugar, porque encaja en mi personalidad, y en segundo lugar porque es la mejor forma de que los demás te sigan.

10. *Compartir el mérito*. Los líderes más capaces reconocen que pueden lograr muchas más cosas si comparten el mérito con otras personas.

Como dijo John F. Kennedy: «La victoria tiene cientos de padres, pero el fracaso es huérfano». Es evidente que todo el mundo quiere atribuirse el mérito de los éxitos; y no hay nada de malo en ello, siempre que se comparta de manera adecuada. Ronald Reagan dijo algo parecido: «No existen límites para los logros humanos si se está dispuesto a compartir el mérito». Y yo he descubierto que es muy eficaz compartir el mérito de los éxitos y la culpa de los fracasos.

11. *La capacidad para seguir aprendiendo*. Los líderes necesitan incrementar sus conocimientos día a día —ejercitando su principal músculo: el cerebro—; de lo contrario, tendrán dificultades para estar al día en un mundo que cambia de forma vertiginosa y con la gran cantidad de información que es útil para seguir siendo un líder informado.

En mi caso, siempre intento seguir aprendiendo, sobre todo leyendo de forma un tanto compulsiva: seis periódicos diarios, una docena de revistas semanales y al menos un libro por semana (aunque muchas veces leo entre tres y cuatro libros al mismo tiempo). No hay nada que centre mejor la mente que un libro bien escrito.

12. *La integridad*. El grado de compromiso con la integridad y la ética varía entre los líderes, pero los más capaces son los que

tienen un comportamiento muy ético, porque eso mejora su capacidad de liderazgo.

Cuando empecé a ejercer de abogado, el líder de Paul, Weiss, el exjuez Simon Rifkind, nos dijo a todos los nuevos: «Se tarda toda una vida en construir una reputación y cinco minutos en destruirla. Por lo tanto, no asumáis riesgos éticos que puedan arruinar vuestra reputación (y vuestra vida)». ¿Qué más se puede decir? No escatimes en ética y serás un líder mucho más eficaz.

13. *Responder a las crisis.* En momentos de crisis es cuando más se necesita a los líderes. Lo hemos visto durante la pandemia de la COVID-19 y mientras se producían protestas por la muerte de George Floyd. Estar a la altura de las circunstancias en medio de una crisis puede marcar a un líder para siempre —Lincoln mantuvo unido a su país durante la Guerra de Secesión y Churchill para enfrentarse a los nazis. En mi caso y en una escala mucho menor, he intentado siempre, trabajando más y comunicando mejor, motivar a nuestros empleados en los momentos de mayor estrés financiero de la empresa.

Mi propia experiencia y lo que he podido observar en otros líderes me han proporcionado las ideas que acabo de describir. Otros tendrán ideas muy distintas, porque sus experiencias sean diferentes y también porque existe más de un tipo de liderazgo.

A lo largo de mi carrera profesional, mi experiencia de liderazgo ha consistido en fundar, desarrollar, hacer crecer y dirigir una firma de inversiones. Seguro que es diferente a las vivencias de las personas a las que he entrevistado para este libro.

Para simplificar, he dividido tales experiencias de liderazgo en seis categorías:

1. **Visionarios:** Jeff Bezos, Bill Gates, Richard Branson, Oprah Winfrey y Warren Buffett.
2. **Creadores:** Phil Knight, Ken Griffin, Robert F. Smith, Jamie Dimon y Marillyn Hewson.

3. **Revolucionarios:** Melinda Gates, Eric Schmidt, Tim Cook, Ginni Rometty e Indra Nooyi.
4. **Mandos militares:** George W. Bush y Bill Clinton, Colin Powell, David Petraeus, Condoleezza Rice y James A. Baker III.
5. **Líderes institucionales:** Nancy Pelosi, Adam Silver, Christine Lagarde, Anthony S. Fauci y Ruth Bader Ginsburg.
6. **Expertos:** Jack Nicklaus, Mike «Entrenador K» Krzyzewski, Renée Fleming, Yo-Yo Ma y Lorne Michaels.

En cada entrevista de este libro he tratado de indagar sobre cómo esa persona ha llegado a ser líder y cómo ha conseguido mantener su liderazgo. Todas las historias son diferentes, pero es evidente que algunas de las cualidades que citan como básicas para su éxito son las mismas que ya he mencionado. Las entrevistas han sido revisadas para adecuar su extensión y garantizar la coherencia, y también actualizadas cuando ha sido necesario, siempre informando de ello a las personas entrevistadas.

Confío en que mis lectores reconozcan que el liderazgo tiene sus dificultades y que no basta con «querer ser líder». Cualquiera, venga de donde venga, pueden llegar a ser líder; y los líderes con poder pueden hacer que el mundo sea un lugar mejor para vivir.

David M. Rubenstein, junio de 2020.

CONVERSACIONES

VISIONARIOS

Jeff Bezos

Bill Gates

Sir Richard Branson

Oprah Winfrey

Warren Buffett

JEFF BEZOS

Fundador y director ejecutivo de Amazon
Propietario del periódico *The Washington Post*

«Si puedes tomar una decisión habiéndola analizado, hazlo. Pero resulta que, en la vida, las decisiones más importantes son las que se toman por instinto, intuición, gusto y corazón».

Jeff Bezos no se inventó lo de vender libros por internet. Cuando fundó Amazon en 1994, otros ya lo estaban haciendo, pero él tuvo una visión: cómo utilizar mejor el software para que el proceso de venta fuera más eficiente. Aún más importante que esto es que Jeff decidiera vender todo tipo de productos online, en una época en la que este procedimiento estaba todavía en pañales.

Conocí a Jeff Bezos en 1995, en las modestas oficinas que tenía la *start-up* Amazon en Seattle. Fui para ver si podía renegociar el acuerdo que una de las compañías de Carlyle —Baker & Taylor, el mayor distribuidor de libros del país después de Amazon— había roto con él unos dos años antes. Gracias a ese acuerdo, Baker & Taylor permitía a Amazon utilizar su catálogo para venderlo a través de internet.

La primera vez que Jeff habló con Baker & Taylor, apenas tenía dinero, así que les ofreció una participación en el capital social de la nueva compañía (en torno al 20 o 30 %). Pero nuestro representado quería efectivo; al final llegaron a un acuerdo por 100.000 dólares al año durante cinco años.

Cuando empecé a darme cuenta de que una participación en el capital social de Amazon iba a ser mejor que el dinero contante y sonante, me decidí a visitar a Jeff en Seattle. Entonces me dijo, con mucha educación, que ya no dependía de un catálogo bibliográfico y que su empresa había crecido bastante; pero que, como Baker & Taylor le había ayudado en sus comienzos, estaba dispuesto a ofrecernos una participación de casi el 1 % en Amazon, en lugar de los pagos anuales en efectivo. Por desgracia, no teníamos suficiente confianza en el futuro de Amazon y vendimos nuestra participación, tras la OPA en 1996, por unos 80 millones de dólares.

Ese ha sido mi mayor error empresarial. En la actualidad, nuestra participación (después de la división de acciones y la emisión de nuevas acciones) valdría unos 4000 millones de dólares.

A partir de aquel momento, Jeff ha ido transformando el mundo de la venta minorista, la tecnología informática y la exploración espacial, y se ha convertido en la persona más rica del mundo y una de las más famosas. A principios de 2020, Amazon tenía un valor de mercado superior al billón de dólares y más de 840.000 empleados a jornada completa o tiempo parcial; es una de las marcas más conocidas del mundo y prácticamente omnipresente en Estados Unidos; y en el resto del planeta cada vez más.

Con los años he ido conociendo mejor a Jeff y le he entrevistado en varias ocasiones (una de ellas fue en privado con Bill Gates, la primera vez que estos dos vecinos y líderes empresariales eran entrevistados juntos. Ojalá hubiera una grabación o una transcripción de esa entrevista, porque es mi favorita). Además de ser un gran líder, resulta muy agradable entrevistar a Jeff: se involucra, es sincero, perspicaz, autocrítico, sabio e interesante; una combinación poco habitual.

Todo el mundo quiere saber cómo fundó Amazon y logró tanto éxito en tan poco tiempo. En esta entrevista, que tuvo lugar en septiembre de 2018 en Washington D. C., Jeff revela algunos secretos acerca de ello: que hay que estar dispuesto a correr riesgos y a fracasar; que hay que centrarse en el largo plazo, dar prioridad a los clientes, dormir bien, no tomar decisiones importantes demasiado pronto ni demasiado tarde… y que hay que tener unos padres que te apoyen.

Aunque, si todo eso fuera suficiente, habría muchos más Jeff Bezos y muchos más Amazon. Por tanto, creo que existen otros ingredientes exclusivos en la «receta» de Jeff Bezos.

DAVID RUBENSTEIN (DR): Sus acciones han subido un 70 % este año (2018). ¿Este incremento se debe a un solo motivo o a varios?

JEFF BEZOS (JB): Solemos tener reuniones periódicas en Amazon y llevo veinte años diciendo lo mismo en esas reuniones: «Cuando las acciones suban un 30 % en un mes, no os sintáis un 30 % más inteligentes; porque cuando bajen un 30 % no os caerá nada bien sentiros un 30 % más tontos».

Lo que pasa es esto: Warren Buffett siempre cuenta que el gran Benjamin Graham dijo que, a corto plazo, el mercado de valores se comporta como una máquina de registro de votos, pero a largo plazo actúa como una báscula. En otras palabras, lo que debes hacer es dirigir tu empresa sabiendo que algún día se reconocerá su valor. Pero no te preocupes demasiado por el precio de las acciones. Yo no me preocupo.

DR: Y gracias a ello se ha convertido en el hombre más rico del mundo. ¿Aspiraba a ese título?

JB: Nunca he pretendido ser el hombre más rico del mundo. Me conformaba con ser el segundo más rico del mundo. Me gustaría más ser conocido como «el inventor», o «el emprendedor», o incluso «el padre Jeff Bezos»; estas cosas son más importantes para mí.

Poseo el 16% de Amazon, una empresa valorada ahora mismo en un billón de dólares más o menos. Esto quiere decir que hemos generado 840.000 millones de dólares de riqueza para otras personas.

Creo firmemente en la capacidad del capitalismo emprendedor y del libre mercado para resolver muchos de los problemas del mundo. No todos, pero sí muchos.

DR: Vive en Washington, cerca de Seattle. El que fue el hombre más rico del mundo durante veinte años se llama Bill Gates. ¿Cuál es la probabilidad de que las dos personas más ricas del mundo vivan no solo en el mismo país, sino también en el mismo estado, la misma ciudad y el mismo barrio? ¿Hay algo en ese barrio que debamos conocer? ¿Hay alguna casa en venta en su barrio?

JB: Vi a Bill hace poco y estuvimos bromeando sobre esto de ser el hombre más rico del mundo. Le dije: «Bienvenido», y él me miró y me dijo: «Gracias».

Medina es un pequeño gran suburbio de Seattle. No creo que haya nada especial en el agua de allí. Abrí Amazon en Seattle porque Microsoft estaba allí y pensé que una cantera tan grande de talentos tecnológicos sería un buen lugar donde reclutar a gente para Amazon. Al final resultó ser así, no es pura coincidencia.

DR: Hábleme de su método para tomar decisiones.

JB: Todo lo que he hecho en mi vida ha empezado siendo pequeño. Amazon abrió con un par de empleados; Blue Origin (su compañía aeroespacial) empezó con cinco personas y su presupuesto era muy, muy bajo; ahora es de casi mil millones de dólares al año y lo más probable es que el año próximo supere esa cifra.

Al principio, en Amazon éramos diez personas; ahora cuenta con una plantilla de más de medio millón. Y a mí me parece que fue ayer cuando empezamos. Yo mismo llevaba los paquetes a la oficina de correos y confiaba en que algún día pudiera comprar una carretilla elevadora.

He visto esas pequeñas cosas hacerse grandes. Pero me gusta tratarlo todo como si fuera pequeño. Aunque Amazon es una gran empresa, me agrada que tenga el corazón y el espíritu de una pequeña empresa.

Así será, por ejemplo, el fondo benéfico Day One Families Fund —que fue creado en 2018 y cuyos fines son ayudar a personas sin hogar y abrir escuelas en barrios pobres—. Nosotros también «vagabundearemos» un poco. Tenemos algunas ideas sobre lo que queremos hacer, pero también creo en el poder de divagar; las mejores decisiones que he tomado en la vida y en los negocios las he tomado dejándome llevar por el instinto, la intuición, el gusto y el corazón.

Charlo a menudo con otros consejeros delegados de compañías y emprendedores, y le puedo decir que, aunque hablen de sus clientes, en realidad lo que les preocupa es la competencia. Es una gran ventaja para una empresa estar centrada en el cliente y no en la competencia.

Pero, para ello, primero debes identificar a tus clientes. En *The Washington Post*, por ejemplo, ¿son nuestros clientes quienes nos compran los anuncios? No, nuestros clientes son los lectores. Y punto.

Porque ¿dónde quieren estar los publicistas? Donde están los lectores. No es tan complicado.

Otro ejemplo: en una escuela, ¿quiénes son los clientes? ¿Son los padres? ¿Los profesores? No, son los niños. Así que eso es lo que haremos con el fondo Day One, centrarnos en los niños. Seremos científicos cuando podamos serlo y nos dejaremos llevar por el corazón y la intuición cuando tengamos que hacerlo.

DR: ¿Por qué compró *The Washington Post*? ¿Quién le convenció para hacerlo? No tenía ninguna experiencia en ese ámbito.

JB: La verdad es que no tenía ninguna intención de comprar un periódico, nunca lo había pensado; no era el típico sueño de infancia.

Lo que ocurrió fue que mi amigo Don Graham, al que conozco desde hace veinte años, se puso en contacto conmigo, en principio a través de un intermediario, para saber si estaría interesado en comprar el periódico. Le contesté que no, porque no sabía nada del sector de la prensa.

Después de una serie de conversaciones, Don me convenció de que eso daba igual, porque en *The Washington Post* ya tenían gente que conocía a fondo el mundo periodístico; lo que necesitaban era alguien que supiera de internet.

Así que reflexioné al respecto, pero muy poco; mi decisión sobre algo así debía guiarse por la intuición, no por el análisis.

La situación económica de *The Washington Post* en ese momento, en 2013, era muy, muy delicada. Es un negocio de costes fijos y en los cinco o seis años anteriores habían bajado mucho los ingresos. Me pregunté si de verdad quería implicarme, porque si decidía hacerlo debería ponerle un poco de corazón y de trabajo. De modo que decidí que lo haría solo si creía que merecía la pena.

Y en cuanto empecé a pensar en ello desde ese punto de vista, fue como decir: «Sí, claro que merece la pena, es el periódico de la capital del país más importante del mundo. *The Washington Post* juega un papel clave en esta democracia».

Ahora mismo, con internet, tienes la oportunidad de la distribución gratuita; teníamos que aprovechar esa oportunidad. Y esa fue la estrategia básica: pasar de un modelo de negocio en el que ganábamos mucho dinero por lector, con un número relativamente bajo de lectores, a otro en el que ganamos poco dinero por lector, pero con un número muy alto de lectores. Esa es la transición que hicimos.

Y tengo el gusto de informarle de que el *Post* es rentable en la actualidad. La redacción está creciendo.

DR: Cuando aceptó comprar el periódico, el precio era de 250 millones de dólares. ¿Lo negoció?

JB: No, le pregunté a Don cuánto quería y me respondió eso, 250 millones. Estuve de acuerdo, no negocié con él. No hice una auditoría externa. No lo necesitaba con Don.

DR: Bueno, tengo algo que me gustaría vender… ¿Se crio usted en Texas?

JB: Nací en Alburquerque, pero cuando tenía tres o cuatro años nos trasladamos a Texas.

DR: ¿Y desde pequeño fue inteligente?

JB: Siempre he sido bueno para los estudios. Pero cuanto mayor me hago más cuenta me doy de que hay muchos tipos de inteligencia, como también hay muchos tipos de estupidez. Conozco a gente que no sacaba sobresalientes, pero que era muy inteligente. Pero sí, yo fui un buen estudiante.

DR: Se graduó siendo el mejor de la clase. ¿Por qué decidió ir a Princeton?

JB: Quería ser físico teórico, por eso fui a Princeton. El primer año éramos cien estudiantes, pero al llegar a la mecánica cuántica quedábamos unos treinta.

Y ahí estaba yo, en clase de Informática y de Ingeniería Eléctrica, disciplinas que me siguen gustando. Pero no era capaz de resolver una ecuación diferencial; es sumamente difícil. Recuerdo que estudiaba con mi compañero de habitación, Joe, que también era muy bueno con las matemáticas.

Estuvimos tres horas con esa ecuación, pero no conseguimos resolverla. Entonces nos miramos y dijimos a la vez: «Yasantha»; Yasantha era el chico más inteligente de Princeton.

Fuimos a su habitación y le enseñamos el problema. Él se quedó mirándolo unos segundos y nos dijo:

—Coseno.

—¿Qué quieres decir?

—Es la respuesta.

—¿Es la respuesta?

—Sí, claro, y os lo demostraré.

Entonces escribió tres páginas de álgebra detallada. Luego lo tachó todo y nos dijo que la respuesta era coseno.

Yo le pregunté:

—Yasantha, ¿has resuelto el problema mentalmente? Y él respondió:

—No, eso sería imposible. Lo que pasa es que hace tres años resolví uno muy similar y he podido trasladarlo a este que me habéis presentado; y entonces he visto que la solución, obviamente, es el coseno.

Ese fue un momento muy importante para mí, porque me di cuenta de que nunca sería un buen físico teórico. Porque en la física teórica debes estar entre las mejores 50 personas del mundo si quieres aportar algo interesante. Así que enseguida cambié mi especialidad a Ingeniería Eléctrica e Informática.

DR: Y se graduó *summa cum laude*.

JB: Me gradué *summa cum laude*.

DR: Y como miembro de Phi Beta Kappa.

JB: Y como miembro de Phi Beta Kappa, sí.

DR: Y entonces entró en el sector de más alta aspiración de la humanidad: las finanzas.

JB: Si, fui a la Universidad de Nueva York y acabé trabajando en un fondo de inversión que dirigía un tipo muy brillante llamado David Shaw (D. E. Shaw & Company). Empecé allí cuando eran solo treinta personas. Cuando me marché éramos unos trescientos.

David sigue siendo una de las personas más brillantes que he conocido. Aprendí mucho de él y cuando fundé Amazon utilicé muchos de sus principios e ideas sobre recursos humanos, captación de talento, a qué tipo de personas contratar, etc.

DR: Supongo que era la estrella de la empresa. ¿Qué le llevó a decir: «Me voy, quiero abrir una empresa para vender libros por internet y quiero hacerlo en Seattle»? ¿De dónde sacó la idea?

JB: Corría el año 1994 y casi nadie había oído hablar de internet. En ese momento solo lo utilizaban los científicos. En D.E. Shaw lo usábamos, pero muy poco.

Me di cuenta de que la World Wide Web estaba creciendo algo así como un 2300 % al año y está claro que algo que crecía a esa velocidad sería algo grande. Observaba ese fenómeno y pensaba: «Tengo que abrir una empresa y ponerla en internet; porque internet crecerá y nosotros seguiremos trabajando en internet».

Así que hice una lista de posibles productos para vender online; los clasifiqué y me decidí por los libros, porque es un producto muy peculiar: hay más artículos en la categoría libro que en ninguna otra. En cualquier momento puntual, hay tres millones de libros impresos en todo el mundo. La idea inicial de Amazon fue crear un catálogo universal de libros. Las librerías más grandes del mundo tienen como mucho 150.000 títulos.

Así que… dicho y hecho: contraté a un pequeño equipo, diseñamos el software y nos trasladamos a Seattle.

DR: ¿Por qué eligió Seattle, por Microsoft?

JB: Primero, porque el almacén más grande del mundo en ese momento estaba cerca, en la ciudad de Roseburg, Oregón; y segundo, por la cantera con la que contaba Microsoft.

DR: Cuando les contó a sus padres y a su mujer, MacKenzie, que se iba a ir de D.E. Shaw, donde tenía mucho éxito y ganaba mucho dinero, ¿qué dijeron ellos?

JB: Enseguida me apoyaron; y solo después me preguntaron: «¿Qué es eso de internet?». Cuando se trata de tus seres queridos, no dudas en apostar por ellos. No apuestas por la idea, sino por la persona.

Cuando le dije a mi jefe, David Shaw, que pensaba marcharme salimos a dar un paseo por Central Park. Al final, después de escucharme un buen rato, dijo: «Creo que es una idea muy buena. Pero sería mejor para alguien que no tuviera ya un buen trabajo». Tenía tanto sentido lo que acababa de decirme que estuve dos días pensándolo antes de tomar mi decisión final.

Pero la de abandonar esa empresa ha sido una de esas decisiones que tomé con el corazón y no con la cabeza. Me dije: «Cuando tenga 80 años quiero que haya muy pocas cosas en la vida de las que me pueda arrepentir». La mayoría de las veces que nos arrepentimos es por omisión, porque hay cosas que no probamos. Es el camino no viajado; esas son las cosas que nos persiguen.

DR: Recuerdo el día que fui a su empresa en Seattle y me dijo que tenía que llevar usted mismo los paquetes a la oficina de correos.

JB: Sí, lo hice durante varios años. El primer mes, preparaba los paquetes yo mismo, arrodillado en el suelo junto a otra persona que hacía lo mismo, y recuerdo que le dije:
—¿Sabes qué necesitamos? Rodilleras. Me estoy destrozando las rodillas.
El otro chico me dijo:
—Más bien necesitamos mesas de embalaje.
Yo me quedé mirándolo y le dije:
—Es la idea más brillante que he oído en mi vida. —Al día siguiente fui y compré mesas de embalaje, y doblamos la productividad.

DR: ¿De dónde viene el nombre de Amazon?

JB: Es el río más grande del mundo; y es el catálogo de libros más grande del mundo.

DR: Parece sencillo. ¿Fue una elección fácil o tenía otros posibles nombres?

JB: Al principio la llamé Cadabra. No tengo palabras para explicarle lo discretos que fueron nuestros comienzos, pero mientras iba de camino a Seattle quería empezar enseguida, estaba deseando abrir mi empresa… y una cuenta bancaria.
Entonces llamé a un amigo y me recomendó a su abogado. Resulta que ahora es el que está llevando su divorcio. Este abogado constituyó la empresa por mí y le abrió una cuenta en el banco. Y claro, me dijo que necesitaba saber el nombre que le quería poner a la empresa, para escribirlo en los papeles.

Yo le dije por teléfono:

—Cadabra. —Ya sabes, como *abracadabra*. Él dijo:

—¿Cadáver?

Entonces pensé: «Vale, este nombre no va a funcionar». Así que le dije:

—Por ahora, inscríbela como Cadabra y ya lo cambiaré.

Tres meses después lo cambié por Amazon.

DR: Si solo vendiera libros, ahora mismo no sería el hombre más rico del mundo. ¿Cuándo tuvo la idea de vender otros productos?

JB: Después de los libros empezamos a vender discos y luego vídeos. Entonces tuve la genial idea de mandar una serie de emails a unos cuantos clientes al azar, preguntándoles: «Aparte de lo que vendemos ahora, ¿qué más le gustaría que vendiéramos?».

La lista de cosas que recibimos fue interminable. La gente decía lo que tenía necesidad de comprar en ese momento. Recuerdo que una de las respuestas fue: «Me gustaría que vendierais escobillas limpiaparabrisas, porque realmente las necesito».

Pensé que, en realidad, podíamos vender cualquier cosa. Entonces lanzamos los artículos electrónicos y los juguetes, y muchas otras categorías. Pero si lees el plan de negocio original, verás que solo pone libros.

DR: Las acciones de Amazon subieron en un momento dado a 100 dólares y después bajaron a 6 dólares o algo así.

JB: En el punto álgido de la burbuja de internet, nuestras acciones subieron a unos 113 dólares. Después, cuando estalló, cayeron a 6 dólares. Eso en menos de un año. Mi carta de ese año a los accionistas empezaba con una sola palabra: «¡Ay!».

DR: Muchas compañías de internet, de la era de las puntocom, ya no existen. ¿Por qué Amazon sobrevivió mientras otras desaparecían?

JB: Aquella época me resulta muy interesante, porque las acciones no son la compañía y la compañía no son las acciones. Mientras veía que las acciones caían de 113 a 6 dólares, también veía los demás resultados de la empresa: el número de clientes, el beneficio de cada departamento... todo lo que puedas imaginar. Y todos esos indicadores estaban mejorando con rapidez.

Es decir, aunque el precio de las acciones fuera bajo, la empresa estaba yendo bien, no necesitábamos recurrir al mercado de valores, no necesitábamos más dinero. Una crisis financiera como la que provocó el estallido de la burbuja de las puntocom hace difícil conseguir dinero, pero nosotros ya teníamos el dinero que necesitábamos. Simplemente había que seguir creciendo.

DR: Pero Wall Street insistía en que Amazon no estaba ganando dinero, solo clientes. Decían: «¿Dónde están los beneficios?». Su respuesta fue: «No me importa lo que piensen».

JB: En aquella época participé en un programa de televisión con Tom Brokaw, junto a media docena de emprendedores de internet. Fue justo antes del estallido de la burbuja de las puntocom, o tal vez justo después. Tom nos entrevistó a todos y, al final, se dirigió a mí: «Señor Bezos, ¿puede deletrear la palabra *profit* (beneficio en inglés)?». Por cierto, Tom es uno de mis mejores amigos. Yo le contesté: «Claro que sí. *P-r-o-p-h-e-t* (profeta en inglés)». Y se echó a reír.

Muchos nos acusaban de vender duros a cuatro pesetas, y decían: «Todo el mundo podría hacerlo para aumentar sus ingresos». Pero no era eso lo que hacíamos. Siempre tuvimos márgenes brutos positivos. Es un negocio de coste fijo. Analizando los indicadores se podía deducir que, con un determinado volumen de negocio, cubriríamos costes y la empresa sería rentable.

DR: Amazon Prime es una excelente manera de conseguir dinero por adelantado, es decir, antes de que la gente compre sus productos o servicios. ¿De quién fue la idea?

JB: Como ocurre con la mayoría de inventos, surgió de un equipo, no de una sola persona. Me encanta generar ideas en equipo, es mi actividad favorita. Así puedo pensar a dos o tres años vista. Alguien tiene una idea, después otros la perfeccionan, algunos más presentan objeciones, luego resolvemos esas dificultades... Es un proceso muy divertido.

Con Prime pasaron un par de cosas. Por un lado, un miembro del Consejo, Bing Gordon, llevaba tiempo insistiendo en abrir un programa de fidelización y no hacíamos más que pensar en cuál sería la mejor manera de fidelizar a los clientes. Y un ingeniero de software junior dio con esta idea: ofrecer la posibilidad de comprar todo lo que quieras con un envío rápido y gratuito.

El departamento financiero analizó la idea; pero las conclusiones fueron terribles, porque los envíos son caros y a los clientes les gustaba la idea de que les saliera gratis. Según esta idea, no habría un pedido mínimo; es decir, podías comprar un solo artículo de 10 o 20 dólares y recibirlo gratis en un par de días. No pintaba nada bien. Pero sabíamos —y repito que hay que tirar de corazón y de intuición— que debíamos arriesgar, dejarnos llevar por el instinto. Las buenas decisiones se toman así.

Por otro lado, es fundamental trabajar en equipo y hacerlo con humildad, siendo consciente de que equivocarse no es tan malo. Creamos también algunas cosas, como el Fire Phone, que no funcionaron. Ahora no tenemos tiempo para que le enumere todos nuestros experimentos fallidos, pero puedo asegurarle que los que han salido bien los compensan con creces.

Así que probamos a lanzar Prime. Al principio nos costó mucho dinero. Porque, claro, ¿qué pasa cuando ofreces un bufet gratuito en el que se puede comer todo lo que a la gente le apetezca? ¿Quiénes son los primeros en llegar a ese bufet? ¡Los que más comen! Si lo piensas, da miedo. «Oh, cielos, ¿de verdad dije tantas gambas como quieras comer?».

Pero enseguida observamos las tendencias, nos dimos cuenta de que lo utilizaba todo tipo de clientes y de que apreciaban el servicio. Eso fue lo que nos llevó a Prime.

DR: ¿Le gustan las reuniones antes de las 10 de la mañana?

JB: No.

DR: Le gusta dormir ocho horas.

JB: Me voy temprano a la cama y me levanto temprano. Pero me gusta holgazanear por las mañanas, leer el periódico, tomarme el café, desayunar con mis hijos antes de que se vayan al colegio…Ese rato es muy importante para mí, por eso no me pongo ninguna reunión antes de las 10. Las reuniones que requieren un alto nivel de atención las prefiero antes del almuerzo; todo lo que vaya a suponer un reto mental ha de ser a partir de las 10 de la mañana.

Porque luego, más tarde de las 17 h, me digo: «Ya no puedo pensar más por hoy. Dejémoslo para mañana a las 10». Necesito dormir ocho horas diarias: pienso mejor, tengo más energía y estoy de mejor humor.

Cuando eres un alto directivo, te pagan por tomar unas pocas decisiones de alta calidad. Tu trabajo no es tomar miles de decisiones todos los días, basta con que tomes tres buenas decisiones al año. Warren Buffett dice que lo ideal es tomar tres buenas decisiones al año; y yo también lo creo.

Todos nuestros altos ejecutivos funcionan igual que yo: trabajan con visión de futuro, se puede decir que «viven» en el futuro. Nadie que trabaje para mí debería estar demasiado centrado en el trimestre actual.

Porque podemos tener una buena reunión telemática o algo similar y a Wall Street le gustarán nuestros resultados trimestrales. La gente me dirá: «Felicidades por los resultados», y yo responderé: «Gracias». Pero en realidad estaré pensando: «Hace tres años que se gestó este trimestre».

En este sentido, ahora mismo estoy trabajando en algo que se dará a conocer en algún momento de 2021. Esto es lo que creo que se debe hacer: trabajar a dos o tres años vista.

DR: Cuando compra en Amazon, ¿alguna vez recibe mal su pedido y llama para quejarse? ¿O nunca ha tenido problemas?

JB: Soy cliente de Amazon; y espero que todo el mundo en esta sala también lo sea.

DR: ¿Hay una persona encargada en exclusiva de gestionar su cuenta?

JB: Si hay alguien en esta sala que no es cliente de Amazon, que venga a verme luego y lo solucionaremos.

Volviendo a tu pregunta, sí, de vez en cuando tengo problemas, y se tratan de la misma manera que con cualquier otro cliente.

Mi dirección de correo electrónico es famosa: Jeff@amazon.com. Ahora no puedo leer todos los mensajes que me llegan, son demasiados, pero leo muchos; por curiosidad elijo algunos. Por ejemplo, cuando un cliente me escribe para quejarse de que hay un error o hemos hecho algo mal. Normalmente la gente nos escribe porque nos hemos equivocado con su pedido.

Entonces solicito al equipo que estudie el caso y busque la causa, y que lo solucione para que no se repita con ningún otro cliente. A este proceso dedicamos una gran parte de nuestro trabajo. Así gestionamos los pedidos erróneos y las malas experiencias de los clientes.

DR: Usted ha revolucionado la venta minorista online, pero ahora se ha metido en un negocio presencial: ha comprado la cadena de supermercados Whole Foods.

JB: Hace veinte años que me hacen la misma pregunta: «¿Abrirá alguna vez tiendas físicas?»; y siempre respondo lo mismo: «Sí, pero solo si tengo algo diferente que ofrecer». Siempre que hemos intentado meternos en un servicio replicado hemos fracasado, no ha funcionado. Nuestra filosofía se basa más bien en innovar y ser pioneros.

DR: Una de sus pasiones es el espacio, los viajes espaciales. Fundó en secreto Blue Origin y después la hizo pública. Está invirtiendo unos mil millones de dólares al año de su fortuna personal en Blue Origin. ¿Qué espera obtener? ¿Cree que logrará que la gente viaje al espacio?

JB: Es el trabajo más importante de los que tengo entre manos, estoy convencido de ello.

Y la razón es muy sencilla: el nuestro es el mejor planeta. Hemos enviado sondas robóticas a todos los planetas del Sistema Solar; y, créame, este es el bueno. Pero en breve nos enfrentaremos a serios problemas, porque, por primera vez en la historia, somos demasiada gente para el tamaño de la Tierra.

Podemos solucionar este problema, pero solo si exploramos el Sistema Solar. Mi principal labor en este sentido consiste en fabricar cohetes reutilizables; pretendo construir una infraestructura en el espacio que las siguientes generaciones puedan utilizar de la misma manera que yo he utilizado UPS y FedEX para crear Amazon. En eso consiste Blue Origin.

Me gustaría dedicar un momento a hablar de mis padres. La vida siempre nos da algún regalo, y en mi caso han sido mis padres. Admiro muchísimo a las personas que han tenido unos malos padres, tal vez padres abusadores; y conozco a unas cuantas. Pero hay quien consigue romper ese círculo vicioso.

No fue mi caso; mis padres siempre me han querido, y de forma incondicional.

Mi madre no habla mucho de ello, pero me tuvo con 17 años, mientras estudiaba bachillerato en Alburquerque, Nuevo México. Y estoy seguro de que en Alburquerque, en 1964, no estaba demasiado bien visto quedarse embarazada con 17 años.

Mi abuelo, que también ha sido alguien importantísimo en mi vida, fue al instituto a defender a mi madre, porque en ese centro no se permitía estudiar a las chicas que se quedaban embarazadas.

Mi abuelo les dijo que no podían echarla, que era un centro público; que su hija tenía que ir al instituto. Estuvieron discutiendo un rato y al final el director le dijo:

—Está bien, que se quede y acabe el bachillerato, pero no puede participar en actividades extraescolares ni tener taquilla.

Mi abuelo, que era muy listo, aceptó el trato. Así que mi madre terminó el bachillerato y después nací yo. Más tarde se casó con mi padre (el real, no el biológico). Se llama Mike y es un inmigrante cubano que había obtenido una beca para la Universidad de Alburquerque; allí conoció a mi madre.

Así que mi vida es una especie de cuento de hadas. Desde los 4 años hasta los 16 pasé todos los veranos trabajando con mi abuelo en su rancho, supongo que porque mis padres eran demasiado jóvenes. Fue una experiencia espectacular.

Mi abuelo era muy ingenioso. Se ocupaba de todas las labores veterinarias de la granja, incluso fabricaba sus propias agujas, con alambre al que hacía un agujero y afilaba como una aguja para coser la piel del ganado. Algunas reses sobrevivieron.

En serio, fue un hombre extraordinario y una parte muy importante de nuestras vidas. Hasta que miras atrás no te das cuenta de lo fundamentales que son los padres. Y mi abuelo fue como mi segundo padre.

BILL GATES

Cofundador de Microsoft, Copresidente de
la Fundación Bill & Melinda Gates

«No considero importante que me recuerden por algo en especial.
Prefiero que desaparezcan las enfermedades infecciosas, que
nadie tenga que hablar de ellas y nos podamos centrar en otros
problemas. Eso sí sería maravilloso».

Durante casi todo el último cuarto de siglo, Bill Gates, cofundador de Microsoft, ha sido la persona más rica del mundo. Y durante la última década ha sido también —junto a su esposa— el mayor filántropo del mundo, principalmente gracias a su labor en la Fundación Bill & Melinda Gates. Como resultado de estas actividades, se ha convertido en una de las personas más conocidas y admiradas del planeta.

Su historia es muy conocida, pero sigue siendo fascinante: Bill era un friki de la informática y los ordenadores. Abandonó Harvard en 1975 para fundar (junto a Paul Allen) la compañía que crearía el sistema operativo para ordenadores que todos acabaríamos usando en poco tiempo.

Su inteligencia, su dedicación plena a esta misión y su magnífica visión para los negocios le ayudaron a liderar el proceso de hacer de Microsoft la compañía de software más importante del mundo, con un valor de mercado de más un billón de dólares y presencia en prácticamente todos los ordenadores personales.

Bill ha aplicado también estas aptitudes a su actividad solidaria: lidera un proyecto para mejorar la salud de la población en los países menos desarrollados —siguiendo el mismo interés que le llevó a advertir sobre el peligro de las pandemias— y la educación de los menores de 12 años en Estados Unidos; al mismo tiempo, ha puesto en marcha con Melinda y Warren Buffett la iniciativa The Giving Pledge, para las personas más ricas del mundo (se trata de una campaña para lograr que las personas con un patrimonio neto de más de mil millones de dólares donen al menos el 50 % de su fortuna en vida, o la dejen como herencia, a proyectos solidarios).

A pesar de su alto coeficiente intelectual y de su determinación, nada de lo que ha conseguido se podía predecir cuando Bill era joven. ¿Quién habría previsto que con el surgimiento de los ordenadores personales y el software se crearía una de las empresas más exitosas del mundo? ¿O que una sola persona acumularía una riqueza nunca vista desde los días de John D. Rockefeller?

Nadie. Y Bill es el primero en admitirlo. ¿Cómo ocurrió todo? Su éxito sin precedentes parece deberse a una combinación de capacidad visionaria, inteligencia, determinación y enfoque. Muchas personas poseen uno o dos de estos rasgos, pero muy pocas tienen los cuatro.

¿Cuál de ellos es el más importante? En el caso de Bill, fue la visión: supo ver que los ordenadores personales serían omnipresentes en los hogares y que todos necesitarían un software. Es decir, Bill entendió que el software sería más importante que el hardware.

Bill Gates es una persona realmente brillante y decidida, que habría tenido éxito en cualquier actividad en la que la inteligencia, el trabajo duro y el empeño fueran la clave para triunfar. Es imposible saber si dedicándose a otras cosas habría llegado a acumular tanta riqueza o a ser el máximo exponente de la filantropía. Lo que sí sabemos es que Bill Gates, al menos durante los últimos 25 años, ha sido una de las personas más respetadas del mundo y sigue despertando un gran interés.

Conocí a Bill cuando vino a verme a Washington el 11 de marzo de 2010 para hablar sobre un proyecto benéfico que pronto sería conocido como The Giving Pledge. El hecho de que Bill Gates vaya a tu oficina para compartir una hamburguesa y un rato de charla con seguridad atraería la atención de todo el mundo.

Pero Bill no busca publicidad y tampoco le gusta hablar de sus logros. No obstante, en esta entrevista que mantuve con él en junio de 2016, en su despacho de Seattle, nos cuenta algunas de sus ideas.

DAVID RUBENSTEIN (DR): Usted ha creado una de las compañías tecnológicas más grandes del mundo. Y ahora está dedicando su tiempo y su esfuerzo a una de las mayores fundaciones del mundo. ¿Podría comparar el reto de concebir Microsoft con el de dirigir la Fundación Bill & Melinda Gates? ¿Qué es más difícil y qué resulta más agradable?

BILL GATES (BG): Ambos trabajos tienen mucho más en común de lo que se imagina: la idea de descubrir algo innovador, aferrarte a ello, conformar un equipo que respalde esa idea, enfrentarte a contratiempos y éxitos... en eso se basa la teoría del cambio.

Cuando fundé Microsoft era muy joven; empecé con 17 años y constituyó mi principal interés hasta los 53, momento en el que decidí dedicarme de lleno a la fundación. Al principio era un poco obsesivo; no estaba casado ni tenía hijos, así que no pensé en los fines de semana ni en las vacaciones hasta los 30 años.

Pero era muy gratificante pasarme las noches en vela picando código. A los 20 y a los 30 años, eso de Microsoft era perfecto para mí. Tampoco tenía todavía los conocimientos necesarios para crear y dirigir una fundación. Microsoft fue una buena preparación.

Después conocí a Melinda, me casé con ella y tuvimos hijos; entonces empecé a ver el mundo desde una perspectiva más amplia, y reflexioné sobre dónde debería ir la riqueza. El placer que sentía en esa etapa de mi vida —reuniéndome con científicos, aunque no todo era software, también había biología y otras cosas— era perfecto.

Diría que ambos proyectos han sido igual de difíciles. Sabes que siempre puedes hacer mejor las cosas, que tienes que seguir aprendiendo y pensar más. Ves resultados positivos, pero siempre deseas mejorar.

DR: Si le parece, vamos a hablar sobre Microsoft un momento. La fundó cuando estaba en la universidad. Tenía claro que quería trabajar con ordenadores, pero en aquella época ¿había mucha gente que supiera de ordenadores?

BG: Era un momento relativamente especial, porque los ordenadores, cuando yo era joven, eran muy caros. Mi amigo Paul Allen y yo nos colábamos por la noche en las salas de informática de la Universidad de Washington. Estábamos fascinados con lo que los ordenadores eran capaces de hacer. Pero poca gente tenía acceso a ellos. Tuvimos que desviarnos del camino marcado... y fue una suerte hacerlo.

Después surgió la idea de convertir el ordenador en un chip para que Intel lo fabricase. Eso permitiría que fueran literalmente millones de veces más baratos que los que usábamos entonces, por lo que serían también más eficientes y más asequibles para la gente.

Más adelante llegamos a la conclusión de que aquello estaba muy bien y sería muy diferente, en cuanto al software necesario y el funcionamiento del sector. Creo que tuvimos suerte de estar en el lugar adecuado y en el momento justo. Una vez, Paul se quedó mirando ese chip y me comentó: «Es asombroso. ¿Por qué otros no lo ven así?». Como éramos jóvenes y lo contemplábamos desde el punto de vista del software, pudimos planteárnoslo de una manera diferente a como lo haría cualquier otra persona.

DR: ¿Qué pensaba su familia entonces?

BG: Mis padres me animaban mucho a leer, y leía en voz alta. Me mandaron a una escuela privada, aunque era bastante cara para ellos. Por eso tuve una buena educación. Era la Lakeside School, y allí ya tenían no un ordenador, pero sí un terminal que se comunicaba por teléfono con un ordenador. Y eso fue una suerte.

Mis padres sabían que me fascinaban los ordenadores, que era capaz de saltarme las clases de deportes, o pasar noches enteras despierto, incluso salir de casa en plena noche para trabajar en esas cosas, aunque ellos preferían que no lo hiciera. Me consideraban un poco raro.

El gran momento fue cuando les dije que, en lugar de acabar la carrera en Harvard, quería irme a trabajar a una empresa de lenguaje de computación. TRW tenía en marcha un proyecto magnífico, de electrificación de redes, y yo estaba deseando participar en él. Mis padres fueron estupendos al permitir que aquel fuera mi hobby. Pero cuando llegó el momento de dejar Harvard, aunque podía volver, se quedaron un poco preocupados. Pero bueno, entonces yo ya tenía independencia económica y ellos se limitaban a observar.

DR: ¿Presentó su solicitud para otras universidades?

BG: Sí, solicité entrar en Princeton, Yale y Harvard.

DR: ¿Lo admitieron en todas?

BG: Sí, tenía muy buenas notas y había hecho muy bien las pruebas de acceso.

DR: ¿Las hizo perfectas?

BG: Sí. Es que soy muy bueno en ese tipo de pruebas.

DR: Entonces fue a Harvard y tras su segundo año allí se marchó.

BG: En realidad, es un poco más complicado. Me fui un semestre para poner en marcha Microsoft y después volví otro semestre. O sea, que cuando me marché ya había hecho tres cursos, pero interrumpidos. Mientras, puse a un amigo al frente de la compañía, esperando que funcionara, pero la oportunidad y la complejidad del negocio eran tan grandes que nunca más regresé a la universidad.

DR: ¿Ha pensado alguna vez si su vida habría sido mejor de haberse licenciado en Harvard?

BG: Soy un ejemplo extraño de fracaso escolar, porque siempre estoy haciendo cursos. Me encantan los cursos de Learning Company, me encanta estudiar.

En Harvard había mucha gente brillante, y nutrían tu intelecto y te ponían buenas notas para que te sintieras inteligente. Fue una pena no quedarme, pero tampoco creo que haya dejado de aprender nada por eso, porque siempre he estado en modo aprendizaje y cualquier cosa que he necesitado aprender la he aprendido.

DR: Si no hubiera dejado los estudios —aunque sé que no es lo más importante de su vida— ¿habría seguido adelante con la revolución informática y Microsoft habría llegado a ser lo que es?

BG: En ese momento lo pensaba. Me decía: «Chico, está claro que el software va a ser importante. Si no lo hago ahora, y me adelanto a todos, no seremos únicos». Tenía esa sensación de urgencia, aunque, tal como fueron las cosas, creo que si hubiéramos salido un año después no habría pasado nada.

Porque el sector nació relativamente despacio. Lo que yo pensaba era evidente: los chips tenían que mejorar, el primer ordenador personal no hacía tantas cosas como ahora; no teníamos disquetes, no teníamos gráficos. La idea de que teníamos que movernos con rapidez era importante, pero si lo hubiéramos hecho un año después también habría ido bien.

DR: Al principio no era más que alguien que había abandonado los estudios. ¿Le costó que le contrataran? Tenía un aspecto muy joven y voz de niño. ¿Le tomaban en serio los empresarios, siendo como eran mayores que usted?

BG: Había de todo. Para algunos, mi juventud y el que fuera tan friki les llevaban a pensar: «¿Debemos fiarnos de él? Nunca hemos visto nada igual». Pero cuando los empresarios veían el código que habíamos escrito, nos oían hablar de nuestra obsesión por la importancia del software y comprobaban que podíamos hacer cosas para ellos con mucha rapidez… no les quedaba más remedio que pensar: «¡Vaya! Esto es totalmente inusual; estos chicos son una especie de genios». A veces incluso esperaban que hiciéramos más de lo que podíamos hacer.

Pero sí, tuvimos que ganarnos su aceptación. Por ejemplo, no podía alquilar un coche porque era demasiado joven, así que tenía que ir a los sitios en taxi. Había gente que dudaba de nosotros, pero cuando empezamos a tener un poco de éxito se quedaron impresionados por lo mucho que confiábamos en el software.

DR: Se cuenta la historia —no sé si es verdad o no— de que cuando IBM andaba buscando un sistema operativo para su ordenador personal usted compitió por conseguir ese contrato. Se dice que su madre estaba en el Consejo de United Way, y también el director general de IBM. Al parecer, su madre le habló bien de usted y luego él también lo hizo. ¿Fue así como ganó el contrato?

BG: Siempre que mi madre me pedía que fuera a comer a casa, yo le decía: «Estoy muy ocupado». Negociamos y acabé yendo al menos una vez por semana. En una de nuestras conversaciones a la hora de comer, le dije: «Mamá, hemos firmado un importante contrato con IBM. Creo que es el comienzo de la siguiente generación de ordenadores personales». Después mi madre fue a una reunión de United Way y se encontró con John Opel, que entonces era el director ejecutivo de IBM, y le dijo: «Mire, mi hijo está haciendo un trabajo para su compañía». Por la cara que puso, mi madre se dio cuenta de que nunca había oído hablar de mí, y así me lo contó a mí. Lo irónico del asunto fue que cuando los del laboratorio de Florida fueron a la sede central de United Way a hacer la revisión y dijeron: «Dependemos de esta pequeña empresa para el tema del software», John Opel cayó en la cuenta y pensó: «Oh, este es el hijo de Mary Gates».

DR: Decidieron salir a bolsa en…

BG: 1986.

DR: En ese momento ¿ya era usted millonario?

BG: Casi. Al cabo de un año de salir a bolsa, un titular en la portada de la revista *Fortune* decía: «El acuerdo de Bill Gates: 350 millones de dólares».

DR: Para su edad era usted muy rico. ¿Cuántos años tenía cuando su compañía salió a bolsa?

BG: 30 años.

DR: Y, de pronto, poseía una fortuna. ¿Eso le hizo famoso de inmediato? ¿Empezó a tener más amigos? ¿Le llamaban sus compañeros de la universidad y para volver a quedar? ¿Cambió su vida o no?

BG: Esa época fue impresionante, porque me pasaba el día contratando a gente. Contraté a Steve Ballmer, que era muy buen informático y nos ayudó mucho. Tenía la sensación de que debía liderar ese proceso de forma urgente. Estaba aquello de la interfaz gráfica con Windows que también queríamos. Me fascinaba la idea de que podía contratar rápidamente, invertir y hacer crecer a esta compañía incluso en el ámbito internacional.

Pero estaba demasiado ocupado. No tenía tiempo ni para hablar con mis amigos por teléfono, me hallaba totalmente inmerso en el desarrollo de la compañía. No paraba de hablarle a la gente de la magia del software, de lo bueno que era para Microsoft; pero también quería ayudarlos a entender la oportunidad y el enorme cambio que supondría el software primero, y el software más internet en el futuro. Me divertía mucho, era increíble. Pero siempre estaba pensando: «Estamos a un paso de no ser líderes en esto. Tenemos que seguir mejorando».

DR: Pero en ese momento ya tenía muchísimo dinero, comparado con cualquier chico de su edad. ¿Pensó en algún momento algo como: «Voy a derrochar y a comprarme un coche de lujo, un avión, un barco», o no le interesaba nada de eso?

BG: Me compré algo que fue un pequeño despilfarro: un increíble Porsche 911 de segunda mano. Eso fue cuando vivía en Alburquerque. A veces, de noche, cuando necesitaba pensar, salía a dar una vuelta con el coche a toda velocidad. Por suerte, no me maté.

DR: ¿Cómo era su relación con Steve Jobs al principio y cómo cambió después?

BG: Estábamos los dos empezando. El Apple 1 era un kit de ordenador que diseñó Steve Wozniak, que trabajaba con él. Vinieron a verme y me lo ofrecieron en varias reuniones de informáticos; íbamos a muchas reuniones en aquel entonces.

Ese ordenador Apple era la competencia de uno de mi primer cliente, el Altair de MITS. Steve Wozniak pensó que él mismo podría hacer la interpretación de BASIC —algo bastante clave en aquella época, que permitía a la gente programar—, pero Woz se despistó y fui yo quien hizo el software BASIC que llevaría el Apple II. Entonces empecé a trabajar un poco con Steve Jobs.

Fuimos algo así como colegas en el lanzamiento del «evangelio de los ordenadores personales». Pero también éramos rivales. La época en la que trabajamos juntos con mayor intensidad fue tras el lanzamiento del PC de IBM. Steve tenía un equipo, un pequeño equipo en Apple, que estaba haciendo el Macintosh. Nos vino a ver al principio y nos preguntó si podíamos echarles una mano. De hecho, nosotros pusimos a más gente en el proyecto de Apple, y además hicimos el primer software que utilizaba la interfaz gráfica y el ratón. Y por eso cuando Macintosh empezó a tener tanto éxito fue una enorme victoria tanto para Microsoft como para Apple.

DR: Cuando ganó el famoso contrato de IBM para producir su sistema operativo, ¿por qué no le ofrecieron comprárselo? ¿Por qué le dejaron seguir siendo el propietario y prefirieron pagarle un canon por cada copia que se vendiera? ¿Cometieron un error?

BG: Sí, esto fue antes de la interfaz gráfica, cuando solo tenías texto en la pantalla. El software MS-DOS era clave. De hecho, cuando IBM nos vino a ver por primera vez, ni siquiera querían poner disquete, pero nosotros los animamos a utilizar una máquina de 16 bytes y a fabricar un ordenador de gama alta que, en realidad, iba en detrimento del trabajo de otra división de IBM.

Llegó a ser más que una máquina de gama alta, incluyendo su MS-DOS. Ellos no eran capaces de ver lo potente que iba a ser, y su departamento legal no quiso asumir la responsabilidad de su código fuente. Tenían una licencia bastante limitada. Pero nosotros sabíamos que era una máquina transcendental y que otros fabricarían otras similares. Así que resultó muy ventajoso para nosotros.

El problema fue que ellos no veían la importancia del software. Pensaban que el hardware era la clave y el software, simplemente, algo necesario. Si se hubieran dado cuenta de nuestra visión, de que, con el tiempo, el software sería más importante que el hardware, habrían negociado un acuerdo diferente.

DR: Su compañía fue creciendo y prosperando hasta convertirse en la más cotizada del mundo. ¿En qué momento pensó que ya tenía mucho dinero, que no necesitaba más y que quería hacer algo diferente con su vida? ¿Fue a los 40 o a los 50? ¿Cuándo se dio cuenta de que aspiraba a algo más que dirigir una empresa?

BG: 1995 fue el gran año en el que sacamos el Windows 95, y nuestro software estaba funcionando bien. Siempre habíamos tenido a los mejores ingenieros y éramos, por poco, los más grandes. Pero entonces nos revelamos como una empresa de éxito.

Y empecé a pensar: «¡Caramba! Hay mucho valor aquí en Microsoft. ¿Qué han hecho antes otros filántropos?». Fue en la década de los noventa cuando empecé a pensar en ello. Mi madre murió, por desgracia en 1994, el mismo año que me casé. Así que mi padre nos ayudó a planificar el proyecto benéfico.

En aquel momento, una ejecutiva de Microsoft, Patty Stonesifer, se acababa de jubilar y estaba disponible. De hecho, fue en el año

2000 cuando decidí que merecía la pena ponerlo en marcha, pero luego me di cuenta de que ya existía. Entonces invertí 20.000 millones de dólares en la fundación y se convirtió en la más importante del momento.

DR: Ha mencionado que se casó en 1994. Lo hizo con una licenciada de la Universidad de Duke. ¿De dónde sacó tiempo para tener una relación mientras dirigía su empresa? ¿Y cuánto tardó en pedirle matrimonio?

BG: Bueno, es que ella trabajaba en Microsoft. Nos habíamos conocido en Nueva York y acabamos sentándonos juntos en una comida. Era encantadora y me pilló por sorpresa. Consiguió atraer mi atención, a pesar de todo el trabajo que tenía con Microsoft. Estuvimos saliendo unos cinco años y al final decidimos casarnos.

DR: Volviendo a la fundación: en principio invirtió 20.000 millones de dólares, pero ahora la fundación tiene mucho más dinero. Pone en ella básicamente lo que ha ganado en Microsoft. El caso es que Warren Buffett lo llamó un día y le dijo: «Oye, por cierto, voy a donar gran parte de mi dinero». ¿Se quedó sorprendido cuando le contó que pretendía entregar una buena parte de su fortuna a su fundación?

BG: Fue una sorpresa total, porque Warren es el mayor inversor del mundo y ha creado una compañía increíble. Tuve la suerte de conocerle en 1991. A partir de ahí nos hicimos muy amigos y siempre me aconsejaba en todo lo que hacía. Aprendí mucho de él. Pero su fortuna era para una fundación que dirigía su mujer; no había donado demasiado dinero, pero todo era para la fundación Buffett.

Por desgracia, su mujer falleció y entonces pensó que su plan inicial no tenía demasiado sentido. Para mi sorpresa, decidió donar una buena parte del dinero de su fundación —algo más del 80%— a la nuestra. Además, cada uno de sus hijos recibió parte de ese dinero en pagos anuales.

Fue para mí un gran honor y una enorme responsabilidad. Nos permitió ser más ambiciosos, mucho más de lo que lo hubiéramos sido sin el que se podía calificar como el regalo más generoso de todos los tiempos.

DR: Cuando su madre le propuso ir a comer con ella porque Warren Buffett estaría allí y debía conocerle, no se mostró muy interesado. ¿Por qué?

BG: Para mí Warren era una persona que compraba y vendía acciones, un juego de suma cero. No curaba enfermedades, no fabricaba piezas de software, no inventaba nada. Pensé, teniendo en cuenta mi manera de ver el mundo y lo que quería hacer, y lo que él hacía, que no tendríamos demasiado en común.

Por eso cuando le conocí me quedé sorprendido. Fue la primera persona que me preguntó sobre el software y su precio, y por qué IBM, con lo poderosa que era, no podía superar a Microsoft. Y de qué manera el software cambiaría el mundo.

Y a mí me permitió preguntarle por qué invertía en determinados sectores y por qué unos bancos eran más rentables que otros. Era una persona capaz de pensar en muchos sistemas a la vez. Ese fue el comienzo de una conversación divertida y enriquecedora; y de una amistad increíble y totalmente inesperada.

DR: ¿Y él le enseño a jugar al bridge o ya sabía?

BG: Ya sabía jugar. Mi familia me había enseñado. Pero después, puesto que el bridge era una oportunidad para pasar tiempo con Warren, mejoré mis habilidades en el juego. Tanto el bridge como el golf eran dos actividades que hacíamos juntos. Warren dejó el golf hace unos años y con ello se esfumó mi principal excusa para jugar al golf.

DR: Cuando estaba erigiendo Microsoft, hizo algo sobre lo que ya le he preguntado antes. Hoy en día, cuando alguien reinicia su ordenador, tiene que usar tres dedos para presionar las teclas «Control», «Alt» y «Supr» al mismo tiempo. Es un poco raro. ¿Por qué lo hicieron así y por qué debemos seguir esa secuencia para apagar el ordenador?

BG: Por suerte, la mayoría de las máquinas hoy en día ya no funcionan así. Nosotros sabíamos que era lógico que el teclado fuera capaz de detectar una única señal que pasara por alto el software que se estaba ejecutando y de esta manera sabrías que estaba reiniciándose de verdad. Al solicitarte la contraseña, sabrías que no era un software falso.

Pero está claro que acabó siendo una parte rara de la interfaz del usuario. Si tuviéramos que volver a hacerlo, no lo haríamos así. Fue por culpa del abismo que había entre Microsoft e IBM. Se ha convertido una pregunta recurrente: «Oye, ¿no podríais haberlo hecho un poco más sencillo?».

DR: En los comienzos de Microsoft usted mismo programaba; por lo tanto, podemos suponer que sabe de código más que nadie. Ahora que tiene tantas responsabilidades, cuando Microsoft desarrolla un nuevo software, ¿es capaz de hablar con los ingenieros de software al mismo nivel que hace 20 años? ¿Tienen ahora los ingenieros más conocimientos técnicos que usted o no?

BG: Está claro que ahora no estoy tan encima como cuando escribía el código, lo revisaba o me encargaba de la contratación de todos los programadores. En mi carrera, esta evolución entre ser, digamos, un actor y ser director, después director de directores y luego diseñar la estrategia global implica acostumbrarte a no tener tanto control como antes.

Hay cosas tan complejas que ya no profundizo en ellas, como el optimizador de consultas o el generador de código. Pero intento saber lo suficiente sobre el software para entender las decisiones que tomamos, por ejemplo, sobre qué nuevas funciones deberíamos incorporar o cuál debería ser el diseño básico. Sigo disfrutando de esas discusiones.

Porque en Microsoft seguimos debatiendo acerca de lo que debería hacer el próximo Office, cómo puede mejorar Windows o cómo cambiará la interfaz del usuario cuando incorporemos la posibilidad de interactuar por voz o de escribir a mano, por ejemplo. Yo puedo participar, pero es un terreno muy complejo y ahora mismo no podría volver a escribir todo el código yo solo.

DR: Ha sido el hombre más rico del mundo durante más de 20 años. ¿Eso es más una carga que un placer? Todo el mundo le debe de pedir dinero o que le compre algo. ¿Cómo se siente siendo el hombre más rico del mundo? ¿Está cansado de serlo o no?

BG: Por suerte, la gente sabe que mi fortuna está destinada a la fundación, así que todas las ideas que me proponen tienen que ver con algún área de la fundación: la lucha contra las enfermedades infecciosas o la mejora de la educación. De todas formas, es muy interesante hablar con estas personas. Al haber elegido unas causas concretas, nos limitamos a ellas. Pero lo que quiero decir es que no nos molesta que la gente venga a hablar con nosotros.

Tengo la ventaja de ser una persona muy famosa y eso me permite conocer a gente muy interesante y compartir mis opiniones, y siempre me prestan mucha atención. Diría que es un beneficio neto. Cuando salgo con mis hijos es un poco incómodo, en el sentido de que no tengo la intimidad que querría. Pero, en general, mi éxito me ha permitido hacer más cosas, establecer buenas relaciones y conocer a la gente adecuada.

DR: ¿Lleva tarjeta de crédito? ¿Lleva dinero? ¿Cómo lo hace para comprar?

BG: Voy de compras y también voy al teatro.

DR: ¿Se le acerca la gente todo el rato para hacerse selfis con usted?

BG: Sí, pero es bastante rápido. Y todo el mundo suele ser muy amable.

DR: Su fundación no será eterna. Lo más probable es que 20 años después de su muerte o de la de su mujer —quien sea el último en morir de los dos— desaparezca.

BG: Sí, es cierto. Nosotros la dirigimos para que sea excelente y resuelva problemas, para que los haga desaparecer por completo. Por eso ahora estamos centrados en la malaria. Esta fundación debería ser capaz de participar en la erradicación de todas esas enfermedades infecciosas que afectan de una manera desproporcionada a los pobres y que explican por qué los niños pobres tienen cincuenta veces más probabilidades de morir que los que viven en países desarrollados.

En treinta o cuarenta años, estos problemas deberían haber sido solucionados. Y después, cualesquiera que sean los nuevos retos a los que deba enfrentarse la filantropía, la gente que esté viva en ese momento, y que elija a buenos gestores y cree fundaciones para resolverlos, hará un trabajo mucho mejor que el que nosotros podríamos indicarles elaborando una pequeña guía. Por lo tanto, esta es una fundación con fecha de caducidad.

DR: En un periodo de tiempo determinado siempre hay alguien que es la persona más rica del mundo. Y los más ricos siempre han hecho ostentación de su fortuna, pero usted no. Cuando va a comprar algo, ¿tiene la sensación de que le intentan subir el precio al verle llegar? Teniendo en cuenta todo el dinero que tiene, ¿cómo puede hacerse una idea de su valor real?

BG: Intento usar el dinero con inteligencia. No compro muchas cosas. Mi gran lujo es viajar en mi avión privado la mayor parte del tiempo, lo cual para mí es vergonzoso, pero me da mucha flexibilidad.

No me interesa gastar dinero en cosas, lo que quiero sobre todo es asegurar que la fundación va bien. Mientras la fundación siga haciendo donaciones, trataré de ampliar la lista de donantes lo máximo posible, porque siempre estamos dando más de lo que ingresamos.

DR: Decidió que su fundación se centrara en la salud en África y en la educación de los menores de 12 años en Estados Unidos. ¿Cómo llegó a la conclusión de que eran los dos problemas en los que quería trabajar? ¿Se siente cómodo con la decisión que tomó?

BG: Hablamos mucho de ello, porque fue una decisión de Melinda y mía. Queríamos acabar con las mayores injusticias del mundo y concluimos que una de ellas era la falta de salud. Y la ampliamos un poco para abarcar ámbitos como la agricultura y el saneamiento, entre otras cosas.

Después quisimos escoger otra causa que contribuyera a la fortaleza de los Estados Unidos. Y, en este sentido, mejorar las oportunidades educativas de la población es nuestra gran meta. Creemos que hacemos una buena aportación prestando atención a estos dos asuntos, que son muy amplios, porque existen muchas enfermedades y también numerosas cuestiones que mejorar en la educación.

Estamos convencidos de que es positivo profundizar en estos dos asuntos, así que nos sentimos orgullosos de haberlos elegido. Hay, por supuesto, muchas otras causas que vale la pena tratar —como ciertas enfermedades o entidades— y en las que se centrarán otros filántropos. Es decir, no estamos afirmando que las nuestras sean las únicas, pero nos gusta lo que hacemos.

DR: Con Warren y Melinda puso en marcha The Giving Pledge. ¿En qué consiste ese proyecto y qué tal ha funcionado?

BG: Warren y nosotros estuvimos dándole vueltas al modo en que los filántropos eligen qué quieren hacer y a cómo podrían colaborar sin renunciar a la diversidad de lo que hacen. Él nos propuso organizar algunos almuerzos con gente que tiene proyectos increíbles, como David Rockefeller. Y esa gente nos contó muchas cosas.

En esas comidas surgió la idea de crear algo para que los filántropos aprendieran unos de otros y hablaran sobre el funcionamiento de sus proyectos: cómo seleccionan a su equipo, cuáles son sus criterios para escoger las causas… Aunque fueran causas diferentes, sabíamos que la calidad del trabajo e incluso el compromiso de la gente mejorarían si todas estas personas se unían y se comprometían públicamente a donar la mayor parte de su fortuna. Así fue como se fundó el grupo The Giving Pledge.

DR: Ahora este grupo está formado por unas 160 personas (en marzo de 2020 ya eran 207).

BG: Sí, y usted es uno de ellos. Nos reunimos cada año y suele haber una buena participación. Se trata de alentar a la gente joven a pensar en las causas con fines altruistas. De ayudar a la gente a hacerlo aún mejor. La filantropía puede tener un impacto enorme si consigues buenas ideas de los demás.

DR: ¿Hay algún tema que le preocupe, pero para el que no tenga tiempo? Por ejemplo, el cambio climático ha sido importante para usted, pero ¿se ha implicado su fundación en esta cuestión?

BG: Nuestra fundación está comprometida con mitigar los efectos del cambio climático; lo hacemos ayudando a la gente a ahorrar y a utilizar semillas más productivas, de manera que los avances en la agricultura y la salud compensen cualquier posible efecto del cambio climático. Pero el cambio del sistema energético y de transporte para poder emplear tecnologías de emisión cero, incluyendo las nucleares renovables, es un negocio gigantesco con fines de lucro. Este tipo de inversiones de alto riesgo —en *start-ups* y en empresas innovadoras del sector— las hago al margen de la fundación, que es donde tiene sentido hacerlo.

DR: Ha tenido la vida que le gustaría haber tenido a mucha gente. Ha sido el hombre más rico del mundo, uno de los empresarios de mayor éxito de todos los tiempos y quizá el mayor filántropo. ¿Se arrepiente de algo?

BG: Creo que he sido muy afortunado, por lo que no me sentiría bien diciendo que me gustaría volver atrás y cambiar algo. En

Microsoft me habría gustado hacer mejor los teléfonos, o los mecanismos de búsqueda. Hay muchas cosas que otras compañías supieron ver y aprovechar. Pero Microsoft hizo lo suficiente para ser una gran empresa. Así que no, no miro hacia atrás con arrepentimiento, porque creo que de los errores se aprende.

DR: Y ha intentado no cometerlos dos veces. ¿Qué le gustaría que dijera la gente de Bill Gates dentro de 20 o 30 años?

BG: No considero importante que me recuerden por algo en especial. Prefiero que desaparezcan las enfermedades infecciosas, que nadie tenga que hablar de ellas y nos podamos centrar en otros problemas. Eso sí sería maravilloso.

Si nuestro trabajo contribuye a mejorar la educación en Estados Unidos, será fantástico. Lo más importante es que mis hijos piensen que he sido un buen padre y que les he dado la oportunidad de construir sus propias vidas.

SIR RICHARD BRANSON

Fundador de Virgin Group

«Nunca emprendo un negocio con la idea de ganar dinero. Creo que, si eres capaz de crear lo mejor en un sector determinado, podrás pagar tus facturas y ganar dinero».

Richard Branson ha tenido la vida con la que casi todos hemos soñado: fundador de empresas de éxito (todas bajo la marca Virgin); legendario superviviente de intrépidas aventuras; rico líder empresarial; filántropo; con un matrimonio de más de cuarenta años y estrechas relaciones con sus padres y sus hijos; propietario de (y residente en) una idílica isla caribeña; amigo de las personas más ricas y famosas del mundo; nombrado sir por la Reina Isabel II; un rostro y una imagen reconocidos y admirados por todo el mundo; y, como es lógico, una persona sumamente feliz.

¿Qué más se puede pedir?

Pero Richard Branson parece querer algo más de la vida y siempre está probando cosas nuevas y, en ocasiones, peligrosas. La última ha sido Virgin Galactic, que vende breves viajes espaciales. Cuando lo anunció, la posibilidad de viajar al espacio se antojaba más que remota y su iniciativa se ha tenido que enfrentar a más de un problema. Pero pocos han ganado apostando en contra de Richard Branson.

Seguro que hubo gente que pensó que no superaría los obstáculos iniciales de su vida: dejó los estudios con 15 años, una dislexia severa y muy poco dinero en el bolsillo. Pero Branson había nacido para ser emprendedor. A lo largo de su vida ha fundado varios cientos de empresas, algunas de mucho éxito (como Virgin Records y Virgin Atlantic). Y todas sus compañías han estado inspiradas por su visión: la de ser atrevido, ofrecer algo original y excitante, despertar el deseo de la gente por probar cosas nuevas; y vender una experiencia agradable, además de un producto o servicio.

Pero ¿cuál ha sido la clave del éxito de Branson como emprendedor y líder? En su propia opinión, rodearse de personas con talento, innovadoras y atrevidas.

No obstante, a diferencia de otros emprendedores que dicen querer rodearse de este tipo de personas, Richard Branson está realmente dispuesto a escuchar a los «más inteligentes» y a hacer los cambios que le propongan a su «brillante» idea inicial. Está lo bastante seguro de sí mismo como para admitir que no todas sus ideas funcionan; y este es un punto clave de su éxito.

Está claro, eso sí, que para tener esa visión del mundo hay que poseer talento y ser innovador y osado; pero también ayuda ser amable, modesto y autocrítico, y esos son los rasgos que descubrí en él cuando le entrevisté para *Peer to Peer* en una reunión de The Giving Pledge en mayo de 2018, en San Francisco. Enseguida me di cuenta de por qué Richard Branson, a diferencia de muchos otros emprendedores de gran éxito hechos a sí mismos, es tan popular y apreciado por todas las personas con las que se suele relacionar.

DAVID RUBENSTEIN (DR): No era muy buen estudiante, porque tenía dislexia. ¿Eso supuso un problema para usted?

RICHARD BRANSON (RB): En términos educativos tradicionales, sí, era un gran problema. Me sentaba al final de la clase, miraba la pizarra y no entendía nada. Los profesores me tachaban de holgazán, de tonto y de una mezcla de ambos.

Pero, si algo me interesaba, en general era excelente en eso; y lo que me interesaba era lo que estaba pasando en el mundo. Decidí crear una revista para protestar contra todo lo que pensaba que iba mal en el mundo, en particular la Guerra de Vietnam.

DR: Dejó la escuela con apenas 15 años y empezó esa revista, para la que entrevistó a personas muy importantes; una de ellas fue Mick Jagger. ¿Es difícil entrevistar a Mick Jagger cuando tienes 15 años?

RB: En cierto modo, con 15 años tienes más posibilidades de entrevistar a la gente que si tienes 30, 40 o 50 años. Simplemente me presentaba en sus casas y, puesto que era joven y entusiasta, se apiadaban de mí.

DR: Al final, decidió montar una discográfica. ¿De dónde sacó esa idea y de dónde el nombre de Virgin?

RB: Tenía unos 15 o 16 años. Estábamos un grupo de chicos y chicas sentados en el suelo, exponiendo nuestras ideas. Llegamos a la conclusión de que debía llamarse Slipped Disc Records, por los vinilos, que siempre estaban rayados y la aguja saltaba, o Virgin. Una de las chicas se rio y dijo: «Nosotros somos todos vírgenes y tú eres virgen en lo que tiene que ver con las empresas. ¿Por qué no la llamas Virgin?».

DR: ¿Recibió esa chica una recompensa por su idea?

RB: Si estuviera por aquí, estaría encantado de dársela. Fue una idea muy acertada, porque hemos trabajado en sectores muy diferentes, en los que también éramos vírgenes. Y Slipped Disc Airlines… no habría sonado tan bien.

DR: No, probablemente no habría funcionado. Volviendo a sus inicios, lo primero que abrió fue una discográfica. ¿Al principio vendía discos al por menor?

RB: Inicialmente los vendía por correo, a un precio mucho menor que en las tiendas. Fuimos los primeros en vender con descuentos. Después hubo una huelga de correos que duró seis semanas y nosotros tuvimos que irnos a buscar música muy, muy barata en las tiendas de Oxford Street, en Londres.

DR: Más tarde inauguró los enormes establecimientos de Virgin en Reino Unido y otros países. ¿Cuántas tiendas llegó a tener?

RB: Teníamos unas trescientas repartidas por todo el mundo, en las principales calles comerciales: Times Square, Champs-Élysées, Oxford Street, etc. Fue nuestra época de máximo esplendor, cuando los jóvenes —antes de los videojuegos, de los teléfonos móviles y de otras cosas que hacen ahora— solo se dedicaban a la música.

DR: ¿Se debió su éxito al nombre Virgin, a la promoción que usted hizo de la empresa o a que vendía música mucho más barata que otros?

RB: Yo creo que Virgin era sinónimo de música fiable. Teníamos una marca muy fiable.

Un día, un joven artista me vino a ver con un disco fantástico. Lo llevé a varias discográficas, pero ninguna quiso sacarlo. Así que pensé: «Qué se fastidien, abriremos nuestra propia discográfica». Y sacamos ese disco. Era *Tubular Bells* de Mike Oldfield, que se convirtió en un éxito mundial.

DR: Decidió entonces fundar una aerolínea. ¿De dónde sacó la idea?

RB: Estaba intentando ir de Puerto Rico a las Islas Vírgenes. Tenía 28 años y había una hermosa joven esperándome.

DR: ¿Fue a las Islas Vírgenes porque tiene fijación con el nombre Virgin?

RB: Pues sí. En fin, que American Airlines nos dejó tirados. Llevaba tres semanas lejos de esa mujer, así que volví al aeropuerto y alquilé un avión. Esperaba que mi tarjeta de crédito no rechazara el pago. Entonces escribí en una pizarra: «Virgin Airlines, solo ida, a BVI. 39$». Me acerqué a otras personas que se habían quedado sin su vuelo y llené mi primer avión.

Cuando aterrizamos en el aeropuerto de las Islas Vírgenes, un pasajero me dijo: «Si afinaras un poco el servicio podrías entrar en el negocio de la aviación».

Y pensé que era buena idea. Al día siguiente telefoneé a Boeing y les pregunté si tenían algún 747 de segunda mano a la venta.

Empezamos con ese avión, compitiendo contra los trescientos de British Airways o de Pan Am y TWA. British Airways lanzó una campaña para desprestigiarnos e hicieron todo posible por echarnos del negocio. Les llevamos a juicio y obtuvimos indemnización más grande de la historia de Gran Bretaña. Era Navidad y repartimos el dinero entre nuestro personal, a partes iguales. Seguro que se quedaron esperando que cada año British Airways hiciera otra campaña para desprestigiarnos.

DR: A la gente que se enfrentaran a lo establecido por las aerolíneas. En una ocasión leí que estaba interesado por lo que ahora es el London Eye, la enorme noria Ferris de Londres. British Airways había patrocinado su construcción, pero no podían levantarla, y entonces usted alquiló un zepelín.

RB: De hecho, teníamos una pequeña empresa de zepelines a las afueras de Londres. Programamos el dirigible para sobrevolar el Eye, que todavía estaba tendido en el suelo. Medios de comunicación de todo el mundo estaban ahí para ver cómo poníamos en pie la noria. Lo único que dijimos fue que British Airways no podía levantarla. ¡Y les robamos protagonismo!

DR: Pues le salió bastante bien. Después abrió otras empresas. ¿Pensaba que el nombre Virgin y su creatividad las haría despegar?

RB: La única razón por la que entrábamos en un sector nuevo era creer que estaba mal gestionado. Así que me metí en el negocio de los trenes porque los gestionaba el Gobierno; British Rail se había cargado el servicio ferroviario, era horrible, y pensamos que podíamos entrar, comprar vehículos nuevos, motivar al personal y marcar la diferencia.

Yo creo que al final transformamos la experiencia de la gente. En todos los sectores en los que hemos entrado, hemos visto una enorme brecha en el mercado donde los grandes no lo estaban haciendo demasiado bien, y nosotros hemos podido meternos ahí y cambiar un poco el sector.

DR: ¿Cuántas compañías ha creado con el nombre Virgin?

RB: Más de trescientas.

DR: Se supone que no todas han funcionado. Cuando se daba el caso, las cerraba al cabo de un año o así. ¿Ninguna se ha declarado en quiebra?

RB: Hemos tenido la suerte de que no. Si alguna no funcionaba, saldábamos todas las deudas y la cerrábamos.

DR: ¿Hay algo en su vida que no haya logrado y le gustaría lograr?

RB: He pasado catorce años de mi vida trabajando en nuestro programa espacial. Ha sido duro, porque el espacio es difícil, es una ciencia. Pero creo que estamos a punto de cumplir nuestro sueño de estar sentado en una nave Virgin Galactic viajando al espacio.

DR: Hasta el momento se han apuntado más de 200.000 personas (quizás ahora sean más) para ir al espacio. ¿Están ya listos para hacerlo?

RB: De hecho, unas 800 personas se han apuntado y han pagado.

DR: ¿Cuánto cuesta?

RB: 250.000 dólares. Seguro que a la mitad de la gente que está leyendo esto, como mínimo, le encantaría viajar al espacio. Y la otra mitad pensará que esa gente está loca, dirán: «¿Para qué demonios quiere ir al espacio?». Pero el mercado de quienes quieren hacerlo es enorme.

DR: ¿Y cree que al final obtendrá algún beneficio de esto? ¿O lo hace por amor al arte?

RB: Nunca emprendo un negocio con la idea de ganar dinero. Creo que, si eres capaz de crear lo mejor en un sector determinado, podrás pagar tus facturas y ganar dinero.

DR: ¿Estará usted en el primer viaje espacial?

RB: Estaré en el primer viaje oficial, sí. Contamos con un equipo de astronautas muy valientes, pilotos de pruebas muy competentes, que están probando la nave una y otra vez y puliendo todo aquello que no funciona bien, antes de que yo mismo y otras personas nos subamos a la nave. Varios de esos pilotos de pruebas han viajado ya a bordo de la nave espacial *Unity*.

DR: Estoy convencido de que será seguro. Pero una vez voló usted en un globo aerostático y estuvo a punto de morir. (En 1987, Branson intentó cruzar por primera vez el Atlántico a bordo de un globo aerostático que acabó estrellándose).

RB: Con los globos hacía cosas que nadie había hecho jamás. Intenté cruzar el Atlántico y el Pacífico, y dar la vuelta al mundo.

Volé a 12.000 m en plena «corriente en chorro», solo con otra persona, Per Lindstrand, y con una tecnología totalmente nueva. Nosotros éramos los pilotos de pruebas. Las cosas pueden salir mal... y aquella vez salieron mal.

DR: Pero gracias a eso batió algunos récords Guinness. ¿Se arrepiente ahora de haber asumido esos riesgos en el globo?

RB: Creo que en mi familia vivimos la vida al máximo. Muchas veces, cuando estamos inmersos en una aventura, no pensamos en la posibilidad de morir, porque somos listos y fuertes y sabemos lidiar con los problemas.

DR: Es usted muy conocido por todas las cosas que ha hecho, pero su pelo y su perilla también son muy famosos. ¿Ha llevado siempre perilla y el pelo largo?

RB: He sido hippy desde los 15 años y a los 16 o 17 me dejé la barba. Me la afeité una vez, cuando fundé Virgin Brides; me puse un vestido de novia e hice reír a la gente.

DR: Ahora es «sir». ¿Esperaba ese nombramiento?

RB: Una vez pusimos el disco *God Save the Queen*, de los Sex Pistols, durante el jubileo de plata de la reina Isabel. 25 años más tarde me nombró sir. Estaba un poco nervioso pensando que, si se acordaba de la letra de la canción, me daría una colleja en lugar de una palmadita en el hombro. Pero al final nos perdonó.

DR: A finales de los setenta tuvo la oportunidad de comprar una isla en las Vírgenes.

RB: Querían cinco millones de dólares por esa preciosa isla. Pensé que podía pagar máximo 100.000 dólares y eso les ofrecí. Por suerte, nadie más fue a verla, así que al año siguiente me preguntaron si la quería por 120.000 dólares. Pedí préstamos a todo el mundo y me convertí en el propietario de la isla más bonita del mundo, en las Islas Vírgenes.

DR: Ha construido en la isla una casa y un resort.

RB: Necker es nuestra casa, es un lugar mágico. Organizamos reuniones fantásticas con amigos, a veces charlas en las que intentamos resolver los problemas del mundo. También hay gente que nos viene a ver en vacaciones y reservan toda la isla.

DR: Barack Obama y Michelle Obama, por ejemplo, fueron a la isla Necker.

RB: Barack me invitó a comer en el despacho oval tres meses antes de venir. Luego volvimos a comer juntos en la isla y estuvimos hablando de muchas cosas.

DR: Supongo que fue un huésped agradable.

RB: Ambos son absolutamente encantadores. Hicimos una competición muy divertida y me ganó: aprendió él antes a hacer *kitesurf* que yo a hacer *foilboard*. Fue un enorme privilegio pasar un día con ellos.

DR: Ha conocido usted a muchos líderes importantes y ha juntado a muchos de ellos en una ONG que se llama Elders (Los Mayores); ahí hay gente como Nelson Mandela y otros exlíderes. Usted es muy cercano a Mandela.

RB: Mucho. Tuve la suerte de que durante diez años tuvimos mucho contacto. Juntos fundamos Elders, que son doce hombres y mujeres increíbles que se preocupan por los conflictos e intentan resolverlos. Los conflictos son nuestro centro de atención, porque donde hay un conflicto todo lo demás se rompe.

DR: En su opinión, ¿cuáles son las características del liderazgo de alto nivel?

RB: Saber escuchar es una de las cosas más importantes. Cuando me siento a escuchar las conferencias que organizamos en las reuniones de Elders, me doy cuenta de que se han hecho mayores porque han pasado toda su vida escuchando, absorbiendo, así que escogen con mucho cuidado las palabras que van a decir.

Otra característica fundamental es amar, sentir un amor verdadero por las personas y por el bien común. Aunque haya gente un poco pesada, siempre se puedes encontrar algo bueno en cada persona.

DR: Si usted fuera un líder empresarial y quisiera llegar a ser sir Richard Branson, ¿qué ingrediente principal debería utilizar?

RB: Rodearse de gente excelente. También aprender a delegar desde el principio, no querer hacerlo todo uno mismo. Trabajar siempre con personas que sepan elogiar a los que les rodean y no los critiquen. Y que estén dispuestas a innovar, a ser osadas, a crear algo de lo que todos sus compañeros se sientan orgullosos.

DR: Uno de los mejores aspectos de su vida es que tiene una familia estupenda. Lleva casado más de cuarenta años. ¿Dónde conoció a su esposa?

RB: La conocí en un estudio de grabación llamado Manor que teníamos en Reino Unido.

DR: ¿Fue amor a primera vista?

50 CONVERSACIONES

RB: Para mí sí. Ella estaba tomándose un té, yo la miré y me quedé embelesado. Ella estaba entonces con otra persona, así que tuve que «perseguirla».

Empezaron a apodarme «Tagalong», por un amigo que trabajaba en Virgin que la conocía y decía que, cada vez que salían a comer, yo le preguntaba a ella si podía acompañarlos.

DR: Y funcionó. Han tenido dos hijos, a los que está muy unido. Por otro lado, siempre he pensado que es importante que la gente de éxito siga unida a sus padres mientras vivan. Su padre murió hace unos años, pero vivió hasta los…

RB: 93.

DR: 93. Y su madre sigue viva. ¿Qué opinaban sus padres de su éxito?

RB: Es maravilloso haber podido compartir mis triunfos con ellos. Los primeros 200 dólares que usé para montar mi empresa me los dio mi madre. Se encontró por la calle un colgante y lo llevó a la policía para entregarlo, pero nadie lo reclamó, así que lo vendió por 200 dólares. Ese dinero fue esencial para mi empresa.

Y, bueno, hemos podido compartir con ellos la maravillosa vida que he tenido la suerte de vivir. Y seguimos haciéndolo con mi madre.

DR: ¿Pensó alguna vez que cuando fuera mayor sería lo bastante rico para donar enormes sumas de dinero?

RB: Realmente nunca pensé que el sueño de mi vida se fuera a hacer realidad y que algún día estaría en condiciones de marcar la diferencia.

DR: Hay personas que se han hecho ricas y famosas y, sin embargo, parecen muy tristes. Pero usted parece una persona feliz, ¿es cierto?

RB: Sería muy triste si no fuera feliz. Tengo la suerte de estar casado con una mujer absolutamente maravillosa; somos totalmente diferentes, pero nos llevamos estupendamente bien. Hemos tenido la fortuna de pasar juntos la mayor parte de nuestras vidas y de tener unos hijos y unos nietos fantásticos.

Y cada día aprendo algo. Para mí la vida es una larga carrera universitaria que nunca se acaba. Aprendo de escuchar a la gente, de salir a la calle, de anotarlo todo. Me siento como un estudiante perpetuo.

DR: Permítame que le haga una pregunta que también le hice a Bill Gates. ¿Cree que habría tenido más éxito en la vida si hubiera estudiado una carrera universitaria? Bueno, es obvio que no podría haber tenido más éxito.

RB: No. A los 40 años, le dije a mi mujer que quería dejarlo todo e ir a la universidad. Ella me miró y me soltó: «Tú solo quieres ir para conocer jovencitas. ¡Vuelve al trabajo inmediatamente!». Y resultó ser un buen consejo.

OPRAH WINFREY

Directora ejecutiva de Oprah Winfrey Network (OWN); actriz y productora

«Tu legado son todas las vidas en las que has influido. Nos gusta creer que los grandes momentos solidarios son los que dejan huella o los que marcan una enorme diferencia en el mundo, pero en realidad lo importante es lo que haces a diario, cómo usas tu vida para ser luz para otras personas».

Pocas historias norteamericanas de éxito y liderazgo pueden rivalizar con la de Oprah Winfrey. Fue criada en la más absoluta pobreza por su abuela, contratada en Nashville para su primer trabajo en televisión con 19 años y degradada de presentadora a reportera cuando trabajaba en una emisora de radio local en Baltimore. Luego se trasladó a Chicago, donde se convirtió en el personaje televisivo más admirado (y visto) de Estados Unidos durante casi tres décadas. Cuando puso punto y final a su programa de entrevistas *The Oprah Winfrey Show*, el 25 de mayo de 2011, había ganado varios premios Emmy, su programa se había emitido en más de 150 países de todo el mundo y en los hogares de Estados Unidos tuvo un alcance nunca visto.

Oprah también ha llegado a ser muy influyente en la vida y la opinión pública estadounidense; es la mujer afroamericana más rica de Estados Unidos y una gran filántropa, que ha recaudado más de 51 millones de dólares a través de Oprah's Angel Network. Hollywood no habría podido escribir un guion tan increíble sobre cómo llegar a la riqueza desde la más absoluta pobreza.

Además de su programa de entrevistas, Oprah edita una revista, tiene un canal de televisión y fomenta la lectura a través de su club de lectura, famoso en el mundo entero, gracias al que se han vendido más de 55 millones de libros. En 2007 apoyó públicamente a Barack Obama en su campaña presidencial. Después de su discurso de agradecimiento en la ceremonia de los Globos de Oro de 2018, el hashtag #Oprah2020 fue *trending topic* en las redes sociales. En la actualidad, sigue rechazando presentarse para cargos públicos.

¿Cómo logró todo esto? ¿Cómo consiguió Oprah llegar a ser alguien tan importante y visible en la vida de los norteamericanos?

Sin duda, estaba convencida de querer salir de sus humildes orígenes. Muchas otras personas han tenido sueños similares, pero nadie más ha conseguido lo que ella. Y, en realidad, no necesita su apellido: es como Elvis, Cher, Madonna o Bono; su nombre lo dice todo.

Traté de conocer su perspectiva sobre su vida y su carrera cuando la entrevisté en Bloomberg, en Nueva York, con público en directo, en diciembre de 2016. No es nada fácil entrevistar a una experimentada entrevistadora, pero no me sentí incómodo. Conozco a Oprah desde 2009, que fue mi primer año como presidente del Consejo de Administración del Centro John F. Kennedy para las Artes Escénicas en Washington D. C. Ese mismo año, ella recibió un premio (muy merecido) de este centro. Ningún otro presentador de televisión lo había recibido antes.

Siempre que hablo sobre aquella época me gusta contar esta historia: mi madre me decía, cuando yo estaba aún en la universidad, que había una mujer en la televisión de Baltimore que era tan maravillosa que acabaría marchándose a otro lugar más importante. Yo le decía que eso no iba a ocurrir, porque los presentadores de noticias de Baltimore nunca habían sido tan buenos. Debería haberle hecho caso e invertir en el futuro de Oprah.

Oprah dice que su principal cualidad como entrevistadora es escuchar al entrevistado e intentar entender el impacto de lo que está diciendo. Yo he intentado seguir ese consejo al máximo, pero Oprah tiene una forma única y especial de mostrar empatía por sus entrevistados y por el público, y es precisamente esa capacidad para conectar, de una forma casi visceral, con los telespectadores la que ha hecho de ella una persona tan encantadora, única e influyente.

En realidad, Oprah no necesita un entrevistador para hacerla hablar.

La entrevista la hicimos siguiendo su propio formato y la verdad es que me dio una clase magistral. Le dije que le auguraba un buen futuro en la televisión si ella quería. Y le dije también que podría llegar a ser presidenta de Estados Unidos —tiene todos los requisitos para ser una buena candidata—; pero después me di cuenta, como ella ya sabía por puro instinto, de que ser Oprah es mucho mejor que ser presidenta de Estados Unidos.

DAVID RUBENSTEIN (DR): No la intimida tener público en vivo, ¿verdad?

OPRAH WINFREY (OW): Al revés, me siento como en casa. Es una de las cosas que echo de menos de tener un programa diario.

De vez en cuando alguien me pregunta si echo de menos el programa. Y yo siempre digo que no, pero sí a la gente.

Porque lo que hacía era tener mi propio *aftershow* con el público. Después de cada programa hablaba con ellos media hora o cuarenta minutos.

Al principio firmaba autógrafos cada día. Me ponía allí, delante de la fila, y firmaba unos 350 autógrafos sin levantar la vista. Un día decidí que eso no era lo que quería hacer, lo que de verdad quería hacer era charlar con esa gente. Quería descubrir quiénes eran, de dónde venían. Y se convirtió en mi parte favorita del día.

DR: ¡Vaya!

OW: Era como un grupo de terapia para mí. Y creo que también la razón por la que fuimos el programa número uno durante 25 años.

Yo utilizaba la información que me daban cada día esas personas, que eran nuestro recurso más preciado, los espectadores, la gente que se había molestado en ir allí con sus tías, con sus hijas o sus primas, y hasta con algunos maridos, que seguramente pensaban algo así como: «Vale, ya he ido al programa de Oprah. Ahora déjame tranquilo por lo menos dos meses».

DR: El programa se emitió en Chicago durante 25 años, ganó casi 50 veces el Emmy y fue elegido uno de los mejores programas en la historia de la televisión estadounidense. Pero al final lo dejó para hacer otras cosas. ¿No se arrepiente?

OW: No me arrepiento para nada. No quería acabar sonada y que llegara un día en que no me acordara de lo que tenía que decir. Con los años llegamos a ser nuestra peor competencia. Cuando en 1986 estrené mi programa de entrevistas, pensaba después de cada episodio qué haríamos en el siguiente.

Me di cuenta en un par de años de que cuando se trata de tu carrera la corres mejor que nadie. Es decir, si te dedicas a ver qué hacen los demás, te quedas atrás. Yo iba a ser mucho mejor siendo yo que intentando ser otra persona. No debes compararte con otros.

En cuanto caí en la cuenta de eso nos marcamos nuestro propio ritmo y descubrí que aquello no era tan solo un programa, sino una plataforma a través de la cual hablar al mundo. Fue hacia 1989 cuando pensé: «Está bien, ¿qué quieres decirle al mundo? ¿Cómo quiero que me utilice la televisión y cómo quiero utilizarla yo?».

DR: ¿Qué la lleva a trabajar tanto? ¿Por qué ha decidido trabajar ahora incluso más que antes?

OW: Lo que me ha funcionado todos estos años —tanto trabajando en la revista, que sigo teniendo, como antes, en el programa— ha sido saber que hay un denominador común en la experiencia humana; yo quiero lo mismo que usted y usted quiere lo mismo que aquel otro.

Lo que todos queremos es vivir la máxima expresión de nosotros mismos como seres humanos. Y esto no termina hasta nuestro último aliento. ¿Cuál es tu máxima aspiración? Con independencia del momento de tu vida en el que estés, siempre hay un siguiente nivel, siempre, hasta tu último aliento.

Siempre supe que dejaría de hacer el programa cuando sintiera que había dicho todo lo que podía decir en esa plataforma y me plantease para qué serviría a partir de entonces.

DR: Ahora, echando la vista atrás, hacia todo lo que ha logrado —y sabemos que le queda un largo camino por delante para lograr mucho más—, ¿de qué se siente más orgullosa?

OW: Tengo una escuela para niñas en Sudáfrica de la que acabamos de celebrar el vigésimo aniversario. También tengo chicas de Brown, Stanford y Elon, por todo Estados Unidos, que van a la escuela.

Lo que siempre he querido hacer es ayudar a las chicas, porque yo fui una niña pobre y sé lo que se siente. Sé que cuando cambias la vida de una niña no solo cambias la suya, sino también la de toda su comunidad, porque las niñas volverán con su familia, a su comunidad.

Eso fue lo que sentí que debía hacer un año después de estrenar mi programa de televisión. Una mujer de Ann Arbor, Michigan, me escribió una carta que figurará en mi testamento. No tendré lápida, pero si no me incinerasen y la tuviera lo mandaría escribir en ella. Decía: «Oprah, verte ser tú misma cada día me hace querer ser más yo misma». No conozco nada mejor que esta frase.

Tu legado son todas las vidas en las que has influido. Nos gusta creer que los grandes momentos solidarios son los que dejan huella o los que marcan una enorme diferencia en el mundo, pero en realidad lo importante es lo que haces a diario, cómo usas tu vida para ser luz para otras personas. Y de qué modo utilizas tu trabajo como una expresión de tu arte, cualquiera que sea.

DR: Usted viene de una familia muy modesta.

OW: *Modesta* no es la palabra; yo era pobre. Muchas niñas de mi escuela —de hecho, todas— son pobres. Hace poco estuve en Sudáfrica para una graduación y les dije: «Todas venís de las mismas circunstancias. Todas sois pobres».

Una de las chicas levantó la mano y dijo:

—No me gusta usar esa palabra. Yo le respondí:

—Si no fueras pobre deberías disculparte, porque yo te pago para estar en esta escuela porque eres pobre.

No tengo ningún problema con la palabra pobre, no me avergüenza. Al principio de mi carrera sí me molestaba. Pero era pobre, David, no tenía agua corriente, ni electricidad, y tenía una letrina; eso es ser pobre.

DR: Vivió con su madre, luego con su padre y finalmente con su abuela. Es bastante desconcertante eso de ir viviendo con unos y otros. ¿En qué momento se dio cuenta de que poseía ciertas aptitudes que quizá le permitirían prosperar?

OW: Creo que en el jardín de infancia ya lo noté. Me crie en un lugar muy pequeño, que solía llamar «la granja». Cuando volví, al cabo de los años, me di cuenta de que no era una granja, apenas era un acre de tierra. Aprendí a leer y leía los versículos de la Biblia. Así crecí leyendo.

Cuando tenía seis años me mandaron a Milwaukee y, gracias a la fecha de mi cumpleaños, tuve la suerte de no pasar ni un solo día en una escuela segregada, no tuve ocasión de sentirme ni por un momento inferior a nadie. Cuando entré en mi primera clase del jardín de infancia fue la primera vez que vi a niños blancos que no fueran de las familias para las que trabajaba mi abuela.

Todos esos niños estaban aprendiendo el abecedario y yo me pregunté por qué. Escribí una carta a la señorita Knew, mi profesora, en la que le decía: «Querida señorita Knew, yo no tengo que estar en esta clase, porque sé muchas palabras largas». Y le puse todas las palabras largas que sabía. Cualquiera que lea la Biblia verá palabras como Shadrach, Meshach, Abednego, Nehemiah, Jeremiah. Y escribí otras como *elefante* e *hipopótamo*, simplemente porque eran largas. Dejé impresionada a la señorita Knew.

DR: Hablando de palabras largas y de la Biblia, su nombre tiene procedencia bíblica, pero se supone que era…

OW: Orpah

DR: ¿Cómo es que al final fue Oprah?

OW: Bueno, lo deletreé mal el primer día de colegio y así se quedó. En mi partida de nacimiento está como Orpah.

DR: Pero es un nombre muy famoso ahora. Hay muy pocas personas en el mundo que sean reconocidas solo por su nombre. Hay una Oprah, un Elvis, un Jesús. Pero poca gente más. ¿Y si se hubiera llamado María o Jane?

OW: No habría sido lo mismo. Recuerdo que algunos de mis jefes, cuando empecé a trabajar en Baltimore, me decían que tendría que hacer algo con mi nombre, porque nadie se acordaría de él ni sabría pronunciarlo.

Hasta ese momento, David, siempre había querido tener un nombre normal y corriente. Precisamente cuando mis jefes me dijeron que debería cambiármelo pensé que no lo haría. Cuando empecé en Baltimore, mi lanzamiento fue con una campaña cuyo eslogan decía: «¿Qué es una Oprah?», con la intención de explicar a la gente cómo pronunciar mi nombre.

DR: Diré, para quienes no conocen sus orígenes, que fue al colegio en Tennessee y allí trabajó para una radio mientras estudiaba. Después la contrataron en Baltimore, mi ciudad natal. Mi madre solía verla por televisión. Me llamaba y me decía: «Hay una mujer sensacional en un programa de aquí. Se va a hacer famosa». Yo le dije: «Vamos, hombre, nadie de Baltimore se hace famoso». Pero tenía razón.

OW: Su madre sí que sabía.

DR: Era muy lista, yo debería haberla escuchado. Entonces, cuando se marchó a Baltimore lo hizo para ser…

OW: Presentadora de noticias.

DR: Y no funcionó.

OW: Me despidieron. Bueno, me degradaron.

DR: La degradaron. Tenía un contrato y por eso no pudieron echarla, ¿verdad? ¿Y cómo lo hizo para empezar de entrevistadora en un programa nocturno?

OW: Algo que he aprendido con la perspectiva que me ha dado la edad es que, muchas veces, ser degradado o despedido es una oportunidad. Muchas personas a las que he entrevistado me cuentan que eso ha sido lo mejor que les ha pasado, que es una experiencia que te sitúa en un lugar mejor. En mi caso, por ejemplo, yo no era muy buena reportera, porque era demasiado emotiva; salía a la calle a contar historias y, acto seguido, me volvía para llevar mantas a la gente de la calle.

DR: También era usted muy joven, tenía 21 o 22 años.

OW: Sí, pero era muy empática. Siempre me criticaron por involucrarme demasiado en los asuntos de la gente. Estaba ganando 22.000 dólares al año y mi mejor amiga, Gayle King, también trabajaba allí. Me dijo: «Oh, cielos, ¡tienes 22 años y estás ganando 22.000 dólares! Imagínate cuando tengas 25 y luego 30». Bueno, ganaría 60.000 dólares ahora. Estaría bien que fueran 62.000.

Pero me alegro de que no saliera bien. Cuando me degradaron no querían pagar el sueldo que venía en mi contrato; entonces ganaba 25.000 dólares al año, pero no querían pagármelos. Así que me mantuvieron en plantilla y me dijeron que me pondrían en un programa de entrevistas para cumplir mi contrato.

DR: Y pasó a presentar el programa nocturno. Había una sección denominada «Dialing for Dollars» (algo así como llamadas para pedir dinero). ¿Se supone que usted debía llamar a la gente?

OW: Muy bien, veo que ha hecho su trabajo, David.

DR: Bueno, soy de Baltimore y conozco el programa.

OW: A veces estábamos en mitad de una conversación y yo me levantaba y anunciaba: «Vamos a "llamar para pedir dinero"». Entonces me iba a otra parte del plató y marcaba un número al azar de la guía telefónica. Y decía: «Le llamo para pedir dinero. Si está viendo el programa, sabrá cuál es el importe». Era una locura.

DR: Aquel programa tenía mucho éxito. Pero, de repente, alguien le propuso hacerlo en Chicago y usted decidió marcharse. ¿Es cierto?

OW: Sí, decidí abandonar. Mi contrato no había cumplido todavía, pero creo que todo el mundo sabe que siempre actúo por instinto. Cuando estoy en un sitio y he crecido todo lo que podía crecer, mi instinto me dice que debo cambiar.

Empecé a sentir que tenía que hacerlo. Nueva York me parecía una ciudad demasiado concurrida y difícil. Aunque era el mercado principal, todo el mundo quería ir a Nueva York.

En esa época le propuse a mi agente ser la sustituta de Joan Lunden. ¿Se acuerdan de Joan Lunden? Le pregunté si me podría conseguir eso, sustituir a Joan Lunden cuando se fuera de vacaciones o se tomara unos días libres. Mi agente me dijo que no era posible, porque ya tenían a una persona de color: Bryant Gumbel.

Repuse que no, que él estaba en otra cadena, así que a lo mejor podían contratar a alguien más. Pero él insistió en que no funcionaría. En fin, acabé despidiendo a mi agente.

Y al final fui a Chicago porque aparecí en una cinta de audición de alguien. Una de mis productoras, que se había ido a Chicago, me llamó y me dijo que Dennis Swanson me había visto en su cinta. A ella la acababan de contratar como productora. Quería saber si estaba interesada en presentar *A.M. Chicago*. Así fue como ocurrió.

DR: Ese programa ya existía, pero usted llegó y lo impulsó, y a partir de ahí se hizo muy famoso. De hecho, le cambiaron el nombre por *The Oprah Winfrey Show*.

OW: La gente empezó a llamarlo «el show de Oprah». Decían: «¿Has visto el show de Oprah hoy? Pero ellos seguían llamándolo *A.M. Chicago*.

Y el caso es que todo el mundo, excepto mi amiga Gayle, que seguía en Baltimore, me había dicho que fracasaría en Chicago, porque me tendría que enfrentar a Phil Donahue.

Pero eso a mí no me importaba, porque no creía que fuese invencible y, de hecho, así se lo dije a mi jefe, Dennis Swanson, que hizo grandes cosas en televisión. Él me dijo: «Sabemos que puedes con él, así que no te preocupes, limítate a ser tú misma».

Eso me salvó, porque imagínate que me hubiesen dicho a mí, pequeña, gordita y con rizos: «Ahora sal ahí y gánale la partida a Phil Donahue». En cambio, Dennis me dijo: «Este es un programa de entrevistas local. Aceptaremos las cifras de audiencia que hagas». Así que no tenía ninguna presión. Me limitaba a hablar y a ser yo misma.

DR: Tengo entendido que Phil Donahue acabó dejando Chicago y trasladándose a Nueva York por culpa de su competencia.

OW: Siempre he dicho que, si no hubiera habido un Phil Donahue, tampoco habría habido un show de Oprah. Él sentó las bases para nuestro tipo de audiencia —amas de casa inteligentes, muchas de ellas madres que cuidaban a sus hijos; y algunas de ellas volvieron a trabajar a mediados de los ochenta, que es cuando yo empecé, y les interesaba oír hablar de cosas importantes—. En realidad, él me abrió las puertas.

DR: ¿Cuándo se dio cuenta de que tenía un don para entrevistar que era mejor que el de cualquier otro?

OW: Nunca creí que fuera mejor que nadie. Lo que pienso que es solo mío es mi capacidad para conectar con la audiencia, y es una capacidad que viene de saber entrevistar, de saber escuchar, de saber en mi interior que no soy diferente al público.

Lo que me daba fuerza y poder con el micrófono era que siempre me veía como parte de la audiencia. Por eso hacía preguntas a los entrevistados que normalmente no habría hecho.

En una ocasión hice una muy embarazosa, no porque quisiera saber la respuesta, sino porque pensé que la audiencia sí habría querido conocerla. Le pregunté a Sally Field, cuando estaba saliendo con Burt Reynolds, si él dormía con el peluquín.

DR: ¿Cuál fue la respuesta?

OW: Yo pensé que estaba haciendo esa pregunta de parte del público. Pero a ella le sentó muy mal y no me respondió. En ese momento me di cuenta de que me había equivocado. Y aprendí de mi error, ahora ya no lo hago. Entonces lo hice porque los productores me presionaban con aquello de que la gente quería saber.

DR: Mientras presentaba el programa, tuvo la oportunidad de ser actriz en *El color púrpura*.

OW: Fue más que una oportunidad. Dios mío, ni siquiera tengo tiempo para contar esta historia. Porque nunca quise nada más en mi vida, David, y nada me ha gustado tanto como *El color púrpura*.

Había visto una reseña en el *New York Times*, así que me compré el libro. Me lo leí en una noche. Después volví y compré ocho ejemplares más. Eso era antes de tener mi club de lectura, por supuesto. Era 1983 o 1984.

Bueno, pues repartí los ocho libros. Siempre he sido ese tipo de persona que si encuentra algo interesante quiere que todo el mundo lo tenga. Regresé a la librería y compré todas las copias que había. Al día siguiente, en el trabajo, insistí a todo el mundo en que tenían que leer ese libro.

Más tarde empecé a oír que querían hacer una película. En resumen, conseguí hacer una audición para la película gracias a que Quincy Jones me había visto en televisión. Estaba de paso en Chicago cuando mi programa *A.M. Chicago* estaba emitiéndose.

Buscaban a una actriz para un papel secundario. Yo no conocía a Quincy Jones.

Él estaba en Chicago y un día, al salir de la ducha, me vio en la tele y pensó: «Esta chica podría hacer la película». Entonces hizo que me llamaran.

Yo había estado casi rezando para actuar en la película. Un día estaba en mi despacho y recibí una llamada del director de casting. Me dijo: «Te llamo por una película que estamos preparando. ¿Estarías interesada en hacer una prueba? Se titula *Moon Song*». En ese momento todo el mundo la conocía por ese título, porque el director no quería que se supiera lo que estaba haciendo. Fui a la audición y, por supuesto, era *El color púrpura*, con Steven Spielberg como director.

DR: ¿Consiguió el papel?

OW: Sí, lo conseguí.

DR: Y además fue nominada al Oscar como mejor actriz secundaria. Debería haberlo ganado, pero no fue así.

OW: No pasa nada. En cualquier caso, el vestido no me quedaba bien y no habría podido levantarme de la silla.

DR: Barack Obama fue el primer presidente afroamericano de Estados Unidos. Se puede decir que hemos tenido como presidente electo a una figura mediática. En Estados Unidos nunca ha habido una presidenta. ¿Ha pensado alguna vez, dada su popularidad y que aún no hemos roto el techo de cristal para las mujeres, que podría ser candidata a la presidencia e incluso ser elegida?

OW: Nunca había considerado esa posibilidad hasta este año.

DR: Está claro que no hace falta tener experiencia en el gobierno para ser elegida presidenta.

OW: Hasta este año siempre había pensado eso, que no tenía experiencia y que no sabía lo suficiente. Ahora pienso que podría ser. Pero no, no me presentaré.

DR: Hoy, cuando estaba revisando sus proyectos actuales, he visto que sus prioridades ahora son el desarrollo de su proyecto solidario, OWN, la actuación y la producción ejecutiva.

OW: Voy a seguir actuando. También voy a seguir creando programas que hablen al mundo entero de las personas, y que lo hagan de una manera que les impulse a querer vivir mejor y ser mejores, y que destaquen sus victorias y les hagan saber lo importantes que son en el mundo.

David, mi programa diario era para mí como una terapia. Me ayudaba a centrarme, a prestar atención todos los días. Nunca he ido a terapia, el programa era mi terapia. Y logré también que la terapia fuera algo aceptable para muchas personas que pensaban que eso no les valía.

Una de las cosas de las que empecé a darme cuenta entre mediados y finales de los noventa es que todas las personas que venían al programa me decían al final: «¿Ha salido bien? ¿Cómo ha salido?».

Y empecé a prestar más atención a esas preguntas. En una ocasión, estaba entrevistando a un hombre que cumplía cadena perpetua por matar a sus dos hijas gemelas. Al final de la entrevista, incluso entre los barrotes, me preguntó: «¿Ha salido bien? ¿Cómo lo he hecho?». Barack Obama también me lo preguntó la primera vez que vino a una entrevista; y George Bush, y Beyoncé. Ella me enseñó a bailar y luego preguntó: «¿Está bien?».

DR: Se trata de una habilidad adquirida, ¿verdad?

OW: Lo del baile, sí. Pero eso fue lo que aprendí tras 25 años dirigiendo el programa. Todas las personas a las que he entrevistado, fuera cual fuera su profesión o su actividad o sus relaciones, siempre, después de cada experiencia, han querido saber si había salido bien.

Pero lo que están diciendo en realidad es: «¿Me has escuchado? ¿Significa algo para ti lo que he dicho?». Así que empecé a escuchar con esa mentalidad, la de dar valor al hecho de que estés aquí, hablando conmigo y dedicándome tiempo, la de saber que eso es importante porque tú eres importante. Siempre que estés escuchando o mirando a alguien, siempre que discutas con alguien, siempre que te encuentres con alguien, lo único que esa persona quiere saber es: «¿Me has escuchado? ¿Me has visto? ¿He dicho algo importante?».

WARREN BUFFETT

Fundador y director ejecutivo de Berkshire Hathaway

«Busca el trabajo que te gustaría tener si no necesitaras trabajar. Lo más probable es que vivas solo una vez. No querrás estar sonámbulo toda tu vida… Así que busca el trabajo que te emocione. Busca una pasión».

Se considera a Warren Buffett uno de los mayores inversores del mundo. Durante sus casi setenta años de profesión, ha hecho más por los inversores (incluido él mismo) que ningún director financiero de la historia. Ahora, a sus noventa años, sigue apostando fuerte por su principal vehículo de inversiones, Berkshire Hathaway, que goza de un valor de mercado de más de medio billón de dólares.

Desde su juventud ha estado siempre interesado en los negocios y las inversiones. Al acabar la carrera de Economía en la Escuela de

Negocios de Columbia —fue rechazado en la de Harvard— estuvo trabajando unos años en Nueva York para su ídolo en el mundo de las finanzas, Benjamin Graham (coautor de la «biblia» de Warren: *Security Analysis*).

Posteriormente, regresó a Omaha, su ciudad natal, donde además de abrir una sociedad limitada tuvo un éxito nunca visto trabajando de una manera muy diferente: con pocos empleados, sin ordenador, sin asesores de los bancos de inversión; tomando rápidas decisiones sobre las transacciones y concentrándose en los precios de la inversión en valor de los sectores clave. Está a favor de la sabiduría popular, no tiene ningún interés en las trampas de la riqueza —sigue viviendo en la misma casa que compró en 1958— y siempre demuestra poco ego y un humor autocrítico, junto con unos gustos alimentarios en apariencia insanos que no han tenido ningún efecto en su cerebro, que sigue agudo a sus noventa años. Recientemente, se ha convertido en uno de los mayores filántropos tras donar 75.000 millones de dólares a la fundación Bill & Melinda Gates.

Entre los inversores con admiradores deseosos de conocer sus secretos, ninguno ha tenido nunca tantos como Warren Buffett. Decenas de miles de personas acuden a la reunión anual de Berkshire Hathaway para escuchar, durante seis horas o más, sus opiniones (en 2020 se hizo en formato virtual). Sobre sus actividades de inversión se han escrito muchos libros y artículos, que ha leído la enorme cantidad de seguidores que tiene por todo el mundo.

Conocí a Warren hace bastantes años, antes de que él fuera tan famoso, y he podido conocerle mejor en las reuniones de The Giving Pledge y en otros encuentros de inversores y filántropos. Lo he entrevistado en numerosas ocasiones y siempre ha sido un placer y una experiencia de aprendizaje enorme.

En esta entrevista, llevada a cabo en 2016 en su restaurante favorito de Omaha, Gorat's, Warren habla de cómo pasó de ser un discreto financiero a uno de los más grandes inversores del mundo. Atribuye su éxito y su capacidad de liderazgo a la perenne pasión por lo que hace: sobre todo, buscar oportunidades de invertir en empresas a precios que parece probable que aumentarán y, por tanto, generarán atractivos beneficios. Buffett siempre ha sido fiel a esta pasión inicial comprando acciones o empresas a precios bastante más bajos que su probable valor futuro; y después, con pocas excepciones, no las ha vendido y así se ha ahorrado los costes de la transacción y los impuestos sobre los rendimientos del capital.

Warren disfruta jugando a bridge, donando su dinero y apoyando los objetivos benéficos de su familia, pero con nada parece disfrutar tanto como con la lectura de los informes económicos anuales, en los que busca alguna inversión barata para su compañía, Berkshire Hathaway, que cuenta con la mayor acumulación del mundo de activos dispares, todos ellos conseguidos gracias a la visión, las capacidades y el empeño del señor Buffett. A pesar de su edad, sus inversores prefieren que siga liderando Berkshire Hathaway. Un inversor que hubiera comprado acciones de la compañía en 1965 habría visto multiplicar por 20.000 su valor en 2019.

Solo existe un Warren Buffett, no es probable que veamos pronto a alguien ni remotamente capaz de hacer todo lo que él hace o ha hecho, y además sin dejar de decir que disfruta yendo a trabajar todos los días.

DAVID RUBENSTEIN (DR): Se crio en Omaha y se trasladó a Washington, D. C. cuando su padre fue elegido congresista de los Estados Unidos. ¿Quería de verdad marcharse allí o le obligó su padre? Era usted demasiado joven para resistirse.

WARREN BUFFETT (WB): Yo no quería ir a Washington. Me lo estaba pasando muy bien en Omaha, tenía muchos amigos, mi mundo era maravilloso; y, de repente, tenía que irme a un lugar desconocido.

Primero nos mudamos a Fredericksburg, Virginia, porque mi padre pensaba que Washington era una especie de nido de víboras y que si podía mantenernos apartados no nos tentaría. Vivimos allí solo seis semanas y fui muy infeliz.

En esa época desarrollé una extraña enfermedad, y les decía a mis padres: «No puedo respirar por la noche, pero no os preocupéis. Me quedaré despierto, vosotros dormid tranquilos y no os preocupéis por mí».

Este mensaje le llegó también a mi abuelo, que enseguida me pidió que volviera. Lo hice y viví un tiempo con él. Después, cuando nos trasladamos, mi familia no quiso volver a oír hablar del tema.

DR: Estudió en la Woodrow Wilson Senior High School y compaginaba los estudios con algunos trabajos. ¿Cómo empezó su carrera profesional en Washington?

WB: La mejor empresa que tuvimos fue una que fabricaba «máquinas del millón», la Wilson Coin Operated Machine Company. El nombre viene del instituto de secundaria en el que estudiamos mi socio y yo.

Teníamos nuestras máquinas en las barberías, y los barberos siempre querían que les pusiéramos las últimas máquinas del millón que llegaban. Pero esas costaban 350 pavos, mientras que una vieja y obsoleta salía por 25. Siempre les decíamos que tendríamos que consultarlo con el Sr. Wilson. Ese mítico Sr. Wilson era un tipo duro, te lo digo yo.

DR: Acabó el bachillerato como decimosexto de su clase. Está claro que si le hubiera dedicado más tiempo a los estudios podría haber sido el primero de la clase, pero en esa época no tenía demasiado interés.

WB: Es cierto, no me interesaban los estudios.

DR: En su anuario escolar pone: «Probablemente será corredor de bolsa». Fue a estudiar Wharton. ¿Por qué allí, y por qué estuvo solo dos años?

WB: No quería ir a la universidad, pero mi padre me obligó. En aquella época no se hacían pruebas de acceso a la universidad, pero estoy seguro de que él la habría hecho por mí. Siempre quise complacer a mi padre; para mí fue un héroe y lo sigue siendo.

Un día me dijo que por qué no presentábamos la solicitud, por gusto, y me sugirió Wharton. Me admitieron.

Al acabar el primer año yo ya me quería ir y dedicarme a los negocios. Pero mi padre me pidió que me diera un año más de margen. Así que hice segundo e insistí en irme. Él claudicó: «Bueno, ahora ya tienes créditos suficientes. Si te vas a Nebraska —que es donde quería volver— podrás licenciarte en tres años». Y eso hice.

DR: ¿Le llamaron alguna vez de Wharton para decirle que, como medio licenciado de esa universidad, debería darles algo de dinero? ¿O nunca le han molestado?

WB: Por ahora, no.

DR: Después de Wharton, ¿qué quería hacer? ¿Quería estudiar en una escuela de negocios?

WB: Obtuve una pequeña beca en Nebraska para ir a cualquier escuela de posgrado que quisiera, me daban 500 dólares. Mi padre sugirió Harvard.

DR: ¿Y entró?

WB: No. El chico que me entrevistó, cerca de Chicago, tardó diez minutos en despacharme. Yo me había pasado diez horas en el tren para ir a verle. Y él me miró y me dijo: «¡Olvídate!».

DR: ¿Se ha vuelto a encontrar a ese chico alguna vez?

WB: No, pero ahora necesita protección.

DR: ¿Por qué fue a la Escuela de Negocios de Columbia?

WB: Bueno, estaba en la biblioteca de la Universidad de Omaha, hojeando unos catálogos, y leí que Columbia tenía a Benjamin Graham y a David Dodd como profesores. [En 1934, Graham y Dodd habían escrito *Security Analysis*, el libro fundamental sobre lo que se conoce como «inversión en valor»]. Había leído su libro, pero no tenía ni idea de que eran profesores.

Dodd era vicedecano, Graham solo iba una vez a la semana a dar clases. Recuerdo que le escribí, le puse algo así como: «Estimado vicedecano Dodd, pensaba que usted y el señor Graham estaban muertos, pero ahora que sé que siguen vivos estaría encantado de ir a Columbia, si me admitieran».

DR: Y le admitieron. A veces, cuando conoces a tus héroes, te decepcionan. En su caso, conoció al Sr. Graham, ¿era tan bueno como usted pensaba?

WB: Totalmente. Y Dodd y yo acabamos siendo muy buenos amigos.

DR: Me imagino que sacó muy buenas notas en Columbia. Después de licenciarse empezó a trabajar con el señor Graham y sus socios. ¿Cómo fue?

WB: Fue maravilloso, estaba trabajando para mi héroe. Pero a Ben le quedaban dos años para jubilarse, así que estuve allí un año y medio. Pero cada día me despertaba emocionado por ir a trabajar con él.

DR: Usted era bueno eligiendo acciones según la fórmula de Graham, que era buscar empresas infravaloradas. Ahora eso se llama inversión en valor. ¿Era consciente entonces de que algunos de sus principios eran únicos?

WB: Cuando empecé a trabajar con él, probablemente habría podido recitar de corrido su libro mejor que él, porque lo había leído muchas veces. Pero era más una cuestión de sentirme inspirado por él que aprender algo nuevo.

DR: Al final, él decidió jubilarse y se acabó la asociación con Graham. ¿Pensó entonces en abrir su propia empresa en Nueva York, ciudad en la que supongo que le gustaba vivir? ¿Por qué regresó a Omaha?

WB: Es que yo quería volver a Omaha. Había hecho muchos amigos en Nueva York, pero teníamos dos hijos en ese momento y yo vivía en White Plains, así que tenía que ir y volver en tren a diario. No me parecía una vida tan maravillosa comparada con la de aquí, en Omaha. En ese momento, todos los abuelos y tíos de mis hijos estaban vivos; Omaha era un lugar más agradable para vivir.

DR: Así que volvió a Omaha. Está casado con Susie y tienen dos hijos, Howie y Susie. ¿Se compraron una casa en Omaha?

WB: Alquilamos una por 175 dólares al mes.

DR: ¿Y cuándo compró la casa en la que vive todavía?

WB: En 1958. Nuestro tercer hijo estaba en camino.

DR: Y una vez aquí abrió un nuevo negocio. ¿Cómo consiguió el dinero? ¿Le conocía la gente o conocía a su padre?

WB: Cuando regresé a Omaha tenía unos 175.000 dólares. Pensaba que eso era suficiente para vivir el resto de mi vida, que podría encargarme de todo. Me planteé ir a la universidad a estudiar Derecho.

Por el momento me matriculé en unos cursos en la Universidad de Omaha. No se me había pasado por la cabeza montar nada, pero dos meses después de regresar algunos familiares me preguntaron: «Oye, ¿cómo se invierte? ¿Qué tenemos que hacer?».

Les respondí que no volvería a ser bróker, pero que había trabajado para una sociedad en Nueva York que se llamaba Newman & Graham y podía montar una sociedad parecida si querían.

Mi intención al llegar, a finales de enero de 1956, no era montar nada; esa conversación ocurrió en mayo del mismo año.

DR: Piense en el éxito que habría tenido como abogado.

WB: Es verdad. Siempre me he arrepentido.

DR: Para su primera sociedad, ¿cuánto dinero logró juntar?

WB: Nos reunimos una noche a principios de mayo de 1956 y, con 100 dólares míos y otros 105.000 de siete socios diferentes, constituí una sociedad limitada. Así que empezamos con 105.100 dólares y les entregué una hoja con las normas fundamentales.

Y les comenté: «Si creéis que estamos en sintonía, si pensamos igual y estáis de acuerdo con lo que pone en este papel, nos podemos asociar. No hace falta que os leáis el contrato de la sociedad, pero sí tenéis que estar de acuerdo con las normas básicas».

DR: ¿Cuánto valdrían hoy en día esos 105.000 dólares con los que empezó?

WB: Mucho.

DR: Mucho. Bien, fue su primera sociedad. Compró algunas acciones. Pero al final ¿tuvo que disolver la sociedad porque no encontraba más empresas o acciones baratas para comprar?

WB: Lo que pasó fue que entre mayo de 1956 y el 1 de enero de 1962 constituí diez sociedades más. Cometí un error. Alguien, un amigo mío, leyó en un periódico la noticia sobre mi primera sociedad y dijo: «¿Qué es esto?». Y se unió. Y otro amigo vino de Vermont.

Así que empecé a constituir sociedades. No tenía ayudante, ni contable ni nada. Cada vez que compraba una acción tenía que dividirla en once boletos y rellenar once cheques. Llevaba once libros de cuentas, hacía once declaraciones de impuestos.

DR: ¡Vaya!

WB: Y lo hacía todo yo. Me encargaba de repartir todas esas acciones porque sabía que era el dinero de otras personas. Por eso, yo iba al banco y, acto seguido, entregaba las acciones. Después, el 1 de enero de 1962, decidí integrar todas las sociedades en Buffett Partnership, la cual dirigí hasta finales de 1969, cuando la liquidé.

DR: Liquidó Buffett Partnership, pero después, en 1969 ¿volvió a crear otra?

WB: No, en ese momento teníamos unos 105 millones de dólares en la sociedad y unos 70 millones en efectivo para distribuir. El saldo estaba en tres acciones, la mayoría de Berkshire Hathaway, que yo distribuí y prorrateé a todo el mundo.

DR: ¿Entonces empezó a comprar más acciones a través de Berkshire Hathaway?

WB: Acciones y empresas.

DR: Berkshire Hathaway era una fábrica textil con sede en Nueva Inglaterra.

WB: En New Bedford.

DR: Era una empresa que ahora es muy famosa porque es el nombre de su compañía, pero fue una de sus peores inversiones, ¿no es cierto?

WB: Fue una decisión terrible.

DR: ¿Y por qué utilizó el nombre de una empresa textil fallida para su empresa? ¿Por qué no lo cambió pasado un tiempo?

WB: Porque tomé una decisión estúpida: decidí comprar un montón de acciones de Berkshire Hathaway. La firma tenía un gran historial de cierre de plantas y utilizaba el dinero para comprar en stock. Era lo que yo denomino «invertir en una colilla de puro con la que consigues una calada gratis».

En fin, compré un número importante de acciones, casi el 10%. Vendieron algunas fábricas. El director ejecutivo me decía cosas como: «¿A qué precio ofrecerá sus acciones?». Yo le respondía que a once y medio, y le parecía bien. Y después enviaba la oferta de licitación y salía a once y tres octavos. Me dio tanta rabia que decidí comprar suficientes acciones para cambiar la dirección de la empresa y controlarla yo, lo cual fue una decisión terrible.

DR: Eso fue hace unos cincuenta años. Pero si alguien hubiera invertido con usted cuando compró Berkshire Hathaway, en los últimos 50 o 51 años habría obtenido una rentabilidad del 19 o 20% anual.

WB: Sí, aproximadamente eso.

DR: Nadie en la historia de las inversiones ha obtenido eso durante tanto tiempo.

WB: Mucha gente lo ha hecho mejor.

DR: Pero no durante un periodo tan largo.

WB: Ah, es un periodo de tiempo largo.

DR: ¿Cuál diría que es la razón? ¿Es que analizó las compañías mejor que nadie? ¿Que se aferró a sus principios? ¿Que es más listo que los demás? ¿Que no se dejó llevar por las modas? ¿Cuál diría que es el secreto de su éxito?

WB: Comprábamos empresas que creíamos que estaban bien a precios razonables, y contratábamos a gente competente para dirigirlas. Pero también empezamos a comprar valores negociables en Berkshire. Con el tiempo, nuestro interés principal pasó de los valores negociables a la adquisición de empresas. Al principio comprábamos algunas acciones; más tarde, en 1967, adquirimos una compañía de seguros por 8,7 millones de dólares.

DR: ¿National Indemnity?

WB: Sí, National Indemnity. Eran dos compañías gemelas y National Indemnity era la principal. Fue un gran acuerdo, pero también una estupidez ponerlo con la firma textil; tendría que haber sido una compañía independiente.

DR: ¿Por qué habla todo el tiempo de «nosotros» si es usted quien toma las decisiones? ¿Es porque tiene un socio, Charlie Munger?

WB: Bueno, tuve un socio. Y hubo también otros socios de la sociedad limitada, y algunos lo siguen siendo.

DR: ¿Cómo es que colaboró con Charlie Munger? ¿Es de Omaha?

WB: Charlie Munger es de Omaha, sí, eso me encanta. Trabajó en la tienda de mi abuelo, igual que yo. Vivía a media manzana de donde vivo ahora y fue al mismo colegio que mis hijos, pero nunca había coincidido con él.

En 1957, cuando tenía 26 años, estaba montando una sociedad con un tal Dr. Davis y su familia, y le pregunté por qué había decidido darme 100.000 dólares, que en aquella época era muchísimo dinero. Me dijo: «Bueno, me recuerdas a Charlie Munger». Le dije que no tenía ni idea de quién era ese Charlie Munger, pero que me gustaba. Y un par de años más tarde el Dr. Davis me lo presentó.

DR: Con los años usted ha comprado muchas compañías y ha invertido en otras. Una de las que conozco bien *es The Washington Post*. Invirtió en el periódico hace muchos, muchos años. Lo sé porque vivo en la ciudad y mi mujer trabajó en el periódico. ¿Cómo se le ocurrió esta inversión?

WB: The Washington Post Company había salido a bolsa en 1971, justo en la época de los Papeles del Pentágono. Pero en 1973, la administración Nixon impugnó la licencia de dos cadenas de televisión que tenía la compañía en Florida.

Las acciones cayeron entonces de 37 dólares a 16. Había al menos cinco millones de acciones en circulación, a 16 dólares. La empresa se vendía por 80 millones de dólares, lo que incluía el periódico, cuatro cadenas de televisión importantes, el *Newsweek* y algunos otros activos; por no hablar de su deuda.

Así que The Washington Post Company, cuyo valor intrínseco era de entre 400 y 500 millones de dólares, estaba a la venta por unos 80 millones. Compramos la mayoría de nuestras acciones al valor equivalente en el mercado de 100 millones de dólares; era un precio ridículo. Tenías una empresa que, sin duda, valía cuatro o cinco veces el precio de venta, y Nixon no iba a acabar con ellos.

DR: Entonces invirtió en ella. ¿Se enfadó al principio Kay Graham?

WB: Estaba preocupada. Le escribí una carta a la que ella llamó «Querida señorita Graham». Le decía algo así como: «Soy el dueño de Berkshire Hathaway, una empresa que posee una pequeña parte, menos del 10 %, de sus acciones. Reconocemos que la dueña y la directora de su empresa es usted y nos encanta. Siempre he sido un admirador del *Post* y ahora formo parte de él».

DR: Obviamente, usted admira a los Graham.

WB: Claro que sí.

DR: Sus análisis, los que hacía antes y los de ahora, ¿los hace con ayuda de un ordenador? ¿O usaba solo material impreso? ¿Cómo hacía antes para obtener información, por ejemplo, sobre *The Washington Post*, y cómo lo hace ahora?

WB: Casi igual, salvo que ahora tengo menos oportunidades. Yo conocía a Bob Woodward, periodista de investigación del *Post*, que entonces acababa de publicar *Todos los hombres del presidente*. De repente, la publicación del libro le hizo bastante rico; él tenía menos de 30 años entonces.

Desayunamos juntos en el hotel Madison (en Washington D. C.), y me dijo:

—¿Qué puedo hacer con este dinero? Yo le respondí:

—Invertir no es otra cosa que ocuparte de la historia adecuada. Imagínate que esta mañana Ben Bradlee (entonces editor ejecutivo del *Post*) te dijera: «¿Qué valor tiene The Washington Post Company?». ¿Qué harías? Piensa que tienes que escribir un relato en el plazo de un mes. Irías a entrevistar a los expertos en bolsa de la tele y de la prensa, y a los accionistas, e intentarías valorar cada activo.

Eso es lo que hago yo, me ocupo de la historia adecuada. Nada más que eso.

De todas formas, hay historias que no sabría escribir. Si me pides que haga un relato sobre el valor de una empresa muy atractiva, pero sin ánimo de lucro, no sabría hacerlo. Pero si me pides que escriba sobre el valor de Potomac Electric Power u otra empresa similar, lo haré bien. Esto es lo que hago cada día, tomo una historia y después voy y la presento.

DR: Recibe entonces los informes anuales y los lee. Igual que otras personas leen novelas, usted lee informes y memorias anuales.

WB: Exactamente.

DR: Y entonces calcula mentalmente cuánto puede valer una empresa.

WB: Eso es.

DR: ¿Tiene ordenadores para eso?

WB: No. Si tienes que calcularlo con exactitud, olvídate.

DR: ¿Utiliza el ordenador?

WB: Lo utilizo para jugar a bridge y para buscar cosas. No tengo ordenador en el despacho, pero sí en casa.

DR: Si alguien quiere hablar con usted, ¿puede hacerlo con un Smartphone?

WB: No, los Smartphone son demasiado inteligentes para mí. [En 2020, Warren Buffett anunció que ya tenía un iPhone].

DR: Y un ordenador que apenas utiliza...

WB: Una de las preguntas capciosas que Bill Gates y yo hacemos cuando hablamos en público es: «¿Quién de los dos pasa más rato frente al ordenador, sin contar el correo electrónico?». La respuesta correcta es, probablemente, yo, porque juego doce horas a la semana al bridge online y lo utilizo también para muchas búsquedas.

DR: ¿Con quién juega al bridge?

WB: Me hago llamar T-Bone, y juego con una mujer en San Francisco llamada Sirloin. Ha sido dos veces campeona del mundo, igual que yo, así que hacemos un buen equipo. Llevamos décadas jugando juntos.

DR: Estará ya a un gran nivel después de tantos años.

WB: No, no. No se puede tener mejor profesora que ella, pero como estudiante tengo mis limitaciones.

DR: Ha mencionado a Bill Gates. ¿Cómo le conoció? Está claro que no porque fuera socio o amigo suyo, porque él es una persona de ordenadores y usted no. A él le interesa la tecnología y tiene 25 años menos que usted.

WB: Meg Greenfield, entonces responsable del editorial del *Post*, me telefoneó a finales de los ochenta y me dijo: «Warren, siempre me ha encantado el noroeste del Pacífico». Había crecido allí y quería saber si tenía suficiente dinero para comprar una casa de vacaciones en la isla Bainbridge, cerca de Seattle.

Le dije: «Meg, todos los que me llaman para preguntarme si tienen suficiente dinero lo tienen. Si no me llamas es que no lo tienes». Así que se compró la casa y en julio de 1991 me dijo que quería que la conociera, porque había podido comprarla gracias a mí. Así que nos invitó a Kay Graham, a mí y a algunos más a su casa. Meg conocía a los padres de Bill y llamó a Mary Gates para decirle que estaba en la ciudad, a lo que Mary respondió con mucha cortesía: «Pues veámonos en nuestra casa de Hood Canal». Y se fue a convencer a Bill para que también fuera. Él le dijo: «No voy a ir a la ciudad para conocer a un corredor de bolsa».

Mary era una mujer muy constante y le insistió, pero él tenía claro que no iría. Total, que empezaron a negociar: «Solo cuatro horas», propuso ella. «No, una», dijo él. Al final fue a la ciudad. Cuando nos conocimos hablamos unas once horas seguidas; hicimos muy buenas migas.

DR: Pero usted no llegó a comprar ninguna de sus acciones.

WB: Compre cientos de ellas simplemente para seguirle el rastro.

DR: Usted ha tenido muchas luces y sombras.

WB: Desde luego.

DR: Una de las sombras fue una inversión que hizo en Salomon Brothers.

WB: Sí que fue una sombra.

DR: Invirtió allí y justo después hubo una crisis o un escándalo. Y, como consecuencia de algunas cosas que habían hecho los de Salomon Brothers en el mercado de las letras del Tesoro, tuvo que sustituir al director ejecutivo de la compañía. ¿Cómo ocurrió aquello? Usted no quería ser director ejecutivo de Salomon, ¿verdad?

WB: No. De hecho, recibí una llamada un viernes sobre las 7 de la mañana. Era agosto de 1991. Al otro lado de la línea estaban John Gutfreund, director ejecutivo de Salomon, y Tommy Strauss, presidente.

Me contaron que la noche anterior Gerry Corrigan, presidente del banco de la Reserva Federal de Nueva York, les había dicho que aquello era inadmisible y que tenían que dimitir. Iban a dejar de negociar con las acciones; iban a dejar de invertir.

Así que les dije que lo pensáramos juntos. Ellos respondieron: «Puedes leer nuestro obituario en la portada del *New York Times*». Así que fui a mi despacho y leí el *New York Times*.

Logré el sueño de cualquier político, que es ganar sin oposición, porque no había nadie más para asumir el puesto. Yo, por suerte, tenía un trabajo que podía dejar y además sabía algo sobre el negocio. Y no estaba contaminado en absoluto por lo ocurrido en el pasado. Volé a Nueva York ese mismo viernes y el domingo el Consejo me nombró director ejecutivo. [Buffett dirigió la firma nueve meses].

DR: Mucha gente opina que usted salvó a Salomon Brothers por su credibilidad, entre otras cosas. Pero fue un momento bajo en su trayectoria profesional, porque tuvo que hacer algo que en realidad no quería hacer.

WB: No fue divertido, pero lo hice. Para ser justo diré que no podría haberlo hecho sin la ayuda de Deryck Maughan, que trabajaba en Salomon, y de muchas otras personas.

DR: ¿Cuáles diría que son los acuerdos o los negocios de los que se siente más orgulloso? Pongamos como ejemplo uno reciente: ¿ha sido Precision Castparts, una adquisición de 37.000 millones de dólares, la mayor inversión de su vida?

WB: En realidad, costó entre 32.000 y 33.000 millones de dólares en efectivo, puesto que asumimos una deuda de 4000 millones.

DR: Pero para gastarse 37.000 millones de dólares debió de estar un año entero analizando la compañía, ¿no?

WB: No.

DR: ¿Cuánto tiempo pasó con el director ejecutivo?

WB: Creo que lo conocí el 1 de julio del año pasado. Fue una casualidad, él estaba dando una charla para algunos accionistas y resulta que un becario de nuestra oficina había trabajado en la bolsa un tiempo. Así que lo conocí por casualidad. Si hubiera estado fuera jugando al golf o algo así, nunca habríamos coincidido.

Pero entré y…, bueno, me gustó. Le estuve escuchando una media hora y después le dije al becario: «Llámalo mañana y dile que, si quiere una oferta en efectivo de Berkshire Hathaway, podemos hacérsela. Y que si no la quiere se olvide de nosotros para siempre».

DR: Así fue. ¿Contrató a algún banco de inversiones para que le ayudara con los análisis?

WB: No.

DR: ¿Contrata alguna vez a bancos de inversiones para que le ayuden a analizar las empresas?

WB: No para ayudarme a analizar la empresa, pero sí que a veces intervienen en la operación. Estamos dispuestos a pagar una buena comisión.

DR: Una vez me contaron que una empresa que usted quería adquirir contrató a un banco de inversiones y estos se pasaron una semana intentando que usted subiera el precio de la compra. Al final lo subió, pero solo un poco.

WB: Lo que pasó fue que dije que pagaría 35 dólares por acción de una compañía eléctrica estadounidense. Y sí, ellos contrataron a un banco de inversiones que trató de subir el precio. Me decían que tenía que subirlo para que pareciera que eran buenos, pero a mí no me importaba demasiado que lo parecieran. Estuvieron insistiendo una semana y, al final, me llamaron y me suplicaron: «¿Podría subir un poco el precio para que podamos enviar una factura y recibir el pago correspondiente por nuestros no servicios?». Les dije: «De acuerdo. Dígales que pagaremos 35,05 dólares por acción y ni un centavo más». Y eso fue lo que pagamos.

DR: Normalmente usted pone un precio y nunca lo varía. ¿Ha firmado alguna vez un acuerdo, digamos, poco amistoso?

WB: No, no, no.

DR: ¿Por qué?

WB: Aunque podríamos decir que en su origen Berkshire Hathaway fue el resultado de un acuerdo de esa clase, no nos interesa ese tipo de operaciones, no porque sean necesariamente malas. Desde luego, hay equipos directivos que deberían ser sustituidos.

DR: Seguro que mucha gente le llamar cada día para ofrecerle tratos. ¿Cuántos de ellos acaban prosperando?

WB: No me llaman todos los días. Nuestros criterios son bastante claros, por lo que poca gente llama. Lo normal es que cuando alguien llama pueda decirle, en dos o tres minutos de conversación, si la operación va a salir o no. Hay solo media docena de filtros y cualquier operación que me ofrezcan ha de pasar por todos.

DR: Me contaron una vez que usted recibió una carta de alguien de Israel que le decía: «Quiero que analice mi compañía». ¿Qué posibilidades hay de que un israelí le envíe información de una empresa sin que nadie se lo pida y usted la acabe comprando? Porque la compró.

WB: Sí, la compramos. Adquirimos el 80% de la compañía por 4000 millones de dólares. Y después el 20% restante.

DR: Antes de comprarla, ¿fue a Israel para conocer la empresa?

WB: No, no fui a Israel. Espero que la empresa esté allí.

DR: Pero desde entonces ha seguido la evolución de esa empresa.

WB: Prometí a la familia que me la vendió que, si la comprábamos, iría a Israel.

DR: ¿Está contento con la adquisición?

WB: Mucho.

DR: También compró una de las mayores ferroviarias del mundo. ¿Está yendo bien?

WB: Sí, funciona bien.

DR: ¿Qué teoría respalda la compra de una compañía ferroviaria? La gente piensa que son empresas en cierto modo... anticuadas.

WB: En Estados Unidos solo hay cuatro grandes compañías ferroviarias; además, han entrado dos canadienses. El negocio ferroviario ha tenido un siglo malo, como el Chicago Cubs. Todo el mundo puede tener un siglo malo de vez en cuando.

Pero el sector ferroviario se racionalizó, hasta cierto punto, y se modernizó; y ahora es un buen negocio. No es magnífico, pero es aceptable.

En otoño de 2009 ya habíamos adquirido una parte importante de BNSF, Burlington Northern Santa Fe. Organizamos una reunión con los directivos en Fort Worth y se lo comenté a Matt Rose. [Rose era el director ejecutivo de BNSF]. Estaba explicando el informe de resultados del tercer trimestre de 2009. Si recuerdas, aquel fue el peor momento de la crisis. Pero yo sabía que era una buena empresa y que sus perspectivas eran fantásticas.

Parecía que podríamos hacerlo a un precio razonable. Era jueves, y el viernes le dije a Matt Rose que podía pagar 100 dólares por acción si los directores estaban interesados. Lo estudió con ellos el fin de semana y el domingo siguiente ya teníamos el contrato firmado.

DR: Si apareciera alguien con una oferta superior, ¿qué haría? ¿Subiría la suya o no entra en guerras de precios?

WB: Creo que nunca me ha ocurrido. Quizá alguna vez, en el pasado...

DR: Durante la reciente gran crisis, mucha gente tuvo problemas económicos; y muchos acudieron a usted para pedirle dinero — Goldman Sachs, Bank of America o General Electric, entre otros. ¿Todos los acuerdos a los que llegó funcionaron?

WB: Tuvimos que decir que no a algunos, pero sí, todos funcionaron. Esas compañías tenían problemas por culpa de lo que estaba pasando en el mundo. Eran como fichas de dominó puestas en fila, que cuando una cayó las demás estaban tan cerca que empezaron a caer todas.

DR: Ahora no estamos en crisis, llevamos unos siete años sin recesión y por término medio hay una cada siete años, aunque no tiene por qué ser así siempre. ¿Cree que las perspectivas económicas de crecimiento para los próximos dos años son buenas? ¿Qué opina de la situación economía actual? [Esta entrevista tuvo lugar cuatro años antes de la pandemia del coronavirus de 2020 y sus graves consecuencias económicas].

WB: Creo que nadie tiene tanta suerte como un bebé que nazca en esta época en Estados Unidos. Este país tiene un futuro económico maravilloso y el mundo tiene un buen futuro económico. No sé qué pasará mañana, o el mes que viene o el año que viene. Lo que sí sé es que la gente vivirá en unos Estados Unidos mucho mejores que hace diez, veinte o treinta años.

DR: Muchas veces dice que si hubiera nacido en otro sitio no habría sido tan afortunado. ¿Sigue pensando que el mejor lugar del mundo para invertir es Estados Unidos?

WB: Es el país que mejor conozco; y es maravilloso. Nadie ha hecho una «venta en corto» de Estados Unidos desde 1776 y luego ha disfrutado de los resultados.

DR: En los dos últimos años hemos experimentado un crecimiento de más o menos el 2%. ¿Cree posible que nuestra economía vuelva a crecer un 3, 4 o 5%?

WB: Pasarán unos años. Pero un crecimiento del 2%, si el incremento de población es algo inferior al 1%, quiere decir que en una generación —pongamos 25 años— añadiremos tal vez unos 18.000 o 19.000 dólares de PIB per cápita. Una familia de cuatro serían 75.000 dólares. Es decir, que solo estamos empezando. Si ya tuvieras una economía próspera —y nosotros hemos tenido la economía más próspera del mundo— y se mantuviera con el tiempo, la gente viviría mucho mejor dentro de veinte años que ahora.

DR: Los últimos presidentes de Estados Unidos le han llamado para pedirle consejo. Y es muy posible que el próximo también lo haga. ¿Qué recomendaciones le haría para reactivarnos o lograr que nuestro crecimiento sea un poco mejor? ¿Qué le aconsejaría?

WB: Todo depende de las circunstancias, pero le diría dos cosas.

Le diría que tenemos la mejor gallina de los huevos de oro de todos los tiempos; que tenemos un sistema que libera el potencial humano de tal manera que la gente de mi barrio puede vivir mucho mejor que el señor John D. Rockefeller, que era el hombre más rico del mundo cuando yo nací. Algo está funcionando y no queremos estropearlo.

La segunda cosa que le diría es que, en un país tan rico, cualquiera que esté dispuesto a trabajar cuarenta horas a la semana debería tener una buena vida. Esto no quiere decir que se deba igualar todo. Lo que nos interesa es que esa gallina de los huevos de oro siga poniendo más y más huevos, y asegurarnos de que esos huevos se distribuyan de tal manera que cualquier persona dispuesta a trabajar cuarenta horas a la semana logre una vida decente para ella y su familia.

DR: Su secretario se ha convertido en uno de los más famosos del mundo. Supongo que porque usted ha dicho que él tiene un tipo impositivo más alto que usted; es decir, que paga más impuestos.

WB: En lo que respecta a los rendimientos del trabajo, sí.

DR: Usted está a favor de cambiar eso, ¿verdad?

WB: Sí. Hace unos años, alguien de la Casa Blanca —no el presidente— me llamó y me dijo que había leído mi opinión sobre los impuestos. Y añadió: «¿Le importaría tener un impuesto con su nombre?». Yo le respondí: «Bueno, si todas las enfermedades ya tienen nombre, me conformaré con el de un impuesto».

Pero de verdad pienso que cualquiera que gane millones de dólares al año debería pagar un impuesto, combinado sobre la nómina y la renta, de al menos el 30%. En mi oficina, todos lo tienen menos yo.

DR: ¡Caramba! Por cierto, su padre fue congresista republicano, conservador.

WB: Muy conservador.

DR: ¿Y usted es liberal y demócrata?

WB: Soy liberal para los asuntos sociales. No estaría del lado liberal de los demócratas, pero no sería conservador.

DR: ¿Cómo es que se hizo demócrata siendo su padre un gran republicano y viviendo en un estado tan conservador?

WB: Porque los derechos civiles son lo más importante. No pensaba en ello cuando tenía doce o catorce años e iba a Alice Deal Junior High School; había un colegio para negros a pocos metros. Simplemente no me daba cuenta de lo diferente que era la vida para otras personas. Pero cuando empecé a conocer un poco más el mundo me di cuenta de que había muchas cosas injustas, y me pareció que los demócratas se preocupaban un poco más de ellas.

DR: En la actualidad, usted es admirado por casi todos los empresarios por sus inversiones, por la empresa que ha creado, por su integridad y su sentido del humor. ¿Cuál le gustaría que fuera su legado?

WB: Me gustaría ser el hombre que ha vivido más años. Me gusta enseñar; he sido un profesor bastante aceptable y he dado clases a muchísimos estudiantes universitarios. Disfruto enseñando. Y en eso consiste el informe anual; es un mecanismo de enseñanza.

DR: ¿Hay algo en su lista de deseos que no haya cumplido? ¿Algún lugar que le gustaría haber visitado?

WB: No, ya lo habría hecho. ¿Sabes?, si hay algo que quiero hacer, lo hago. El dinero no tiene ninguna utilidad para mí, el tiempo sí. Pero el dinero, en términos de hacer viajes o comprar casas o tener un barco o algo así, no tiene la más mínima utilidad. Sí para otras personas, y esa es la razón de ser de The Giving Pledge.

DR: ¿Qué le motiva a seguir dirigiendo una empresa mientras la mayoría de la gente de su edad juega al dominó o se dedica a descansar?

WB: Bueno, muchos se pasan la semana planificando cuándo irán a la peluquería. Yo hago todos los días lo que me gusta hacer y con la gente con la que quiero estar. Creo que no hay nada mejor que eso.

DR: ¿Espera seguir haciéndolo siempre?

WB: Mientras no pierda la chaveta.

DR: Su sucesor probablemente será elegido cuando usted se retire. ¿Se imagina quién puede ser?

WB: A mi sucesor lo elegirán los miembros de la junta directiva de Berkshire. El consejo sabe en todo momento qué ha de hacer si me muero hoy.

DR: De acuerdo. Y, aparte de hacer entrevistas como esta, de buscar nuevas empresas en las que invertir y de donar dinero, ¿cuáles son sus mayores placeres? ¿Con qué disfruta más? ¿Con sus nietos, quizá?

WB: Con todo eso. Pero lo cierto es que miro a Berkshire Hathaway como un pintor mira un cuadro suyo, con la diferencia de que es un cuadro sin terminar. En Berkshire no hay una meta, es una partida que siempre se está jugando.

Si yo fuera jugador de golf profesional (algo que nadie nunca me ha sugerido) o futbolista profesional, sabría que hay unas limitaciones físicas. Pero en mi caso no es así. Con el tiempo, he conseguido formar un equipo de personas maravillosas, muchas de las cuales son amigos. Esas personas me facilitan la vida.

DR: ¿Es usted, entonces, muy feliz con lo que hace y sigue disfrutando de ir trabajar todos los días?

WB: Por supuesto que sí.

DR: ¿Hay algún consejo final que le gustaría dar a los jóvenes inversores que quieran seguir sus pasos?

WB: Busca el trabajo que te gustaría tener si no necesitaras trabajar. Lo más probable es que vivas solo una vez. No querrás estar sonámbulo toda tu vida…

No es tan importante la rentabilidad de una inversión como que te cases con la persona adecuada y des con lo que te gustaría hacer si no necesitaras el dinero. Yo he tenido el mismo trabajo durante más de cincuenta años. Tuve la suerte de descubrir muy pronto lo que me encantaba hacer.

Pero no te conformes con algo si puedes evitarlo, no te preocupes por ganar más dinero esta semana o el mes que viene. Cuando me ofrecí para trabajar con Ben Graham, le dije que lo haría gratis. Busca un trabajo que te apasione. Busca una pasión.

CREADORES

Phil Knight

Ken Griffin

Robert F. Smith

Jamie Dimon

Marillyn Hewson

PHIL KNIGHT

Cofundador y presidente emérito de Nike Inc.

«Hollywood representa a los líderes como personas altas y guapas, y con una fuerte mandíbula. Pero muchas veces los líderes reales son justo lo contrario. En primer lugar, tienes que querer ser líder; pero los líderes son de todas las formas y tamaños».

En 1964, y persiguiendo una idea que había propuesto en un trabajo de clase, en la escuela de posgrado de Stanford, Phil Knight empezó a importar zapatillas de atletismo hechas en Japón. Esa aventura, con poca financiación y escaso personal, le llevó a crear Nike, la empresa de zapatillas deportivas más importante, rentable y conocida del mundo.

Hace unos años, Phil, bastante reservado e incluso tímido según los estándares para los fundadores o directores ejecutivos de empresas, publicó el libro *Nunca te pares* (su título original es *Shoe Dog*), en el que habla sobre sus comienzos en Nike. Dada su personalidad y su actitud, no es de extrañar que en el libro atribuya gran parte del éxito de Nike a la buena suerte y a las oportunidades que se le presentaron, además de a la ayuda y el liderazgo de otras personas. Pero Phil Knight fue quien tuvo la visión, la determinación y la disciplina para llevar a Nike al lugar dominante donde se encuentra ahora en el sector del equipamiento deportivo.

Se jubiló como director ejecutivo de Nike en noviembre de 2004 y como presidente en junio de 2016, pero sigue siendo presidente emérito de la compañía, además de su mayor accionista e inspirador. Lo conocí siendo miembro de la junta directiva del Instituto Brookings y como aficionado a la historia.

Phil solía asistir a las reuniones de la junta de Brookings calzando zapatillas Nike y luciendo gafas de sol, por lo cual era difícil saber si estaba prestando atención a lo que se hablaba o andaba pensando en sus cosas. Creo que casi siempre pensaba en cómo convertir su pasión, Nike, en una compañía cuyos productos compre todo el mundo.

Phil no suele conceder entrevistas largas, pero le convencí para que hiciéramos esta (que tuvo lugar en marzo de 2017, en Washington D. C.) en parte asegurándole que me pondría unas zapatillas Nike durante la entrevista. Y, de hecho, llevé mis Nike Michael Jordan, que había comprado hace muchos años a ver si me hacían mejor jugador de baloncesto. No fue así, pero la esperanza es lo último que se pierde.

Aunque Phil se resiste a atribuirse el éxito de Nike, sí deja claro que los líderes son personas que, con independencia de su pasado, su educación, su aspecto o su inteligencia, se empeñan en trabajar duro cuanto sea necesario para que su proyecto triunfe. Y esa es una cualidad importante de Phil. Además de tener la visión para crear una multinacional de equipamiento y calzado deportivo, estuvo siempre dispuesto a dedicarle muchas horas y a superar los fracasos y las crisis para hacer realidad su sueño; y, recientemente, supo ceder todo aquello a otro equipo con la suficiente experiencia para hacer crecer aún más la compañía.

DAVID RUBENSTEIN (DR): Cuando creó Nike usted no sabía nada de diseño de calzado y muy poco de gestión, y no tenía dinero. Ahora mismo la compañía posee un valor de mercado de unos 100.000 millones de dólares, tiene unos ingresos de cerca de 40.000 millones y cuenta con 74.000 empleados. ¿Alguna vez, al empezar con Nike a principios de los sesenta, se imaginó que llegaría a ser lo que es ahora?

PHIL KNIGHT (PK): A veces, cuando me hacen esta pregunta, respondo que estamos justo donde habíamos planeado estar. Pero contigo no voy a ir de sabelotodo y te diré la verdad: ha sido un viaje que nadie podía prever.

Cuando empezamos, los ingresos totales por venta de zapatillas deportivas en Estados Unidos ascendían a 2000 millones de dólares. El año pasado nosotros vendimos 9000 millones. Si nos fijamos en el momento de su fundación, estamos en un 450% más de cuota de mercado. Nos ha beneficiado el boom de los corredores, que se ha convertido también en el del *fitness* y el *jogging*.

DR: ¿Diría que su compañía le ha sacado más partido al marketing o a la tecnología? En otras palabras, ¿han obtenido más beneficios por tener un producto mejor o por hacer mejor marketing, o por una combinación de ambas cosas?

PK: Somos una compañía de marketing, y el producto es nuestra principal herramienta de marketing.

DR: ¿Qué aptitudes diría que le ha llevado al éxito? ¿Una gran inteligencia, una fuerte determinación o un extraordinario liderazgo?

PK: Ninguna de las tres. En todo caso diría que se me da muy bien analizar a la gente. Una de las cosas que quería transmitir —y espero haberlo conseguido— con el libro *Nunca te pares* [su autobiografía] es lo importantes que fueron para mí esos primeros colaboradores, mis primeros empleados, mis compañeros de equipo. Eran magníficos.

DR: Debo confesar que antes de leer el libro no tenía ni idea de lo que era un *shoe dog* [título original del libro)]. ¿Qué es?

PK: En pocas palabras, un *shoe dog* es una persona apasionada de las zapatillas. Y ese era yo; era corredor, y cuando eres corredor lo que más te importa son las zapatillas. Las zapatillas de correr eran básicas para mí y lo siguen siendo.

DR: Usted es de Oregón y su padre era editor de un periódico. Pero un verano que usted quería trabajar su padre le dijo que no le contrataría. ¿Por qué?

PK: Bueno, me conocía muy bien. Había dos periódicos importantes en Portland en ese momento; él era editor del *Journal*, y no me quiso contratar. Entonces crucé la calle, entre en el *Oregonian* a pedir trabajo y me lo dieron. Trabajé allí tres veranos.

DR: En la universidad era atleta, corría. ¿Era bueno o del montón?

PK: Era un poco mejor que la media, pero tampoco una superestrella.

DR: Pero le dieron una beca para ir a la Universidad de Oregón.

PK: No, no me la dieron. Iba de oyente.

DR: Su mejor marca, que yo recuerde, fueron 4:10 en los 1600 m.

PK: Fueron 4:13, para ser exactos.

DR: Ah, perdón, le he regalado tres segundos.

PK: Cierto. Debería habérmelos quedado.

DR: Supongamos que le dijera que tiene ahora mismo estas opciones: fundar Nike o correr 5,5 km. ¿Qué preferiría?

PK: ¿Correr 5,5 km o fundar Nike? Elegiría Nike, pero haría una pausa.

DR: Después de pasar un año en el ejército y varios más en la reserva, cursó estudios de posgrado en la escuela de negocios de Stanford. ¿Por qué escogió Stanford?

PK: Bueno, porque era y es una buena escuela.

DR: Y le admitieron. Tenía una clase sobre espíritu emprendedor.

PK: El profesor era muy dinámico, muy motivador. Nos propuso hacer un trabajo final y sobre él nos puso la nota. Teníamos que imaginar que nos incorporábamos a una pequeña empresa en la zona de la bahía o crear una propia. Nos pidió que nos asegurásemos de escribir sobre algo que conociéramos.

La mayoría de mis compañeros hicieron trabajos sobre proyectos de electrónica, que a mí no me iba nada. Pero me acordé de mi antiguo entrenador de atletismo, que siempre estaba experimentando con las zapatillas; y como yo era su conejillo de indias conocía bastante bien el proceso.

En aquel momento, para mí no tenía sentido que las zapatillas de atletismo tuvieran que fabricarse en Alemania, país que dominaba el mercado mundial. Yo pensé: «Deberían fabricarse en Japón, y quizá Japón pueda hacer con las zapatillas alemanas lo mismo que hizo con las cámaras de fotos». Esa era la premisa. Me esforcé mucho en el trabajo y al profesor le encantó.

DR: ¿Le pusieron un sobresaliente?

PK: Sí.

DR: Y se licenció, pero, a pesar de ese gran trabajo, ninguna empresa de zapatillas deportivas le contrató. En aquella época, usted no tenía esa experiencia en capital riesgo necesaria para Silicon Valley, por lo que no consiguió trabajo allí. Regresó a casa y trabajó como contable y dando clases de contabilidad. ¿Le gustaba ese trabajo?

PK: No tenía en mente ser contable el resto de mi vida. En esa época hablaba con mucha gente sobre lo que quería hacer. En Stanford lo que más me gustaba eran las finanzas. La gente me decía cosas como: «En realidad, eso no tiene futuro. Lo que deberías hacer es sacarte el certificado de contable público (CPA), te será muy útil, así tendrás un sueldo fijo». Y eso hice.

DR: Pero antes se fue solo a dar la vuelta al mundo.

PK: Empecé el viaje con un amigo, pero fue «asaltado» por una chica en Hawái. A mí no me pasó nada de eso, por lo que continué solo.

DR: Cuando pasó por Japón, ¿fue a visitar a algún fabricante de zapatillas deportivas?

PK: Esa era parte de mi idea por el trabajo que había hecho en Stanford, que visitaría a fabricantes de zapatillas deportivas japoneses para ver si podía importarlas a Estados Unidos. Pero solo visité una; y se quedaron tan entusiasmados que me quedé con esa.

DR: Volvió a Estados Unidos y empezaron a enviarle zapatillas de deporte a su compañía, a la que llamó Blue Ribbon. ¿De dónde viene el nombre?

PK: Los japoneses me preguntaron cómo se llamaba mi empresa, así que tuve que inventármelo sobre la marcha.

DR: De modo que la llamó Blue Ribbon. Empezaron a enviarle zapatillas y usted tenía que venderlas. Según tengo entendido, tenía una Valiant verde en la que cargaba las zapatillas e iba a buscar compradores.

PK: Sí, eso hacía.

DR: En ese momento, ¿preveía crear una enorme multinacional?

PK: Pensaba que aquello era el comienzo de algo que podía llegar a ser grande. Pero nadie esperaba que llegara a serlo tanto.

DR: En un momento dado, ellos (la empresa japonesa) empezaron a competir con usted, así que creó su propia marca, a la que llamó Nike. Necesitaba un logotipo y alguien dio con ese *swoosh tan* característico. ¿Es verdad que pagó por él 35 dólares?

PK: Sí, se lo encargué a una estudiante de diseño gráfico de Portland State que necesitaba el dinero. Le dijimos que le pagaríamos dos dólares por hora para practicar el diseño de varios logos. Estuvo diecisiete horas y media trabajando en él.

DR: ¡Caramba! ¡35 dólares! Está muy bien.

PK: Aquello tuvo un final feliz.

DR: ¿Le dio alguna acción de la empresa?

PK: Cuando salimos a bolsa le dimos quinientas acciones. No ha vendido ninguna, y ahora valen más de un millón de dólares.

DR: Pues está bastante bien. Volvamos a aquel momento: fundó su propia compañía tras separarse de la japonesa Tiger. ¿Diseñaba usted mismo las zapatillas o solo imaginaba cómo serían?

PK: Recuerdo que cuando le pregunté a John Kennedy cómo se había convertido en un héroe me respondió: «Es fácil, me hundieron el barco». Lo mismo me pasó a mí. Tiger nos dio un ultimátum: «O nos venden el 51 % de su compañía por su valor contable o buscaremos a otros distribuidores, con independencia de lo que diga este papel». Eso nos dio la idea de que sería mejor cambiar de fabricante. Como teníamos prisa, tuve que hacer las primeras zapatillas en una oficina en Tokio, en un fin de semana.

DR: Si llevas mejores zapatillas, ¿corres más rápido? ¿O en realidad no importa tanto?

PK: Las zapatillas son el elemento clave. Seguimos creyendo que, en una carrera, cuanto más ligeras sean las zapatillas, mejor. Si intentas correr un km con zapatos de vestir, por ejemplo, no correrás tan rápido como si lo hicieras con un par de zapatillas de tacos de 110 gramos. Antes, cuando corría en la Universidad de Oregón, teníamos un montón de zapatillas de entrenamiento de loneta. Salíamos a correr 10 km y volvíamos con los pies ensangrentados. Así que... sí, son importantes.

DR: Cuando montó su empresa, las más importantes del sector eran las alemanas Adidas y Puma. ¿A ellos les pareció bien? ¿O intentaron sacarle del negocio?

PK: No se interesaron demasiado por nosotros hasta que fue demasiado tarde. Digamos que nos fuimos acercando a hurtadillas.

DR: Había un atleta en la Universidad de Oregón, Steve Prefontaine, que se convirtió en una estrella legendaria de la pista. Fue amigo suyo. ¿Cómo consiguió que llevara sus zapatillas?

PK: Lo trabajamos mucho, porque él siempre había llevado Adidas. Vivía en Eugene y allí nosotros teníamos una pequeña oficina, cuyo director acabó siendo un hermano de Steve, así que le convenció de que cambiara a Nike. Fue nuestro primer atleta relevante.

DR: Luego fueron detrás de otros atletas. ¿Resultó difícil? ¿Tiene que pagarles para que lleven sus zapatillas o les gustan tanto que lo hacen sin cobrar?

PK: Les gustan tanto que las llevan porque sí.

DR: ¿De verdad?

PK: No. Es obvio que, si son lo bastante buenos, nos exigen una comisión. Además de Pre (Steve Prefontaine), el primero que me viene a la mente es Michael Johnson en los Juegos Olímpicos de Atlanta de 1996. Llevaba las zapatillas doradas que nos dieron tanta fama.

DR: De pronto, un hombre llamado Tiger Woods apareció en escena y Nike lo fichó muy al principio de su carrera profesional. ¿Le costó convencerle?

PK: Se podía ver a mil leguas que Tiger Woods llegaría adonde ha llegado. Había ganado tres veces el U.S. Juniors y otras tres el U.S. Amateurs, todo eso en solo seis años, entre los 15 y los 20 años. De vez en cuando jugaba en la zona de Portland, y siempre los invitábamos a él y a su padre a comer. Estuvimos insistiendo unos tres años, hasta que al final firmaron.

DR: Y en cuanto alguien firma ya no puede llevar otras zapatillas que no sean Nike, ¿verdad? En aquella época empezó a fabricar también equipamiento para golf, pero ahora ya no lo hace. ¿Es porque se quiere centrar en el calzado?

PK: Es una ecuación bastante simple: durante veinte años perdimos dinero con el equipamiento y las pelotas de golf y de repente nos dimos cuenta de que el año siguiente iba a pasar lo mismo.

DR: También durante un tiempo fabricaron ropa informal, además de prendas para hacer ejercicio. Y entonces decidió convertir las zapatillas deportivas en una especie de calzado informal. ¿Funcionó bien?

PK: Sí, tanto las zapatillas deportivas como las informales y la ropa siguen siendo una parte muy importante de nuestro negocio.

DR: En otras palabras, Nike no es solo para atletas. Ahora han sacado zapatillas de diseño y mucha gente las lleva para vestir informal. Le gusta que la gente lleve traje con sus zapatillas, ¿no? [Me hace notar que él también lleva unas Nike con su traje].

PK: Me encanta.

DR: ¿Lleva alguna vez algún calzado que no sea Nike?

PK: No.

DR: Entonces, cuando lleva esmoquin o algo así, ¿también lleva unas Nike?

PK: Llevo unas Nike negras.

DR: Deje que le pregunte sobre el baloncesto. Tuvieron a alguien llamado Michael Jordan. Ha oído hablar de este jugador, ¿verdad?

PK: Sí, claro.

DR: ¿Fue difícil firmar con él? ¿Por qué tuvieron tanto éxito sus zapatillas? Porque llegaron a ser las más famosas del mundo.

PK: Fue muy difícil firmar con él, porque todo el mundo le quería. Nosotros ganamos esa apuesta, ganamos esa guerra.

DR: ¿Fue por su personalidad?

PK: Está claro que sí.

DR: Así que no es una cuestión de dinero, sino de personalidad.

PK: No, nosotros le hicimos una buena oferta. Teníamos a muchos otros jugadores buenos, pero no extraordinarios; y pensábamos que él tenía posibilidades de llegar a ser una estrella del baloncesto. Obviamente, luego fue mucho mejor de lo que jamás hubiéramos imaginado, pero cuando empezó a llevar nuestras zapatillas le hicimos unas preciosas; tenían tres colores principales, el rojo, el negro y el blanco, y obviamente él era un jugador muy emocionante; saltaba mucho, era rápido, lo hacía todo bien, era guapo y un buen orador. Y las zapatillas fueron su sello.

El presidente de la NBA de entonces, David Stern, nos hizo un enorme favor prohibiendo nuestras zapatillas en la NBA. Porque sacamos un anuncio enorme que decía: «Prohibidas en la NBA». Y todos los niños quisieron comprárselas.

DR: Michael Jordan lleva ya dos décadas sin jugar en la NBA, pero sus zapatillas siguen siendo las más vendidas. ¿Por qué?

PK: Cuando Michael Jordan se retiró del baloncesto estábamos vendiendo unos 700 millones de dólares de su producto. Ahora se ha convertido en una marca y facturamos más de 3000 millones con ellas. Algunos niños saben quién es Michael Jordan y que ha sido una estrella mundial, pero otros ni siquiera le conocen; simplemente se ha convertido en una marca, pasó de ser una comisión a una marca.

DR: Si llevas sus zapatillas ¿saltas más? Si yo llevara esas zapatillas no saltaría más, ¿verdad?

PK: Creo que sí.

DR: El punto álgido de su carrera ¿diría que fue cuando Nike salió a bolsa o cuando alcanzó el éxito que tiene ahora? ¿Cuál diría que ha sido el mejor momento, o cuál es el mejor recuerdo que tiene?

PK: Yo prefiero considerar a Nike como mi obra de arte, por decirlo de alguna manera; el cuadro completo es lo que importa.

DR: Hablemos sobre el liderazgo: ¿nació usted líder, le viene de herencia o ha llegado a ser líder gracias a la educación recibida? ¿Qué cree usted que hace a un buen líder?

PK: Hollywood representa a los líderes como personas altas y guapas, y con una fuerte mandíbula. Pero muchas veces los líderes reales son justo lo contrario. En primer lugar, tienes que querer ser líder; pero los líderes son de todas las formas y tamaños.

DR: Usted tiene fama de llevar siempre gafas de sol, así que le agradezco que no las lleve en esta entrevista. ¿Lo hace porque es tímido por naturaleza? ¿No quiere que la gente le reconozca?

PK: Es que llevo lentillas y reflejan la luz del sol. Además, el futuro es tan brillante que me deslumbra y las tengo que llevar todo el tiempo.

KEN GRIFFIN

Fundador y director ejecutivo de Citadel;
fundador de Citadel Services

«El mercado rara vez se equivoca. Los libros de historia están llenos de gente "más lista que el mercado" que ha perdido todo su dinero. Si tu inversión no funciona, da un paso atrás y pregúntate: "¿Qué no entiendo de esta situación?". Si crees que has resuelto todas las incógnitas que se te ocurren, quédate dónde estás. Pero, en la historia de las finanzas, los que fracasan son los que no respetan al mercado».

Satisfaciendo su temprano interés y su fascinación por el mercado de valores, Ken Griffin empezó operando en bolsa desde su habitación de estudiante en Harvard, mientras sus compañeros se concentraban en otros estudios más «tradicionales». Si no hubiera tenido éxito, habría cambiado de profesión.

Pero lo hizo muy bien: el resultado fue que pasó de Harvard a fundar su propia firma de inversiones, Citadel acabó siendo uno de los fondos de inversión con mayor éxito del mundo y Citadel Services una de las firmas más importantes de compraventa de valores.

Dicho éxito le ha otorgado un estatus casi legendario en el mundo de las inversiones y la compraventa de valores. También le ha permitido ser uno de los filántropos más generosos de Estados Unidos, con especial atención a los proyectos educativos, y uno de los principales coleccionistas de arte del país, especial defensor de las artes visuales.

Conozco a Ken desde hace muchos años —ambos formamos parte en su momento del Consejo de Administración de la Universidad de Chicago—, pero no he trabajado nunca con él ni con su firma. Ken no suele conceder entrevistas largas, así que le agradezco que se prestara a una conmigo en el programa *Peer to Peer*, que se hizo en directo en los estudios Bloomberg de Nueva York en marzo de 2019.En esta entrevista, su mente aguda y brillante se descubre con rapidez mientras comenta, entre otras cosas, que admira (y le gusta contratar) a quienes sienten verdadera pasión por lo que hacen. En su opinión, esas personas son la que tienen más probabilidades de llegar a ser líderes en su especialidad.

No nos extrañará, pues, que Ken sea un apasionado de su empresa, como también lo es de la importancia de la educación y la libertad. Con el tiempo, su liderazgo en estos ámbitos tal vez llegue a ser más importante que el que ostenta ahora en el mundo de las inversiones y los valores; y en este último ya es una figura legendaria, quizá porque logró superar una enorme amenaza a su negocio durante la última gran crisis económica.

Ojalá hubiera conocido a Ken hace más tiempo y hubiera invertido con él. Los afortunados que lo hicieron ya son también coleccionistas de arte y filántropos.

DAVID RUBENSTEIN (DR): Se dice que usted empezó manejando activos desde su cuarto de la Universidad de Harvard. ¿Es cierto?

KEN GRIFFIN (KG): Es cierto. Siendo estudiante de primero en Harvard, salió un artículo en *Forbes* que hablaba de que Home Shopping Network estaba sobrevalorada. Tras leerlo, adquirí dos opciones de venta sobre Home Shopping Network; y poco después las acciones se dispararon entre un 30 y un 40 %. Cuando eres un estudiante novato y ganas unos miles de dólares es algo así como ¡sueño cumplido! En ese momento empecé a interesarme por las inversiones.

DR: ¿Nunca antes le habían interesado?

KG: No, nunca antes había negociado un activo financiero.

DR: Sus compañeros en Harvard hacían otras cosas mientras usted se preocupaba de gestionar bonos convertibles. ¿Qué pensaban de usted?

KG: Era una especie de bicho raro. Mis compañeros y yo discutíamos mucho de política. También jugábamos al fútbol (americano) al atardecer, confiando en no chocar contra un árbol. Y salíamos los viernes por la noche. En resumen, viví la típica experiencia universitaria, pero además pasaba mucho tiempo en la Baker Library tratando de entender y aprender del mercado financiero.

DR: El caso es que instaló una antena parabólica en su habitación del campus para poder seguir sus inversiones. ¿Eso también es verdad o es una leyenda?

KG: Es verdad. En aquella época, Harvard tenía una norma que prohibía cualquier forma de negocio en el campus. Pero el supervisor del edificio me dio permiso para instalar una antena parabólica en la azotea, con el fin de recibir información en tiempo real sobre las cotizaciones de las acciones. Piense que en aquella época no teníamos internet, así que era mi única forma de seguir las cotizaciones.

Total, que la instalé en la azotea, tiré un cable por la fachada del edificio y lo llevé hasta una ventana y después, por el pasillo, hasta mi dormitorio. Así tenía acceso a los precios en tiempo real.

DR: ¿Algún compañero de habitación le avisó de que aquello no estaba permitido?

KG: Elegí a propósito una habitación individual para no tener un compañero a quien molestar.

DR: Lo hizo bastante bien. ¿Pensó después de graduarse que quería hacer eso el resto de su vida?

KG: Bueno, esto le va a gustar. El momento, la oportunidad, es fundamental en cualquier carrera profesional. Cuando me metí en el arbitraje de convertibles en 1987 —el fondo Citadel empezó a funcionar en septiembre de ese año— sabía con seguridad cómo se comportaría esa cartera en un mercado alcista, pero no estaba tan convencido de cómo lo haría en un mercado a la baja. Las matemáticas en ese tipo de mercado son mucho menos exactas que en un mercado al alza. Y me faltaban más acciones de las que mis cálculos me decían que me faltaban. Y ¿qué ocurrió un mes después? La crisis del 87.

En ese momento me convertí en un «niño prodigio». Pero, en realidad, fui más bien un «niño con suerte», porque tenía pocos activos netos a propósito, pero desde fuera los inversores pensaban: «Mira, es un genio. Está ganando dinero a pesar de la crisis». Esa recesión del 87 fue un momento decisivo en mi carrera, ya que al tener pocos activos netos me gané enseguida una buena reputación sobre lo que resultaba atractivo para los inversores.

DR: Así que ganó dinero para ese grupo de inversores. Porque ya tenía inversores estando en la universidad, ¿no? ¿Alguien le confió su dinero en aquel momento?

KG: Tenía un amigo que era comercial. Un día Saul Galkin vino a hablar con nosotros y mi amigo me dijo: «Cuéntale a Saul qué estás pensando hacer en el mercado de bonos convertibles». Le expliqué mi idea y Saul nos dijo que tenía que ir a comer, pero que de momento me dejaba 50 dólares. Yo no sabía qué hacer, pero mi amigo exclamó: «¡Ya tienes tus primeros 50 dólares para invertir!». Eso fue lo que me permitió iniciar mi carrera de gestor de fondos.

DR: Luego se graduó y decidió abrir su propia compañía. ¿Le dijo su familia que quizá era un poco joven para eso o les pareció buena idea?

KG: Tuve muchísima suerte. Mi padre fue la primera generación en su familia en ir a la universidad. Eran siete hermanos, mi abuelo trabajaba en los ferrocarriles. Mis padres siempre habían dado mucha importancia a la educación. Por parte de mi madre, mi abuelo materno era un emprendedor; pidió un préstamo a la madre de mi abuela, a su suegra, para abrir un pequeño negocio que se acabó convirtiendo en una empresa distribuidora de gasóleo en los años cincuenta y sesenta. Así que la vena empresarial había estado siempre presente en la vida de mi madre; ella creció en una familia muy influida por mi abuelo, que era un poco inconformista. En fin, que a mis padres les pareció fenomenal que montara una empresa e intentara hacer realidad mi sueño.

DR: Decidió no ir a Nueva York, que era donde se hacía la mayoría de estas transacciones, y se fue a Chicago. ¿Por qué Chicago?

KG: Fue una decisión difícil. La mayoría de mis amigos de la universidad se iban a Nueva York. La firma que me respaldaba cuando estaba en la universidad, Glenwood Partners, tenía dos socios:

Frank Meyer en Chicago y otro señor en Nueva York. El de Nueva York era el típico de Wall Street: muy refinado y experto en mercados financieros.

Pero Frank…, Frank era como mi profesor de Física de bachillerato, alguien en quien confiaba plenamente como amigo. Yo me acababa de licenciar y tenía que hacer mi primera apuesta profesional; y quería estar cerca de Frank, por eso me fui a Chicago, porque él vivía allí. Me trasladé dos años después de terminar en la universidad.

DR: ¿Cuántos empleados tenían cuando empezó? ¿En qué año fue eso?

KG: El lanzamiento oficial de nuestro primer fondo de inversión fue en 1990. En ese momento tal vez éramos cuatro o cinco empleados y yo.

DR: Al principio ¿tuvo que salir a buscar dinero reuniéndose con inversores, o el dinero le venía solo y usted solo tenía que preocuparse de hacer la inversión?

KG: Usted y yo hemos coincidido en sitios como el aeropuerto de Pekín, ¿no? Lo mejor de poseer nuestra propia firma es que trabajamos para mucha gente de todo el mundo, y hemos tenido que esforzarnos mucho para conseguir capital. Al principio, Frank Meyer me ayudó en esa labor de recaudar fondos. Su reputación era impecable. Y la fe que tenía en mí fue importantísima para mi éxito. Yo iba por buen camino.

DR: ¿Quién tomaba las decisiones de inversión?

KG: Al principio teníamos una serie de modelos y análisis que nos servían de guía para tomar decisiones. También tuve la enorme suerte de contratar a una serie de colaboradores que conocían a la perfección los productos y tenían muy buen criterio.

Pero lo más importante de mi vida, en varios sentidos, es que hemos negociado 24 horas al día desde el primer día: bonos convertibles en Estados Unidos, *equity warrants* en Tokio…; y, después, el mercado de los convertibles en Europa. ¿Y por qué fue todo eso tan importante? Porque solo puedo estar en el trabajo trece, catorce o quince horas al día, así que tuve que aprender a delegar. Cuando echo la vista atrás y veo el éxito que hemos tenido en los últimos treinta años, entiendo que todo es gracias a haber aprendido a confiar en las personas, en su criterio, y a delegar en otras personas capacitadas.

DR: Si eres inversor —y no es mi caso— hay veces en que, si el mercado va en tu contra piensas que es porque no es lo bastante inteligente como para saber que has tomado una buena decisión, y que seguramente te acabará dando la razón. Y otras veces la gente dice: «Mira, he cometido un error, así que lo dejo». ¿De qué tipo es usted? ¿De los que resisten hasta que el mercado se vuelve a su favor, o de los que se retiran cuando el mercado va en su contra?

KG: El mercado rara vez se equivoca. Los libros de historia están llenos de gente «más lista que el mercado» que ha perdido todo su dinero. Si tu inversión no funciona, da un paso atrás y pregúntate: «¿Qué no entiendo de esta situación?». Si crees que has resuelto todas las incógnitas que se te ocurren, quédate dónde estás. Pero, en la historia de las finanzas, los que fracasan son los que no respetan al mercado.

DR: Antes de que estallara la última gran crisis financiera, ¿qué tamaño tenía su firma en cuanto a número de trabajadores y activos que gestionaban?

KG: Entre 1990 y 2008 pasamos de ser 3 personas a 1400. El capital de inversión estimado en ese periodo es de 25.000 millones de dólares.

DR: Entonces llega la crisis. ¿Cómo sobrevivieron? ¿Estuvieron a punto de sucumbir?

KG: *Sobrevivir* es la palabra clave, sí. Ese fue el único momento en la historia de Citadel en que estuvimos contra las cuerdas. No supe prever la intensidad del colapso que el sistema bancario estaba a punto de experimentar. El hecho de ser gestores de fondos nos situaba en una posición muy peligrosa, ya que el acceso a la financiación había desaparecido y el valor de la cartera de activos financieros se había abaratado, porque nadie era capaz de involucrarse en el arbitraje para mantener equilibrados los precios. Nunca habíamos perdido ni el 10%, y en dieciséis semanas perdimos la mitad de nuestro capital.

DR: ¿Pensó que no sobrevivirían?

KG: Lo tenía muy claro. Pensaba que si Morgan Stanley dejaba de trabajar un lunes nosotros lo haríamos el miércoles. Si se acuerda, el problema de Morgan Stanley era que no sabían si los japoneses seguirían adelante con su compromiso de financiación. Toda su existencia pendía de ese hilo.

Enseguida me hice a la idea de que a lo mejor no sobreviviríamos y de que podría ser un evento externo el que nos hiciera hundirnos. Tuve que aceptar la realidad y, una vez aceptada, pensé en cuáles serían las mejores decisiones que podíamos tomar para sobrevivir.

Ese fue el lema que me repetía al ir a trabajar cada día: vamos a luchar por sobrevivir, sabiendo que podemos fracasar, pero no vamos a abandonar.

DR: El grupo de fondos de inversión de Citadel se encuentra entre los mayores del mundo. ¿Qué volumen tiene ahora?

KG: Estamos en torno a los 30.000 millones de dólares. Nos hemos mantenido en esa cifra los últimos tres o cuatro años.

DR: ¿Es usted quien toma las decisiones de inversión o las delega en varios inversores profesionales?

KG: Llevamos unos 30 o 40 minutos de entrevista y en nuestro fondo de inversiones hoy gestionaremos entre el 3 y el 4% de todos los movimientos de capital de Estados Unidos. Sin BlackBerry, sin iPhone. El 99% de nuestras decisiones las toman mis colaboradores. Siempre intento que lo haga la persona que dispone de más información y mejor criterio, que sea esa persona la que haga la llamada. Es imposible que yo, desde mi silla, pueda tomar una decisión mejor que mi analista, que lleva trabajando con Xerox cinco años o diez con Amgen.

DR: Se dice que pasa mucho tiempo reclutando a los mejores inversores. ¿Es cierto?

KG: En mi carrera habré entrevistado a unas 10.000 personas. Hoy haré dos entrevistas, mañana otras dos. Siempre estoy buscando talento.

DR: Si alguien está leyendo esto y dice: «Me voy a entrevistar con Ken Griffin», ¿qué debería hacer para gustarle?

KG: Eso de «intentar gustar al entrevistador» es un sesgo cognitivo que tenemos. Deberías intentar no caer en esa trampa. Yo me fijo en dos cosas de los candidatos: su pasión y sus logros. ¿Les gusta lo que hacen?

Hubo una joven que trabajó para nosotros hace quince años, durante un año o dos. Su jefe vino a verme y me dijo: «Se va a marchar. Tiene muchísimo talento, quiere estudiar Medicina, pero deberías convencerla de que se quede».

Yo le respondí: «Con el debido respeto, en cuanto entre en mi despacho le ofreceré una carta de recomendación». Si quería ser médico…, el mundo necesita grandes médicos y yo la ayudaría a conseguirlo. Lo que busco es la pasión que siente el individuo, porque la pasión es lo que nos da el éxito.

El segundo factor en el que me fijo son los logros; busco personas que hayan tomado buenas decisiones y que hayan obtenido resultados en su vida.

DR: ¿Busca personas que hayan ido a buenas universidades y que hayan sacado buenas notas, o eso no le importa?

KG: Esta semana he firmado el contrato de una persona que nunca ha ido a la universidad; y es un ingeniero de software muy brillante. Hay muchos ingenieros informáticos así de buenos que nunca han ido a la universidad, porque han encontrado buenas oportunidades laborales siendo muy jóvenes. Haber estudiado en una buena universidad te puede ayudar en el proceso de selección, pero existe gente excepcional que no ha terminado la carrera. Bill Gates, Mark Zuckerberg, por ejemplo. Si eres brillante en lo que haces, no me importa tu pasado, me importa que eres brillante.

DR: Cualquiera que lea esto se dará cuenta de que usted es muy inteligente y a lo mejor piensa que le gustaría invertir con usted. ¿Se puede invertir en Citadel? ¿Hay un mínimo? ¿Se puede esperar una rentabilidad determinada? ¿Cuánto tiempo se ha de mantener el dinero con Citadel?

KG: Bueno, le voy a dar una mala noticia: nuestros fondos llevan cerrados bastante tiempo, no estamos solicitando nuevas inversiones.

DR: Su fortuna ha generado oportunidades para muchas otras cosas, incluida la filantropía. ¿Cómo decide cuáles serán sus donaciones?

KG: Mire, no hay nada tan importante para el progreso de los Estados Unidos como la educación. No lo hay. La educación empieza en preescolar y llega hasta nuestras mejores universidades.

He analizado a fondo la educación primaria en este país. La cantidad de dinero que mueve es enorme. Si te fijas en una ciudad como Chicago, gastamos unos 5000 millones de dólares en educación primaria. Y eso es lo lamentable: sabemos cómo educar a los jóvenes, pero elegimos no hacerlo.

Es desolador. Respecto a este tema paso mucho más tiempo en el plano político, porque son los políticos quienes están defraudando a nuestros niños. Es algo inexcusable que provoca muchos de los problemas de hoy en día.

Por lo que se refiere a los estudios universitarios, Estados Unidos es líder mundial. Pero el que tengamos las mejores universidades del mundo no es algo que haya que dar por hecho. Pero me gustaría defender la excelencia de la educación en este país. Cuando las universidades de Harvard o Chicago lideran nuevas ideas o nuevos conceptos, tanto si se trata del comportamiento de las finanzas en Chicago o de cualquier otro proyecto llevado a cabo en Harvard, eso tiene un efecto positivo en toda la educación universitaria de Estados Unidos.

Harvard es mi universidad por lo que representa para mí, el mayor conjunto de ideas que creamos en las universidades de nuestro país. Y la Universidad de Chicago ocupa también un lugar muy importante en mi corazón, por dos motivos: primero, porque varios de mis colaboradores en Citadel se licenciaron allí; y ellos me han ayudado a construir una de las firmas de servicios financieros más grandes del mundo. Y segundo, porque Bob Zimmer trabaja en esa universidad.

DR: Es el rector.

KG: Es el rector, sí. Lucha todos los días por la libertad de expresión. La libertad de expresión es lo que hace que nuestro país sea libre. Y es increíble que tengamos que luchar por la libertad de expresión en los campus universitarios, pero es así. Creo con pasión en los principios de la Universidad de Chicago, que ambos conocemos y que incluyen una orden para garantizar la libertad de expresión en los campus universitarios.

DR: Resulta obvio que usted es un empresario de éxito, filántropo y coleccionista de arte. Sus padres deben de estar muy orgullosos. ¿Le recuerdan lo bueno que es? ¿Le siguen dando consejos?

KG: Están muy orgulloso de mí, como yo lo estoy de mis hijos. Todos estamos orgullosos de nuestros hijos. Pero no hablamos mucho de ello. Vi a mi madre justo ayer; yo estaba en una conferencia en Boca Ratón, donde ella pasa los inviernos. Salimos a pasear y a tomar algo, y me dio algunos consejos de madre, por ejemplo, cómo ser mejor padre. Hablamos de la educación de los hijos, porque es un tema que a mí me fascina. Tengo tres hijos pequeños y mi madre siempre me explica lo que hacía ella para fomentar mis intereses. En fin, consejos de padres.

DR: ¿Alguna vez le pregunta hacia dónde cree que va el mercado o dónde debería invertir? ¿Invierte con Citadel o lo hace por su cuenta?

KG: Mi madre es lista. Mi madre lo hace bien.

DR: Ha estado de alguna manera implicado en el mundo de la política como defensor de las causas republicanas y conservadoras. ¿Qué opina de la política?

KG: En realidad, a lo largo de los años he defendido a candidatos de ambas ideologías. Vivo en Illinois, lo cual quiere decir que, en la carrera de nuestro alcalde, por ejemplo, tengo que apoyar al candidato demócrata que más favorezca los ámbitos de la empresa y la educación.

Tal vez sepa que fui de los primeros que apoyé al presidente Obama, porque se me presentó como el presidente de la educación. ¿Quiere mi voto? ¿Quiere mi apoyo? Pues la educación es el tema más importante. Si viene y me dice que va a luchar por la educación en este país, tendrá mi apoyo.

Lo segundo importante es la libertad. Aquí, un gobierno que sepa hacerse cargo de todas nuestras necesidades también ha de preocuparse por nuestra libertad. Es muy importante que, como país, garanticemos la libertad de expresión, la libertad de oportunidades, la libertad por la que nuestros padres fundadores arriesgaron sus vidas. Esto es clave para mí. Los candidatos que de verdad defienden los derechos individuales, la libertad individual, son importantes para mí.

DR: Todavía tiene muchos años por delante, pero ¿se ha preguntado alguna vez cuál le gustaría que fuera su legado?

KG: David, por Dios, tengo 50 años.

DR: Lo sé, es usted muy joven, pero Bill Gates se jubiló a los 50, John D. Rockefeller se jubiló a los cuarenta y muchos. ¿No ha pensado usted en jubilarse a los 50?

KG: Rockefeller vivió en otra época. Toquemos madera, pero ahora vivimos más años y con mejor salud. Espero contribuir a la sociedad muchas décadas más, tanto si es en el ámbito de la empresa como en el de las causas benéficas. Quiero ser importante para la sociedad.

Tengo la gran suerte de saber formar equipos, de saber qué hacer para que ocurran cosas. Es un don que tengo, pero también es una cuestión de ensayo y error, se ha de aprender.

Si te fijas en el éxito de Citadel, verás que somos mucho más que la suma de las partes. Si consigues reunir al equipo adecuado con la misión adecuada, lograrás cosas importantes.

De lo que me siento más orgulloso es de haber reformulado los mercados financieros de todo el mundo con Citadel Securities. Si te fijas, por ejemplo, en los *Interest Rate Swaps* (IRS), verás que hemos contribuido a crear una dinámica competitiva que en la última década ha reducido las diferencias entre precio de compra y venta más o menos en un 80 %. Eso es dinero que va directamente a los resultados: planes de pensiones, departamentos de tesorería y otras partes de la empresa, y no a la cadena de valor de Wall Street. Al traer competencia a los mercados de valores hemos generado una gran creación de valor para los usuarios finales de estos productos.

ROBERT F. SMITH

Fundador y director ejecutivo de
Vista Equity Partners; filántropo

«Cuando echo la vista atrás, a aquellos días y a quienes formaban
parte de nuestras comunidades, veo a padres que invirtieron con
generosidad su tiempo, energía, esfuerzo e inteligencia. Esto me
lleva a pensar siempre en aspirar a la excelencia».

Robert F. Smith es el afroamericano más rico (de ahora y de
siempre), un líder empresarial hecho a sí mismo que construyó
una de las firmas de inversión privada más admirada y de mayor
éxito del mundo, Vista Equity Partners, especializada en invertir en
negocios tecnológicos. Y lo ha hecho en poco más de dos décadas.

Lo innovador del trabajo de Robert Smith consiste en desarrollar
e implementar una serie rigurosa de pasos para cambiar de forma
radical el modo de funcionamiento de las empresas de software que
va adquiriendo. Su fórmula parece funcionar sin fallos aparente, lo

cual ha permitido que Vista tenga una tasa de rendimiento tan elevada para su creciente grupo de inversores globales.con formación de ingeniero, Robert empezó aplicando esos conocimientos a la banca de inversión, en Goldman Sachs, y después en el ámbito del capital privado. Conforme iba teniendo más éxito y mejores resultados en su firma, empezó a participar en el mundo de la filantropía, siguiendo el ejemplo que sus padres siempre le dieron como líderes ciudadanos en el área segregada de Denver donde se crio.

Su compromiso con las causas solidarias le ha convertido en el filántropo afroamericano más importante del mundo. Su pasión es contribuir a que las personas afroamericanas en situación desfavorecida tengan una educación mejor y también dar a conocer a los estadounidenses las aportaciones que los afroamericanos hacen a este país.

En 2019, el nombre de Robert F. Smith estuvo en boca de todos por algo que dijo en su discurso del acto de graduación de la Universidad Morehouse College de Atlanta, conocida por ser una universidad «para negros»; allí anunció su intención de asumir la deuda del centro y de los padres del alumnado, estimada en unos 34 millones de dólares.

Su colaboración con el Instituto Smithsonian, el National Park Service y The Giving Pledge han hecho de él un líder empresarial verdaderamente visionario y un filántropo obviamente apasionado. Hablé con Robert en *Peer to Peer*, en marzo de 2018, y lo hicimos en el Museo Nacional de Historia y Cultura Afroamericana del Smithsonian, una institución con la que ambos colaboramos.

Robert Smith es un claro modelo a seguir, no solo por los afroamericanos, sino también por el resto de sus compatriotas. Porque ha creado una empresa de alto nivel y porque ha aprovechado su éxito para servir a causas solidarias.

Y, a diferencia de muchas personas de éxito para quienes la vestimenta no es importante, para él resulta fundamental. Verle es como retroceder a una época en la que los magnates vestían siempre con trajes de tres piezas; Robert siempre los lleva. Yo tengo alguno, pero se habrá encogido con los años, porque ya no me cabe.

DAVID RUBENSTEIN (DR): Usted, que se crio en Denver y era hijo de maestros, ¿pensó alguna vez que llegaría a ser el afroamericano más rico de Estados Unidos?

ROBERT F. SMITH (RS): Crecí en una familia de triunfadores. Tanto mi madre como mi padre tenían el doctorado en Educación, y ambos enfatizaban la importancia de: a) recibir educación, b) trabajar muy duro y c) intentar llegar a la cima del éxito en tu comunidad.

Cuando echo la vista atrás, a aquellos días y a quienes formaban parte de nuestras comunidades, veo a padres que invirtieron con generosidad su tiempo, energía, esfuerzo e inteligencia. Esto me lleva a pensar siempre en aspirar a la excelencia.

DR: Cuando era pequeño, ¿había mucha discriminación en Denver contra los afroamericanos?

RS: Me crie en una comunidad afroamericana. Vivíamos todos juntos, sobre todo porque todavía había separación entre negros y blancos, todavía no podíamos acceder al capital para comprar casas, que fue lo que generó, en definitiva, la base de gran parte de la riqueza de Estados Unidos.

Al crecer, entendí la importancia de la comunidad. Aquella en la que crecí estuvo muy segregada hasta que empezamos a viajar. El *forced busing* fomentaba la integración, por lo menos en el sistema educativo.

DR: Y sus abuelos, ¿qué hacían?

RS: Mi abuelo era el cartero de tres oficinas de correos de aquí, de la zona del D. C. Antes, mientras estudiaba bachillerato, trabajó en el edificio Russell Senate, en el bar del Senado. Servía cafés y tés, y recogía los sombreros y los abrigos de los senadores.

Cuando el presidente Obama tomó posesión del cargo, llevé a mi abuelo, de 93 años, al Senado. Y estando allí sentados, sintiendo la majestuosidad del momento, mi abuelo dijo: «¿Ves, querido nieto? Mira allí arriba, en el edificio del Senado». Entonces señaló una ventana, encima de una de las banderas, y continuó: «Yo trabajaba en esa sala. Recuerdo haber mirado por esa ventaba cuando fue investido presidente Franklin Delano Roosevelt, y no había ninguna cara negra entre la multitud».

Y ahí estábamos nosotros; yo, sentado con mi abuelo, viendo al primer presidente negro de la historia de Estados Unidos tomar posesión del cargo. También me dijo: «Este país será un lugar maravilloso siempre y cuando estéis dispuestos a trabajar duro y seguir adelante en función de una serie de principios e ideales que son importantes y auténticos». Todavía recuerdo esa frase.

DR: En los tres trabajos que tuvo antes de estudiar en la escuela de negocios, ¿sintió algún tipo de discriminación por ser afroamericano?

RS: Oh, sí. En Estados Unidos siempre he sentido algo de discriminación.

Recuerdo un día que estaba en Air Products y me invitaron a San Francisco a dar una conferencia en uno de esos congresos tan importantes. Se me acercó un hombre y me preguntó: «¿Cómo influye esto en la prolongación de la vida útil del arroz?». Le expliqué todos los aspectos dinámicos, biológicos y organolépticos posibles, además de los microbiológicos. Y él me dijo: «Eres un chico muy listo. Solo te falta superar tu herencia para tener éxito en los negocios».

Aquello se me quedó grabado; después de todo esa maravillosa labor que estaba haciendo, seguía mirándome desde esa perspectiva en lugar de juzgarme por mi trabajo.

DR: Estudió en la Escuela de Negocios de la Universidad de Columbia. Y supongo que destacó, porque después se fue a Goldman Sachs. ¿Pasó de trabajar en el departamento de ingeniería de varias empresas al mundo de la ingeniería financiera de Goldman Sachs?

RS: Es una historia bastante interesante. La verdad es que lo hice muy bien, fui el mejor estudiante de primero en la escuela de negocios y volví para la graduación y para recoger el premio. En la graduación estuvo un hombre llamado John Utendahl, que en ese momento dirigía su propio banco de inversiones y era el conferenciante principal.

Se acercó a mi después de darme el premio y me dijo: «Tienes una trayectoria muy interesante. ¿Has pensado alguna vez en trabajar en la banca de inversión?». Le contesté que en mi clase había muchos exbanqueros de inversión y que no me gustaba ninguno. «Creen que lo saben todo y son bastante arrogantes. Yo soy ingeniero y nosotros *sí* que lo sabemos todo. Nos molesta». Eso le dije.

Entonces él sonrió. Yo me alegré de que no se hubiera tomado mi broma como una ofensa, y añadí: «La verdad, no entiendo qué hacen los banqueros de inversiones». Yo era científico y tecnólogo, y desde esa perspectiva veía el mundo.

Ese hombre fue otro de los que se brindó a ayudarme y se lo sigo agradeciendo. Me pidió que fuera a su oficina para charlar. Luego me invitó a comer y llamó por teléfono a alguien que se llamaba Stan O'Neal, que en ese momento era el director financiero de Merrill Lynch y acabó siendo su director general, y a Ken Chenault, que más tarde fue director general de American Express.

DR: Todos ellos son líderes empresariales afroamericanos muy prominentes.

RS: Y todos ellos aceptaron reunirse conmigo y me presentaron a otras personas.

Tuve, literalmente, más de cien entrevistas cuando estaba acabando segundo. En aquel momento lo único que me gustaba de la banca de inversión eran las fusiones y adquisiciones, porque, con excepción de las guerras, así es como se transfieren los activos en este planeta. Es un debate propio de altos directivos, de la junta directiva, es una cuestión estratégica. Era un tema que me interesaba bastante y al cual creía que podría añadir algo de valor, algunas ideas.

DR: ¿En qué año empezó en Goldman Sachs?

RS: En 1994.

DR: Trabajó allí un tiempo, pero ¿qué le llevó a decidirse por el mundo de la banca de inversión en tecnología?

RS: Como todo en la vida, en el país de los ciegos el tuerto es el rey. En ese momento, las empresas tecnológicas eran para nosotros como contratistas de defensa. Teníamos una compañía que habíamos sacado a bolsa; se llamaba Microsoft. Teníamos otra llamada IBM. Para Goldman, ese era el mundo de la tecnología.

Yo fui el primer banquero de fusiones y adquisiciones en la zona de San Francisco especializado en tecnología. Después decidimos formar un grupo tecnológico. Eso creó otro nexo y otra dinámica de oportunidades.

DR: Las cosas le iban bien por aquel entonces, vivía en la zona de San Francisco y tenía un gran éxito. Según los estándares de la banca de inversión, imagino que debían de pagarle muy bien. ¿Qué le impulsó a dejarlo todo y montar su propia compañía?

RS: Como ingeniero, ya en la época de Goodyear Tire & Rubber me di cuenta del impacto que el software tenía en las empresas. Y vi que muy pocas compañías de software estaban bien dirigidas. ¿Por qué? Porque la gran mayoría las habían montado unos ejecutivos que escribían ellos mismos su código o que se enteraban de alguna oportunidad y lo vendían, pero nunca nadie les había enseñado a dirigir una empresa.

Entonces me topé con una pequeña compañía en Houston, Texas; la empresa de software más eficiente que conozco. Tenían algunas cosas muy básicas, pero que funcionaban de forma estupenda. Y pensé: «Caramba, si tomas estos elementos básicos y los aplicas a otras compañías de software, podrás dirigirlas de una forma muy parecida a la de ellos. Y dará un enorme valor a esas compañías». Esa era la idea, ese era el concepto.

DR: Y Goldman pensó que era una buena idea y que por qué no la ponías en práctica.

RS: Sí, algo así. Les dije: «Si en serio pensáis en adoptar alguna de estas prácticas, en comprar empresas de software y sacarlas adelante, obtendréis muy buenos resultados». Ellos contestaron: «Es muy buena idea. ¿Lo harías tú?». Me hicieron una de esas ofertas que parecen bastante interesantes. Recuerdo que mi abogado me dijo que era un mal acuerdo, pero que, aun así, debería aceptarlo.

DR: ¿Cuántos años tenía cuando aceptó aquella oferta?

RS: 39. Así que, sí, empecé a considerar la oferta. Tenía casi la misma edad que otros que se habían ido para abrir sus propios negocios, pero me dije: «Vamos a darle una oportunidad».

DR: A raíz de eso, construyó un sistema para asegurarse de que todas sus compañías lo siguieran. ¿Puede explicarlo?

RS: Claro. Tomamos las semillas de las mejores prácticas y desarrollamos todo un método, algo así como: «Esta es la forma de emplear las mejores prácticas para incrementar la eficacia de cualquier área de la compañía».

Me gustaría creer que hemos implementado las mejores prácticas en aquellas empresas que en realidad han resuelto el cubo de Rubik del crecimiento rentable. Además de incrementar los márgenes de beneficio, aceleramos el crecimiento de esas empresas.

DR: Los últimos años se ha hecho muy rico y ha empezado a colaborar con causas benéficas. ¿Es algo que le inculcaran sus padres? ¿Por qué ha decidido convertirse en un filántropo tan activo en tan poco tiempo?

RS: De pequeño veía a mi madre firmar cada mes un cheque de 25 dólares para United Negro College Fund. Cuando quería unas zapatillas nuevas, unas Converse All Stars, por ejemplo, me decía: «Ve a ganarte tú el dinero y te las compras». Y yo le contestaba: «Con ese cheque de 25 dólares que firmas cada mes podría comprármelas». Pero lo cierto es que inculcó en mí la importancia de donar a la comunidad.

Mi padre estaba en el Consejo y dirigía el YMCA local, el East Denver YMCA. Dedicó mucho tiempo, energía e inteligencia a recaudar fondos para que los niños de nuestro barrio pudieran ir a un campamento de verano y disfrutar de estar al aire libre, y sabía la importancia de eso para desarrollar el espíritu y el alma.

Así que, durante toda mi infancia y juventud, la solidaridad han formado parte de mi familia y de su manera de funcionar.

DR: También ha firmado el acuerdo The Giving Pledge, por el que se compromete a donar la mitad de su fortuna. ¿Le ha costado tomar esta decisión?

RS: No me ha costado. Es maravilloso que Bill Gates y Warren Buffett y otros compañeros como usted sean apóstoles de esta causa.

Algo que tenemos que hacer es asegurarnos de que nuestra sociedad sea justa, que tenga la capacidad de resolver sus propios problemas. Por un lado, tenemos que acumular riqueza, pero también hemos de solventar los problemas a los que nos enfrentamos mientras estamos vivos.

Y yo conozco los problemas de las comunidades por las que me preocupo. Así que, si puedo hacer algo por ellas, lo hago. The Giving Pledge es una buena forma de enviar un mensaje: «Mirad, esto es lo correcto para cualquier persona que acumule riqueza, sea cuanta sea, con independencia de si firma el compromiso, para que realmente se preocupe por la comunidad».

DR: ¿Qué le atrajo a la causa del Museo Nacional de Historia y Cultura Afroamericana, lugar en el que estamos ahora?

RS: Hay dos aspectos. Primero, estamos marcados por la historia de la esclavitud y seguimos estándolo por el racismo. Lo que debemos hacer es asegurarnos de disponer de un monumento a los que han derramado su sangre para crear el mejor país del mundo, este.

Ese es el punto número uno. Y el punto número dos: creo que es importante que los afroamericanos tengamos un lugar a donde ir, en donde sintamos orgullo de ser quienes somos, y que también podamos aportar algo a su historia.

Gran parte de mi aportación es la digitalización de la experiencia afroamericana. Cualquier familia puede ahora digitalizar sus fotografías, sus historias, sus vídeos, lo que sea, y formar parte de este museo. Ahora la gente puede conocer la historia de su familia a través de estas experiencias.

DR: Tiene otro proyecto benéfico muy interesante, en un rancho en Colorado que acaba de reformar.

RS: Se llama Lincoln Hills. De hecho, es el *resort* más antiguo fundado por afroamericanos, un lugar donde pueden comprar una parcela por 25 dólares y construir una cabaña para pasar el verano y las vacaciones.

Fui allí por primera vez cuando tenía seis meses. El caso es que Duke Ellington, Zora Neale Hurston, Langston Hughes y el conde Basie ya iban a ese rancho a pasar unos días, porque no podían quedarse en los hoteles de Denver en aquella época.

Con el tiempo, abolida la segregación, el rancho, al igual que muchos organismos afroamericanos, se fue deteriorando y se vendió por partes. Ahora hemos desarrollado un programa maravilloso que sirve a nuestra comunidad de muchas maneras. Por ejemplo, 6000 niños que viven en la ciudad van cada verano al rancho. También se alojan allí cada año entre 200 y 300 veteranos heridos de guerra.

En cuanto al invierno, que el rancho está la mayor parte del tiempo cerrado, mi mujer descubrió unos programas a los que nos podíamos asociar, que se dedican a alojar a niños adoptivos; uno de ellos se llama *Together We Rise*. Hemos construido en el rancho una casa con dieciséis habitaciones donde se pueden alojar hasta treinta niños. Los llevamos allí y hacemos todo tipo de actividades divertidas con ellos durante las vacaciones de Navidad.

DR: ¿Siguen vivos sus padres?

RS: Mi madre sí.

DR: Tiene que estar muy orgullosa de lo que ha conseguido. ¿Le llama para decirle lo magnífico que es?

RS: Lo normal es que me llame para decirme que tengo que hacerlo un poco mejor. Su preocupación por las necesidades de nuestra comunidad sigue siendo muy importante y valiosa. De vez en cuando detecta algún problema y me dice: «¿Sabes, Robert? Deberías pensar en esto. ¿Cómo podrías ayudar a este niño o a estos cientos de niños?».

DR: ¿Qué le gustaría que dijera la gente de su legado? ¿Y qué hará cuando tenga que bajar el ritmo? ¿Le gustaría trabajar para el Gobierno?

RS: No lo sé. Como todo en la vida, buscas esas áreas en las que puedes aportar una solución, arreglar un problema. Lo que quiero lograr ahora es la igualdad de oportunidades para los afroamericanos, ayudarlos a participar en la gran empresa que es Estados Unidos.

Y ¿cómo podemos crear oportunidades profesionales a largo plazo, no solo un tener un trabajo o un lugar donde ir a trabajar? Creo que a través de la educación, de las becas. Espero poder definir y crear una estructura viable para identificar a esas personas, formarlas a través de varias escuelas, darles las becas adecuadas y situarlas en el camino correcto para que sean líderes empresariales creativos, pero también ingenieros y tecnólogos creativos que aporten algo al tejido profesional de Estados Unidos.

DR: Robert Smith, en sí, es una historia maravillosa, una historia estadounidense maravillosa.

JAMIE DIMON

Presidente y director ejecutivo
de JPMorgan Chase & Co.

«Mi contribución para hacer un mundo mejor es dirigir bien
JPMorgan Chase. Siempre digo que, si no hago un buen trabajo
en JPMorgan Chase, daño las oportunidades de nuestra gente,
las oportunidades de las 2000 ciudades en las que trabajamos.
Podemos ser solidarios, podemos ayudar a la gente a crecer.
Pero todo esto lo podemos hacer si yo hago bien mi trabajo.
No soy artista, no soy jugador de tenis, no soy músico,
no soy político. Esta es mi contribución».

Tras convertirse, en 2005, en director ejecutivo y presidente de
JPMorgan Chase, Jamie Dimon pasó a ser el banquero comercial más famoso, respetado y exitoso. Durante su mandato, el valor
de su banco en el mercado ha subido de 132.000 millones de dólares
a 429.000 millones; sus activos, bajo su gestión, de 828.000 millones

de dólares a 2,2 billones de dólares; y el precio de sus acciones, de 38,57 a 111,23 dólares en junio de 2020.

Un logro de este tipo en el sector bancario era imposible de prever cuando Jamie, recién salido de la Escuela de Negocios de Harvard, rechazó las ofertas de Goldman Sachs y de Morgan Stanley para ir a trabajar con un amigo de su familia, Sandy Weill, entonces en American Express. Esa opción pareció funcionar durante un tiempo, pero al final Jamie fue despedido siendo presidente de Citigroup, una compañía que él había ayudado a crear; y quien lo despidió fue, precisamente, su mentor y amigo, Sandy Weill.

En esa época intenté traerme a Jamie a Carlyle, pero él tenía claro que quería esperar la oportunidad que más encajara en sus capacidades: dirigir un banco grande. Cuando le llegó esa oportunidad, liderar Bank One, Jamie la aceptó, hizo crecer el banco y lo vendió a JPMorgan.

El resto forma parte de la historia de la banca, ya que consiguió hacer prosperar al banco hasta transformarlo en el más potente del mundo. Pero ¿cómo superó Jamie aquel gran contratiempo y cómo consiguió, al mismo tiempo, llegar a ser un símbolo de la banca, la empresa y el liderazgo para tantas personas de todo el mundo?

Sus cualidades son obvias para quien le conoce: es muy inteligente, le apasiona estar al tanto de todos los detalles y rodearse de personas con talento, le gusta arriesgar y ser sincero, trabaja muchas horas y le entusiasma liderar y esforzarse en desarrollar un banco global de gran éxito.

Es una combinación única. Porque cualquiera de esas cualidades bastaría para hacer de alguien un líder excelente, pero todas juntas dan lugar a una persona como Jamie, un fenómeno único en su generación.

Otra persona con su trayectoria pensaría: ¿por qué no abandonar en la cima? o ¿por qué no aspirar a un cargo en el Gobierno de Estados Unidos?

Jamie se ha quedado en JPMorgan porque le encanta lo que hace y confía en reforzar aún más el banco. Aunque ha dicho que le gustaría ser presidente de Estados Unidos, reconoce como demócrata que es poco probable que su partido elija al director ejecutivo del banco comercial líder del país. Y los más beneficiados de que no se vaya al Gobierno son, sin duda, los accionistas, clientes, proveedores y empleados de JPMorgan.

Conozco a Jamie desde que comenzó su carrera en el mundo de las finanzas y le he entrevistado en varias ocasiones. Siempre es un entrevistado entusiasta, animoso, perspicaz y sincero; y esa también es una combinación única.

Warren Buffett recomendó a sus amigos esta entrevista, llevada a cabo en el Club Económico de Washington D. C., en septiembre de 2016. Y lo hizo porque le gustó mucho lo que dijo Jamie, en especial acerca de los puntos fuertes de Estados Unidos.

Jamie fue intervenido en una operación de corazón en marzo de 2020 y, por fortuna, pudo volver a trabajar online a principios de abril, para deleite de sus muchos amigos, compañeros y admiradores. Porque es difícil imaginar a otra persona que no sea él liderando el banco; de hecho, el propio señor J. P. Morgan dijo que no podía haber tenido un sucesor mejor.

DAVID RUBENSTEIN (DR): Su padre fue agente de bolsa y usted también empezó trabajando en este sector, pero ¿pensó alguna vez que trabajaría en banca?

JAMIE DIMON (JD): No. Sabía más lo que no quería hacer: no quería ser abogado ni médico. Quería formar parte de la creación de algo.

Me crie rodeado de agentes de bolsa y de Wall Street. Siempre estuve metido en el mundo de las finanzas, pero yo quería construir algo y por eso fui a una escuela de negocios. El ámbito financiero me fascinaba, todo lo que leía sobre él en los periódicos me gustaba. Se trata de un asunto global y además abarca muchos ámbitos. Era un lugar idóneo para construir algo; pero, para ser sincero, habría disfrutado igual construyendo otra cosa.

DR: Lo normal es que, si eres un Backer Scholar [estudiante que se gradúa con altas calificaciones y recibe honores académicos por estar entre el 5% mejor de los graduados de su promoción] de la Escuela de Negocios de Harvard, puedas elegir casi cualquier trabajo que desees. Podría haber ido a Goldman Sachs, que es una firma muy importante, pero escogió trabajar para Sandy Weill. ¿Por qué lo hizo?

JD: Sandy tenía una pequeña agencia de bolsa que vendió a American Express. Para mí, Sandy Weill era un hombre que tenía los pies en la tierra. Me ofreció la posibilidad de ir a Shearson, su banco de inversión, pero le dije que no, porque tenía ofertas de Goldman Sachs, Morgan Stanley y Lehman. Pensaba que ganaría más dinero en esas firmas que en Shearson.

Y al final me llamó, porque para él era muy importante que yo fuera un Baker Scholar, y me dijo: «¿Y por qué no te vienes a trabajar conmigo? Aprenderás mucho, eso seguro, pero no te puedo garantizar nada más».

Estuvo en American Express unos tres años más, pero yo lo aproveché y aprendí mucho.

DR: ¿Weill se marchó o lo despidieron?

JD: Se marchó, y yo con él. Me ofrecieron un montón de puestos para que me quedara, pero les dije: «Vamos a buscar otra cosa y a hacerla grande». Entonces Sandy adquirió una pequeña empresa llamada Commercial Credit, en Baltimore. Uno de mis hijos nació en el hospital Sinai de Baltimore.

Me trasladé allí y compramos aquella empresa, que tenía un negocio de créditos de consumo y algunos otros, como una compañía de *leasing* en Israel, un pequeño banco internacional —que al final quebró—, que hacía préstamos a países menos desarrollados, una compañía de seguros de accidentes y sobre propiedades, y otra pequeña empresa de seguros de vida. Esa compañía es la que más tarde se convertiría en Citi.

En doce años compramos Primerica, Smith Barney, Shearson, Salomon Brothers, Aetna Property-Casualty, Travelers Life y Travelers Property Casualty, y las gestionamos todas muy bien. Hicimos un buen trabajo para los accionistas y fusionamos todo el conglomerado de compañías con Citi. Hicimos una carrera increíble, pero de pronto… me despidió.

Un año después le telefoneé —que conste que fui yo quien lo hizo— y le dije: «Sandy, ha llegado la hora de hacer las paces». Lo quería hacer en privado. Él me respondió: «No, mejor quedamos en el restaurante del Four Seasons». Y salió en la portada del *Financial Times*: «Dimon y Weill comen juntos».

Aquel día, Weill estaba un poco nervioso. Le dije:

—Sandy, es mejor que no hablemos del pasado. Lo único que quiero decirte es que no hiciste lo correcto para la compañía. Yo también cometí muchos errores, y estos son algunos de ellos.

Después de enumerarle y explicarle mis errores, me dio las gracias por contárselo. Fue una comida muy agradable. Y bueno, la vida sigue.

DR: Cuando le despidieron y buscaba qué hacer, tuvo muchas ofertas de trabajo. Le ofrecieron, por ejemplo, ser director ejecutivo de Home Depot.

JD: Me ofrecieron Home Depot y un par de bancos de inversiones internacionales muy importantes; no para dirigir su empresa matriz, sino el banco de inversiones.

Por ejemplo, Hank Greenberg, que entonces lideraba AIG, me propuso ir allí. Y yo pensé: «¿Ir de Sandy Weill a Hank Greenberg? ¿Te imaginas?».

También me llamaron unos cuantos compañeros que trabajaban en capital riesgo. Y Jeff Bezos, porque estaba buscando un presidente. Me encanta este hombre, desde entonces somos muy buenos amigos. En aquel momento pensé: «Nunca más tendré que llevar traje. Me voy a comprar una de esas casas flotantes en Seattle». Me había pasado toda la vida trabajando en el sector financiero y le confesé que trabajar para él sería como haber jugado al tenis siempre y de repente pasarte al golf.

También tuve una comida con Bernie Marcus, Arthur Blank y Ken Langone, en la que les dije: «Chicos, tengo que confesaros que hasta ahora nunca había estado en una tienda Home Depot». Fui porque un chico que trabajaba para mí me dijo que sería conveniente ver una de sus tiendas antes de ir a comer con ellos.

No les importó, insistieron en que me querían a mí, a la persona; que estaban buscando el corazón, la mente, el espíritu. Les daba igual lo que supiera de sus tiendas.

Algunas empresas de internet también me llamaron. En la mayoría de los casos se trataba solo de dinero. «¡Ganarás millones de dólares!», decían. Pero con Bank One (antes First Chicago) pensé que era mi oportunidad. ¿Cuántas compañías financieras importantes hay? ¿Treinta? ¿Cuántas han cambiado de director ejecutivo en los últimos tres, cuatro o cinco años? ¿Cuatro o cinco? ¿Cuántas de estas compañías van a internacionalizarse? ¿Una? Seguro que va a tener problemas. Entonces dije: «Será Commercial Credit. Eso será lo que hagamos».

Invertí mucho dinero en ello, y no porque creyera que las acciones fueran baratas. Contemplaba el negocio pensando: «Voy a trabajar a tope cada día. No soy un mercenario. Voy a dejarme la piel por la empresa y a dar todo lo que tengo, y después se la entregaré a otra persona». No me gusta la gente que trabaja en una empresa y habla de ella como si fuera algo ajeno. Para mí no lo es, para mí es lo que quiero hacer.

No hago lo que hago por el sueldo.

DR: Cuando se marchó a Bank One se trasladó a Chicago. ¿Pensó alguna vez que volvería a Nueva York? ¿O creyó que se quedaría en Chicago?

JD: No tenía ni idea. Por cierto, me encanta Chicago, es una gran ciudad. Y no la conocía, aunque hay allí una caricatura mía en la que estoy sentado en un aeropuerto y alguien me dice: «Señor Dimon, no hay vuelos programados a Nueva York».

Cuando me fui a Chicago nadie se lo podía creer. «¿Te vas a mudar aquí? ¿Van a ir tus hijos al colegio aquí?». Yo les dije que sí, que aquí estaba y aquí me quedaba. Solía decir que si me quedara toda la vida en Chicago, y muriera aquí y llevaran mis cenizas a Nueva York, la gente diría: «¿Ves?, te lo dijimos».

El sector bancario se estaba consolidando y, de alguna manera, lo sigue haciendo. Sabía que si hacía un buen trabajo formaría parte de él, pero no estaba seguro de si sería como comprador, y desarrollaría un banco regional más grande, o si nos comprarían.

Pero recuerde que no dependía de mí; había también un consejo de dirección. Lo único que dependía de mí era hacer que la compañía marchara lo mejor posible y que creara todas las oportunidades que ha creado.

DR: De vez en cuando viaja a Washington para reunirse con los organismos reguladores y con los legisladores. ¿Qué le parece esa experiencia?

JD: Es importante que las empresas colaboren con Washington. No soy de los que dicen que nunca vendrán.

La política se define aquí, hay mucha gente aquí que se preocupa por hacer de Estados Unidos un país mejor. Y, si no colaboras, la política la harán otras personas. Por eso es necesario participar.

Yo viajo por todo Estados Unidos y, cuando asisto a grupos como este, en cualquier ciudad, presto mucha atención a las regulaciones, que continúan siendo totalmente ajenas a los bancos. Se trata de un problema serio, hay que disminuir la carga regulatoria que se está imponiendo en la economía.

Eso sí, cuando viajas a Washington como empresario, el interés de tu país debería anteponerse al de tu sector o tu compañía. Los empresarios están todo el tiempo viniendo a pedir ayuda; y yo escucho esas terribles historias. Pero hay que pedir lo que sea bueno para el país. Tu empresa saldrá adelante; de hecho, tu empresa irá mejor si el país es fuerte.

Con esto quiero decir que las empresas no deberían ser tan egoístas. Eso no atrae al público estadounidense y no deja que los políticos hagan cosas buenas para Estados Unidos.

Por eso pido que se bajen los impuestos a las empresas, para que las personas con menos ingresos ganen mejores sueldos; eso sería muy positivo para Estados Unidos. Deberíamos hacerlo, y ayudar a los más necesitados con educación y salarios más altos, pero para eso necesitamos una reforma fiscal para las empresas.

DR: Usted posee información de todo el mundo gracias a su trabajo en JPMorgan. ¿Diría ahora que la economía de Estados Unidos está en buena forma? ¿O teme una recesión? No hemos tenido una desde hace siete años y es algo que suele ocurrir cada siete años.

JD: No creo que haya una regla automática, que deba ser cada siete años. Cuando analizas la economía siempre encuentras fallos: los vimos en 2007 y 2008, en el apalancamiento y en las hipotecas.

Ahora ya no hay fallos en esos sectores. Hay quince millones de personas más trabajando, los salarios están subiendo, los precios de las acciones están ahora más altos que nunca. Tenemos que construir más casas, la gente gasta más, los mercados están abiertos. Y las empresas rebosan efectivo.

Es decir, los fallos no son sistémicos. Sí, se conceden demasiados créditos para la compra de coches o para pagar la universidad de malos estudiantes, pero eso no va a hundir la economía.

Oímos a los políticos actuales hablar de todos los problemas graves que tenemos, pero yo lo veo de otra manera: Estados Unidos tiene las mejores cartas que jamás haya jugado cualquier país de este planeta. Tenemos a unos vecinos tranquilos y maravillosos en Canadá y en Méjico. Disponemos de toda la comida, el agua y la energía que nos hace falta. Tenemos al mejor ejército, y lo seguiremos teniendo mientras la nuestra sea la mejor economía. Tenemos las mejores universidades del mundo; en todas partes hay universidades excelentes, de acuerdo, pero las nuestras son las mejores. Seguimos formando a la mayoría de los estudiantes de Administración de Empresas del mundo. Y tenemos un estado de derecho excepcional.

También tenemos una ética laboral magnífica; somos innovadores por naturaleza. Pregúntale a cualquiera de esta sala qué hay que hacer para ser más productivo y lo haremos. Todos somos Steve Jobs. Tenemos los mercados financieros más grandes de todos los tiempos. Estas son solo unas cuantas cosas, seguro que me olvido de algo. Pero todo esto es maravilloso y lo tenemos ahora.

DR: ¿Nunca se ha planteado ser presidente de Estados Unidos?

JD: Me encantaría serlo. Hasta que Donald Trump llegó a la presidencia se decía que ningún empresario millonario y sin experiencia en política podría ser presidente. Estábamos equivocados.

En mi caso no es imposible, pero es muy difícil. Lo normal es que antes seas senador o gobernador durante unos años, y que formes parte de un partido. Por eso muchos de vosotros no lo habéis conseguido.

Hoy en día se dice: «Fuera los expertos». Ya lo habíamos oído antes. Necesitamos que la política la hagan personas sensatas, necesitamos analistas, necesitamos que se haga bien, que se trabaje en equipo.

En Estados Unidos trabajan 145 millones de personas y, de esas, 125 millones lo hacen para empresas privadas. Quiero decir con esto que el Gobierno no puede solucionar todos los problemas por sí solo. Cuando las empresas actúan como si el Gobierno fuera la única solución, les recuerdo los casos de la Oficina de Correos, del Departamento de Asuntos de Veteranos y del de Vehículos a Motor. Lo único que el Gobierno gestiona verdaderamente bien es el Ejército de los Estados Unidos.

Si viajas por el país, ves que la colaboración funciona en todas las ciudades, en todos los estados, pero, por alguna razón, zozobramos. Tal vez sea porque es demasiado complicado para la humanidad.

DR: Lleva dieciséis años como director ejecutivo de un banco, primero Bank One y ahora JPMorgan. ¿Cuál es el mayor placer de dirigir un banco?

JD: Mi contribución para hacer un mundo mejor es dirigir bien JPMorgan Chase. Siempre digo que, si no hago un buen trabajo en JPMorgan Chase, daño las oportunidades de nuestra gente, las oportunidades de las 2000 ciudades en las que trabajamos. Podemos ser solidarios, podemos ayudar a la gente a crecer. Pero todo esto lo podemos hacer si yo hago bien mi trabajo.

No soy artista, no soy jugador de tenis, no soy músico, no soy político. Esta es mi contribución.

DR: Supongo que a sus accionistas les gustaría que se quedara para siempre. ¿Tiene previsto cuánto tiempo se quedará en el banco?

JD: ¿Sabe una cosa? Me encanta lo que hago y todavía tengo energía para hacerlo. Y eso que se necesita mucha.

MARILLYN HEWSON

Presidenta del Consejo de Administración, directora ejecutiva y presidenta de Lockheed Martin

«No tenía beca. Trabajaba en el turno de noche, desde las 11 hasta las 7 de la mañana, y después iba a clase de 8 a 1 o 2 del mediodía; y después dormía, a no ser que tuviera una cita, porque entonces me iba directa al trabajo sin dormir, cosa que puedes hacer cuando tienes 18 o 19 años. Terminé los estudios en tres años y medio. Haces lo que tienes que hacer».

En 2013, Marillyn Hewson fue nombrada directora ejecutiva de Lockheed Martin Corporation. Un año después, fue elegida presidenta de la compañía. Al asumir estos cargos, se convirtió en la primera mujer en liderar el mayor contratista militar de Estados Unidos.

Esta situación era inimaginable cuando Marillyn entró a trabajar en Lockheed en 1983 (en ese momento, había pocas directivas no solo en Lockheed, sino en cualquier otra empresa del sector militar); o cuando el padre de Marillyn murió, siendo ella muy joven, y dejó a su madre sola con cinco hijos; o cuando trabajaba toda la noche para pagarse los estudios en la Universidad de Alabama.

A lo largo de su trayectoria en la que más tarde se llamaría Lockheed Martin Corporation, Marillyn ha ido asumiendo cargos de cada vez mayor responsabilidad, e incluso ha tenido que trasladarse a otras ciudades para dirigir alguna división clave de la compañía; todo ello antes de ser directora ejecutiva y presidenta del Consejo de Administración. Sus compañeros y clientes siempre la han considerado una ejecutiva muy preparada, eficiente y orientada a los resultados. Sabe cómo hacer las cosas dentro de la gran burocracia corporativa y sabe cómo trabajar con su principal cliente: el Pentágono.

Yo no la conocía mucho, pero uno de mis socios de Carlyle formaba parte de su Consejo de Administración; además, Lockheed Martin está en el área de Washington D. C. Es una mujer que siempre ha estado orientada a los clientes, accionistas y empleados, y, por lo tanto, nunca le ha interesado hacerse publicidad. Pero después de algunos intentos la convencí para que me concediera una entrevista en uno de los desayunos del Club Económico de Washington D. C., en marzo de 2018.

Desde el principio fue evidente que era bastante experta en entrevistas. Tuve la sensación de que, a pesar de que su ascenso parecía improbable —teniendo en cuenta que en su compañía y en otras del sector de la defensa el consejo de administración era en su mayoría masculino—, Marillyn había conseguido tener las aptitudes necesarias para ser una directora ejecutiva de éxito.

Una de sus principales preocupaciones es formar a otras mujeres —tanto a las trabajadoras de Lockheed Martin como a jóvenes estudiantes de la cantera— para que ocupen puestos de responsabilidad. Reconoce que a ella la ayudaron a ascender en la jerarquía organizacional: su marido accedió a ocuparse de las tareas del hogar, lo que permitió a Marillyn hacer todos los viajes de trabajo y dedicar todas las horas que se suelen exigir a los altos ejecutivos. No todas las mujeres en su posición tienen esta opción, pero a ella le fue muy bien, tanto con su familia como con los accionistas de Lockheed Martin; bajo su liderazgo, el valor de las acciones de la empresa se multiplicó por cuatro.

En junio de 2020, Marillyn dejó el puesto de directora ejecutiva, pero seguro que pronto estará dedicando su enorme talento a otras aventuras que se beneficiarán de las perfeccionadas aptitudes de liderazgo que ya posee.

DAVID RUBENSTEIN (DR): Desde que la nombraron directora ejecutiva, Lockheed Martin ha incrementado su valor en casi un 330%. La rentabilización del mercado es casi del 280%. Otra compañía de la competencia, General Dynamics, también tiene a una directora ejecutiva, Phebe Novakovic, y su valor ha aumentado un 250% desde que asumió el cargo. ¿Cree que las mujeres pueden liderar compañías de defensa mejor que los hombres, o que pueden liderar cualquier tipo de empresa mejor que los hombres?

MARILLYN HEWSON (MH): Yo me fijo en la audiencia, en cuántas mujeres hay entre el público. Pero David, lo único que digo es que este es un deporte de equipo, que el rendimiento de nuestra compañía depende de todos. Estoy muy orgullosa de lo que nuestro equipo ha conseguido en los últimos cinco o seis años. Llevo ya seis años de directora ejecutiva.

DR: Cuando interviene en las reuniones de accionistas, ¿se levantan para ovacionarla? Deben de estar muy contentos.

MH: Sí, claro, algunos accionistas están muy contentos, pero también están vigilándonos todo el tiempo para asegurarse de que seguimos generando valor. Es como si preguntaran una y otra vez: «¿Qué habéis hecho por nosotros últimamente?».

DR: Durante la transición presidencial, Donald Trump le envió un tuit en el que le decía que su producto más importante, el F-35, era demasiado caro. ¿Estaba usted fuera del país en ese momento?

MH: Estaba en Israel, porque estábamos entregándoles sus dos primeros F-35.

DR: ¿Cuál fue su reacción al tuit del presidente, en el que le venía a decir que estaban cobrándole demasiado al Gobierno?

MH: Bueno, teníamos que enviar esos aviones. El primer ministro Netanyahu estaba en el acto, y me preguntó si a nuestro nuevo presidente le íbamos a bajar el precio de esos aviones, porque tal vez entonces debería pedirme una rebaja por los dos que estábamos entregándoles. Fue un problema enorme.

Es importante entender lo que nuestro presidente electo nos estaba diciendo: intentaba comunicar a la población de Estados Unidos que alcanzaría buenos acuerdos por el equipamiento militar que comprara, y que incrementaría el gasto armamentístico, sí, pero que gastaría el dinero de los contribuyentes de forma inteligente. Hice que mi equipo hablara con él.

DR: ¿Le hizo un pequeño descuento?

MH: Al final rebajamos el precio, sí. Llegamos a un acuerdo muy rápido. Está claro que influyó en eso.

DR: Usted se crio en Kansas. Su padre murió cuanto usted tenía nueve años, y tenía cuatro hermanos más. ¿Cómo lo hizo su madre para sacar adelante a cinco hijos?

MH: Fue difícil, sinceramente. Mi padre trabajaba en un departamento del ejército y mi madre estaba en casa con cinco hijos. Éramos una familia de clase media. La muerte de mi padre nos hizo mucho daño.

Reconozco el mérito de mi madre por haber criado a cinco niños ella sola. Hace dos años murió a los 97 años. Tuvo una vida increíble.

DR: Ella era de Alabama.

MH: Sí, de Alabama. Nos enseñó el valor del dinero, a ahorrar desde muy pequeños. Nos enviaba a pagar la factura de la luz para que aprendiéramos a hacer esas cosas. Me enseñó también a sentirme muy segura de mí misma.

DR: Me han contado que su madre solía decirle: «Aquí tienes cinco dólares. Ve a la tienda y tráeme siete dólares de comestibles».

MH: Es verdad. Así aprendí a ahorrar desde pequeña.

DR: Estudió en la Universidad de Alabama. ¿Le dieron una beca o tuvo que trabajar?

MH: No tenía beca. Trabajaba en el turno de noche, desde las 11 hasta las 7 de la mañana, y después iba a clase de 8 a 1 o 2 del mediodía; y después dormía, a no ser que tuviera una cita, porque entonces me iba directa al trabajo sin dormir, cosa que puedes hacer cuando tienes 18 o 19 años. Terminé los estudios en tres años y medio. Haces lo que tienes que hacer.

DR: ¿Nada más graduarse ya pensó que quería ser directora ejecutiva de Lockheed Martin?

MH: No. Empecé a buscar trabajo y encontré uno de economista aquí, en Washington, en la Oficina de Estadísticas Laborales. Estaban reformando el índice de precios al productor. Era un buen trabajo para una recién graduada, así que allí empecé mi carrera. Cuatro años más tarde me entrevistaron varias empresas, una de ellas Lockheed, en Marietta, Georgia; y empecé a trabajar allí como ingeniera industrial.

DR: En Marietta empezó a ascender. Creo que tuvo 22 puestos de liderazgo diferentes. Debía de estar mudándose a cada momento.

MH: Estuve en Marietta unos trece años. Tras 18 meses fui promocionada a supervisora de ingeniería industrial y después, a los dos años, me nombraron directora general del programa de desarrollo —el mérito fue de mi padrino, que me recomendó— y pasé otros dos años rotando por toda la compañía. Al terminar esos dos años, ya era directora de todas nuestras estimaciones de producción y presupuestos.

DR: En un momento en que su marido no tenía trabajo hizo una entrevista para un puesto en esta compañía. ¿Cuál era?

MH: Su empresa había quebrado y estaba buscando trabajo. Teníamos un bebé de cinco meses y tenía que encontrar uno cuanto antes. En ese momento el mercado laboral estaba muy difícil, pero llegó un día a casa y me dijo:—¡Ya tengo trabajo! —Le pregunté que dónde y me contestó—: En Lockheed.

Yo le dije:

—¿En Lockheed? ¿Por qué en mi compañía?Resulta que le habían dado trabajo en el Departamento de Finanzas. En ese momento yo estaba dirigiendo el de Ingeniería Industrial, así que no nos teníamos que ver para nada. Al cabo de cinco años, dejó el trabajo.

DR: Siempre dice que gracias a él ha conseguido lo que ha conseguido, y explica que después de dejar ese trabajo él asumió el rol que normalmente habría asumido una mujer.

MH: Sí. Suelo decir que «se retiró». Nuestros hijos tenían entre tres y seis años. Nos trasladamos de Marietta a Fort Worth, Texas, por mi trabajo. Ya sabe lo agotador que es tener un par de niños en casa. Así que le propuse que intentara trabajar desde casa un año.

Y nunca más cambiamos el modelo. Se convirtió en amo de casa: hacía de entrenador, de líder Scout, iba a las excursiones... Lo hacía porque yo tenía que viajar mucho por mi trabajo. Por nuestra manera de funcionar, tal vez fuéramos una familia un poco *new-age*, pero a nosotros nos iba muy bien.

Ahora nuestros hijos son veinteañeros y ya se fueron de casa. Cuando le pedí que se retirara ya había llegado a esa meta de los cinco años. Hace poco recibió un cheque por jubilación de Lockheed Martin.

DR: Imagino, pues que también está contento con el rendimiento de las acciones.

MH: Sí, lo está.

DR: Hablemos un poco del producto que he mencionado antes, los aviones de combate. Existe un F-14, un F-15 y un F-18. Había un F-22 y usted dio con uno que se llamó F-35. ¿Qué pasó entre el 22 y el 35?

MH: El número de los aviones no lo pone Lockheed Martin, sino el Gobierno de Estados Unidos. F es la inicial de «*fighter*» (luchador, avión de combate) y B es la de bombardero. La terminología es bastante general y normalmente secuencial.

Nosotros ganamos el contrato del X-35. Lo llamamos X o Y cuando es un avión experimental, un prototipo. Lockheed había ganado el concurso y el secretario de las Fuerzas Aéreas dijo que sería el F-35. Nos quedamos sorprendidos, porque pensábamos le tocaba ser el F-23. Pero una vez puesto el nombre se queda.

DR: Imagino que no quiso decirle que había cometido un error, porque acababa de adjudicarle un contrato. Y ese ha sido el contrato militar más importante de todos los tiempos; miles de millones de dólares, supongo. ¿Por qué cuesta tanto hacer esos aviones? ¿Qué tienen de especial los F-35?

MH: El F-35A, que es la variante convencional de la aeronave, tiene un precio original de 94,3 millones de dólares. Estamos a punto de rebajarlo a 80 millones en 2020. Piénselo. Tal vez usted haya volado en un Gulfstream.

DR: Alguna vez.

MH: Bien, pues piense en cuánto ha pagado por ese vuelo y después piense en el caza más sofisticado del mundo, que puede llegar a costar 80 millones de dólares. Para mí, es bastante significativo.

Es el avión de combate más avanzado del mundo: es sigiloso, tiene fusión de sensores. No se trata solo de ofrecer superioridad en el vuelo, sino que puede comunicarse con todas las posiciones del campo de batalla. Es básicamente un multiplicador de fuerzas. Pero yo no soy nadie para explicárselo, hable con cualquiera de los pilotos.

DR: ¿Qué se siente siendo la directora ejecutiva del mayor contratista militar del país? Recibe el 70 % de sus ingresos del Gobierno. ¿Cuánto tiempo tiene que pasar con ellos? ¿Cómo distribuye su tiempo en una semana normal?

MH: Entre el 60 y el 70 % de mi tiempo lo dedico a la estrategia del negocio, a los clientes y a distintos compromisos, sobre todo viajando por el mundo para visitar a nuestros clientes. En mi puesto, es importante que me reúna con los líderes del Congreso y del Gobierno para asegurarnos de estar alineados con sus necesidades y prioridades. Pero también viajo mucho al extranjero; el 30 % de nuestro mercado está fuera de Estados Unidos, son gobiernos de otros países del mundo.

DR: Recientemente ha figurado en el puesto 22 de la lista de mujeres más influyentes del mundo, no solo en el ámbito de los negocios. Cuando lo vio, ¿pensó que debería estar más arriba? ¿Qué se siente siendo una de las mujeres más poderosas de un planeta con 3600 millones de mujeres?

MH: No pienso demasiado en ello, David. Tengo un mensaje de mi hermano que dice: «¿Por qué Oprah está más arriba que tú en la lista?». No lo pienso, hay muchas listas. Lo importante es que tengo el privilegio de liderar algo que constituye un patrimonio de esta nación, una compañía que lleva a cabo uno de los trabajos más importantes e interesantes del mundo.

DR: Cuando empezó ¿era la única mujer en el Consejo de Lockheed?

MH: Sí.

DR: ¿Y eso la intimidaba o pensaba, por el contrario, que era ese tipo de cosas en las que podía demostrar que era mejor que ellos?

MH: Es como cuando pasas a formar parte de un equipo: tienes que ganarte tu credibilidad. Tal vez en ese primer momento era diferente, porque era de otro género, pero en cuanto entré en el equipo dejó de ser un problema, por lo menos para mí.

Lo que es realmente positivo es que ahora mismo el 22% de nuestros líderes son mujeres y que entre el 24 y el 25% de nuestros trabajadores también lo son. Hay una enorme cantera de mujeres; y ya no hay una sola mujer en el Consejo de Dirección, somos muchas.

Hace 35 años no había tantas mujeres ingenieras, o con otras carreras, que se pusieran a trabajar. Pero mira a nuestros clientes, mira a nuestras fuerzas armadas, las mujeres llevan uniforme y ocupan puestos de liderazgo. Lo importante es que exista una reserva de mujeres y que sea cada vez más grande.

DR: ¿Qué hace para relajarse? ¿Hace ejercicio? ¿Viaja? ¿Practica algún deporte?

MH: A mi marido y a mí nos gusta jugar al golf para relajarnos. También nos juntamos la familia para viajar. Yo viajo mucho por trabajo: casi la mitad de mi tiempo estoy viajando, pero disfruto mucho haciéndolo con la familia. Siempre intento organizar algún viaje que les guste a mis hijos. Mientras mamá y papá paguen por él y sea divertido, seguirán viniendo con nosotros.

REVOLUCIONARIOS

Melinda Gates

Eric Schmidt

Tim Cook

Ginni Rometty

Indra Nooyi

MELINDA GATES

Copresidenta de la Fundación Bill & Melinda Gates

«Una de las cosas que he aprendido de la información que recibimos es que pensamos que es objetiva, cuando, de hecho, siempre es sexista. En realidad, no se sabe por qué las mujeres se han dejado de interesar por la informática, pero algunas teorías analizan la información de que disponemos. Cuando jugaba en casa a videojuegos, mis favoritos eran el Pong o el Pac-Man. Entonces aparecieron los ordenadores y la publicidad se orientó hacia los niños, y empezaron a hacerse juegos para chicos —de guerra, de matar—; y a las chicas dejó de interesarles. Y, claro, aquello se convirtió en un círculo vicioso».

«Pensé en abandonar, pero luego me dije: "Voy a intentar ser yo misma en esta cultura, a ver si funciona; y si no, me buscaré otro trabajo". Así que empecé a ser yo misma y a formar equipos más participativos, más colaborativos y menos agresivos. Para mi sorpresa, conseguí reclutar a gente de toda la compañía para formar parte de esos equipos».

Recientemente, Melinda Gates ha llegado a ser una de las principales líderes mundiales en la defensa de los derechos de la mujer, en especial en los países menos desarrollados. Su pasión y compromiso por resolver problemas han hecho de ella una de las mujeres más poderosas, visibles y admiradas del planeta.

También es un modelo a seguir para mujeres de todo el mundo, pero no porque esté casada con uno de los iconos globales de la empresa (y el hombre más rico del mundo durante la mayor parte del último cuarto de siglo). Estoy seguro de que no es fácil ser la pareja de una persona tan legendaria, que lleva décadas siendo el centro de todas las miradas. Además, la educación de sus tres hijos en semejante ambiente habrá tenido sus complicaciones.

Pero, dejando a un lado los asuntos familiares, Melinda es ya un referente para mujeres y hombres gracias a su apasionado compromiso al frente de la Fundación Bill & Melinda Gates, la ONG más grande del mundo. Melinda ha trabajado junto a su marido en la creación de la fundación y en la formulación de sus objetivos, y también ha viajado por el mundo para comprobar cómo sus donaciones cumplen tales objetivos. El impacto de esta fundación ha sido global y revolucionario, en especial respecto al tratamiento de los problemas sanitarios en las economías menos desarrolladas.

Melinda también se encarga de organizar las actividades de The Giving Pledge. Y, por si fuera poco, ahora es un icono global en la lucha contra las dificultades a las que se enfrentan las mujeres en muchos países: la falta de recursos básicos para cuidar a los niños, el dolor y el sufrimiento infligidos por parejas maltratadoras, el difícil acceso a y el conocimiento insuficiente sobre los métodos anticonceptivos, y los obstáculos para acceder a la educación necesaria para entrar en el mercado laboral. Melinda trata muchas de estas cuestiones en su libro de 2019 *The Moment of Lift*.

Se licenció por la Universidad de Duke y formó parte de su Consejo de Administración. Yo también estudié allí, aunque unos quince años antes que ella, y entré en el Consejo justo cuando ella finalizaba su mandato. Así que, si la conozco desde hace años es porque fui uno de los firmantes originales de The Giving Pledge, pero no la había entrevistado nunca antes de grabar este programa de *Peer to Peer* (en los estudios Bloomberg de Washington D. C., en abril de 2019).

En la entrevista, Melinda nos cuenta cómo su interés por los ordenadores en bachillerato la llevó a la Universidad de Duke y después a Microsoft; y, por último, a casarse con Bill Gates y a comprometerse en buscar la solución a algunos de los problemas más acuciantes del planeta. También deja claro cuál es ahora mismo su mayor prioridad, aparte de su familia: ayudar a las mujeres, sobre todo a las que viven en países poco desarrollados, a incrementar su potencial para llegar a tener una vida sana y plena.

En busca de este fin, Melinda viaja todo el tiempo a los lugares menos accesibles del mundo, consulta con los mejores expertos sobre los posibles programas a implementar y motiva a otras personas con recursos para que también se impliquen en tales proyectos.

Y esta no es la vida que la esposa de uno de los hombres más ricos del mundo se ha visto obligada a elegir; es la que ella ha querido vivir, a pesar de que su liderazgo moleste a algunos (por ejemplo, su defensa a ultranza de los anticonceptivos, iniciativa que rechaza la jerarquía de la Iglesia católica, que es su fe).

DAVID RUBENSTEIN (DR): Hablemos un momento sobre la fundación. Es la más importante del mundo. ¿Qué valor tienen ahora mismo sus activos?

MELINDA GATES (MG): Unos 50.000 millones de dólares.

DR: Desde que se creó, ¿cuánto dinero ha donado?

MG: 45.000 millones de dólares.

DR: Ninguna otra fundación del mundo ha donado una cantidad semejante. Ustedes crearon la fundación con la fortuna que amasaron gracias a Microsoft. Y un día les llamó Warren Buffett y les dijo: «¿Sabéis qué? No sé qué hacer con mi fortuna, así que os la voy a dar a vosotros porque me gusta lo que hacéis».

MG: Así fue. La mujer de Warren, Susie, estaba también muy implicada en las causas benéficas y su plan siempre había sido donar su patrimonio a través de su propia fundación, pero de repente falleció, de manera inesperada. Entonces Warren vino a vernos y nos dijo que la inmensa mayoría de su fortuna la donaría a través de nuestra fundación, además de mediante una que tienen sus tres hijos y de la fundación Susan T. Buffett.

DR: Cuando les telefoneó para decirles que les iba a donar entre 50.000 y 60.000 millones de dólares, ¿qué dijeron ustedes?

MG: Bill y yo fuimos a dar un paseo después de esa conversación. Estábamos solos y, bueno, nos echamos a llorar. Conocer la generosidad de Warren y saber que podríamos hacer mucho más de lo que ya estábamos haciendo por tantas personas del mundo… en fin, fue un momento emocionantísimo y un gran momento de amistad.

Es maravilloso tener a Warren en la fundación, porque piensa a largo plazo, igual que nosotros; pero también, de vez en cuando, es quien nos empuja. Aunque esté haciendo algo difícil, complicado, él siempre aparece entre bastidores para decirme: «Lo estás haciendo bien». Nos dijo a nosotros y a sus tres hijos que hiciéramos lo que quisiéramos. Dijo: «Estáis haciendo lo que la sociedad no ha querido hacer y, para ello, vais a tener que asumir riesgos; bien, pues espero que lo hagáis».

DR: ¿Cuándo se creó la fundación?

MG: Teníamos ya dos fundaciones que creamos justo después de casarnos. En el año 2000 las fusionamos en la Fundación Bill & Melinda Gates.

DR: Patty Stonesifer, que trabajó en Microsoft durante una década, asumió la dirección de la fundación. Luego, cuando Bill dejó el puesto de director ejecutivo, se centró en la fundación. Después ambos decidieron, juntos, qué hacer con sus recursos. Usted propuso dos temas que le gustaría abordar: la salud, principalmente en el África subsahariana y el sudeste asiático, y la educación primaria (hasta los 12 años) en Estados Unidos.

¿Cómo se decidió por esas dos problemáticas, habiendo tantas para elegir?

MG: Sabíamos que, en muchos países del mundo subdesarrollado, los mayores obstáculos para la gente eran sobre todo los problemas de salud, como los brotes de malaria, el sida, la tuberculosis o la alta mortalidad infantil por causas evitables. Y estábamos convencidos de que la filantropía podía hacer mucho para tratar estos problemas. Si se empieza por la salud, se podrá lograr después una buena educación.

En cuanto a los Estados Unidos, creemos que aquí todas las vidas tienen el mismo valor, pero no las mismas oportunidades, y que lo que impide avanzar a este país son las carencias en el sistema de educación primaria pública.

DR: Hay gente que se pregunta por qué están empleando los beneficios de una empresa estadounidense para llevárselos al África subsahariana o al sudeste asiático.

MG: Básicamente, porque en los países en vías de desarrollo con apenas 50 o 100 dólares puedes salvar muchas más vidas. Y al hacerlo y ayudar a la gente a ponerse en pie se crean sociedades más pacíficas y prósperas. Nos preocupamos de todo el mundo, no solo de los ciudadanos de Estados Unidos.

DR: Cuando nacieron sus hijos decidió pasar más tiempo con ellos y dejó Microsoft. ¿Cuál fue la reacción de Bill?

MG: Me dijo: «¿En serio?». Sabía que me encantaba trabajar y me apasionaba Microsoft. Por eso se sorprendió bastante cuando le dije que iba a dejarlo.

El problema que tuve a la hora de decidir cuánto tiempo quería dedicar a la fundación es que lo había programado para cuando nuestros hijos fueran mayores. Sabía que no trabajaría todo el día hasta que nuestra hija pequeña empezara preescolar, y así fue.

DR: Como parte de su labor para la fundación, ha tenido que viajar al África subsahariana y muchos otros lugares, y al final ha decidido centrarse más en los problemas de la mujer.

MG: Lo que he visto en los veinte años que llevo trabajando con la fundación es que si ayudamos a las mujeres a avanzar cambiaremos el mundo. Hoy en día sigue habiendo numerosos factores que se lo impiden. Lo he visto en muchos países. Si se les tiende la mano, ellas también lo harán, a su vez, con quienes las rodean. Y así es como se consigue aupar a una comunidad y a un país.

DR: Uno de los principales temas de su interés es la anticoncepción. Pero usted es católica practicante. ¿Le costó tomar la decisión de destinar más esfuerzos de la fundación a este fin?

MG: Fue una decisión muy difícil, sí, por mis raíces católicas. Sigo siendo católica, pero me he encontrado con muchas mujeres en el mundo que me han explicado que para ellas este es un problema de vida o muerte. Me dicen cosas como: «Si tengo otro hijo pronto, moriré en el parto»; o «Ya tengo cinco hijos y no es justo para ellos que tenga otro cuando no puedo alimentarlos».

Así que tuve que enfrentarme a mi fe católica y decirme: «¿En qué creo? Creo en salvar vidas». Eso era lo correcto.

DR: ¿Se ha encontrado alguna vez a una mujer que le dijera: «Tome a mi hijo, porque yo no puedo criarlo»?

MG: Más de una vez. De Susie, la mujer de Warren, aprendí que siempre que puedas debes visitar esos lugares de forma anónima. Normalmente yo voy a las zonas rurales con unos pantalones caqui y una camiseta, y hablo con las mujeres. Susie decía que hablando con los hombres y mujeres de las aldeas se aprende mucho.

Le pondré un ejemplo: visité un hospital en el norte de la India. Estábamos trabajando con el Gobierno en ese centro para mujeres embarazadas y las ayudábamos en el parto, para salvar sus vidas y las de sus bebés.

Un día fui al pueblo a hablar con una mujer; tenía a uno de sus hijos sentado junto a su marido y a su recién nacido en los brazos, y nos contó que había vivido una experiencia maravillosa en el hospital. Fui a verla para hablar de eso. Cuando terminamos le hice una última pregunta: «¿Qué esperanza tiene?». Se llamaba Mina.

Me miró un buen rato y luego bajó la mirada. Pensé que había dicho algo inapropiado. Al final, me volvió a mirar y me dijo: «La verdad es que no tengo ninguna esperanza, ni de criar a este hijo o a este otro, ni de darles una educación. Por favor, ¿se los puede llevar a su casa?».

Esas cosas te rompen el corazón. Ver a mujeres que aman a sus hijos, pero que saben que estarán mejor con un desconocido… es desolador. Y es la historia de muchas, muchas mujeres y familias del mundo.

DR: ¿Por eso decidió poner los métodos anticonceptivos al alcance de las mujeres de esas zonas?

MG: Nosotros y nuestros socios creamos en 2012 una coalición global y recaudamos 2600 millones de dólares para que cualquier mujer pudiera acceder a todos los métodos anticonceptivos. Estamos trabajando de forma constante para informar a las mujeres sobre estos métodos. Le sorprendería saber cuántas los conocen ya, pero es importante educarlas también sobre su cuerpo y garantizar que opten a los recursos que desean tener.

DR: Hablemos de su infancia, antes de volver a los problemas de las mujeres. Creció en Dallas y su padre era ingeniero.

MG: Era ingeniero aeroespacial y trabajaba en las misiones del Apolo.

DR: Acabamos de celebrar el quincuagésimo aniversario de la llegada del Apolo a la Luna. ¿Participó su padre en esa misión?

MG: Acaba de recibir un premio de Georgia Tech, donde se licenció, precisamente por ese trabajo.

DR: Su madre no fue a la universidad, pero colaboró en la fundación de una empresa inmobiliaria gracias a la cual pudieron pagarle a usted una universidad privada.

MG: Éramos cuatro hermanos. Mis padres querían que los cuatro fuéramos a la universidad, a cualquier universidad del país que quisiéramos; ellos se las arreglarían para pagarlas. Fundaron entonces una empresa de inversión inmobiliaria en la que mi madre trabajaba todo el día. Después todos, ellos y nosotros, trabajamos en esa empresa por las noches y los fines de semana.

DR: Fue a una universidad católica femenina y después a la Universidad de Duke. ¿Dónde más quería estudiar?

MG: El primer sitio al que pensaba que quería ir era Notre Dame, porque muchos de los padres de mis amigas habían ido allí, pero cuando mi padre y yo fuimos a visitar esa universidad acababan de quitar la carrera de Informática porque pensaban que era una moda pasajera. Y yo quería estudiar Ciencias Informáticas porque mi profesor de Matemáticas de bachillerato había convencido a la superiora para que instalara ordenadores en la escuela cuando casi nadie los tenía.

Así que, como tenía claro que quería estudiar Ciencias Informáticas en la universidad, me quedé un poco chafada cuando se desvaneció mi sueño de ir a Notre Dame. Pero entonces vi que IBM acababa de hacer una importante donación de dos laboratorios de informática a la Universidad de Duke y pensé ir allí.

DR: Es curioso que las mujeres estuvieran antes más interesadas en la informática que ahora. ¿A qué cree que se debe?

MG: Cuando estaba en la universidad, a finales de los ochenta, un 37 % de quienes se graduaban eran mujeres. Pensábamos que estábamos siguiendo un camino ascendente, igual que en Derecho o en Medicina. Pero entonces empezó a bajar hasta el 17 o 18 %. Ahora estamos un poco por encima del 19 %.

Una de las cosas que he aprendido de la información que recibimos es que pensamos que es objetiva, cuando, de hecho, siempre es sexista. En realidad, no se sabe por qué las mujeres se han dejado de interesar por la informática, pero algunas teorías analizan la información de que disponemos. Cuando jugaba en casa a videojuegos, mis favoritos eran el Pong o el Pac-Man.

Entonces aparecieron los ordenadores y la publicidad se orientó hacia los niños, y empezaron a hacerse juegos para chicos —de guerra, de matar—; y a las chicas dejó de interesarles. Y, claro, aquello se convirtió en un círculo vicioso.

DR: También explica en su libro que los ordenadores se consideraban en un principio «para mujeres» porque eran útiles para llevar la contabilidad y hacer otras tareas auxiliares juzgadas como femeninas. Cuando se volvieron más atractivos, porque gracias a ellos se podían crear *start-ups* en el sector tecnológico, los hombres volvieron a interesarse.

MG: Ese fue el factor determinante, se convirtió en un mecanismo de *feedback*. Tenemos que abrir más caminos para las mujeres. Las mejores universidades del país, en las que cada vez estudian más mujeres y miembros de grupos minoritarios, están logrando que las ciencias informáticas sean más receptivas a los problemas del mundo real.

DR: Usted fue a una universidad católica de chicas; después estudió en la Universidad de Duke, que es mixta. ¿Qué le pareció eso de tener chicos en clase?

MG: En bachillerato, si querías asistir a clase de Física y de Cálculo, que yo hice el último año, tenías que ir a la escuela que había al otro lado de la calle. Era una locura.

Cuando empecé en Duke y el profesor lanzaba una pregunta en la clase de Ciencias Políticas o de Economía, pensaba que para responder tenía que levantar la mano como buena chica católica, pero los chicos intervenían a gritos sin pedir turno de palabra. Era bastante desconcertante. Me di cuenta de que iba a tener que aprender a jugar a ese juego si quería que mi voz y mis ideas se escucharan en clase, y así lo hice.

DR: Cursó un programa especial de cinco años en la Universidad de Duke con el que obtuvo una licenciatura y un máster. Y así, después de cinco años, ya estaba lista para empezar a hacer entrevistas de trabajo en las compañías informáticas; y usted aspiraba a trabajar en IBM.

MG: Sí, porque hice prácticas con ellos varias veces en verano. Y cuando acabé la carrera me hicieron una oferta maravillosa.

DR: Pero también había otra empresa llamada Microsoft que estaba buscando candidatos en Duke. Dijeron que la entrevistarían. ¿Por qué se planteó ir a Microsoft cuando ya tenía una oferta de IBM, que era la compañía líder en ese momento?

MG: Los productos de Microsoft estaban empezando a popularizarse. Para mi sorpresa, cuando fui a entrevistarme con ellos descubrí una energía y un ritmo que iban a cambiar el mundo y pensé que quería estar cerca de ese tipo de energía y de talento.

Eso sí, todas las personas que me entrevistaron, excepto una, eran hombres, pero ya estaba acostumbrada a trabajar en un ambiente masculino, porque en segundo y tercero de carrera había muy pocas mujeres. Fui una de las primeras contratadas por Microsoft con un MBA. Éramos nueve hombres y yo.

DR: Así que al final fue a trabajar a Microsoft. ¿Era una empresa tan buena como pensaba?

MG: Estábamos cambiando el mundo y eso me fascinaba, porque me encanta innovar, crear productos. Alguien de IBM me dijo que, si conseguía un trabajo en Microsoft, mis posibilidades de avanzar como mujer serían meteóricas. Así fue y me encantó.

Pero al cabo de dos años me planteé dejarlo, porque la cultura era demasiado agresiva. Sabía jugar a ese juego, sabía defender mis ideas y las de mi equipo, pero no me gustaba a mí misma, no me gustaba cómo trataba a la gente cuando iba al supermercado o cuando interactuaba con otras personas.

Pensé en abandonar, pero luego me dije: «Voy a intentar ser yo misma en esta cultura, a ver si funciona; y si no, me buscaré otro trabajo». Así que empecé a ser yo misma y a formar equipos más participativos, más colaborativos y menos agresivos. Para mi sorpresa, conseguí reclutar a gente de toda la compañía para formar parte de esos equipos.

DR: La encargada de hacer la selección de personal en IBM le aconsejó que, si recibía una oferta de Microsoft, la aceptara.

MG: Sí, así es. Ella era la responsable de mi contratación en IBM. Le dije que me quedaba una última entrevista en otro sitio y que era probable que aceptara ese trabajo. Me preguntó dónde era y le contesté: «En esa pequeña compañía llamada Microsoft». Entonces me miró a los ojos y me dijo: «¿Te puedo dar un consejo? Si te hacen una oferta, acéptala».

Le pregunté por qué y me explicó: «Creo que en IBM prosperarás mucho, pero tendrás que pasar por todos los niveles directivos; en cambio, si te vas a una *start-up* como esa, es muy probable que tu ascenso sea meteórico». Y acertó.

DR: ¿Ha pensado alguna vez en cómo sería de diferente su vida si hubiera aceptado la oferta de IBM?

MG: Es difícil de imaginar, porque no habría tenido a mis tres hijos con Bill. Probablemente viviría en Dallas, Texas. Y no habría viajado como lo he hecho con la fundación.

DR: ¿Fue difícil trabajar en una empresa donde la gente sabía que estaba saliendo con el fundador y director ejecutivo?

MG: La primera vez que salí con él pensé que quedaríamos una o dos veces. Sí pensé que era un hombre interesante; al fin y al cabo, dirigía esa compañía, que hacía todas estas cosas sorprendentes. Luego, cuando vi que seguíamos quedando, empecé a pensar que era raro y que no sabía si quería seguir adelante con aquello. Porque yo me había esforzado mucho, había estudiado Ciencias Informáticas, luego obtuve mi MBA y estudié Económicas. No estaba segura de que esa relación me conviniera.

Y cuando al final decidí salir con él en serio no traté de ocultarlo. Dejé claro a mis equipos que tenía los límites muy marcados y que no quería llegar a casa después de haber estado todo el día trabajando en Microsoft y seguir hablando del trabajo con Bill. Piense que yo preparaba a los equipos para reunirse con los altos directivos, incluido Bill, y que para ellos resultaba bastante incómodo.

Tenía que prepararlos a ellos y prepararme yo misma, y lo último que debía hacer era seguir hablando de ellos con mi pareja. Tenían que saber que yo estaba de su parte.

DR: Y resultó.

MG: Sí, resultó.

DR: Cuenta en su libro —y debe de haber sido difícil escribir sobre eso— que sufrió abusos de una pareja que tuvo antes de casarse. ¿Qué puede hacer su fundación para luchar contra las relaciones abusivas?

MG: Precisamente lo conté en el libro porque quiero que la gente sepa que le puede pasar a todo el mundo. Es algo que te arrebata la voz, acalla a las mujeres en su matrimonio, en su lugar de trabajo o en su comunidad.

En mi caso, perdí la confianza en mí misma. Cuando viajo por el mundo, cuando hablo a las mujeres sobre las vacunas, hasta si hablo sobre el capital riesgo —ya sabes, también en Estados Unidos, que tenemos capital riesgo, oigo historias de abusos y acoso en diferentes niveles— siempre me viene a la mente la mala experiencia que tuve.

Millones de mujeres sufren acoso o abusos en todo tipo de entornos; pero, como ya he dicho, es algo que las silencia. Incluso en Estados Unidos, el 80 % de las mujeres que sufren acoso en el trabajo lo dejan al cabo de dos años.

Tenemos que hablar de esta barrera y tenemos que levantarla. Lo que nosotros hacemos es recabar información, porque el mundo en general no lo hace. De esta manera podemos detectar el problema, reconocerlo y comprometernos a solucionarlo en todo el mundo.

DR: Hace unos años, Bill y Warren decidieron crear The Giving Pledge. ¿Cuál es su finalidad y cuánta gente ha firmado esa campaña?

MG: El objetivo —que fue idea de Warren— es decirle a la gente: «Si tienes una gran fortuna, si eres millonario en nuestro país o en cualquier otro lugar del mundo, puedes permitirte donar la mitad de tu dinero; y es lo que deberías hacer por el bien de la sociedad».

Bill y Warren tienen muy claro que, de haber vivido en Malawi o en Mozambique, no podrían haber creado sus empresas. Así, puesto que nos beneficiamos de lo que la sociedad nos da, de sus infraestructuras, por ejemplo, lo menos que podemos hacer es devolverle la mitad. Usted, David, también es de gran ayuda para nosotros. Contamos ahora con 190 familias en 22 países comprometidas con The Giving Pledge (en marzo ya eran 207).

DR: Ha surgido una reacción contra la gente rica que dice cosas como «invirtamos nuestro dinero aquí o allí». ¿Cómo responden a eso?

MG: Lo que sí es cierto es que Bill, Warren y yo creemos que no debería existir la desigualdad que hay en Estados Unidos. Tenemos que hacer algo al respecto. Conozco a mucha gente del mundo a la que le gustaría vivir en nuestro país, en nuestra democracia y en nuestro sistema capitalista.

Pero también tenemos defectos, carencias, y hay que hacer algo para superar eso. Bill y yo intentamos ser más conscientes del papel que juega la filantropía; lo único que se puede hacer es ser ese catalizador. Nosotros podemos probar cosas, experimentar con nuestro dinero ahí donde no queremos que el Gobierno experimente con el dinero de los contribuyentes.

Nosotros hemos de demostrarlo y después el Gobierno lo deberá aplica a gran escala. Creemos que las fundaciones, junto con el Gobierno, el sector privado y las ONG, son las que más pueden contribuir a mejorar el mundo.

ERIC SCHMIDT

Expresidente de Google/Alphabet

«El estereotipo de un director general no es la forma en que funciona el mundo en la actualidad. Ahora los directores solo son buenos en una cosa y después aprenden otras. Creo que no es importante por dónde empieces, lo importante es que seas muy bueno en algo y después amplíes tus capacidades. Disciplina, trabajo duro y pasión por lo que haces; todo eso te llevará muy lejos».

Eric Schmidt se formó primero como ingeniero, se convirtió en director ejecutivo de la compañía tecnológica Novell y parecía destinado, dada su inteligencia y también sus conocimientos del mundo tecnológico de Silicon Valley, a ser un líder en ese sector; aunque quizá con menor visibilidad de la que acabó teniendo tras su reunión con Sergey Brin y Larry Page, que estaban recibiendo presiones por parte de sus inversores para encontrar a un «adulto» que ocupara el puesto de director ejecutivo en una joven empresa de motores de búsqueda en internet: Google.

El crecimiento explosivo de Google (entonces Alphabet) y el algoritmo revolucionario de su motor de búsqueda, son bien conocidos por cualquiera que no haya vivido en una cueva las dos últimas décadas. La compañía posee ahora un valor de mercado de más de un billón de dólares; alcanzó unos ingresos anuales de casi 161.000 millones de dólares en 2019; daba trabajo a más de 123.000 personas a principios de 2020; y procesa aproximadamente 1,2 billones de búsquedas al año en su actividad de negocio principal. Lo que tal vez no se sepa tanto es que Schmidt, en su función de director ejecutivo de Google (durante más de nueve años), aportó tantos conocimientos al proyecto sobre gestión, finanzas y operaciones que los dos fundadores de Google llegaron a considerarlo como un valor imprescindible ante sus socios capitalistas de Silicon Valley.

Pero el éxito de Google —y su omnipresencia— no era inevitable. De hecho, cuando apareció ya había otros motores de búsqueda. Su herramienta de búsqueda puede haber sido mejor que otras, pero eso no garantizaba triunfar en Silicon Valley.

Gran parte del éxito inicial de Google, su proyección pública y el crecimiento casi sin precedentes de su valor de mercado, pueden atribuirse al liderazgo que Eric ejerció sobre Sergey, Larry y los otros jóvenes tecnólogos e ingenieros de la compañía en los primeros momentos.

Aunque ahora ya ha dejado el cargo y los Consejos de Administración de Google y Alphabet, Eric se ha convertido en uno de los comentaristas y expertos en tecnología más respetados del país; en este sector de cambios vertiginosos, asesora al Gobierno de Estados Unidos, a gobiernos estatales y universidades, así como a varias ONG. Es un inversor bien conocido y un benefactor comprometido cuyos principales intereses son la preservación de océanos y la educación.

Conocí a Eric cuando aún era director ejecutivo de Google y he trabajado con él en proyectos solidarios y sin ánimo de lucro. Además, siempre le pido consejo sobre temas relacionados con la tecnología.

Le he entrevistado varias veces, en diversos foros; y no es tarea fácil, porque él mismo es un experto entrevistador. Esta entrevista, en concreto, tuvo lugar en las oficinas de Google en Washington D. C., en octubre de 2016, y la hicimos para *Peer to Peer*.

Al discutir qué hace que una persona llegue a ser líder, Eric enfatiza (y yo respaldo su opinión) la importancia de dominar un área o técnica específica antes de pretender abarcar otras. Al principio de una carrera profesional, es fundamental que llegues a ser especialista en algo, para que el resto te pida consejo y ayuda. Una vez que hayas demostrado tu conocimiento y competencia en ese área, las habilidades y la credibilidad adquiridas te permitirán ampliar tu alcance y experiencia a una segunda o a una tercera especialidad.

Eric así lo ha demostrado al aplicar sus conocimientos de gestión e ingeniería a la inversión, la política y la filantropía.

DAVID RUBENSTEIN (DR): Cuando se unió a Google, esta no era más que una pequeña compañía. ¿En algún momento se imaginó que llegaría a ser una de las más cotizadas del planeta?

ERIC SCHMIDT (ES): No creo que nadie se lo imaginara. Yo, desde luego que no. Cuando conocí a Larry y Sergey, me parecieron tremendamente inteligentes. Estaban discutiendo sobre algún aspecto técnico, y yo hacía mucho tiempo que no disfrutaba de una discusión tan interesante. Así que pensé: «Tengo que trabajar con esta gente». Quería entrar en una compañía que permaneciese durante un buen tiempo en un edificio y ahora ocupamos muchos edificios.

DR: Usted era director ejecutivo de Novell en el momento en que decidió irse a Google. Tuvo muchas otras oportunidades, ¿qué le llevó a escoger a Google?

ES: No hice entrevista con ninguna otra empresa. El inversor John Doerr me recomendó que visitara Google, pero le dije que a quién le importaban los motores de búsqueda. En serio, no creía que fueran importantes. «¿Quién usa motores de búsqueda?». Pero él insistió: «De todas formas, ve a visitar a Larry y Sergey». Y al ver que lo que hacían era tan interesante, y el enorme talento del equipo que tenían, lo único que quise fue formar parte de aquello.

DR: Había muchas otras empresas que desarrollaban motores de búsqueda. ¿Por qué pensó que Google tenía justo el que cambiaría el mundo?

ES: En realidad no lo pensaba, pero sí creía que su tecnología era especial, de una forma inusual. Alphabet había inventado una manera diferente de hacer la clasificación de resultados. Todos los motores de búsqueda previos empleaban un sistema de clasificación que era fácilmente manipulable en función de intereses comerciales, pero Larry Page ideó algo que ahora se conoce como PageRank, que es un algoritmo diferente, una forma distinta de hacer las búsquedas. Se había extendido con mucha rapidez, primero en Stanford y después por el Área de la Bahía de San Francisco, y todo gracias al boca-oreja. Pensé que era un proyecto magnífico.

DR: Eran dos «fundadores», Larry y Sergey, pero querían a un director ejecutivo con más experiencia; o, por lo menos, los inversores lo querían. ¿Fue extraño llegar y ser de golpe el director ejecutivo cuando estaba trabajando con los fundadores de la empresa, que no tenían ese «título»?

ES: Ellos llevaban 16 meses buscando a alguien con quien trabajar. Le pedían a cada candidato que hiciera algo con ellos durante el fin de semana; por ejemplo, ir a esquiar o practicar algún otro deporte, para ver si eran compatibles.

Cuando nos conocimos, vimos que los tres teníamos una trayectoria similar como científicos de empresa, por lo que congeniamos enseguida. Y siempre tuve claro, desde lo que pasó con John Sculley y Steve Jobs en los ochenta, que aquella era su compañía y que mi trabajo era hacerla prosperar.

DR: ¿Fue aquella una entrevista normal?

ES: Bueno, entré en su oficina, una oficina pequeña en ese concurrido edificio donde estaba y sigue estando Google, y tenían mi currículum pegado en la pared. Me empezaron a hacer todo tipo de preguntas sobre mi trayectoria. Nunca me habían preguntado tan a fondo.

Cuando llegaron a un producto que yo estaba desarrollando en Novell comentaron que era lo más estúpido que habían visto. A lo que yo, claro, tuve que responder.

DR: ¿Y pensó que le darían el trabajo después de ese comentario?

ES: Es que no me di cuenta de que era una entrevista de trabajo; simplemente había ido a visitarlos. Pero cuando estaba saliendo del edificio —que, es curioso, allí mismo había estado cuando trabajaba en Sun [Microsystems] unos años antes, lo que demuestra que la historia se repite— supe que volvería.

DR: Y volvió. Cuando se incorporó, era una empresa pequeña —tenía unos cien o doscientos trabajadores—. ¿Era consciente entonces de que crecería gracias a la publicidad?

ES: No. Al contrario, estaba convencido de que la publicidad que hacían entonces no servía para nada. Cuando empecé como director ejecutivo vi que algo no iba bien y les pedí auditar las cuentas para asegurarme de que la gente estuviera vendiendo esos anuncios.

Y comprobé que los anuncios personalizados estaban funcionando muy muy bien, a pesar de que solo eran pequeños fragmentos de texto. Ese descubrimiento —y las posteriores mejoras del algoritmo, que permitieron hacer pujas y cosas así, y que fueron obra de ingenieros muy jóvenes y de creativos que más bien parecía que estuvieran haciendo experimentos— dieron lugar a lo que es Google hoy en día.

DR: La cultura de Google era insólita en ese momento. Luego otros la han copiado, pero ¿es una cultura de «haz lo que quieras, viste como quieras, quédate a dormir en la oficina si quieres»?

ES: Sí que tenemos un código de vestimenta: tenemos que llevar algo puesto. Tuvimos problemas cuando los ingenieros se trasladaron a las oficinas y pusieron catres en el suelo. Les explicamos que podían hacer lo que quisieran en Google, pero que no podían vivir allí, que tenían que vivir en algún otro sitio.

También animamos a la gente a que trajera a sus mascotas. Teníamos un montón de normas para las mascotas; no para la gente, pero si llevabas a tu mascota al trabajo tenías que dejarla allí.

DR: ¿Y la comida? Daban comida gratis a todo el mundo. ¿Con qué finalidad?

ES: Se decía que la comida gratis lo cambiaba todo. Muchas de esas cosas se anunciaban como algo divertido, pero había mucha reflexión detrás. En el caso de la comida, la idea fue de Sergey: las familias se reúnen para comer, y él quería que la compañía fuera una familia. De modo que, si garantizabas que hubiera tres buenas comidas al día —desayuno, comida y cena— para los empleados, todo el mundo trabajaría como un equipo, de la forma que tuviera más sentido. Larry y Sergey inventaron algo denominado «el 20% del tiempo». La idea es que los trabajadores, en especial los ingenieros, puedan dedicar el 20% de su tiempo a algo que les interese mucho.

Oh, Dios mío, ¿cómo podían dirigir una empresa de esa manera? Bueno, eso por lo menos permitía que los ingenieros que se sentaban juntos para comer tuvieran conversaciones del tipo: «¿Qué piensas de esto?».

Le pondré otro ejemplo: Larry Page analizaba nuestros anuncios cuando salían, los estudiaba a fondo. Y, de repente, un día colgó una nota en la pared que decía: «Estos anuncios son una basura». Me quedé mirándolo y le dije: «Esta es otra cosa estúpida de Google, ¿no? No va a pasar nada. Tenemos un equipo de publicistas, tenemos un director, tenemos un plan».

Eso fue un viernes por la tarde; pues cuando llegué el lunes por la mañana otros equipos diferentes habían visto la nota en la pared y habían creado, durante el fin de semana, lo que hoy es el sistema fundamental de anuncios de Google. Eso no podría haber ocurrido sin una cultura como la de Google.

DR: En una ocasión me contó que una vez usted estaba fuera de la oficina y cuando regresó se la habían ocupado.

ES: En ese momento, la cultura de Google se veía como inusual. Yo lo sabía y siempre tenía mucho cuidado de no dar un paso en falso.

Una mañana llegué y mi ayudante me miró con cara de que algo malo había pasado; entré en mi oficina, que era un rectángulo de 2 por 3 m, y allí estaba mi nuevo compañero de despacho.

Él mismo se había trasladado y estaba ahí, trabajando. No tenía ni idea de que iba a tener un nuevo compañero de despacho; y, después de todo, yo era el director ejecutivo, así que alguien debería habérmelo dicho, ¿no?

La conversación fue algo así:

—Hola, ¿cómo estás? —Hola, soy Amit. Encantado de conocerle.

—¿Qué haces aquí?—Bueno, tú no estás nunca y yo trabajo en un despacho con seis personas más. Es demasiado ruidoso.

Pensé qué contestarle, porque si le decía que se largara de mi despacho a lo mejor me echaban a mí. Así que le dije:

—Está bien, ¿has pedido permiso?

—Le he preguntado a mi jefe y me ha dicho que era una gran idea.

Así que me pareció bien. Nos sentamos uno al lado del otro, él programando y yo haciendo mi trabajo, y estuvimos así un año entero. Nos hicimos íntimos amigos.

DR: ¿Se crio usted en Virginia?

ES: Sí, en la Virginia rural.

DR: ¿Qué le hizo querer ser ingeniero?

ES: Era un chico normal al que le interesaba la ciencia. Era la época de las misiones espaciales y todos queríamos ser astronautas. En mi instituto tenían un terminal, esos teletipos antiguos ASR-33; mi padre tuvo la genial idea de comprar uno para nuestra casa, lo cual era muy raro para la época. Así que me pasaba las noches trabajando con él, reprogramándolo. Ahora mismo, evidentemente, si viviera con mis padres y tuviera 15 años, tendría cinco ordenadores en red y un sistema de sonido brutal.

DR: Hizo el bachillerato en Virginia. Lo debió de hacer muy bien para entrar en Princeton.

ES: Sí, aunque antes era más fácil entrar.

DR: ¿Sabía ya que quería ser ingeniero?

ES: En principio presenté la solicitud para Arquitectura, pero al llegar descubrí que no era tan buen arquitecto como programador. En Princeton consideraron que iba lo bastante adelantado para saltarme los cursos introductorios y entrar directamente en los avanzados y después en el posgrado.

DR: Debió de ser muy buen estudiante, porque consiguió una beca para hacer el doctorado en Berkeley. ¿Fue difícil el cambio de ciudad?

ES: No. Por ponerte un ejemplo de lo inocente que era la gente en aquella época, te diré que decidí mudarme a California porque había oído que aquello era bonito y que había unas playas muy bellas. Por supuesto, me fui a la zona equivocada. Es que eso fue antes de que existiera Google Maps.

Primero trabajé en Bell Labs, donde se inventó Unix, que es la base de la informática actual. Era programador junior, y luego trabajé también como programador en Xerox Palo Alto Research Center, donde se inventaron los terminales, las pantallas, los procesadores de textos y muchas herramientas para trabajar en red que usamos hoy en día. Tuve la suerte de ser ayudante de quienes estaban investigando todo eso. De ahí me marché a Sun Microsystems, donde fui directivo durante varios años.

DR: ¿Y desde allí fue contratado por Novell?

ES: Sí. Estuve en Sun 14 años, en Novell, 4, y en Google llevo más de 16.

DR: Conforme crecía la compañía, fue dominando el negocio de los motores de búsqueda. Ahora mismo gestiona aproximadamente el 90% de las búsquedas de internet. ¿Por qué Google no quiso limitarse a esa actividad?

ES: El lema de Google no solo era «buscamos en la Red», sino «buscamos en toda la información del mundo». La información es un importantísimo bien de consumo. Así que la compañía se propuso solucionar nuevos problemas.

Por ejemplo, empezamos a interesarnos por los mapas, después desarrollamos los nuestros y fue una línea de productos de mucho éxito. Más tarde adquirimos una compañía llamada YouTube, que hoy en día es la principal para ver vídeos y otras clases de información. En definitiva, desarrollamos un modelo de negocio que funciona muy bien. En algunos casos, compramos pequeñas compañías a las que nosotros hicimos crecer, como Google Earth. En otros, fueron tecnologías desarrolladas por nosotros mismos.

La idea general era integrar la información. En un momento dado, hace cuatro o cinco años, nos empezó a interesar la resolución de problemas; no me refiero a problemas de información, sino problemas reales en los que la tecnología digital pudiera marcar una diferencia material. El más obvio es el de los vehículos sin conductor. Hemos estado trabajando en ello como proyecto de investigación.

Más de 32.000 personas morirán este año en accidentes de tráfico, solo en Norteamérica. Y no sabemos quiénes serán, así de horrible es la situación. Vale, pues imagínate que pudiéramos reducir ese número a la mitad, o a un tercio o a un cuarto. Porque la mayoría de los accidentes ocurren por culpa del conductor. Al final, lograremos que los accidentes de tráfico sean algo muy, muy poco común.

DR: Está claro que usted es un líder científico, tecnológico y empresarial. ¿Cree que los líderes nacen o se hacen?

ES: Un poco de ambas cosas. Debes tener ciertas cualidades inna-tas, pero también se pueden aprender. Además, creo que como líder tienes que hacer algo muy bien.

El estereotipo de un director general no es la forma en que funciona el mundo en la actualidad. Ahora los directores solo son buenos en una cosa y después aprenden otras. Creo que no es importante por dónde empieces, lo importante es que seas muy bueno en algo y después amplíes tus capacidades. Disciplina, tra-bajo duro y pasión por lo que haces; todo eso te llevará muy lejos.

TIM COOK

Director ejecutivo de Apple

«Cuando observo el mundo, veo que muchos problemas se
reducen a la falta de igualdad; al hecho de que un niño, por nacer
en un lugar determinado, no tenga acceso a una buena educación;
a que alguien de la comunidad LGTBIQ sea despedido por esa
pertenencia; a que a cualquiera, por tener unas creencias religiosas
diferentes a las de la mayoría, se le excluya de la sociedad.
Es muy sencillo, pienso que, si pudiéramos agitar una varita
y que todos nos tratáramos con dignidad y respeto,
desaparecerían muchos problemas».

Tim Cook sucedió a uno de los líderes más legendarios de la historia empresarial estadounidense: Steve Jobs; una tarea nada envidiable teniendo en cuenta que algo así no siempre empieza o acaba bien, porque las expectativas suelen ser demasiado altas y el escrutinio se intensifica.

Cuando Cook, un experto jefe de operaciones formado en IBM, dejó Compaq para unirse a Apple poco después de que Jobs regresara a la compañía como director ejecutivo, no había razón para pensar que llegaría a ser una de las empresas más potentes del mundo, o que Jobs elegiría a Cook como sucesor. Pero eso fue justo lo que ocurrió el 24 de agosto de 2011, cuando Steve Jobs, tras serle diagnosticada una enfermedad que poco después le causaría la muerte, le nombró su «heredero» al frente de Apple.

Los expertos tenían pocas esperanzas sobre Tim Cook. Steve era el gran genio detrás de los ordenadores personales Apple, del iPhone, del iPad, de iTunes y de las tiendas Apple, entre otros productos y servicios de enorme creatividad y capacidad de transformación. Tim, en cambio, era un experto en procesos de fabricación y en la cadena de distribución, un tipo de modales refinados. ¿Cómo podría alguien con esa personalidad y esos antecedentes liderar Apple?

Los resultados hablan por sí mismos: bajo su dirección, en nueve años, el valor de mercado de Apple se ha incrementado desde 359.000 millones de dólares hasta los actuales 1,4 billones. De este modo, ha sido la primera compañía del mundo en llegar a un valor de mercado de un billón de dólares y en la actualidad sigue siendo la empresa privada más cotizada del mundo.

Pero ¿por qué tantos expertos se equivocaron?

Para empezar, Apple estaba en buena forma gracias al liderazgo de Steve, que había reunido a varios altos ejecutivos en la compañía. Pero igual de importante fue el papel desempeñado por Tim Cook, que demostró ser un líder eficaz prestando mucha atención a los detalles y al trabajo en equipo, y mostrando siempre una actitud tranquila y coherente que ha sido su sello. Los resultados de Apple desde que él asumió el cargo han sido tan espectaculares que Tim es hoy uno de los directores ejecutivos más respetados e influyentes del mundo.

Y, en cierto modo, ello se debe a que no trató de replicar el modelo de Steve Jobs: ese perfil de fuerza creadora, el brillante innovador, el diseñador, el genio de las sorpresas, el centro de todo lo que hace Apple. En lugar de eso, reconociendo que nadie podía ser un nuevo Steve Jobs, Tim se concentró en lo que mejor se le da: la organización, el trabajo en equipo, la eficiencia, la capacidad de previsión, el liderazgo discreto. Y le ha funcionado tan bien que bajo su dirección Apple ha triplicado su valor.

Conocí a Tim, graduado de la Escuela de Negocios Fuqua de Duke, cuando yo formaba parte de su Consejo de Administración y le entrevisté para un evento de esa universidad en Silicon Valley. Pude conocerle mejor más tarde, cuando ambos entramos en el Consejo de la China's Tsinghua School of Economics and Management.

Esta entrevista para *Peer to Peer* se hizo en Duke en mayo de 2018, tras su discurso en la ceremonia de graduación de ese curso. El público estaba compuesto básicamente por estudiantes, padres y profesores de la universidad, pero también asistió Laurene Powell Jobs, viuda de Steve Jobs y una ferviente defensora de Tim.

El carácter humilde de Tim se hizo evidente en la entrevista cuando dijo que el reciente éxito de Apple no se debía atribuir en ningún caso a sus capacidades o a sus dotes de liderazgo. De todas formas, reconoce cuál es el tipo de liderazgo que ha sido necesario para que Apple ocupe el lugar que ocupa en el mundo empresarial: aquel que se focaliza en los productos, los servicios y los clientes de Apple en lugar de en sí mismo.

DAVID RUBENSTEIN (DR): Usted es director ejecutivo de Apple desde agosto de 2011; en este periodo, los beneficios de la compañía han aumentado un 80 %. ¿Alguna vez se ha planteado que nunca podrá lograr nada mejor que esto? ¿Alguna vez ha pensado que ya ha hecho un gran trabajo y que quiere hacer algo diferente?

TIM COOK (TC): Nosotros consideramos el precio de las acciones, los ingresos y los beneficios como el resultado de haber hecho bien las cosas en lo que tiene que ver con la innovación o la creatividad, y de habernos centrado en los productos adecuados, de haber tratado a los clientes como un tesoro y de haber puesto el foco en la experiencia de usuario. Yo ni siquiera conozco las cifras que acaba de mencionar. Para serle sincero, es algo que no me interesa lo más mínimo.

DR: Cuando publica los beneficios trimestrales, los expertos siempre dicen que no se han vendido tantas unidades de tal producto como se esperaba. ¿Le molesta?

TC: Antes me molestaba, ahora ya no. Nosotros dirigimos Apple pensando a largo plazo. Siempre me ha parecido extraño que haya tanta fijación con cuántas unidades hemos vendido en 90 días, porque nosotros tomamos decisiones para varios años. Intentamos dejar claro que dirigimos la compañía a largo plazo y no pensamos en ganar dinero rápido.

DR: Uno de los inversores que hace poco compró 75 millones de acciones más es Warren Buffett. ¿Está contento de tenerlo como accionista?

TC: Estoy encantado, emocionado, porque Warren es una persona orientada al largo plazo y, por lo tanto, estamos en sintonía. Esa es nuestra manera de dirigir la compañía y también su manera de invertir.

DR: ¿Ha caído en la cuenta alguna vez de que Warren sigue utilizando un teléfono de esos con tapa?

TC: Lo sé.

DR: No tiene Smartphone. ¿Habrá pensado en cuánto subirían sus acciones si utilizara un Smartphone?

TC: Estoy trabajando en ello. Y le he dicho que yo, personalmente, viajaré a Omaha para ofrecerle ayuda tecnológica. [En 2020, sus esfuerzos debieron dar fruto, porque Warren Buffett ha manifestado que ahora utiliza un iPhone].

DR: Permítame preguntarle cómo llegó donde está. Usted se crio en Alabama.

TC: Sí, en un pueblo muy pequeño entre Pensacola y Mobile, en la costa del golfo.

DR: ¿Fue usted una estrella de atletismo en el instituto? ¿Un estudiante brillante? ¿Un friki de la tecnología?

TC: Yo no diría que fuera una estrella en nada. Estudiaba mucho y sacaba buenas notas; los beneficios de haber vivido mi infancia en una familia adorable y de estudiar en un sistema educativo muy bueno. Ese es un enorme privilegio que ahora mismo muchos niños no tienen.

DR: Estudió la carrera en Auburn. ¿Cómo le fue allí?

TC: Bastante bien. Me metí en el mundo de la ingeniería a lo grande, y en la ingeniería industrial.

DR: Después empezó a trabajar para IBM.

TC: Sí, empecé como ingeniero, diseñando líneas de producción. En esa época la robótica estaba empezando a despegar, por lo que nos centrábamos en la automatización. En este sentido, diría que no tuvimos demasiado éxito, pero aprendí mucho.

DR: Estuvo en IBM unos doce años y después se fue a otra compañía llamada Compaq, que en ese momento era uno de los mayores fabricantes de ordenadores personales.

TC: Eran el número uno.

DR: Y llevaba seis meses trabajando en Compaq cuando recibió una llamada de Steve Jobs, o de alguien de su equipo, para ofrecerle incorporarse a Apple, que entonces era una compañía modesta en comparación con la suya. ¿Por qué aceptó hacer la entrevista y se marchó a Apple?

TC: Es una buena pregunta. Steve había regresado a Apple y estaba básicamente renovando el equipo directivo. Pensé que era mi oportunidad para hablar con ese chico pionero en el sector.

Steve me citó un sábado. Al cabo de unos minutos de charla ya sabía que quería trabajar con él. Yo estaba confundido, pero en su mirada había un destello que nunca había visto en ningún director ejecutivo. Y ahí estaba él, girando hacia la izquierda cuando todo el mundo iba hacia la derecha. En cada tema del que hablábamos, resulta que él estaba haciendo algo totalmente diferente a lo que dictaba la tradición, lo convencional.

Por ejemplo, la mayoría de la gente estaba retirándose del mercado de consumo porque era una carnicería, pero Steve hacía justo lo contrario, estaba apostando más si cabe por el consumidor en ese momento. También el tipo de preguntas que te hacía eran diferentes. Antes de marcharme, pensé: «Ojalá me ofrezca el trabajo, porque esto es lo que de verdad quiero hacer».

DR: ¿Le dijeron sus amigos que no era una buena idea?

TC: Sí, pensaron que estaba loco. Si me dejaba llevar por el sentido común popular, podía pensar: «Estás trabajando para el mayor fabricante de ordenadores del mundo. ¿Por qué te vas a ir? Tienes una carrera maravillosa por delante». Pero no era una decisión que pudiera pararme a reflexionar y hacer un análisis de los pros y los contras, porque la conclusión sería: «Quédate donde estás». Y había una voz en mi interior que me decía: «Gira a la izquierda, joven, gira a la izquierda».

DR: Visto en perspectiva, esa fue quizá la mejor decisión profesional de su vida.

TC: Tal vez la mejor decisión de mi vida. No creo que haga falta añadir *profesional*.

DR: Cuando empezó a trabajar con Steve, ¿fue mejor de lo que esperaba? ¿Peor? ¿Más difícil?

TC: Liberador, así lo describiría. Se podía hablar con Steve de todo lo que quisieras, por relevante que fuera la cuestión, y si le convencías te decía simplemente: «Ok», y entonces lo podías hacer. Fue para mí una revelación saber que una empresa se podía dirigir de esa manera; estaba acostumbrado a todas esas jerarquías, burocracias y estudios que paralizaban el avance de las compañías. Apple era totalmente diferente. Me di cuenta de que, si no era capaz de hacer algo, no tenía más que ir al espejo más cercano y mirarme en él, y allí encontraría la razón.

DR: Hubo un momento en el que la salud de Steve ya no le permitía seguir ejerciendo la dirección. Entonces se lo comunicó al Consejo de Administración y lo presentó a usted como sucesor en agosto de 2011. Cuando pasó a ser director ejecutivo, ¿pensó que Steve le diría: «Esto es lo que yo quería hacer y debes cumplir mis objetivos»? ¿O sintió que podía hacer un poco lo que quisiera? ¿Cómo halló el equilibrio entre ambas opciones? Estaba sucediendo a una figura legendaria.

TC: No fue exactamente así. Tenemos una compañía muy abierta. La mayoría de nosotros puede terminar las frases de otra persona, aunque no esté de acuerdo con ellas. Steve no tenía secretos ni nada de eso, siempre compartía sus ideas.

Mi impresión en ese momento era que él sería presidente siempre y que iríamos haciendo cambios a partir de ahí. Por desgracia, no fue así.

DR: Ustedes son dueños del producto de consumo de mayor éxito en la historia de la humanidad: el iPhone.

TC: Sí que existía la sensación de que era un producto de gran repercusión, un producto que cambiaría las reglas del juego. Si echas la vista atrás y ves la presentación que hizo Steve de este producto, sentirás su pasión en él y en la forma que tuvo de describirlo. Yo sigo acordándome como si fuera ayer.

DR: ¿Cuántos iPhones se han vendido?

TC: Más de mil millones.

DR: Hablemos de algunos de los valores de Apple que usted ha ido comentando. Uno de ellos es la privacidad.

TC: Consideramos la privacidad un derecho humano fundamental. Para nosotros, es una de las libertades civiles que hacen que los estadounidenses seamos lo que somos, nos define como ciudadanos de este país. Y vemos que la privacidad se está convirtiendo en un problema cada día mayor para la gente. Nosotros tomamos una cantidad mínima de información de los clientes, lo justo para ofrecerles un gran servicio. Y luego nos esforzamos mucho para protegerla con tecnología de encriptación.

DR: También ha hablado sobre la importancia de la igualdad. ¿Por qué esa cuestión es importante para usted?

TC: Cuando observo el mundo, veo que muchos problemas se reducen a la falta de igualdad; al hecho de que un niño, por nacer en un lugar determinado, no tenga acceso a una buena educación; a que alguien de la comunidad LGTBIQ sea despedido por esa pertenencia; a que a cualquiera, por tener unas creencias religiosas diferentes a las de la mayoría, se le excluya de la sociedad. Es muy sencillo, pienso que, si pudiéramos agitar una varita y que todos nos tratáramos con dignidad y respeto, desaparecerían muchos problemas.

DR: Usted expuso a la luz pública su propia vida, renunciando con ello a una parte de la privacidad que defiende que la gente debe tener. ¿Por qué lo hizo?

TC: Lo hice por una gran causa. Tenía claro que había muchos niños en el mundo que no estaban siendo tratados de forma justa, incluso por sus propias familias, y que necesitaban que alguien les dijera: «Lo habéis hecho bien en la vida y sois homosexuales; eso no debería ser una sentencia».

Recibíamos muchas cartas de niños y se me encogía el corazón cada vez más. Llegó un momento en que pensé que me estaba equivocando al mantenerme en mi zona de confort, conservando mi privacidad, y que debía hacer algo por el bien común.

DR: ¿Se arrepiente?

TC: Para nada.

DR: ¿Vivieron sus padres para ver su éxito?

TC: Mi madre falleció hace tres años, pero mi padre sigue vivo.

DR: Su madre, por tanto, vivió su nombramiento como director ejecutivo de Apple.

TC: Sí.

DR: ¿Y le dijo algo así como: «Siempre supe que tendrías éxito. Y ahora, ¿puedes ayudarme con mi iPhone?».

TC: Bueno, a los dos les regalé un iPad y, al final, convencí a mi padre para que empezara a usar el iPhone. Me trata igual que hace 20, 40 o 60 años.

DR: ¿Lo llama a usted para darle consejos? ¿O para decirle cómo no debe hacer las cosas?

TC: Si hago algo que él considera que no está bien, me lo dice.

DR: Es obvio que usted es una persona bastante famosa. ¿Ha pensado alguna vez en presentarse como candidato a la presidencia de Estados Unidos? Porque ha estado muy cerca del presidente.

TC: No soy político, pero me gusta la política. Con los problemas que hay en Washington entre el poder legislativo y demás, creo que puedo ayudar mucho más al mundo haciendo lo que hago.

DR: De todos los directores ejecutivos que han estado al frente de importantes empresas, usted es el líder con menos ego y más modesto que conozco. ¿Es consciente de ser muy diferente a los demás? ¿Cómo consigue mantener esa actitud humilde dirigiendo la mayor compañía del mundo?

TC: Cuando trabajas en Apple, todo el mundo espera de ti que lo hagas bien y que participes. Puesto que el listón está muy alto, es prácticamente imposible alcanzarlo, incluso para el director ejecutivo, para cualquiera, en cualquier puesto. Así que nunca me he sentido así mucho tiempo, si es que alguna vez me he sentido así.

GINNI ROMETTY

Presidenta y directora ejecutiva de IBM

«Siempre he pensado que cualquier situación es una oportunidad para aprender. La gente me suele preguntar qué busco en las personas que contrato, y yo digo que una de las cosas en las que más me fijo es la curiosidad».

Fundada en 1911, IBM fue durante los años cincuenta, sesenta y setenta la mayor compañía tecnológica y de computación del mundo. Pero no supo aprovechar al máximo la revolución de los ordenadores personales y del software y, por ello, no estuvo a la altura de Microsoft, Apple y muchas otras empresas punteras de Silicon Valley en cuanto a la facilidad de uso y el conocimiento tecnológico.

El resultado fue que entre 1991 y 1992 estuvo a punto de quebrar, pero Lou Gerstner, reclutado de RJR Nabisco y con escasa experiencia tecnológica, fue nombrado director ejecutivo y consiguió «rescatar» a IBM durante su mandato, entre 1992 y 2001. Gerstner fue sustituido por Sam Palmisano entre 2002 y 2012; este era un ejecutivo de la propia IBM que se esforzó mucho para que la compañía siguiera siendo competitiva en medio de la revolución tecnológica del momento.

Cuando Palmisano se jubiló, lo sustituyó otra ejecutiva de IBM, Ginni Rometty. Su nombramiento sorprendió a muchos: no era normal que una mujer ocupara el puesto de directora ejecutiva en una compañía tecnológica o informática, y menos aún en una tan importante (tiene unos 350.000 empleados) e icónica como IBM.

Puesto que yo mismo había reclutado a Lou Gerstner, cuando se fue de IBM, para dirigir Carlyle, había oído hablar del talento de Ginni Rometty y no me sorprendí mucho cuando la nombraron directora ejecutiva. En opinión de Lou, y también de Sam Palmisano, era claramente la persona más cualificada dentro de IBM para liderar la compañía y enfrentarse a su principal reto: el hecho de que el mundo tecnológico estaba cambiando a tal velocidad que los productos y servicios de IBM ya no podían competir siempre con los de esas otras empresas tecnológicas más jóvenes y ágiles. Ser mujer no influyó en su elección.

Ginni ha sido directora ejecutiva de IBM desde 2012 hasta abril de 2020. A ella se le atribuye la transformación total de la compañía durante su mandato: la ha hecho más ágil, más relevante y más preocupada por su clientela. Todo este esfuerzo le ha granjeado una gran reputación en las comunidades empresarial y tecnológica, sobre todo por lograr que IBM se enfocara en el sector de la nube con su adquisición, por 34.000 millones de dólares, de Red Hat en 2019 (esta ha sido la mayor adquisición en la historia de IBM), así como por su esfuerzo para garantizar que cualquier persona, de cualquier nivel socioeconómico, se beneficie de la economía digital.

He trabajado con Ginni en el Business Council, en el World Economic Forum y en otros proyectos en los últimos años, y siempre he admirado su inteligencia, su capacidad de enfoque, su aplomo y sus aptitudes de liderazgo. Esta entrevista tuvo lugar en junio de 2017, en los estudios Bloomberg en Nueva York.

En nuestra charla, Ginni describe su modesta infancia: su madre tuvo que educar sola y con escasos recursos a cuatro hijos, pero Ginni explica que obtuvo una beca para estudiar Ingeniería en Northwestern y que, tras varios años en General Motors, entró a trabajar en IBM en 1981.

¿Cómo llegó a la cima Ginni Rometty? ¿Cuáles considera que son las cualidades esenciales de un buen líder? Ciertamente, una de ellas es la curiosidad. Rometty atribuye su ascenso en el escalafón a un interés constante por aprender, por hacer preguntas sobre aquellos temas que le gustan y sobre los que necesita saber más. Este mismo interés en el aprendizaje constante es la cualidad que busca a la hora de contratar y promocionar a los empleados de IBM.

DAVID RUBENSTEIN (DR): Cuando se despierta cualquier mañana y se da cuenta de que es la directora ejecutiva de una de las compañías más importantes del mundo, y de que es una mujer y ha tenido que abrirse camino para llegar hasta ahí y que ha sido difícil, ¿piensa en todo lo que ha logrado y se siente orgullosa? ¿Es divertido ser la directora ejecutiva de IBM?

GINNI REMETTY (GR): Guau, qué manera de empezar. No pensé nada de eso el primer día. El primer día solo pensé que era un honor y una responsabilidad enorme. En ese momento, IBM tenía más de cien años. Así que ese día me desperté pensando que era la responsable de algo importante y sólido.

En relación a su pregunta sobre si es divertido, le diré que para mí sí lo es. Creo que cualquier trabajo es duro mientras no te divierta.

DR: Ahora mismo, cuando mira IBM, ¿piensa que tiene la misma fuerza en el mundo de los ordenadores que tenía en los años sesenta?

GR: Lo que hace grande a IBM es que, con independencia de cuáles sean nuestros productos, las condiciones del mercado o el entorno político, nosotros siempre hemos contribuido a cambiar la manera de funcionar del mundo. Y para ello una compañía tecnológica tiene que reinventarse constantemente.

Remontémonos a 1911, cuando se fundó IBM. Al principio no era lo que fue más tarde; fabricaba queso y cortadoras de carne; después hizo relojes, tabuladoras…; luego vino la época de las computadoras centrales, como apoyo en las oficinas. Después la compañía volvió a reinventarse y entró en el mundo del software y los servicios. Ahora nos estamos volviendo a reinventar. Para mí, el arte de la reinvención es lo que nos hace únicos.

DR: Hubo un momento específico que se hizo famoso, en el que IBM intentaba entrar en el negocio de los ordenadores personales, pero necesitaba un software. Entonces abrió una convocatoria y una pequeña empresa llamada Microsoft ganó el concurso. ¿Ha pensado alguna vez que si IBM hubiera sido la propietaria de ese software Microsoft nunca habría saltado a la fama? ¿O nadie habla de ello en IBM?

GR: Se refiere a Microsoft Office, ¿verdad? Bueno, eso pasó hace mucho tiempo. Yo no estaba en IBM en aquel momento, pero es una pregunta interesante, porque hay muchos «descendientes» de IBM en el sector tecnológico actual. Yo diría que, para ser una gran compañía tecnológica, tienes que inventar muchas cosas; unas salen bien y otras no. De hecho, si no inventas nada no puedes reinventarte tú.

Hoy en día, no querrías estar en el negocio de los ordenadores personales, ¿verdad? Ese es en realidad el objetivo de nuestra reinvención: la gente asocia la tecnología con el crecimiento, crecimiento, crecimiento, pero no toda la tecnología supone un alto valor. Por eso es fundamental reinventarse: tratamos de entrar en áreas en las que haya beneficios, en las que haya valor.

DR: Hablemos un momento de su pasado. Usted creció en Chicago y tenía dos hermanas y un hermano. En un momento dado, su padre abandonó a su madre y ella no había ido a la universidad. ¿Cómo pudo criar a cuatro hijos?

GR: Sigo aprendiendo mucho de mi madre y creo que todo el mérito es suyo. Ella estudió bachillerato, pero enseguida, en cuanto acabó, empezó a tenernos a nosotros. Cuando mi padre se marchó yo era una adolescente.

Fue todo muy rápido. Mi madre se encontró con cuatro hijos, sin dinero y con casa y comida para poco tiempo. Tuvimos que utilizar cupones de alimentos y pedir ayuda.

Pero mi madre estaba decidida a no dejar que otros le dijeran qué hacer con su vida. Se puso a trabajar de día y a estudiar por las noches en la universidad para tener una profesión. De hecho, llegó a ser jefa de Administración del Rush Presbyterian Hospital de Chicago.

Yo soy la mayor de los cuatro hermanos, por lo que tenía que ayudar mucho, y otras personas, también la familia, nos ayudaron. Pero la lección que aprendí de mi madre es que nunca hay que dejar que los demás te digan lo que tienes que hacer.

DR: ¿Hacía de canguro de sus tres hermanos?

GR: Sí. Iba a las reuniones de padres, los acompañaba a las clases de clarinete, a todo.

DR: ¿Le pagaban algo por cuidar de sus hermanos?

GR: No, en absoluto. Quizá debería echar cuentas de lo que me deben.

DR: Debió de ser muy buena estudiante en bachillerato, porque entró en una universidad muy buena. ¿Tuvo una beca para estudiar en Northwestern?

GR: Sí, estoy orgullosa de ello, pero la verdad es que tuvimos que esforzarnos mucho para ir a la universidad.

A veces digo que yo soy la más mediocre de la familia, porque mi hermano y mis hermanas han tenido muchísimo éxito profesional.

Mi hermano fue a Dartmouth, y una de mis hermanas, a Northwestern, para el grado y el posgrado. Mi otra hermana fue a Georgia Tech donde hizo su MBA; cuando era estudiante jugó al *softball* en Ohio State. A todos les ha ido muy bien.

Esa es la ética de trabajo que mi madre nos inculcó. Nunca se quejó, nunca hablaba mucho, pero todos veíamos lo que hacía.

DR: Usted se graduó en Northwestern y después, a pesar de tener una beca de General Motors, no le ofrecieron un contrato allí. ¿Sentía que debía trabajar en esa empresa?

GR: En realidad, yo formaba parte de un programa de GM para potenciar el acceso de las mujeres y las minorías al mundo de la empresa. General Motors llevaba ese programa a algunas de las mejores universidades y te decían: «Te pagamos la matrícula, el alojamiento, la manutención, todo». Y un profesor me dijo: «Oye, échale un vistazo a ese programa».

A cambio, había que trabajar en GM los veranos; sin más condiciones. Hice algunas prácticas maravillosas con ellos. Luego, cuando me gradué, me sentía en la obligación de probar primero en GM, aunque me habían hecho muchas otras ofertas, porque tenía una doble licenciatura en Ciencias Informáticas y en Ingeniería Eléctrica.

DR: ¿Había muchas mujeres en la Northwestern en esa época estudiando esas carreras?

GR: ¿Usted qué cree?

DR: Que usted era la única.

GR: No, pero sí era la única en muchas asignaturas.

DR: ¿Pensó que tendría más posibilidades de ascender en esa profesión por haber tan pocas mujeres?

GR: No, nunca lo pensé y tampoco creo que la gente lo piense. A mí siempre me han gustado las matemáticas y las ciencias, siempre, y nunca he tenido dudas al respecto. Hoy en día, mis sobrinas y sobrinos cambian de asignaturas o de especialidad todo el tiempo. Yo nunca lo hice; cuando entré en Northwestern elegí Ingeniería y allí me quedé.

DR: Hace un año o dos, dio el discurso de apertura del curso en Northwestern. ¿Qué se siente volviendo a su universidad para pronunciar ese discurso? ¿Se le acercaron sus amigos a decirle que siempre habían sabido que triunfaría?

GR: Hay un refrán que me encanta y en el que pienso mucho, sobre todo aplicado a los negocios: «El éxito tiene miles de padres, pero el fracaso es huérfano».

Ese discurso fue muy emotivo, era como volver a casa.

DR: Estuvo en General Motors un par de años y después se enteró de una convocatoria para un puesto en IBM. ¿Quién la convenció para cambiar?

GR: Mi marido, Mark. La gente piensa a veces que hay que tener un plan profesional a largo plazo y muy meditado. Siento decirle que no fue mi caso. Estaba trabajando en General Motors y, aunque me gustaba lo que hacía, prefería la tecnología y la idea de aplicarla a muchos sectores diferentes.

Así que bastó con que mi marido me dijera: «Mira, el padre de un amigo mío trabajó en IBM. ¿Por qué no lo llamas?». Si te soy sincera, creo que incluso fue mi marido el que organizó la entrevista.

DR: ¿Y le dio una recompensa por descubrirle esa oportunidad?

GR: Sigo pagándosela.

El caso es que hice esa entrevista y me contrataron. Llevaba varios años en General Motors, e IBM no hacía muchos fichajes en aquella época. Lo típico era contratar a gente recién salida de la universidad y formarla. Ahora somos una empresa muy diferente. Tal vez el mío fue uno de los primeros fichajes que hicieron.

DR: En IBM, ¿empezó en el Departamento de Ingeniería?

GR: Empecé como ingeniera de sistemas y trabajé también en banca y seguros. Viví muchas experiencias en esos años.

DR: Hubo incluso un momento en que trabajó en el área de consultoría.

GR: Hice cosas muy diferentes en IBM —ventas técnicas, marketing, estrategia—, en diferentes partes de la compañía, pero sí, hubo un momento en formé nuestro equipo de consultoría.

DR: Y cuando empezaba en esas funciones ¿se planteó alguna vez que podría llegar a ser la directora ejecutiva de la compañía? ¿O creía que IBM, como muchas otras empresas, no tendría nunca a una mujer en ese puesto?

GR: Nunca se me pasó por la cabeza que IBM tomaría una decisión basada en el género. Nunca. IBM ha sido siempre la compañía más inclusiva que he conocido. Nunca pensé en ello. Siempre había pensado que, si haces bien tu trabajo, te ganas el siguiente puesto.

DR: En un momento dado, estaba a punto de ser elegida como directora general. ¿Se sorprendió cuando San Palmisano, su predecesor, la llamó y le dijo: «Va a ser usted»?

GR: Sí, me sorprendió. En ese momento ya tenía un trabajo estupendo.

DR: ¿Creía que una mujer, para ocupar el puesto de directora ejecutiva de IBM, tenía que ser mejor que un hombre? ¿O no importaba?

GR: No creo que en IBM importara el género.

DR: Bien, asumió el cargo y ahora es una de las mujeres más poderosas del mundo; por supuesto, del mundo de los negocios. ¿Se siente de alguna manera responsable, como mujer en un puesto de liderazgo, de ser mentora de otras y de hablar sobre cuestiones relacionadas con las mujeres?

GR: Me he acostumbrado a ser un modelo. Creo que la mayoría de mis compañeros coinciden conmigo en que siempre queremos que las empresas en las que trabajamos nos reconozcan y nos recompensen por lo que hemos hecho, por nuestras contribuciones.

Y yo siempre había pensado que eso no tenía nada que ver con el género, pero con el tiempo he aprendido y he visto lo importante que es tener referentes; y que has de aceptar el hecho de que eres un modelo a seguir para ciertas cosas.

Recuerdo otro momento importante en relación con esto. Hace unos diez o quince años estaba en Australia haciendo una presentación de nuestros servicios financieros. Pensaba que había hecho un buen trabajo. Al acabar se me acercó un hombre y creí que me diría que había estado genial o que no le había gustado nada. Pero me miró y me dijo: «Ojalá hubieran estado aquí mis hijas». Es gracioso recordar esos momentos.

Cualquiera que ocupe un puesto de cierta influencia es un ejemplo a seguir para alguien. Y las mujeres también necesitan modelos. Todavía somos una minoría las que dirigimos este tipo de compañías, por eso las mujeres necesitan a otras que les digan: «Sí, es posible. Puedo hacerlo». Es difícil soñar con ser alguien si ese alguien no es como tú.

DR: ¿Le decepciona o le sorprende que todavía haya tan pocas mujeres en las empresas Fortune 100 y Fortune 200 como directoras ejecutivas?

GR: Habría esperado que a estas alturas hubiera más mujeres y, por lo tanto, creo que deberíamos hacer un esfuerzo consciente para mantener a las mujeres en activo, hacer todo lo posible por que conserven sus trabajos.

Una de las cosas que hacemos ahora es proporcionar leche materna para bebés a las madres que aún están dando el pecho, para que puedan volver a trabajar si quieren hacerlo. Mantener a las mujeres en activo, para mí, es una de las formas más importantes de crear cantera para esos puestos de alta responsabilidad.

DR: IBM tuvo durante un tiempo un programa de teletrabajo, quizá fue usted quien lo instituyó; pero parece que no funcionó. ¿Lo han eliminado ya? ¿Fue útil para las mujeres?

GR: No, eso no es correcto, nunca hemos abandonado ese programa, pero sí somos muy flexibles en este sentido. Hay miles de empleados que trabajan desde casa todo el tiempo, otros lo hacen en parte. Damos mucha importancia a la movilidad, a la conciliación entre vida laboral y personal, etc.

Sin embargo, uno de los principales requisitos actuales para dirigir una empresa es la rapidez. Permítame que le hable un poco de cómo hemos modernizado la forma de trabajar de la gente. En muchos sentidos, nosotros somos un reflejo de las transformaciones de nuestros clientes.

En cuanto a la manera de trabajar, habrá oído hablar de pequeñas empresas que son más rápidas, ¿verdad? Son ágiles, pequeñas, rápidas. Nosotros lo hemos sido muchos años y creo que somos el mayor ejemplo de agilidad en el mundo.

Pero ¿a qué me refiero con ganar velocidad en una gran empresa? No somos una *start-up*, tenemos 350.000 empleados. Así que nos propusimos ganar velocidad de dos maneras principales.

Una es fomentando el *Design Thinking*. De hecho, tenemos 32 laboratorios distribuidos por muchos países y contratamos a diseñadores de todo el planeta, con la idea es que todo lo que uses, por ejemplo, el teléfono, sea simple. Pero esta misma sencillez debería verse también en nuestro trabajo; fabriques lo que fabriques, el proceso tiene que empezar siempre con el usuario final en mente.

Lo otro que hacemos es crear a*gility at scale* (agilidad a escala). Esto es fácil de decir, pero muy difícil de hacer, aunque lo hemos conseguido. Se basa en formar a la gente para que trabaje a buen ritmo en pequeños grupos multidisciplinares; y lo hacen de forma gradual, generando productos con un mínimo de viabilidad. También comparten espacios, lo cual responde a su pregunta sobre la movilidad.

¿Por qué hacemos todo esto? Para ser más veloces. Hemos invertido más de mil millones de dólares en renovar nuestros espacios de trabajo en todo el mundo, en crear espacios abiertos para la colaboración. Hay una serie de funciones dentro de IBM para las que nos interesa que la gente comparta el espacio. Creo que a esto te referías.

Para mí, es una nueva forma de trabajar. Es la forma adecuada de trabajar. Sus beneficios están a la vista. Como suelo decir a mis compañeros, esta idea del *Design Thinking*, junto con los métodos de trabajo ágil, compartir espacios, usar herramientas modernas, conforma el entorno laboral. E implica que hay gente que no puede trabajar a distancia, que lo ha de hacer con sus compañeros.

DR: Hablemos de cómo es la vida de una directora ejecutiva en una gran compañía. ¿Cuánto tiempo pasa viajando?

GR: Probablemente el 50 %.

DR: ¿Visitando a clientes, a trabajadores o a organismos gubernamentales?

GR: A los tres, por todo el mundo.

DR: Y los clientes, ¿en qué están más interesados? Cuando se reúne con ellos, ¿les explica por qué IBM es mejor que cualquier otra compañía?

GR: En cierto modo sí, por supuesto, pero muchos clientes nos ven como una especie de espejo en el que mirarse. Hace años, me decían: «Vaya, esto supone un cambio enorme». Y recuerdo contestarles: «Próximamente, en los cines más cercanos».

Creo que nuestra transformación refleja la situación por la que están pasando todas las empresas. Hay que reinventarse en torno a la información y la nube. Habrá que cambiar la manera de trabajar; y habrá que trabajar en las personas que trabajan.

En nuestro caso, nos hemos desprendido de 10.000 millones de dólares en negocios y hemos adquirido 75 compañías para reconstruir nuestra cartera. Nos hemos centrado en productos y servicios totalmente nuevos —algo que, de cara a nuestros inversores, denominamos «imperativos estratégicos»— en torno a la nube, la información, la inteligencia artificial y la seguridad. Son nuevas líneas de negocio que ahora suponen la mitad de nuestros ingresos.

Pero la cartera de proyectos es una cosa y la forma de trabajar es otra. Yo les digo a nuestros clientes que han de cambiar su manera de trabajar.

DR: ¿Cómo mide su éxito como directora ejecutiva? ¿Por el precio de las acciones? ¿Por los beneficios? ¿Por las ganancias por acción? ¿Por el incremento de los ingresos? ¿En qué indicador se fija más cuando valora el funcionamiento de su compañía y cuando se reúne con el Consejo de Administración?

GR: En lo que más nos fijamos es en transformar IBM para esta próxima era, para la próxima «era cognitiva».

DR: ¿Hay algo en su trabajo que le resulte frustrante? Seguro que hay algo que no le gusta.

GR: Bueno, quizá tener que hacer las cosas siempre muy rápido. Ese es mi principal reto, cómo lograr que las cosas pasen a toda velocidad. Pero así es el mundo en el que vivimos; lo que importa es lo rápido que haces las cosas.

DR: Cuando estaba en Northwestern, ¿se imaginó que algún día ocuparía su puesto actual? ¿Cuál diría que es el secreto de su éxito? ¿Haber trabajado más duro que los demás? ¿Ser más inteligente? ¿Más amable? ¿Qué consejos sobre el liderazgo deberían seguir hombres y las mujeres que quieran tener una trayectoria similar a la suya?

GR: No creo que haya influido nada de lo que ha mencionado. Si alguien me pidiera que citase solo una cualidad mía, creo que sería la idea de ser una aprendiz constante, de estar siempre dispuesta a reconocer que no lo sé todo y que tengo mucho que aprender, de mucha gente; de esta entrevista, de cualquier persona con la que hablo, no solo de la gente con la que trabajo.

Siempre he pensado que cualquier situación es una oportunidad para aprender. La gente me suele preguntar qué busco en las personas que contrato, y yo digo que una de las cosas en las que más me fijo es la curiosidad.

Cuando tenemos que seleccionar a alguien nos fijamos en su predisposición a aprender; no solo en lo que sabe en ese momento, porque eso es temporal. Así que tal vez esta sea la mejor cualidad para ser líder. Suelo decir que, si no eres curioso por naturaleza, tienes que desarrollar esa cualidad. Para mí, la curiosidad es lo que te hace progresar.

DR: ¿Cuál le gustaría que fuera su legado? ¿Qué querría que la gente dijera de usted dentro de cinco, diez o quince años?

GR: Nada sobre mí. Me gustaría que hablaran de que IBM ha vuelto a reinventarse para la próxima generación y que ostenta una posición privilegiada, con una tecnología extraordinaria y el equipo de personas más brillantes del mundo. Y que hemos mejorado la manera de trabajar en todo el planeta, en la sanidad, en la educación, en un mundo más seguro. En mi opinión, si podemos ayudar a otras empresas del mundo a reinventarse y funcionar mejor, habré tenido un impacto positivo en la sociedad y ese será mi gran legado.

INDRA NOOYI

Expresidenta y ex directora ejecutiva de PepsiCo

«Si estás dispuesta a hacer todas las concesiones necesarias, puedes tenerlo todo. Habrá angustia, habrá pena, habrá algún daño colateral. Bueno, tendrás que vivir con ello».

Ya he comentado que, por desgracia, pocas mujeres llegan a ser directoras ejecutivas de grandes empresas. Más raras aún son las compañías lideradas por mujeres que han emigrado a los Estados Unidos. Durante varios años, la más prominente de ellas ha sido Indra Nooyi, originaria de la India, que dirigió PepsiCo desde octubre de 2006 hasta octubre de 2018.

Durante su mandato, el valor de Pepsi en el mercado pasó de 104.000 millones de dólares a 154.000 millones; la compañía se hizo global en cuanto al alcance y atractivo de sus productos, y al mismo tiempo supo reflejar el espíritu de la época produciendo bebidas y alimentos más sanos.

El 3 de octubre de 2018, Indra dejó el puesto de directora ejecutiva para perseguir otros sueños, como el de ayudar a mujeres de cualquier país a desarrollar todo su potencial y a convertirse, entre otras cosas, en líderes de sus organizaciones. Ella continúa siendo un referente para las mujeres del resto del planeta, sobre todo por haber alcanzado el éxito en un entorno corporativo estadounidense liderado por hombres blancos autóctonos.

Conocí a Indra cuando aún estaba en Boston Consulting Group, asesorando a Pepsi y a otras compañías sobre estrategia corporativa. Me quedé fascinado por su combinación de inteligencia, determinación, ética laboral, perspectiva global y encanto.

Luego seguí en contacto con Indra a través de varios encuentros del Business Council, del World Economic Forum y de otras reuniones de directivos. He podido entrevistarla varias veces y siempre me ha impresionado su compromiso con los proyectos globales y de salud de Pepsi, así como el que haya reconocido que ser una mujer inmigrante la ha convertido en un ejemplo para mucha gente.

¿Cómo logró Indra situarse en la cima de un mundo empresarial dominado por los hombres, manteniendo, al mismo tiempo, unos estrechos lazos con sus padres, marido e hijos? ¿Y de qué manera ha llegado a ser (y sigue siendo) un modelo a seguir tan visible? ¿Cuál es el secreto de su liderazgo? Indra respondió a estas y otras muchas preguntas cuando charlé con ella en el Campus de PepsiCo en Purchase, Nueva York, en noviembre de 2016.

En su opinión, fue muy bien educada por sus padres —en especial, por su madre—, que le enseñaron a no tomarse a sí misma demasiado en serio y a ser siempre respetuosa con los demás. Cuenta que hay concesiones que uno tiene que hacer «para lograrlo todo» y que no existen atajos hacia el éxito a gran escala; hasta cierto punto, siempre habrá algo que sacrificar.

Ahora bien, un aspecto en el que Indra no sacrificó nada mientras estuvo en Pepsi fue su empatía por los empleados. Escribía con frecuencia a los padres de sus ejecutivos para informarles (siempre en positivo) de la evolución de sus hijos en la empresa. Y ¿cómo va tu madre a recibir una evaluación favorable sobre ti por parte de tu jefa y no sentir de inmediato una lealtad eterna hacia ella? Así, las evaluaciones sobre Indra de trabajadores de PepsiCo siempre eran positivas, y muchas veces realmente efusivas.

DAVID RUBENSTEIN (DR): ¿Pensó cuando era joven en la India que llegaría a ser directora ejecutiva de una gran empresa como Pepsi?

INDRA NOOYI (IN): Es como un sueño hecho realidad. Cada día me pellizco y digo: «¿De verdad me está ocurriendo a mí?». Si ves cuáles son mis raíces, si regresas a donde nací y crecí, y miras dónde estoy ahora, te darás cuenta de que esos dos puntos nunca estaban destinados a conectarse. Verme aquí, en Estados Unidos, dirigiendo una gran empresa, es casi increíble.

DR: Se crio en una familia muy unida. Cuando era pequeña, a la hora de comer su madre comer la retaba a dar discursos sobre lo que haría si fuera la primera ministra de la India. ¿Qué pretendía enseñarle con eso?

IN: Era una mujer muy inteligente y no fue a la universidad porque sus padres pensaban que las chicas no debían estudiar, y tampoco podían pagársela. En cierto sentido, ella vivía indirectamente a través de sus hijas, por lo que nos animaba a que fuéramos lo que quisiéramos ser. Siempre nos decía: «Sueña a lo grande, pero a los 18 te casaré. Hasta entonces, puedes soñar a lo grande».

Cada noche, a la hora de cenar, mi madre nos sentaba y nos pedía que pronunciáramos un discurso como si fuéramos la primera ministra, o el presidente, o un ministro, y luego ella nos criticaba. Nunca nos elogiaba. Nos decía simplemente: «Ningún ministro haría esto, el primer ministro nunca haría aquello». Nos desafiaba una y otra vez para que mejorásemos, y si recibíamos un elogio suyo pensábamos: «Vaya, lo habré hecho realmente bien».

Siempre estaba subiéndonos el listón. Nos daba esperanzas, pero después nos anclaba firmemente a los valores conservadores del sur de la India, como que tienes que casarte a los 18 años; lo cual tengo que decir que no ocurrió, pero es lo que siempre nos decía.

DR: ¿Si no te casabas a los 18 años era una desgracia?

IN: Así nos lo pintaba ella. La otra cara de la moneda era que mi padre y mi abuelo decían: «Sueña, haz lo que quieras, saca buenas notas en la universidad para que tu madre no te case». Esa fue mi educación. Teníamos este tipo de equilibrio de poder en casa.

DR: Obtuvo varias licenciaturas en la India y después decidió estudiar un MBA en la Escuela de Administración de Yale. Cuando les dijo a sus padres que se iba a Yale, en Connecticut, Estados Unidos, ¿qué le dijeron?

IN: Ese ha sido quizás uno de los mayores misterios de mi vida, porque mi madre, conservadora, y mi padre, comprensivo, me dejaron venir a los Estados Unidos. Me sorprendió muchísimo. Pensaba que mi madre ayunaría durante días y sufriría un gran berrinche, pero no. De hecho, incluso fue a despedirme al aeropuerto. Me compraron el billete. Todavía hoy me pregunto cómo lo hicieron, que los llevó a hacerlo.

Pero lo cierto es que ambos eran muy comprensivos. Conocían a mucha gente en Estados Unidos que podía ayudarme y ofrecerme apoyo, pero ellos siempre me animaron a cumplir mis sueños.

DR: Cuando se licenció, empezó a ocupar varias puestos estratégicos. ¿Dónde estuvo al principio?

IN: Cuando acabé en Yale entré a trabajar en el Boston Consulting Group, en Chicago, y pasé allí seis años y medio. Fue quizás uno de mis mayores aprendizajes, porque estar en consultoría estratégica —sobre todo en el BCG en ese momento, que era como el padre de la estrategia— me permitió analizar los problemas de las compañías de una manera global. No solo contemplaba el marketing, las operaciones o la cadena de distribución, sino todos los aspectos de la compañía. En seis años adquirí el equivalente a diez de experiencia y me convertí también en mejor persona.

DR: ¿Cómo la conoció PepsiCo?

IN: Un cazatalentos me llamó un día y me dijo que PepsiCo quería hablar conmigo. Así que fui y hablé con ellos… y el resto es historia.

DR: Su primera misión fue encargarse de la estrategia.

IN: Sí, fui nombrada directora de Estrategia Global de la empresa.

DR: Me imagino que todo el mundo va a verla con peticiones del tipo: «Haz que la Pepsi sepa diferente», o «Quiero que las Frito-Lay sepan diferente». ¿Está continuamente recibiendo consejos de la gente y los escucha siempre?

IN: Me dan ideas sobre productos, o sobre cómo deben saber nuestros productos, o sobre qué nuevos productos deberíamos desarrollar. Me hacen propuestas y me dan *feedback* sobre nuestros anuncios, para el envasado, para todo.

Lo más importante es tener los ojos y los oídos bien abiertos, porque nunca sabes cuándo una idea se puede convertir en un éxito enorme. Una de las cosas que he aprendido es a no desestimar ninguna idea; las clasifico todas y después se las envío a mi equipo y les digo: «Mirad, he escuchado a este grupo de gente hablar sobre nuestros productos y han dicho esto. ¿Veis alguna cosa interesante? ¿Deberíamos hacer algo al respecto?». En definitiva, escucho a todo el mundo.

DR: ¿Hace pruebas usted misma?

IN: Una de las cosas más maravillosas de mi trabajo es que puedo probar los productos en sus primeras etapas. Por ejemplo, durante nuestros ciclos de planificación anual tengo que testear entre cincuenta y cien productos en tres días; pueden ser aperitivos, bebidas, productos de la línea Quaker o de Tropicana, cualquier cosa que estén pensando lanzar entre los siguientes tres y cinco años.

Me muestran los prototipos y les doy mi opinión; no es que solo cuente mi opinión, pero es una más.

Otra cosa que hago, David, y que puede sonar un poco cursi, es que, cada vez que voy a casa de alguien, en la primera media hora me las apaño para entrar en la cocina, abrir los armarios y ver qué productos tiene. Para mí es muy importante que cualquier persona que me invite a su casa tenga algo de Pepsi.

DR: ¿Es más difícil ahora que hace diez años ser directora ejecutiva?

IN: La crisis financiera cambió el mundo de forma drástica y aún no nos hemos recuperado. Ha habido tremendas conmociones geopolíticas en todo el planeta en los últimos años.

Además, la irrupción tecnológica está reescribiendo por completo las reglas en muchas compañías. ¿Qué tipo de trabajos se mantendrán? ¿Cómo se va a digitalizar la cadena de valor? ¿Qué efectos tendrá el comercio online en tu empresa? Algunas tecnologías afectan a todas las áreas de la compañía.

En concreto, durante los últimos siete años ha sido más difícil dirigir una gran empresa, porque tenías que ser experta en política exterior, en tecnología, en dirigirte a quienes trabajan cara al público, en negociar con los líderes mundiales. Los directores ejecutivos han tenido que esforzarse mucho para liderar sus compañías y que siguieran avanzando en este entorno global tan problemático. Así que sí, ha sido difícil.

DR: Hace poco un activista salió y dijo que tal vez deberían escindir su empresa Frito-Lay, su negocio de los aperitivos. ¿Cuál fue su respuesta y cómo consiguió contentar a ese activista?

IN: Mi trabajo no consiste en contentar a los activistas, sino en asegurar que esta compañía llegue bien dirigida a la siguiente generación y que su rendimiento sea excepcional; y si en el proceso el activista queda satisfecho, pues mejor. Yo también soy una activista interna; poseo el equivalente a 33 veces mi sueldo en acciones de PepsiCo, todo mi patrimonio está en esta compañía. Así que si un activista, o cualquiera de fuera, tiene una excelente idea para mejorar el valor de la empresa para los accionistas… sin duda le escucharé.

En fin, que escuché a aquel activista. Tengo mis convicciones y cuento con un consejo directivo excepcional. Les expliqué a sus miembros la estrategia de la compañía, de una forma totalmente transparente, y les conté hacia dónde nos dirigíamos y hacia dónde quería el activista que fuéramos. Tanto ellos como yo teníamos claro que el activista abogaba por una estrategia a corto plazo, mientras que nosotros apostamos por una a largo plazo. El Consejo me apoyó, prevalecieron nuestros principios… y estamos ahora en el mismo lugar que antes de que entrara en juego ese activista; y nos está yendo muy bien.

DR: Bueno, eso está muy bien, pero mucha gente dice que Pepsi-Cola y Coca-Cola no son productos saludables. Lo habrá oído muchas veces. ¿Qué hace PepsiCo, bajo su liderazgo, para intentar que los productos como Pepsi sean más saludables?

IN: Los productos como la Pepsi-Cola fueron inventados hace muchos años, cuando la sociedad era completamente diferente. Había más desnutrición que sobrealimentación y en ese momento la gente pensaba que tomar bebidas con mucha azúcar estaba bien. La sociedad ha cambiado y ahora tenemos la obligación de cambiar nosotros con ella.

Y ¿qué estamos haciendo, en general? Estamos lanzando más productos sin azúcar o con muy poca cantidad. Estamos reformulando la propia Pepsi para que tenga menos azúcar. La idea es educar al consumidor para que empiece a aceptar bebidas carbonatadas con menos azúcar.

Ahora, el problema es que la gente no puede acostumbrarse de golpe a las bebidas sin azúcar. Por tanto, hay que hacerlo poco a poco, reduciendo el nivel hasta 50 o 60 calorías por 230 ml, o 70 calorías por 355 ml, y así hasta que el consumidor se sienta a gusto con el producto. Este es el proceso en el que estamos inmersos.

DR: ¿Y qué hay de los aperitivos? Los critican por contener mucha sal. ¿Cómo intentan que sean más saludables?

IN: Permítame que le dé una buena noticia: una bolsa de Lay's contiene menos sal que una rebanada de pan.

DR: ¿De verdad?

IN: Sí, porque es sal superficial. En el caso del pan, la sal se necesita como agente de fermentación; en la sopa se necesita como conservante. Pero en el caso de las patatas chips es una sal superficial, así que en una bolsa de Lay's hay tres ingredientes: un poco de sal, patatas y aceite saludable para el corazón. Puedes comerte tu bolsa de Lay's con una sonrisa. Este es mi primer consejo.

DR: Estoy seguro de que me la comeré con una sonrisa, pero me pregunto si engordaré.

IN: No.

DR: ¿No engordaré?

IN: ¿Hace ejercicio?

DR: No lo suficiente.

IN: ¡No importa! Creo que no engordará.

DR: Supongamos que alguien dice: «Mira, no me importa la salud, lo único que quiero es comerme un buen aperitivo. ¿Cuál de todos me hará más feliz?».

IN: Los Fritos. ¡Madre mía!, es como morir e ir al cielo.

DR: PepsiCo tiene más de 200.000 empleados. ¿Cómo se relaciona con ellos? ¿Lo hace a través del correo electrónico? ¿Cómo consigue mantenerlos informados de todo siendo tantos?

IN: Hacemos vídeos, enviamos correos electrónicos, organizamos eventos y foros cada trimestre. Cada vez que viajo, me reúno con los trabajadores y programamos eventos en ese país. A veces escribo cartas muy personales a algunos de ellos. Por ejemplo, cuando mis hijos se iban a la universidad, envié una carta a todo el personal explicándoles que me iba a sentir muy angustiada por la separación. O, si creo que nuestros empleados no llaman lo suficiente a sus padres, les escribo una carta hablándoles de lo importante que estar en contacto con los padres. Puedo escribirles sobre cualquier tema personal. Quiero que me vean como una persona, más que como a una directora. Soy muy accesible y hablo con todo el mundo, del nivel que sea.

DR: Hace unos años habló en el Club Económico de Washington e hizo un discurso que, sinceramente, creo que atrajo la atención de la gente. Una de las cosas que dijo fue que escribía cartas a las madres de los ejecutivos para contarles cómo lo estaban haciendo sus hijos. ¿Sigue haciéndolo? ¿Cuál es la teoría que hay detrás de ello?

IN: Tendríamos que remontarnos al año en que me nombraron directora ejecutiva. Viajé a la India para visitar a mi madre. Mi padre ya había fallecido y mi madre seguía allí, y yo me quedé en un hotel porque nuestra casa estaba apartada y yo quería estar más cómoda.

Bueno, pues me dijo que tenía estar en su casa a las 7 de la mañana. Me pregunté por qué, pero ya se sabe, cuando tu madre te da una orden, obedeces. Cuando llegué a su casa y me senté en el salón, empezó a aparecer una marea de visitantes y gente extraña. Me saludaban y luego le decían a mi madre que había hecho muy buen trabajo conmigo, que gracias a ella yo era directora ejecutiva. Pero a mí no me decían nada. Mientras observaba la escena, me di cuenta de que yo era el resultado de mi educación y de que a mis padres (si mi padre estuviera allí) se les tenía que atribuir el mérito de que yo hubiera alcanzado ese puesto.

Entonces pensé que nunca se me había ocurrido dar las gracias a los padres de mis ejecutivos por el regalo que han hecho a PepsiCo con sus hijos. De modo que, cuando regresé, me puse a escribir a los padres de mis subordinados narrándoles la historia, mi pasado cultural, lo que ocurrió cuando fui a la India. Después dediqué a cada uno un párrafo personal sobre lo que su hijo o hija estaba haciendo en PepsiCo y les di las gracias por lo que habían aportado sus hijos a nuestra compañía. Los padres empezaron a responderme y, bueno, ha sido una experiencia maravillosa, porque ahora me escribo con los padres de unos 400 ejecutivos.

DR: ¿Y qué opinan esos ejecutivos de que les escriba a sus padres? ¿Prefieren que no lo haga o les encanta que les cuente lo bien que trabajan?

IN: Nuestros ejecutivos se emocionan, porque sus padres nunca han recibido una carta así, y ahora la reciben de vez en cuando y siempre es positiva. Sus padres están tan contentos que se lo cuentan a sus vecinos y a sus familiares. Así que los ejecutivos se sienten muy orgullosos; dice que es lo mejor que les ha pasado, y también a sus padres.

DR: Cualquiera que conozca su historia pensará que usted lo tiene todo: es directora ejecutiva de una gran compañía, lleva con su marido más de treinta años, tiene dos hijas sanas y felices con trabajo bien pagado... ¿Es posible que alguien, especialmente una mujer, lo tenga todo? ¿Siente que lo tiene todo?

IN: En términos relativos, sí, lo tengo todo. Es una enorme suerte tener un marido maravilloso, dos hijas fantásticas, una familia muy unida y un trabajo estupendo con un gran equipo. Pero para llegar hasta aquí he debido hacer muchas concesiones, muchos sacrificios, y sufrir un montón de daños colaterales. Pero, de alguna manera, he tenido la fuerza para superar todo eso.

¿Se puede tener todo? Esa es la gran pregunta. Si tienes un sistema de apoyo adecuado, un cónyuge comprensivo (en caso de que te quieras casar), si estás dispuesta a hacer todas las concesiones necesarias, puedes tenerlo todo. Habrá angustia a veces, habrá pena, sufrirás algún daño colateral. Bueno, tendrás que vivir con ello.

DR: Cuando la nombraron presidenta de PepsiCo llegó un día a su casa, su madre estaba allí y le pidió que fuera a comprar leche, y… Bueno, tal vez usted pueda contar mejor que yo lo que pasó.

IN: Era el año 2000 y me acababan de anunciar por teléfono que iba a ser presidenta de la compañía. Fui a casa a decírselo a mi familia y mamá abrió la puerta. En ese momento vivía conmigo. Le dije que tenía buenas noticias y me contestó: «Vale, pero antes de nada ve a comprar leche». Repuse que eran las 22 h y que por qué tenía que comprar leche. Entonces me di cuenta de que el coche de mi marido estaba en el garaje y le pregunté por qué no se lo había pedido a él. Me respondió: «Bueno, llegó a casa a las 8 y estaba tan agotado que le dejé descansar. Ahora, ve y compra la leche».

Sabes que nunca has de cuestionar a tu madre. De modo que fui y compré la leche, volví, la dejé de golpe en la encimera y le dije: «Tenía una buena noticia. Acabo de ser nombrada presidenta de PepsiCo, pero a ti lo único que te preocupa es la leche». Me miró y me dijo: «¿De qué estás hablando? Cuando entres por esa puerta deja la corona en el garaje, porque aquí eres la esposa, la hija, la nuera y la madre de los niños, y eso es lo único de lo que quiero hablar. Cualquier otra cosa déjala en el garaje. No se te ocurra volver a intentarlo conmigo». Así que nunca más lo volví a intentar con mamá.

DR: Pero ella debe de estar muy orgullosa de que sea directora ejecutiva.

IN: Creo que sí, pero me mantiene a raya.

DR: ¿Qué es más difícil, ser mujer y directora ejecutiva, o ser inmigrante y directora ejecutiva, o una combinación de las tres? ¿Qué cree que le ha ocasionado más problemas y qué ha tenido que hacer para superarlos?

IN: No sé si es difícil. Ser mujer, ser inmigrante… tiene su lado bueno y su lado malo. Lo bueno es que la gente se fija en ti porque eres diferente. Entras en una sala y dicen: «¡Oh!, fíjate qué diferente es: mujer, inmigrante, alta».

Y la parte negativa es que piensan: «¿Sabrá dirigir esta gran compañía estadounidense?». Por lo tanto, tiene sus cosas buenas y sus cosas malas, pero en general tiene más cosas buenas.

DR: ¿Cree que ahora las mujeres lo tienen mejor que cuando usted fue nombrada directora ejecutiva, o lo siguen teniendo más difícil que los hombres?

IN: Creo que en la actualidad es más fácil, simplemente porque hay más mujeres en puestos de poder. Pero, desde mi perspectiva, creo que no tiene nada que ver con ser mujer o con estar en esta posición. Sufro el típico miedo del inmigrante: siempre temo que, si fracaso, tendré que volver a algo a lo que no quiero volver. Ese miedo siempre me ha motivado y me ha animado a ser cada día mejor en mi trabajo.

DR: Usted es un ejemplo para muchas mujeres. ¿Se considera un modelo a seguir, en especial para las mujeres de la India o de fuera de Estados Unidos?

IN: No me queda otra que ser un modelo y considero que es un privilegio serlo, tanto si es para las mujeres en general como para otras minorías o para las mujeres indias. Todo el mundo se fija en mí y quiere aprender de mis consejos. Somos muy pocas y por eso tenemos que dar ejemplo y hacer un buen trabajo, porque hemos de sentar las bases para las que vengan después.

DR: He leído que en una ocasión su marido le dijo que estaba pasando todo su tiempo en Pepsi y que qué ocurría con él. ¿Cuál fue su respuesta?

IN: Todavía hoy sigue diciéndome: «Tu lista es PepsiCo, PepsiCo, PepsiCo, las niñas, tu madre… y allí, al final de todo, estoy yo». Y yo le digo: «¡Estás en la lista! ¡Puedes estar contento de estar en la lista!». En el fondo, él sabe que lo amo con locura. Sabe que es mi roca, mi vida. Pero le gustaría estar un poco más arriba de la lista.

MANDOS MILITARES

Presidentes George W. Bush
y Bill Clinton

General Colin Powell

General David Petraeus

Condoleezza Rice

James A. Baker III

PRESIDENTES
GEORGE W. BUSH
Y BILL CLINTON

Bill Clinton: «Yo me sentí muy orgulloso
cuando dejé la presidencia, porque habíamos vivido
el periodo más largo de prosperidad en quince años.
Esto fue cuando los ingresos del 20% de la población
con menor renta aumentaron más que los del 20%
con mayor renta y nadie se enfadó por ello».

George W. Bush: «De lo que estoy más orgulloso
es de que mis hijas me quieran. Bill te puede decir
lo difícil que es tener hijas adolescentes
cuando eres presidente.
Gracias a la ayuda y al amor de Laura y
de nuestras hijas, nuestra familia se ha reforzado.
Creo que es un gran logro».

Hoy en día, la presidencia de los Estados Unidos se considera uno de los mayores puestos de liderazgo del mundo. Se han escrito numerosos libros y estudios sobre estos líderes y, en concreto, sobre qué cualidades debe poseer un presidente para ser extraordinario. La respuesta no es fácil.

Cada presidente es diferente y aporta unas aptitudes y experiencias únicas al puesto.

No es muy común que los diferentes presidentes sean amigos entre sí, porque siempre hay cierta rivalidad entre ellos. Por este motivo, la íntima relación que desarrollaron las familias Clinton y Bush no era previsible tras la campaña presidencial de 1992, en la que Bill Clinton ganó al primer presidente Bush. Pero después Clinton y Bush se hicieron buenos amigos al trabajar juntos en las labores de socorro del tsunami o del huracán. Y, con el tiempo, Clinton y el segundo presidente Bush también llegaron a forjar una amistad al trabajar juntos en el Presidential Leadership Scholars Program.

Este programa selecciona a profesionales de talento en Estados Unidos para mejorar su formación en liderazgo e interacción con los líderes gubernamentales y empresariales. Esta formación es una colaboración entre las bibliotecas presidenciales de George W. Bush, Bill Clinton, George H. W. Bush y Lyndon B. Johnson. El proceso se centra en los aprendizajes a partir de sus experiencias presidenciales. Yo he prestado mi apoyo al programa y conozco desde hace años tanto al presidente Clinton como al presidente Bush.

También he entrevistado ambos, pero por separado. En esta ocasión la entrevista tuvo lugar durante la última sesión de 2018 del Presidential Leadership Scholars Program, organizada en el George W. Bush Institute de Dallas.

La cordial relación entre los dos expresidentes se hizo evidente durante la entrevista y ambos bromearon mucho. Pero también se pusieron muy serios al referirse a las responsabilidades que asumieron como presidentes y a las cualidades y experiencias personales que aportaron al cargo.

Aunque ser expresidente es uno de los mejores trabajos que hayan podido tener, ambos están de acuerdo en que nada resulta tan maravilloso como la capacidad, siendo presidente, de influir de manera positiva en las vidas de la gente, en Estados Unidos y en el resto del mundo.

Ya he mencionado que sus caminos hacia la presidencia fueron bien diferentes: uno fue educado en circunstancias humildes por una mujer sola —su padre murió antes de su nacimiento—, fue un destacado líder estudiantil, recibió una prestigiosa beca Rhodes y fue gobernador de Arkansas durante seis mandatos. El otro se crio en una familia acomodada, pues era hijo de un presidente de los Estados Unidos, pero no fue buen estudiante y ni siquiera pensó en hacer carrera en la política hasta la mitad de su vida; incluso sus padres pensaban que tenía muy pocas probabilidades de ser elegido gobernador de Texas.

Los presidentes de este país han tenido todo tipo de trayectorias y de aptitudes de liderazgo. El presidente Clinton tuvo que lidiar con una Cámara de Representantes de mayoría republicana que fue especialmente hostil, con una investigación del fiscal especial y una posible destitución; el presidente Bush tuvo que hacer lo propio con los ataques terroristas del 11 de Septiembre, las guerras de Afganistán e Irak, y una terrible recesión económica. No fue fácil para ninguno de los dos, ni para sus familias o sus seguidores, pero gracias a esas difíciles circunstancias también aprendieron más sobre el liderazgo.

Se suele decir que nuestros mejores presidentes son aquellos que están a la altura de las circunstancias en los momentos difíciles. Es el caso de Abraham Lincoln durante la Guerra de Secesión o Franklin D. Roosevelt en la Segunda Guerra Mundial.

También estos dos presidentes, Clinton y Bush, supieron estar a la altura de las circunstancias y demostrar su templanza en aquellos momentos. Se podría pensar que están contentos de encontrarse ahora lejos de todas esas presiones, pero ambos reconocen que, a pesar de ello, la presidencia les ha permitido ayudar a mucha gente y, hasta cierto punto, echan de menos esa plataforma.

DAVID RUBENSTEIN (DR): Ambos son ahora expresidentes. ¿Qué diferencia hay entre ser presidente y haberlo sido? Un día se sabe los códigos nucleares y puede lanzar bombas, todo el mundo trabaja para usted. Y al día siguiente, en cuanto abandona el despacho oval, ya no tiene poder. ¿Cómo es esa transición?

BILL CLINTON (BC): Bueno, por ejemplo, nadie hace sonar música cada vez que uno entra en cualquier local. Yo me sentí perdido durante tres semanas después de dejar la Casa Blanca. Esperaba la música, ¿sabes?

En serio, ahora mismo es maravilloso. Muy pocas veces en los últimos diecisiete años he pensado: «Ojalá estuviera allí de nuevo, podría hacer tal cosa o echo de menos tal otra».

Debes sentirte agradecido por la oportunidad que has tenido y centrarte en el presente y en el futuro. De esta manera te liberas y te concentras mucho mejor.

No sabes cuántos años te quedan por vivir, pero sientes que el país te ha dado algo valiosísimo y que tú le debes algo a cambio; cada uno a su manera, hemos intentado averiguar qué es. Lo considero una parte muy gratificante de mi vida. Me encantó.

GEORGE W. BUSH (GWB): Me desperté en Crawford (Texas), al día siguiente de dejar la presidencia, esperando que alguien me llevara el café. Laura no me lo llevó.

En serio, lo que más me asombró fue la sensación de no tener responsabilidad. En otras palabras, mientras eres presidente te acabas acostumbrando a la responsabilidad que tienes. Primero es algo bastante serio, pero después, poco a poco, empieza a ser una faceta natural de tu vida. Y de repente te despiertas un día y ya no tienes responsabilidad. A mí fue quizá lo que más me sorprendió.

DR: Cuando eres presidente y tratas de hacer algo, siempre tienes a alguien de la oposición que te dice que es una idea horrible. Es difícil hacer cosas ahora en Washington, pero también lo era cuando ustedes fueron presidentes. Ahora que ya no lo son, ¿les cuesta menos hacer cosas?

GWB: En general sí, pero depende de lo que quieras hacer.

BC: En primer lugar, has de reconocer qué tienes y qué no tienes. Es cierto que a mí me encantó ser presidente y toda la responsabilidad que conllevaba. Es increíble lo rápido que se te pasan los días ejerciendo tus funciones como presidente y apagando fuegos.

Lo malo es que, si no apagas fuegos, no estás preparado para hacer nada más; pero si lo único que haces es apagar fuegos no puedes cumplir tus promesas electorales. Es un poco complicado mantener ese equilibrio.

Luego, cuando dejas la presidencia, cambias todo ese poder por la influencia que hayas adquirido y por lo que tu experiencia y tus contactos te permitan hacer. Y, en función de eso, decides qué quieres hacer.

En este sentido, todos tomamos decisiones diferentes. El presidente Carter, por ejemplo, colabora como voluntario con la organización Habitat for Humanity en Canadá. Es lo que decidió hacer, y al hacerlo ha ayudado a Habitat a convertirse en uno de los mayores proyectos de ayuda a los trabajadores con bajos ingresos para construir y comprar sus casas. Todos hemos tenido que tomar este tipo de decisiones.

GWB: No creo que sea necesariamente más fácil hacer cosas. Por ejemplo, uno de los grandes logros de mi etapa pospresidencial fue la construcción de este edificio, el Bush Presidential Center, y la puesta en marcha de programas que creemos que pueden resultar útiles. Pero fue difícil lograrlo. En otras palabras, no hay una ley de asignaciones.

DR: (*a Clinton*). Usted sucedió al 41ª presidente de los Estados Unidos, George H. W. Bush. Fue una campaña amarga para él, y usted le derrotó. ¿Cómo es que luego se hicieron amigos? ¿Fue difícil o raro por haberse enfrentado en las elecciones? Incluso se llegaron a insultar.

BC: La cuestión es que ya nos conocíamos antes de las elecciones. Yo era el representante de los gobernadores demócratas cuando él emprendió el proyecto de mejora educativa federal. Entonces solicitó ayuda a los gobernadores para redactar los objetivos del proyecto y empezamos a trabajar juntos. En la Asociación de Gobernadores no permitíamos jugar sucio en ningún sentido. Si no estábamos de acuerdo en algo, lo discutíamos y seguíamos adelante. Había cosas que hacíamos juntos. A veces haces clic con las personas y otras veces no.

GWB: Yo tengo una visión diferente sobre la que pienso que es una de las relaciones más singulares en la historia política de Estados Unidos. Creo que la base está en que Bill Clinton se negó a sacar provecho de su victoria sobre papá. En otras palabras, fue humilde en el triunfo, lo cual es muy importante al tratar con otras personas. Y mi padre estaba también dispuesto a superar esa batalla política.

Es decir, que todo empieza con el carácter, con la personalidad. Y ambos, en mi opinión, tienen un carácter fuerte y, por lo tanto, su amistad se pudo consolidar.

Pero, en mi caso, ¿por qué tengo una amistad con él? Bueno, porque es como un hermano de diferente madre. Pasa más tiempo en Maine que yo.

DR: Durante la campaña presidencial del año 2000, usted criticó algunas medidas que había tomado la administración Clinton.

GWB: Ambos somos de la generación del *baby boom* y ambos fuimos gobernadores del sur. Tenemos mucho en común. Él se llevaba bien con la gente en su legislatura; yo me llevaba bien con mi gente. Teníamos amigos comunes y, por lo tanto, era normal que nos respetáramos y apreciáramos. Que no estés de acuerdo con alguien no implica que no te lleves bien con él.

BC: También, cuando supe que era 44 días mayor que yo, le llamé el día de su cumpleaños y le dije: «Te estoy llamando arrodillado, porque hoy empiezan mis 44 días de respeto hacia mis mayores».

GWB: Mientras era presidente, llamaba muchas veces a Bill, porque me ayudaba mucho. Sabía mucho, de muchas cosas, especialmente de asuntos internacionales, en los que yo estaba muy interesado. Sabía que podía contar con su consejo y fue muy amable conmigo atendiendo mis llamadas.

DR: Presidente Clinton, usted hizo algo único en la historia. Todos los que hemos ido a la universidad sabemos que siempre hay un líder de la clase, el representante de los estudiantes. Todo el mundo piensa que esa persona podría ser el presidente de Estados Unidos, pero nadie lo consigue, excepto usted. ¿Cómo logró seguir siendo un líder? Mucha gente acaba quemándose antes de tiempo.

BC: Bueno, por el camino también perdí dos elecciones, lo cual te hace ser más humilde. En primer lugar, creo que esas cosas están sobrevaloradas. Pienso que fui elegido porque somos la última generación que nació sin televisión; yo tenía diez años cuando llegó la televisión. Crecí en una cultura de la conversación, en la que las personas hablaban y se escuchaban unas a otras.

No sé cómo lo hace la gente hoy en día. Por término medio, el vídeo de un presidente en las noticias de televisión dura 8 segundos, en Snapchat 10 segundos y en Twitter 140 caracteres.

Cuando era pequeño, mi vida giraba en torno a las comidas. Mi padre murió en un accidente de coche antes de que yo naciera, por lo que pasé mucho tiempo con mis abuelos y otras personas de su generación. Mi tío abuelo era el hombre más inteligente de nuestra familia; siempre dirigía las conversaciones y hacía que los niños participáramos en ellas.

Él me enseñó que todo el mundo tiene una historia y que la mayoría de la gente no puede contarla, lo cual es una pena. Y también que la gente es interesante en sí misma si pueden salirse del camino trazado. Por eso, a mí me enseñaron a escuchar y a observar, y creo sinceramente que eso es lo importante. Siempre pensé que mi vida sería mejor si ayudaba a otros a tener una vida mejor. Me gusta hacerlo, no me importa lo que digan los demás. Todos esos que te dicen que han nacido en una cabaña de madera que han construido con sus propias manos… bah, bobadas.

DR: ¿Cuál fue la primera sorpresa que se llevó al llegar al despacho oval? Allí se enteró de muchos secretos, de los códigos nucleares, de todas las crisis y peligros que nos acechaban. Pero ¿cuándo se dio cuenta de que era el presidente de Estados Unidos, de que era el hombre más poderoso del mundo? ¿Cuándo lo tuvo claro por primera vez? ¿El primer día, la primera semana, el primer mes?

BC: Harry Truman dijo que lo más asombroso de ser presidente es que pasas gran parte de tu tiempo diciéndole a la gente que haga cosas que debería hacer sin que tú se lo digas. Lo que me sorprendió —quizá porque ya tenía uno de los mejores trabajos posibles, el de gobernador de un pequeño estado del sur— es que me encontraba tan alejado de la población estadounidense que les costaba verme como una persona de carne y hueso.

Me asombró la facilidad con la que podía convertirme en un personaje de dos dimensiones, en lugar de en un ser humano normal, tridimensional. Tienes que imponerte una disciplina sobre lo que tienes que decir y cómo tienes que decirlo. Has de estar recordándote todo el tiempo que existen entre tú y la gente un montón de capas que antes no había. Eso me sorprendió. Creo que fui bastante buen comunicador, pero metí la pata cuatro o cinco veces hasta que aprendí a hacerlo.

DR: Llegó a la presidencia muy joven, tenía 46 años. ¿Cree que si hubiera ocurrido a los 56 o a los 66 años habría sido diferente? ¿Habría tenido menos energía pero más experiencia?

BC: Creo que, de ser mayor, habría sido mejor en determinados aspectos, pero no tanto en otros, y es que a veces haces muchas cosas porque eres demasiado tonto para saber que no puedes hacerlas. Estás ahí y sigues intentando hacer cosas y al final ocurre algo.

DR: Presidente Bush, cuando su padre era presidente, usted pasaba mucho tiempo, obviamente, en la Casa Blanca, así que pudo ver lo que hizo bien y lo que hizo mal. ¿Aprendió alguna lección de él? ¿Intentó diferenciarse de su padre de alguna manera?

GWB: No, aprendí mucho de observarle. No me interesaba diferenciarme de él, y a él tampoco de mí. Tenemos una maravillosa relación padre-hijo.

Creo que el momento más impresionante fue tras el desfile de mi investidura. Entré en el despacho oval para ver cómo me sentía. Sin yo saberlo, Andy Card (jefe de personal de Bush) había llamado a la residencia y le había pedido a papá que viniera. Y yo estaba ahí sentado a la mesa del despacho oval, tratando de…, no sé, asimilarlo todo, y de repente entra mi padre. Le dije: «Bienvenido, Sr. presidente»; y él me contestó: «Gracias, Sr. presidente».

DR: ¡Vaya! ¡Qué impresión! ¿Y cómo fue la primera vez que sus madres entraron en el despacho oval siendo ustedes presidentes de Estados Unidos?

BC: La mía se echó a reír. ¿Sabe?, es que era todo un poco absurdo, la idea misma de que eso pudiera estar sucediendo. Por otro lado, cuando empecé mi carrera electoral ella fue la única persona que creyó que podía ganar. Nadie más lo pensaba. Incluso Hillary y Chelsea estaban indecisas al principio.

Mi madre me hacía sentir bien, porque ella había tenido una vida bastante dura: enviudó tres veces, se levantaba cada día a las cinco de la mañana y a las siete estaba trabajando, y hacía todo lo posible por cuidarme. Me sentí muy orgulloso de poder enseñarle mi despacho. En aquella época ella estaba enferma y apenas vivió un año más.

GWB: ¿Quiere saber lo que dijo mi madre? «Quita los pies de esa mesa jeffersoniana».

DR: Hay gente que dice que vivir en la Casa Blanca es como estar en prisión, porque no puedes salir mucho. ¿A ustedes les gustó? Tienes un montón de personal de servicio y puedes ir a Camp David cuando quieras.

BC: Si hasta entonces has vivido una vida más normal —aunque yo pasé casi doce años en la mansión del gobernador en Arkansas— es muy diferente. Pero bueno, yo había sido autosuficiente desde los 19 años y tardé poco en acostumbrarme.

Lo que sí desarrollé fue un auténtico respeto y también afecto por la gente que trabajaba en la Casa Blanca; también por el Servicio Secreto y por los riesgos que corren. Pero me tuve que adaptar y lo hice bien. Me encantaba vivir en la Casa Blanca.

Recuerdo como si fuera ayer la última vez que me bajé del helicóptero, el Marine One, y entré en la Casa Blanca como presidente antes de volver a salir, y el helicóptero seguía allí. En aquel momento era consciente de ser más optimista sobre mi país que la primera vez que entré en la Casa Blanca; más idealista. Nunca me cansé de aquello.

DR: (*a Bush*). ¿Le gustó a usted vivir en la Casa Blanca?

GWB: Sí, me gustó. Fue maravilloso. Te miman mucho. Nosotros conocíamos a todo el personal, porque era el mismo que cuando Bill estaba allí, y muchas personas también eran las mismas que en la etapa de mi padre. Laura y yo conocimos a esa gente cuando íbamos a visitarle.

Pero es maravilloso, es un lugar histórico y muy cómodo. Disfruté de cada minuto que pasé allí.

DR: Cuéntenos cómo es Camp David. ¿Es un buen lugar para relajarse? ¿O está sobrevalorado?

BC: Es magnífico. A mí me encantaba, sobre todo el Día de Acción de Gracias, porque llevaba a toda mi familia. También me gustaba que Chelsea llevara a sus amigos. Por lo menos tienes la ilusión de que dispones de algo más de libertad de movimiento y más tiempo para pasear. Es bueno salir.

DR: (*a Bush*). ¿Le gustaba a usted?

GWB: Sí. Íbamos mucho, probablemente más que ningún otro presidente. Bueno, a lo mejor Ronald Reagan fue más que nosotros. Uno de los motivos por los que íbamos tanto es porque podíamos invitar a nuestros amigos; y es que uno de los grandes privilegios de ser presidente es que puedes invitar a tus amigos —por ejemplo, a los de Midland, con los que habíamos crecido— y enseñarles el despacho oval y Camp David.

Lo otro que me gustaba mucho de Camp David es que es ideal para hacer excursiones, correr o montar en bicicleta. Hay un gimnasio precioso. Me sentía muy libre allí.

DR: (*a Clinton*). Su deporte favorito es el golf. Es evidente que ha perdido peso desde que dejó la presidencia. Se ha pasado a la alimentación vegana. ¿Es difícil?

GWB: Menos hamburguesas.

DR: ¿Cómo lo ha hecho?

BC: No es difícil cuando te han hecho un cuádruple bypass de corazón y quieres ser abuelo. No me lo pensé dos veces. Comprendí que era muy propenso a una obstrucción arterial y quería vivir para ser abuelo. Él (*señalando a Bush*) tiene muy buena genética; en cambio, yo soy ahora la persona de mi familia que más ha vivido en tres generaciones, hombre o mujer.

GWB: ¡Vaya!

BC: Decidí que quería seguir vivo porque me gustaba vivir. Pronto se acabará, pero por ahora quiero estirarlo todo lo que pueda.

DR: Ustedes dos están entre los trece presidentes que lo han sido durante dos legislaturas consecutivas. ¿Qué es más divertido, ser presidente de Estados Unidos dos legislaturas o ser expresidente durante treinta o cuarenta años?

BC: Depende de cómo lo cuentes. Tienes que vivir muchos años como expresidente para ejercer la misma influencia que has tenido en tanta gente siendo presidente. En mi caso, he intentado hacerlo lo mejor posible, pero si me das a elegir prefiero ser presidente dos legislaturas.

GWB: Yo también. Sobre todo porque tus decisiones tienen un enorme impacto en mucha gente y eso es muy emocionante. Ser presidente te exige emplear todas tus capacidades y tu energía para influir en la política de una manera positiva. Lo interesante de la presidencia es que normalmente está marcada por lo inesperado, lo cual hace que el trabajo sea el doble de interesante.

BC: Es muy interesante. La mayoría de los expresidentes que han tenido más éxito lo han sido durante una sola legislatura. Por ejemplo, tras ser presidente cuatro años, John Quincy Adams fue elegido congresista y lo fue dieciséis años, durante los cuales se convirtió en uno de los mayores defensores de la abolición de la esclavitud y el comercio de esclavos. William Howard Taft llegó a ser presidente de la Corte Suprema de los Estados Unidos. Herbert Hoover regresó de temporalmente de su jubilación para redactar la Ley de Servicio Civil. Todos hicieron cosas muy buenas. Y George y yo hemos tenido suerte, porque éramos bastante jóvenes. Barack Obama también es joven. Si eres joven tienes el doble de afortunado, porque puedes ser presidente ocho años y después hacer otras cosas.

DR: En una conferencia de prensa le preguntaron a John Kennedy: «¿Recomendaría este trabajo?», y él contestó: «Ahora mismo creo que no. Espere a que termine mi mandato». ¿Recomendarían ustedes el puesto? ¿Dirían que valen la pena los inconvenientes y todo el trabajo duro que representa ser presidente?

BC: Sin dudarlo.

GWB: Yo también.

DR: En nuestro país han vivido unos 550 millones de personas en toda su historia. 45 de ellas han sido presidentes. En los ocho años que estuvieron en la Casa Blanca, ¿de qué se sienten más orgullosos?

BC: Yo me sentí muy orgulloso cuando dejé la presidencia, porque habíamos vivido el periodo más largo de prosperidad en quince años. Esto fue cuando los ingresos del 20 % de la población con menor renta aumentaron más que los del 20 % con mayor renta y nadie se enfadó por ello. Fue un incremento que se produjo sin tener en cuenta las diferencias étnicas, religiosas o geográficas. ¿Que si eliminé las desigualdades? No, eso es imposible en una sociedad de mercado, pero por lo menos encontramos una manera de redistribuir la riqueza, incluyendo tres superávits presupuestarios.

Estoy convencido de que si todo el mundo tuviera un trabajo decente y algo de lo que ocuparse cada día desaparecería el 90 % de los problemas. Cualquier asunto por el que discutamos, por ejemplo, las cuestiones sanitarias o sociales, será menos importante si la gente cree que puede emprender un negocio, tener un trabajo y educar a sus hijos. Si es así, las familias son más estables, las comunidades también, y todos los demás problemas se reducen.

DR: (*a Bush*) ¿De qué se siente usted más orgulloso de sus ocho años de mandato?

GWB: De lo que estoy más orgulloso es de que mis hijas me quieran. Bill te puede decir lo difícil que es tener hijas adolescentes cuando eres presidente. Gracias a la ayuda y al amor de Laura y de nuestras hijas, nuestra familia se ha reforzado. Creo que es un gran logro.

BC: Yo también. ¿Sabe lo que pienso? Que muchos no creen en la gente como nosotros. Pero, si te lo tomas en serio, tu labor más importante hasta que tus hijos se van de casa es ser padre o madre.

DR: (*a Bush*). Una de las cosas que ahora le gusta hacer es pintar. ¿Por qué decidió dedicarse a la pintura y por qué le gusta tanto?

GWB: Porque nos hacemos mayores. Empecé a pintar porque me aburría; la fundación y el instituto no me ocupan tanto tiempo. Tampoco el ejercicio físico. Leí el ensayo de Winston Churchill *Painting as a Pastime* y me dije: «Si este chico podía pintar, yo también».

DR: Presidente Clinton, ya hemos comentado que desde que dejó la presidencia ha cambiado su alimentación y hace otras cosas, pero ¿cuál es su actividad preferida ahora? ¿Es lo que tiene que ver con la Clinton Global Initiative?

BC: Sí, me encanta haber creado mi propia fundación y buscar financiación para ella. Ha crecido tan rápido que me ocupa todo el tiempo. Estoy tratando de iniciar muchos más proyectos, pero bueno, no me puedo quejar: nuestro proyecto sanitario proporciona ahora medicamentos para el sida a más de la mitad de las personas del mundo que están en tratamiento. Y la Clinton Global Initiative ha mejorado hasta ahora más de 400 millones de vidas.

Tienes que estar siempre al día. Al principio pensaba: «Oh, no quiero hacer esto», pero lo hacía. Soy adicto al trabajo y no tengo ningún don para la pintura. Te diría que lo mejor que te puede pasar cuando estás en política es que te subestimen, siempre.

GWB: Yo era muy bueno en eso.

DR: Si alguien quiere ser presidente de Estados Unidos, ¿importan en la misma medida el esfuerzo, la inteligencia, el optimismo y la suerte? ¿Qué creen que necesita cualquiera que quiere ser presidente?

GWB: Humildad. Es muy importante saber que hay cosas que no sabes y escuchar a la gente que sabe lo que tú no sabes.

BC: Yo también creo que tienes que empezar teniendo el final en mente, pensando: «Sí, voy a ganar las elecciones. Pero ¿por qué quiero ser presidente?».

Esa es otra cosa en la que me fijé de él. Cuando se presentó para gobernador contra Ann Richards, no dijo que ella fuese una inútil ni nada parecido, dijo: «Quiero ser gobernador porque quiero hacer una, dos, tres cosas». Había un par de ellas con las que no estaba de acuerdo, pero al menos tenía un programa en mente.

Si quieres ser presidente, debes tener claro que lo importante es la gente, no tú; eso es lo que muchos olvidan, porque son arrogantes. Pero el tiempo pasa, y pasa más rápido de lo que te crees.

Tienes que poder decir que cuando te marchaste la gente estaba en mejor situación, que los niños tenían un futuro mejor, que las cosas estaban yendo bien. No se trata de decir: «Cielos, mira a cuánta gente he ganado. O a cuántos les he pasado por encima». Lo más importante es ser humilde, escuchar a los demás y reconocer que todo el mundo tiene una historia; eso es lo que aprendí de niño.

GENERAL COLIN POWELL

Expresidente de la Junta de Jefes de Estado Mayor y exsecretario de Estado de los Estados Unidos

«Siempre que he aceptado un nuevo cargo me he planteado preguntas como: "¿Qué trato de hacer? ¿Cuál es la finalidad de esto? ¿Cuál es la perspectiva? ¿Por qué estamos aquí? ¿Qué estamos haciendo?". Después me fijo en la última persona de la organización y me aseguro de que tenga todo lo que necesita, sean armas diplomáticas o armas de guerra, y cuido de la gente y le doy todas las oportunidades posibles para tener éxito. En eso consiste el liderazgo: en inspirar a tus seguidores».

El ascenso de Colin Powell a los más altos cargos militares y civiles en el Gobierno federal —presidente de la Junta de Jefes de Estado Mayor y exsecretario de Estado de los Estados Unidos—

no era algo que se pudiera imaginar cuando era joven. Hijo de inmigrantes jamaicanos que vivían en Nueva York, fue un estudiante del montón en una especialidad de Geología en el City College de Nueva York, sin planes profesionales bien definidos ni especiales ambiciones.

Pero Colin se alistó en el Ejército de Estados Unidos tras formarse en el Cuerpo de Entrenamiento de Oficiales de la Reserva (ROTC). Superó la discriminación racial y fue haciendo carrera militar y subiendo de rango hasta alcanzar el más alto cargo en las Fuerzas Armadas durante la presidencia de George H. W. Bush. Es el único afroamericano que ha ocupado el puesto de presidente de la Junta de Jefes de Estado Mayor.

Fue en esa época cuando Colin atrajo por primera vez la atención de la población mundial, al ser el oficial responsable del desalojo de las tropas iraquíes de Kuwait en 1990. Gracias a su enorme éxito en esta labor —en parte gracias a la «doctrina Powell», que consiste en reunir y aplicar una fuerza aplastante contra el adversario— se convirtió en uno de los personajes más prominentes y admirados de los Estados Unidos.

Conforme se desarrollaban los acontecimientos, la victoria en Kuwait parecía relativamente fácil. Los combates finalizaron tras unos pocos días, pero para que esto ocurriera Colin Powell tuvo que emplear sus aptitudes como mando militar, trabajar en el desarrollo y la implementación de un método de combate con garantías de éxito y colaborar de forma muy estrecha con el comandante en jefe de la operación, el general Norman Schwarzkopf. También se vio obligado a utilizar sus capacidades «civiles» para obtener el apoyo a su enfoque (caro y prolongado) por parte del presidente, el secretario de Defensa, el personal de la Casa Blanca y, por supuesto, el Congreso, que tenía que ratificar la iniciativa.

En resumidas cuentas, la especial combinación entre liderazgo militar y civil que requería aquella misión se daba en pocas personas, y una de ellas era Colin Powell.

Cuando se retiró del Ejército en 1993, Colin escribió su autobiografía: *My American Journey*. El éxito de este libro intensificó aún más la presión que ya existía de cara a iniciar la carrera presidencial en 1996, como candidato republicano y en contra del presidente Bill Clinton.

Al final, Colin llegó a la conclusión de que no tenía el suficiente fervor para ser presidente y renunció a entrar en política, aunque sí regresó a su puesto de secretario de Estado en la primera legislatura del presidente George W. Bush. Desde este cargo, Powell tuvo que lidiar con los ataques terroristas del 11 de Septiembre sobre el World Trade Center, y también con la invasión de Irak para acabar con las armas de destrucción masiva que supuestamente tenía Sadam Hussein.

Colin cesó en el cargo tras la primera legislatura de Bush y volvió a sus actividades civiles y solidarias, incluida la America's Promise Alliance, la organización que ayudó a crear en 1997 para mejorar la vida de los jóvenes. También fundó la Colin Powell School for Civic and Global Leadership en su universidad, el City College de Nueva York, con la intención de ayudar a los estudiantes a convertirse en la siguiente generación de líderes de nuestro país.

Conozco y admiro a Colin desde hace varias décadas, porque hemos coincidido en organizaciones solidarias y civiles, así como en distintos eventos en Washington y Nueva York. Además, he tenido la oportunidad de entrevistarle en varios actos de empresa y de carácter benéfico.

Esta entrevista en concreto, realizada para *Peer to Peer*, tuvo lugar en la Colin Powell School del City College de Nueva York —una iniciativa de la que Colin y su familia se sienten muy orgullosos— en noviembre de 2017. A mí también me llena de orgullo ser patrocinador de esta universidad. En la entrevista, Colin reconoce que su destacable trayectoria de liderazgo militar y civil no siempre fue triunfal. Por ejemplo, el presidente Bush le pidió que presentara ante las Naciones Unidas los informes sobre las armas de destrucción masiva que supuestamente tenía Sadam Hussein, para justificar así la invasión liderada por Estados Unidos.

Por supuesto, tales armas no existían. Colin había confiado en nuestras mejores fuentes de inteligencia, pero estas estaban equivocadas; en la entrevista relata la vergüenza que pasó por su error al respecto. En realidad, no estaba deseoso por presentar el caso a las Naciones Unidas, pero el presidente Bush le pidió que lo hiciera y Colin, como jefe del Departamento de Estado y con una sólida credibilidad internacional, pensó que debía ser él quien asumiera esa responsabilidad.

Para Colin, esta es una de las consecuencias del liderazgo. Un líder, en su opinión, ha de ser alguien que inspire a sus seguidores, que los anime a cumplir con su obligación. Y él lo ha hecho durante toda su destacada carrera, de la cual solo podemos plasmar una pequeña parte en esta entrevista.

DAVID RUBENSTEIN (DR): ¿Se crio en el Bronx?

COLIN POWELL (CP): Nací en Harlem, a un kilómetro de aquí, y me crie en el South Bronx, en concreto en Hunts Point, Nueva York.

DR: ¿Y sus padres eran inmigrantes de…?

CP: Jamaica.

DR: ¿Le gustaba Nueva York cuando era joven?

CP: Era un lugar maravilloso cuando yo era niño. Había tanta diversidad que gracias a eso aprendí cómo es el mundo. El mundo está lleno de gente de diferentes pasados, culturas, colores, etc. Y, por supuesto, el City College de Nueva York lo reproduce a la perfección.

DR: ¿Aprendió el yidis allí?

CP: Aprendí un poco de yidis porque trabajé seis años en una tienda del South Bronx llamada Jay Sickser's, que vendía mobiliario infantil, carritos y juguetes.

El propietario era un judío ruso. Además de él trabajaban en la tienda un repartidor irlandés, un vendedor italiano y yo. Cuando llevaba un par de años en Jay, se me acercó un día el ruso y, echándome el brazo por el hombro, me dijo: «Coli, Coli» (es un diminutivo judío en yidis). «Coli, Coli, no creo que puedas quedarte en la tienda. Es para mis hijas y sus maridos. Deberías pensar en estudiar algo».

Yo tampoco tenía intención de quedarme y que me llamaran *schlepper*» toda la vida, alguien que se limita a arrastrar cajas de un lado a otro. Pero el caso es que aquello me llegó tan hondo que lo recordaré el resto de mi vida; incluso escribí sobre ello en mis memorias. Ese hombre se preocupaba lo suficiente por mí como para animarme a que estudiara algo, y eso hice; empecé en el CCNY.

DR: ¿Pensó alguna vez que llegaría a ser presidente de la Junta de Jefes de Estado Mayor y secretario de Estado de los Estados Unidos?

CP: No. La gente siempre me pregunta en qué año me gradué en West Point. Pero no fui a West Point, no podía aspirar a eso. Me preguntan entonces si fui a Citadel, a Texas A&M o al Virginia Military Institute. Y siempre respondo: «No, en esos sitios no admitían a chicos negros».

Aquello iba más allá de cualquier aspiración o expectativa, pero el caso es que ocurrió. ¿Y por qué ocurrió? Porque había recibido una educación de calidad que en ese momento yo no sabía que lo era; en primaria, en secundaria y en bachillerato. Y entonces el CCNY me admitió, con mi discreta nota media. Y fueron el ROTC y el CCNY los que marcaron la diferencia.

DR: Pero se especializó en geología. ¿Pensaba que trabajaría en el mundo de la geología?

CP: No, me especialicé en geología porque me escabullí de la ingeniería civil, ¿vale? Ahora ya lo sabe. No hacía falta que saliera esto, David. Muchas gracias.

DR: Una vez que se licenció, entró en el Cuerpo de Entrenamiento de Oficiales de la Reserva (ROTC) y, como consecuencia, debía entrar en el Ejército.

CP: Me licencié en el 58 y después me fui a Fort Benning, que pertenecía aún a un estado segregado, a una ciudad segregada, Columbus (Georgia). Sabía que en la base sería como cualquier otra persona, pero en cuanto la dejaba había lugares donde no podía ir, tiendas a las que no podía entrar, restaurantes en los que no se me ocurría pedir una hamburguesa. En Columbus, Georgia, me echaban de las hamburgueserías.

DR: ¿Qué le decían, «no le servimos»?

CP: Mucho peor que eso.

Una noche me detuve en una pequeña hamburguesería y sabía que no podía entrar, así que fui a la ventana y pedí una hamburguesa. La dependienta, blanca de New Jersey, me dijo: «Lo siento. No sé por qué, pero no puedo servirle. Vaya por la parte de atrás». Le contesté: «No, gracias», y me volví a la base. Eso fue a principios de 1964.

Más tarde, justo antes del 4 de julio, se aprobaron la Ley de los Derechos Civiles y la Ley de Alojamientos. El 5 de julio volví a la hamburguesería y me sirvieron. Lo que Estados Unidos descubrió entonces es que la segregación no era solo una carga para los negros, sino también para los blancos, que vivían en un sistema absurdo.

DR: Fue a Vietnam y le hirieron. Después regresó a Estados Unidos y volvió a Vietnam.

CP: Sí, cinco años después volví a ir y me hirieron otra vez.

DR: Cuando regresó definitivamente, su carrera despegó. ¿Entró ya en la Casa Blanca?

CP: Sí. Fui una de las quince personas que servían durante un año en Washington, en una oficina del Gabinete. En mi caso, trabajaba en la Oficina de Gestión y Presupuestos, y aprendí mucho del Gobierno durante ese año.

DR: Después de trabajar en la Casa Blanca, ¿qué hizo?

CP: Fui a Corea a dirigir un batallón de infantería. Creo que aquel fue uno de los años más gratificantes que pasé en el ejército. Después volvieron a llamarme del Pentágono, para trabajar para Caspar Weinberger.

DR: Que era entonces el secretario de Defensa.

CP: Sí, y yo era su adjunto. Nos hicimos íntimos amigos. Luego, pasados dos años, fue de nuevo momento de cambiar y volver al Ejército, y me mandaron a Alemania para ser comandante de una división.

DR: ¿En ese momento aquel era un buen trabajo?

CP: Era un magnífico trabajo. Duré cuatro meses.

DR: ¿Qué pasó? ¿Fue por el escándalo Irán-Contra?

CP: Sí.

DR: Entonces el nuevo asesor de Seguridad Nacional, Frank Carlucci, entró en escena y le eligió a usted como su adjunto.

CP: Sí. Le dije que no podía ser algo tan importante y él contestó que sí, que lo era. Entonces pensé: «Vale, veamos si puedes arriesgar toda tu carrera con una sola frase», y le dije: «Está bien, Frank, si es tan importante, ¿por qué no me llama el presidente?». Y media hora después…

DR: ¿Recibió una llamada de…?

CP: «Buenos días, general Powell. Soy Ronald Reagan». «Sí, señor». «De verdad, quiero que vuelvas». Estoy seguro de que estaba leyendo algo que Frank le había dado. «En serio, quiero que vuelvas y seas asesor adjunto de Seguridad Nacional». «Sí, señor. Allí estaré». Y eso es todo.

DR: ¿Así que volvió?

CP: Sí. Nueve meses más tarde, Frank me nombró secretario de Defensa y yo pensé: «Perfecto, ahora podré volver al Ejército».

Un tiempo después, estaba presidiendo una reunión del Consejo de Seguridad Nacional y de repente se abrió la puerta, entró el presidente y se dirigió a la cabecera de la mesa. Frank se hizo a un lado para que él se sentara. Y durante la reunión el presidente escribió algo en un papel y me lo hizo entregar. Abrí el papel y ponía: «Ahora eres consejero de Seguridad Nacional». Así, sin entrevista ni nada.

Así que el último año y medio que pasé en la Casa Blanca estuve con el presidente Reagan. Tuvimos una relación muy estrecha.

DR: Cuando finalizó la administración Reagan, ¿volvió a su puesto militar?

CP: Sí.

DR: Pero, no mucho más tarde, George Herbert Walker Bush, presidente de Estados Unidos que sucedió a Ronald Reagan, le dijo: «Necesito que seas el presidente de la Junta de Jefes de Estado Mayor».

CP: En aquella época yo vivía en Atlanta, Georgia, con un gran puesto, una casa maravillosa, un bonito cuartel general... Asistía a una conferencia en la zona de Baltimore, con los generales de cuatro estrellas del Ejército, cuando recibí una llamada: «El señor Cheney, nuevo secretario de Defensa, quiere verle». Me pregunté qué querría. Fui al Pentágono con pantalones de pinzas y un polo, entré en su oficina y me dijo: «El presidente Bush quiere que usted sea el presidente de la Junta».

DR: Usted pasó a copar entonces ese cargo, el más alto en la jerarquía militar en nuestro país, ¿verdad?

CP: Sí.

DR: Al principio de la administración Bush, Sadam Hussein invadió Kuwait. ¿Tenía claro que debíamos ir y echarlo a patadas?

CP: Bueno, yo tenía claro que había sido una invasión horrible que no se podía permitir. El primer problema al que nos enfrentamos fue garantizar que no se desplazara hacia el sur, a Arabia Saudí. El general Norman Schwarzkopf era el mando en esa región. Él y yo estábamos muy unidos y hablábamos mucho sobre eso.

DR: Usted inventó algo que se conoce ahora como la «doctrina Powell».

CP: No fue así, el término lo había inventado un periodista del *Washington Post* que un día vino a verme y me dijo:
—Estoy escribiendo un artículo sobre la «doctrina Powell».
Yo le dije:
—Fenomenal, ¿y eso qué es?—Lo que usted siempre dice y lo que hizo cuando invadimos Panamá y destituimos a Manuel Noriega. Uno: asegúrate de ir a la guerra después de haber agotado las vías diplomáticas y políticas. No debes ordenar un ataque sin tener unos objetivos políticos claros, no únicamente un objetivo militar.
La segunda parte de la «doctrina Powell» se basa en que, una vez que se decide emplear la fuerza militar, esta debe ser aplastante e implacable, para que la gente no piense que debes disponer de un millón de tropas, solo las que necesites para garantizar un resultado a tu favor.

DR: ¿Recibió la orden del presidente para expulsar de Kuwait a Sadam Hussein y sus tropas?

CP: Cuando llegamos a la conclusión de que no existía una solución diplomática recibí la orden, sí, y se la pasé a Norm.
Fue el único conflicto, de todos los que he visto o leído, en el que podía decirle al presidente de Estados Unidos que no había duda sobre el resultado; los iraquíes cometieron muchos errores graves.

Primero, situaron su línea de defensa justo en la frontera con Arabia Saudí, y se quedaron atrapados allí; no podían moverse. Las fuerzas aéreas no se lo permitían. Tenían cuatro divisiones en la costa y eran muy ligeras. Así que lo único que nosotros teníamos que hacer era mantener a esos dos cuerpos inmovilizados y rodearlos; soltarles un «gancho de izquierda», como se suele llamar.

Y eso hicimos. La noche que lanzamos la ofensiva por tierra, después de varios ataques aéreos durante semanas, les dije a los marines que estaban justo enfrente de los iraquíes: «Atacad, pero no os involucréis demasiado. No quiero perder a nadie, solo pretendo que dejéis congelados a los iraquíes en su sitio». Lo mismo en la costa: «Operaciones ambiciosas, pero no vayáis a la orilla, simplemente dejadlos inmovilizados, porque vamos a rodearlos».

Siendo marines, hicieron lo que se les ordenaba, pero alguno encontró la manera de atravesar las barreras que los iraquíes habían instalado —las trincheras de fuego, el alambre de púas, los campos de minas— y abrieron un camino frente a nosotros. La doctrina militar dice: «Aprovecha al máximo cualquier triunfo». Así que les dijimos a los marines que adelante, irrumpieron entre las fuerzas iraquíes y se dirigieron a la ciudad de Kuwait antes incluso de que lanzáramos el gancho de izquierda.

DR: Luego la guerra termina y usted escribe un libro sobre su vida, titulado *My American Journey*. Cuando estaba haciendo la gira de presentación la gente le decía que debía presentarse para presidente de Estados Unidos.

CP: Nunca lo pensé. El libro salió y de pronto atrajo la atención de mucha gente que venía y me decía que debería presentarme. Bueno, a mí nunca se me había ocurrido y no tenía ningún interés en ello, pero me vi en la obligación de planteármelo al menos.

Y lo hice. ¿Sabe?, soy militar e intento hacer lo correcto. Mucha gente del Partido Republicano no quería que me presentara como republicano. Incluso publicaron una declaración diciendo que no me querían en el partido.

DR: ¿Porque era usted demasiado moderado?

CP: Sí, probablemente porque era demasiado moderado.

DR: ¿Se arrepiente de no haberse presentado?

CP: No, ¿por qué?

DR: Hay gente que dice que es un trabajo magnífico.

CP: Que me lo demuestren.

DR: Cuando decidió no presentarse, mucha gente se desilusionó. Usted trabajaba entonces en el sector privado y George W. Bush fue elegido presidente. ¿Le llamó para pedirle que fuera secretario de Estado?

CP: En cierto modo, él era el tipo de republicano que yo hubiera querido ser y, por lo tanto, me gustó tener la posibilidad de volver al gobierno y servir a mi país.

DR: Bien, fue nombrado secretario de Estado y se produjeron los ataques del 11 de Septiembre. ¿Cuándo fue consciente de que el Gobierno podía verse envuelto en algún tipo de confrontación militar?

CP: Es que no puedes dejar que ocurra tal cosa sin hacer algo al respecto. Mi labor no consistía en implicarme de forma inmediata en los asuntos militares, sino en unir a la comunidad internacional.
Y fue una experiencia muy gratificante. Por primera vez en la historia de la OTAN, se recurrió al Artículo Cinco, que dice: «Si se ataca a un miembro de la alianza, se nos ataca a todos». Por tanto, estaban todos de nuestro lado.

DR: A continuación, nos centramos en Irak, y el presidente Bush decidió invadir ese país para perseguir a Sadam Hussein.

CP: Yo le dije: «Señor presidente, ha de entender que si expulsa a ese Gobierno usted será el responsable del nuevo. Quedarán a su cargo 27 millones de iraquíes que estarán allí, mirándonos. Tendrá una enorme responsabilidad. ¿Está seguro de que ha entendido esto y quiere hacerlo?».

Manteníamos esa conversación en una sala privada, y me dijo: «¿Cuál es la alternativa?». Yo le dije: «Que las Naciones Unidas se pongan al frente. Son los únicos cuyas resoluciones han sido violadas. Démosle, pues, un enfoque diplomático».

DR: Y el presidente Bush le dijo que estaba de acuerdo con su idea de ir a las Naciones Unidas y convencerlos.

CP: Sí. Antes de emprender una acción militar quería presentar nuestro caso a las Naciones Unidas, de forma pública. Y un jueves por la tarde estaba con él y me dijo: «¿Podrás llevar el caso la semana que viene?».

DR: ¿A las Naciones Unidas?

CP: Sí.

DR: ¿Usted fue quien dijo que Sadam tenía —o que pensábamos que tenía— armas de destrucción masiva, cuando resulta que no las tenía?

CP: Exacto.

DR: ¿Fue una vergüenza para usted o para los Estados Unidos? ¿Cree que, si hubiéramos sabido que Sadam no tenía armas de destrucción masiva, el presidente Bush habría seguido adelante igualmente?

CP: No, no habría seguido adelante. Le hice esa misma pregunta en aquel momento, le dije: «Señor presidente, si Sadam Hussein puede demostrar que no posee armas de destrucción masiva, entonces usted no tiene base alguna para declarar la guerra. ¿Está preparado para aceptar esa posibilidad, aunque implique que Sadam Hussein se quede donde está?». Dubitativo, me contestó: «Sí, lo aceptaré».

Así que me puse en marcha y me pasé tres días en la CIA, con los servicios de inteligencia, preparando el documento que iba a presentar. Cada palabra de ese documento fue aprobada por la CIA, escrita, de hecho, por la CIA. Y ahí fuimos. Me encargué yo de la presentación. Parecía que todo iba bien. Estaba seguro de que todo había ido bien, pero al cabo de unos días, un par de semanas tal vez, todo empezó a venirse abajo.

Sí, estaba más que avergonzado, me sentía mortificado; porque, aunque el presidente había utilizado esa misma información, el Congreso había usado esa misma información, el secretario Donald Rumsfeld, Condoleezza Rice, todos habíamos usado la misma información, yo hice la presentación. Así que todo se me vino encima a mí.

DR: Ahora, en perspectiva, ¿diría que la invasión fue un error?

CP: Diría que no se hizo de forma adecuada. Abandonamos al ejército iraquí cuando regresamos a Washington y después hicimos algo mucho peor, dejamos en la estacada al Partido Baaz y dijimos que cualquiera que trabajara para él no podría formar parte del nuevo Gobierno. Fueron dos decisiones pésimas desde el punto de vista estratégico y no tuvimos fuerza suficiente allí para poner en marcha las medidas que esperábamos del ejército iraquí... y todo se vino abajo.

Ahora Irak tiene una democracia; dudosa, pero democracia al fin y al cabo. Celebran elecciones y están intentando restaurar el orden en el país. Creo que es muy negativo que lo hayamos hecho tan mal. En mi humilde opinión —otros no estarán de acuerdo conmigo—, creo que si llegan a pasar por este difícil proceso en el que se encuentran como una democracia, sin armas de destrucción masiva, sin Sadam Hussein, tendríamos que juzgar esto de manera diferente a como se está juzgando ahora.

DR: Usted ha tenido una carrera extraordinaria en el servicio público. ¿Han podido presenciar ese éxito sus padres?

CP: Los dos me llegaron a ver como coronel. Y estaban muy orgullosos de mí.

Después mi padre enfermó y murió al cabo de año y medio, así que no me vio ascender a general, pero mi madre sí estuvo allí cuando fui ascendido. Estaba muy orgullosa. Era muy bajita y estaba en primera fila con el secretario de Defensa y su secretario adjunto, y todos esos generales mirando, y se sentía muy orgullosa. Ella y mi mujer me impusieron las estrellas. A partir de ese momento, casi como si fuera una experiencia yidis, decía a la gente: «Mi hijo, el general».

DR: Usted ha conocido a muchos líderes destacados en su carrera, tanto políticos como militares. Obviamente, usted también ha sido uno de ellos. ¿Qué hace, en su opinión, que una persona se convierta en líder?

CP: Un líder es alguien que sabe que tiene seguidores; alguien que sabe que está donde está para poner a trabajar a un grupo de seres humanos con unos valores, un propósito, y que siempre les dará la inspiración que necesitan para alcanzar ese propósito y todo lo necesario para cumplir con su labor.

Siempre que he aceptado un nuevo cargo me he planteado preguntas como: ¿Qué trato de hacer? ¿Cuál es la finalidad de esto? ¿Cuál es la perspectiva? ¿Por qué estamos aquí? ¿Qué estamos haciendo?». Después me fijo en la última persona de la organización y me aseguro de que tenga todo lo que necesita, sean armas diplomáticas o armas de guerra, y cuido de la gente y le doy todas las oportunidades posibles para tener éxito. En eso consiste el liderazgo: en inspirar a tus seguidores.

Conozco una anécdota sobre Lincoln que siempre me ha gustado. Al comienzo de la Guerra de Secesión, Lincoln solía ir a la zona donde vivían los soldados veteranos, fuera del área pantanosa de Washington, en la parte norte de la ciudad. Allí había una oficina de telégrafos y una noche entró un mensaje y el operador lo escribió y le dijo:

—Señor presidente, no es una buena noticia. —Y le entregó el mensaje. Este decía: «Los confederados han asaltado un puesto de la Unión en la estación Fairfax y han capturado cien caballos y al general de brigada». Lincoln lo miró y dijo:

—Dios mío. Odio perder cien caballos.

El operador del telégrafo le preguntó:

—Señor, ¿y qué me dice del general de brigada?La respuesta de Lincoln fue:

—Puedo conseguir a un general de brigada en cinco minutos, pero es difícil sustituir a cien caballos.

Alguien enmarcó esa frase y me la entregó el día que me nombraron general de brigada, y desde entonces la tengo siempre en mi mesa. Si viene a mi casa ahora mismo, la verá encima de la mesa. Siempre me recuerda que «tu trabajo, Powell, es cuidar de los caballos. No te preocupes por el general de brigada; cuida de los caballos, los soldados, los empleados, los oficinistas, los estudiantes, los profesores, de todo aquello que necesites para tener éxito en lo que tratas de lograr».

GENERAL DAVID PETRAEUS

Exdirector de la Agencia de Inteligencia Central
(CIA); socio de Global Investment Firm KKR;
presidente del KKR Global Institute

«Soy un gran admirador de Teddy Roosevelt. El discurso de
El hombre en la arena siempre me ha resultado inspirador.
"El reconocimiento pertenece al hombre que está en la arena,
con el rostro desfigurado por el polvo y el sudor y la sangre;…
y quien, si fracasa, al menos fracasa atreviéndose a lo grande"».

El general David Petraeus es quizás el líder de combate militar
de Estados Unidos más conocido desde la época de la Guerra
de Vietnam, en parte por su éxito al liderar la ofensiva durante la
oleada insurgente en Irak, que se produjo cuatro años después de
la invasión de Estados Unidos y se logró sofocar. Otro esfuerzo
triunfal para reforzar la coalición liderada por Estados Unidos en

Afganistán —aunque con un alcance y unas expectativas diferentes— consolidó su fama de líder de combate excepcional, sobre todo en misiones de contrainsurgencia especialmente complicadas.

Todos los líderes asumen riesgos, pero los que asumen los mandos militares en tiempos de guerra presentan algunas particularidades. En primer lugar, sus decisiones pueden provocar muertes y bajas de inmediato, por lo que han de ser muy precisos y resolutivos en sus órdenes y directrices, y también han de infundir disciplina, trabajo en equipo y confianza en sus tropas. Lo peor que puede pasar es tener a un mando indeciso o inseguro con las tropas.

La carrera militar de David Petraeus, que comenzó en West Point, podría haberse truncado si no se hubiera recuperado de dos accidentes que a punto estuvieron de costarle la vida: el primero fue una herida de bala en el pecho por un disparo fortuito durante unas maniobras con fuego real, siendo teniente coronel; el otro, una caída libre en paracaídas que le fracturó la pelvis, siendo general de brigada. En ambos casos sobrevivió, recuperó una forma física excelente y, como gran líder que era, superó una serie de secuelas que habrían acabado con la carrera militar de cualquier otro menos enfocado y decidido que él.

Pero ¿de dónde le vienen su determinación y sus aptitudes de liderazgo? ¿Qué llevó a David Petraeus a convertirse en un personaje militar y civil casi de leyenda? El general habla sobre estos temas en la entrevista *Peer to Peer* que hicimos en los estudios Bloomberg en Nueva York, con público, en marzo de 2017.

No le conocí durante su carrera militar, pero después de poner punto final a sus servicios para el Gobierno —que culminaron con catorce meses como director de la CIA— y de que se uniera a la firma de inversiones KKR empecé a encontrarme con él y a charlar en varios eventos de empresa.

David me contó que cree que el liderazgo estratégico —el de más alto nivel— implica llevar a cabo cuatro tareas esenciales: 1) Acertar en las grandes ideas (por ejemplo, en la estrategia); 2) comunicar esas grandes ideas de forma efectiva a toda la organización; 3) supervisar la puesta en práctica de dichas grandes ideas; y

4) participar en un proceso para determinar cómo se han de revisar y refinar las grandes ideas en respuesta a lo aprendido y a las circunstancias cambiantes. En su opinión, todo ello ha de ser cumplido a la perfección por los líderes estratégicos para prosperar en el ámbito militar y también en el civil.

Resulta evidente que el cumplimiento de estos objetivos en una gran organización es más fácil para alguien que cuente con la determinación, la inteligencia, el coraje y la presencia del general Petraeus. Pero esta definición del liderazgo sin duda servirá de ayuda para cualquier líder, sea o no un general de cuatro estrellas.

DAVID RUBENSTEIN (DR): Hablemos de cómo entro en la carrera militar. Su padre era un capitán de barco holandés y conoció a su madre, que era de Brooklyn, en la iglesia de la Brooklyn Navy Yard durante la Segunda Guerra Mundial; en aquella época él era el capitán del barco estadounidense Liberty. Se casaron durante la guerra.

DAVID PETRAEUS (DP): Correcto. Durante la guerra, mi padre navegó con la marina mercante estadounidense. Era de Holanda y se había graduado en la Academia de la Marina Mercante Holandesa. Iba a bordo de un barco holandés en 1940 cuando los nazis invadieron su país y el barco no pudo regresar a Rotterdam. Entonces continuó hasta aquí y atracó en la Brooklyn Navy Yard, donde la mayoría de la tripulación firmó con la marina mercante de Estados Unidos.

DR: ¿Usted vivió sus primeros años en Nueva York?

DP: No, a unos 80 km al norte de la ciudad, 11 km al norte de West Point, de hecho. Podía ir corriendo desde West Point hasta mi casa; y alguna vez lo hice, cuando me autorizaron, claro está.

DR: ¿Qué apodo tenía cuando era joven?

DP: Peaches. El locutor de una liguilla de béisbol no fue capaz de pronunciar mi nombre la primera vez que salí a batear, con nueve años. Dijo: «P-p-p-peaches», tartamudeando. Durante toda mi etapa en West Point ese fue mi apodo.

Había una chica que trabajaba en verano en la lavandería de West Point y que había sido amiga mía en el colegio. Me enviaba notas desde la lavandería cada semana. Un alumno de un curso superior al mío interceptó y abrió una de las notas, y leyó: «Querido Peaches…»; y así fue como saltó mi apodo a West Point.

DR: Y se quedó.

DP: Sí, voló por los aires hasta West Point.

DR: Se licenció entre los mejores de su clase. ¿Fue entonces cuando decidió hacer carrera militar?

DP: No estaba seguro de querer ser militar de carrera cuando me gradué. De hecho, estaba en el programa de medicina en West Point. Me encantaba ese cuerpo de investigación académica, y era también la cima académica a la que aspirar; era famoso por ser el más difícil.

De repente, me encontré en mi último año y había obtenido una plaza en el programa, que estaba abierto solo para el 1 % de la clase (nueve cadetes); pero me di cuenta en ese momento de que no estaba del todo seguro de querer ser médico, que en realidad solo quería escalar esa montaña académica en concreto. Entonces elegí la infantería y viví una experiencia maravillosa durante los siguientes casi 38 años.

DR: Se casó unas semanas después de licenciarse, con la hija del mando principal de West Point.

DP: Sí, de hecho, él era el superintendente en West Point, un general de tres estrellas. Su hija y yo nos conocimos en una cita a ciegas; tengo que decir que me resultó un poco extraño descubrir quién era ella. Pero también fue raro para ella enterarse de que ni su madre ni la mujer que organizó aquella cita me conocían.

DR: ¿No le estresaba salir con la hija del superintendente? ¿No era complicado?

DP: Era muy complicado. Intentamos durante un tiempo hacerlo de forma clandestina, pero no tuvimos demasiado éxito. Me criticaron mucho por aquello, pero valió la pena, porque nos llevamos muy bien.

DR: Bien, se licenció, se casó y entró en el cuerpo de infantería. Estaba enfrascado en lograr un ascenso cuando ocurrieron dos incidentes que casi acaban con su vida. Y no en el campo de batalla.

DP: Bueno, el primero fue unos catorce años después de mi entrada en servicio, cuando era un joven coronel al mando de un batallón de infantería. Tuvo lugar durante unas maniobras muy agresivas con fuego real: granadas de mano, ametralladoras, rifles, etc. Estaba conmigo Jack Keane, que en aquella época era un general de una estrella y acabó siendo subjefe de Personal de la Armada, con cuatro estrellas, además de un magnífico mentor.

Estábamos marchando tras los soldados que hacían el ejercicio. Uno de ellos destruyó un búnker con una granada y entonces salió con su rifle M16, tropezó y se cayó; y al hacerlo apretó el gatillo, porque cuando estás a punto de darte un golpe lo normal es que te tenses —incluido el dedo que estaba sobre el gatillo—, y una bala M16 me atravesó el pecho. Por suerte, lo hizo por encima de la A de mi apellido, PETRAEUS, que llevaba grabado en el lado derecho del pecho, y no en la A de ARMY, que estaba en el lado izquierdo, justo sobre el corazón.

DR: ¿Pero qué pasó? ¿Se le alojó la bala en el pecho?

DP: En realidad, la bala entró y estalló en la parte superior de la espalda, con lo que me hizo un agujero mucho más grande en la espalda que en el pecho. Por supuesto, los médicos me atendieron enseguida; y, por supuesto, cundió el pánico. Al principio dije: «Chicos, no os preocupéis por mí. Seguid adelante, revisad con rapidez lo que ha pasado y continuad». Pero todos pusieron los ojos en blanco: sabían que no hablaba en serio.

Me pusieron una vía y trajeron un avión medicalizado para trasladarme. El general Keane iba conmigo y me dio la mano todo el camino. Aterrizamos en el hospital y me operaron.

De hecho, la bala había seccionado una arteria, pero no del todo; aunque en ese momento nada estaba claro. Si la hubiera cortado por completo es probable que solo hubiera vivido unos minutos. El doctor hizo una evaluación rápida, me miró y me dijo: «Te va a doler mucho». Entonces tomó un bisturí y me hizo una X en el lado derecho del torso, por debajo de las costillas, apartó la piel y metió un tubo de plástico hasta el pulmón para que succionara y así drenar la acumulación de líquido. Y lo consiguió. Eso fue lo que me salvó la vida.

Después me volvieron a subir al helicóptero y me llevaron al Vanderbilt Medical Center (en Nashville, Tennessee), con el general Keane a mi lado otra vez. De todos los médicos que había, el que estaba de guardia ese día era el doctor Bill Frist, que más adelante sería el líder de la mayoría en el Senado. Algunos compañeros decían luego en broma: «Es que Petraeus se moría por conocer a Bill Frist».

El doctor Frist y su equipo me abrieron el tórax, encontraron y cauterizaron la arteria dañada, extrajeron el hueso y otro tejido dañado, y me cosieron. Después de la operación fui trasladado a nuestro hospital militar y a los pocos días me dieron el alta.

DR: Tampoco lo le dejaron marchar demasiado pronto. Hizo usted 50 abdominales para asegurarse de que estaba bien, ¿verdad?

DP: Es la única vez que me he parado en 50, David.

DR: Yo nunca he llegado a las 50.

DP: Quería irme. Me estaba recuperando bien, no había motivo para seguir allí. De hecho, me pasaba el día caminando por los pasillos del hospital. Ponía todos los tubos y monitores en una silla de ruedas y la empujaba. Creo que los estaba volviendo locos.

DR: El otro incidente ocurrió cuando practicaba paracaidismo y no le funcionó su paracaídas. Se rompió la pelvis. ¿Qué se siente en un momento así?

DP: Fue horrible. Entonces era general de brigada. En cuanto al dolor, fue mucho peor que la otra vez, porque me fracturé la pelvis por delante y por detrás. Era como si el cuerpo se me hubiera partido en dos. Me trasladaron en ambulancia al hospital y en cada bache veía las estrellas.

DR: ¿Ha vuelto a hacer paracaidismo?

DP: El general Keane, que tenía cuatro estrellas, me dijo: «Dave, no más paracaidismo». Yo le respondí: «Roger, señor, si me concede el mando de una división dejaré de hacerlo». Y lo dejé. Después me dieron el mando de la división Airborne 101. Se acabaron los saltos de paracaídas, pero hice algunos saltos militares más estáticos cuando me recuperé del todo. De hecho, el primero fue sobre un lago, para que el aterrizaje no fuera tan duro en caso de que la apertura del paracaídas volviera a separar lo que los cirujanos habían conseguido unir.

DR: Le encargaron, pues, una nueva misión.

DP: Fui un privilegiado, porque no me concedieron cualquier mando, me dieron el de la División Airbone 101 (asalto aéreo), la misma que el general Keane había dirigido y en la que estábamos ambos cuando me dispararon.

DR: Ocupó una serie de cargos militares muy importantes y, al final, el presidente Bush tomó la decisión de invadir Irak. En ese momento usted estaba al mando de las tropas estadounidenses en ese país y se fue con la avanzadilla del ejército que entró allí. Se suponía que iba a ser una operación relativamente rápida. ¿Cuándo se dio cuenta de que no sería tan fácil como habíamos pensado?

DP: Bueno, en primer lugar derribamos al régimen en cuestión de semanas, aunque los combates en algunos puntos fueron bastante duros. No hay duda de que lo que predijeron algunos compañeros antes de la invasión, esto es, que las unidades iraquíes se rendirían y se pondrían de nuestro lado para ayudarnos a restablecer el orden, no ocurrió; como tampoco la última batalla prevista en Bagdad.

Y hubo enfrentamientos difíciles durante la invasión. De hecho, tras la primera semana de la fuerte tormenta de arena ocurrida en Irak, empecé a tener la sensación de que nuestras expectativas no se iban a cumplir.

Yo iba con un periodista del *Washington Post*, Rick Atkinson, que ya había ganado dos veces el premio Pulitzer, y que me acompañaba en mi Humvee y en el helicóptero. Recuerdo mirarlo en un momento determinado y soltarle: «Dime cómo va a acabar esto, Rick, porque no estoy seguro de que esté sucediendo de acuerdo al guion». Nuestra idea de derrocar a Sadam y a sus hijos, y a algunos de sus partidarios más cercanos, y de que después la población iraquí se mantendría tranquila, que habría una negociación política y les devolveríamos Irak, es evidente que resultó infundada.

DR: ¿Cree que habría sido diferente si no hubiéramos decidido acabar con todo el ejército de Sadam y desmantelar las fuerzas de seguridad del Partido Baaz?

DP: Aquellos fueron grandes errores, sí. Solíamos tener, escrita en la pared del centro de operaciones en nuestros cuarteles generales, la siguiente pregunta: «¿Sacará esta operación de las calles a más tipos malos de los que ha generado?». Lo mismo ocurre en la política. Disparar al ejército iraquí sin decirle cuál iba a ser su futuro —es decir, dejar a miles de profesionales armados resentidos en las calles de Bagdad, sin explicarles cómo cuidaríamos de ellos durante la transición— resultó un desastre. Como también lo fue disparar a cientos de miles de miembros del Partido Baaz sin un proceso de reconciliación previo. Como consecuencia de tales decisiones, cientos de miles de personas veían como único incentivo oponerse al nuevo Irak en lugar de defenderlo. Con estas decisiones lo único que logramos fue sembrar las semillas de la insurgencia.

DR: ¿Usted lideró la iniciativa de tomar el control de Mosul, es cierto?

DP: Sí. Estábamos al sudoeste de Bagdad, donde nos habían dicho que estaríamos asentados después de bombardear Bagdad. De repente, nos llegó una orden urgente para desplazarnos a Mosul. La ciudad estaba fuera de control: había una pequeña unidad militar estadounidense y sus miembros habían matado a 17 civiles el día anterior, al enfrentarse a una manifestación violenta. En 36 horas llevamos a cabo una de las operaciones de asalto aéreo más largas e importantes de la historia, a más de 420 km. Teníamos 250 helicópteros en la división Airborne 101 en ese momento, y los utilizamos casi todos para trasladar de golpe a la mayoría de nuestros soldados y darles cobertura con una flota de helicópteros de combate.

De inmediato desplegamos a nuestros soldados por toda la ciudad, tranquilizamos a la población, detuvimos los saqueos y restablecimos la seguridad, y al final tomamos el control de Mosul. Enseguida me puse a trabajar de forma muy intensa con un equipo para establecer un Gobierno interino; lo logramos en poco más de dos semanas desde nuestra llegada. El Gobierno interino fue muy útil, porque necesitábamos con desesperación socios y ayuda iraquí. Hay que tener en cuenta que no dispusimos de mapas de Mosul hasta justo antes de la operación de asalto aéreo para ocupar una ciudad de dos millones de personas. Así que fue de gran ayuda tener a un Gobierno interino, con un consejo provincial cuyos miembros obviamente conocían la zona mucho mejor que nosotros, porque en la provincia de Nínive, de la cual Mosul es la capital, vive una población muy diversa, con numerosos grupos étnicos y sectarios, así como tribus, agentes sociales e instituciones; y todos ellos debían estar representados en el Consejo interino.

DR: Al principio de la guerra, pensábamos que lo arreglaríamos todo sembrando «la conmoción y el terror»; que lo único que debíamos hacer era disparar unos cuantos misiles, y eso pondría fin a la guerra. Pero no funcionó.

DP: Es cierto, no fue suficiente. Creo que sí se logró provocar algo de conmoción y terror, pero había multitud de personas luchando todavía, disparándonos con todo tipo de armas: misiles, artillería, tanques y otros vehículos armados, y tanto fuerzas especiales como regulares. Habíamos tenido muchas bajas y perdimos también armamento pesado, pero al final, por supuesto, nada detuvo a las tropas estadounidenses y de la coalición, y los hombres de Sadam huyeron o fueron capturados.

DR: El presidente Bush decidió invadir Irak en parte por la teoría de que tenían armas de destrucción masiva. Esa información había llegado de la CIA, entre otras fuentes. Cuando usted dirigió posteriormente la CIA, ¿investigó para ver de dónde habían obtenido esa información?

DP: No investigué demasiado, porque el tema había sido ya revisado de forma exhaustiva por varias comisiones, y también porque yo había vivido esa experiencia sobre el terreno. Pero sí investigué otros temas, como el uso de técnicas de interrogatorio depuradas, algo a lo que yo, personalmente, me he opuesto siempre, por dos razones: una, porque creo que violan las leyes internacionales y la Convención de Ginebra, que yo defiendo y promuevo. Y dos, porque nunca he creído que fueran tan efectivas como dicen que lo son quienes las defienden. Mire, como declaró Jim Mattis de forma jocosa: «Denme una cerveza y un cigarrillo y les sacaré más información que torturándolos con agua».

Dicho de otro modo, el interrogador más habilidoso es el que llegar a ser el mejor amigo del detenido. Lo digo porque supervisé la detención del mayor número de prisioneros en Irak —27.000—, y después hice lo propio en Afganistán. Por eso tenía bastante experiencia sobre lo que funciona con los prisioneros. Lo mejor es tratarlos con humanidad mientras les pides información, a no ser que estés en una situación límite o de «bomba de relojería», como se conoce también a ese tipo de circunstancias, en cuyo caso deberás emplear procedimientos más contundentes, dependiendo de la naturaleza de la amenaza, claro.

DR: Nunca antes de aquel momento había tenido soldados a sus órdenes que murieran en combate. ¿Qué se siente cuando ocurre eso?

DP: Es una experiencia espeluznante. Recuerdo cuando nos llamaron por radio la primera vez que mataron a uno de nuestros soldados. Escuchar algo así te deja sin aliento. Se te hiela la sangre. También recuerdo supervisar la red de una unidad hermana, la Tercera División de Infantería, que encabezaba la ofensiva junto con una división de marines hacia Bagdad por tierra con tanques M1 y vehículos de combate Bradley, porque nos enteramos de que varios vehículos pesados habían explotado. También fue una experiencia escalofriante, sobre todo porque no pensábamos que pudieran volar nuestros tanques con las armas que tenían los iraquíes. Si le soy sincero, los informes sobre las víctimas en zonas de conflicto, que es donde he estado la mayor parte del tiempo de mis últimos ocho años de uniforme, siempre me han impresionado mucho.

DR: ¿Cuánto tiempo estuvo allí antes de que le enviaran de vuelta a Estados Unidos?

DP: La primera vez estuve un año entero en zona de conflicto, y fue siete meses después de regresar de un año en Bosnia. Después de ese año en Irak, regresé a casa un par de meses y luego me pidieron que volviera, con el objetivo de llevar a cabo una evaluación para el jefe del Mando Central de Estados Unidos y el secretario de Defensa, acerca del trabajo de las fuerzas de seguridad iraquíes. Cuando regresé, informé al secretario Donald Rumsfeld y él me dijo: «Gran informe, magníficas recomendaciones. Ahora vuelve a casa, cambia de comando, vuelve a Irak y pon en práctica tus recomendaciones».

DR: ¿Ha pensado alguna vez que, si no hubiera escrito ese informe tan bueno, tal vez no le habrían mandado otra vez a Irak?

DP: El secretario Rumsfeld tenía una idea bastante peculiar sobre las recompensas por el trabajo bien hecho. Esa siguiente estancia iba a durar quince meses y medio. Recuerdo que, hacia la última semana, él vino a Irak, pasó un tiempo con nosotros y, dándome un golpecito en la espalda, me dijo: «Bien hecho, Dave». Fue muy agradable.

Después añadió: «De vuelta a casa, quiero que pases por Afganistán». Le respondí: «Usted sabe, señor secretario, que ese no es el camino más directo a los Estados Unidos». Pero, obviamente, volvimos a casa pasando por Afganistán y evaluamos la situación allí para darle un informe.

DR: Bien, al fin terminó su segunda visita a Irak y volvió a Estados Unidos.

DP: Sí. Después estuve como quince meses en Fort Leavenworth, Kansas, como jefe al mando del Combined Arms Center. Fue genial, porque tenía a mi cargo un gran número de centros de entrenamiento, bases y organizaciones. De hecho, aquel centro tenía tantas responsabilidades importantes que mi predecesor lo llamaba «la máquina del cambio de nuestro ejército». Cuando le pregunté al jefe de personal del Ejército, antes de irme a Kansas, si tenía alguna orden para mí, me pidió que reorganizara el Ejército. Y eso intentamos hacer mi equipo y yo: renovamos todo el proceso de preparar a unidades, mandos y tropas para ir a Irak y Afganistán. Además, publicamos un manual de campo contrainsurgencia que era muy necesario y que se convirtió en la base teórica de todo lo que hicimos en ese sentido en Estados Unidos, y después para darle la vuelta a la guerra en Irak y, más tarde, en Afganistán.

DR: También esa vez redactó un informe impecable. Usted, además, supervisó el manual de contrainsurgencia. Y resultó tan bien que le dijeron que debería tomar el mando de las labores de contrainsurgencia. Entonces el presidente Bush le pidió que volviera a Irak y liderara la «insurgencia».

¿Respondió usted que ya había estado allí dos veces y no creía que tuviera que volver una tercera?

DP: No, David, no. Contesté que sería un honor para mí. Lo mismo que cuando el presidente Obama, al cabo de unos años, me dijo, sin cumplidos y con solo un fotógrafo en la sala (tomó algunos fotos rápidas y se fue): «Le pido, como su presidente y comandante en jefe, que vaya a Afganistán y asuma el mando de la Fuerza Internacional de Asistencia para la Seguridad». Y yo le dije: «La única respuesta posible a esa petición, señor presidente, es sí».

DR: ¿Cuántas tropas teníamos en Irak en ese momento?

DP: Algo menos de 140.000 soldados, entre marines, aviadores y miembros de la Armada. Los países de la coalición tenían además unas decenas de miles de tropas. Después Estados Unidos envió unos 25.000 o 30.000 efectivos adicionales durante la invasión, así que llegamos a tener a 165.000 estadounidenses uniformados, hombres y mujeres.

Me gustaría señalar, David, que la insurgencia que más nos importaba no era la militar, sino la intelectual. Era el cambio de estrategia. Fue realmente un giro de 180 grados, pasamos de estar asentados en grandes bases, fuera de la vista de los iraquíes, a regresar y vivir en sus barrios con ellos. Porque esa era la única manera de dar seguridad a la gente y, al mismo tiempo, de recuperar el control de muchas zonas que habíamos cedido de forma prematura a los autóctonos. También tuvimos que reconocer la necesidad de reconciliarnos con cuantas más tropas insurgentes mejor, porque entendimos que para vencer a una insurgencia tan potente no te puedes limitar a matar o hacer prisioneros.

DR: Disponíamos, pues, de cerca de 140.000 soldados, y enviamos entre 25.000 y 30.000 más. ¿Fue suficiente, teniendo en cuenta las técnicas que empleaban, para que Irak volviera a una situación relativamente estable?

DP: Sí. Con la nueva estrategia y las tropas adicionales, redujimos el nivel de violencia enormemente, un 85% más o menos, en los dieciocho meses que duró la insurgencia. Y, al hacerlo, nuestras tropas transformaron de verdad un país que estaba al borde de una guerra civil.

DR: Entonces el presidente le pidió que dirigiera el Mando Central de los Estados Unidos, el que se encarga de las operaciones militares en Oriente Medio.

DP: Sí, el Mando Central es el responsable de una zona que incluye 21 países, desde Egipto, en el oeste, hasta Paquistán, en el este; desde Kazajistán, en el norte, hasta Yemen y las aguas infestadas de piratas de Somalia, en el sur. Nos sentíamos muy orgullosos de que, en aquel momento, esa zona acumulara el 90% de los problemas del mundo.

DR: Después de dirigir uno de esos comandos, lo normal es pasar a ser jefe de Estado Mayor del Ejército, y después tal vez presidente de la Junta de Jefes de Estado Mayor. Usted iba ascendiendo en el escalafón hasta que un día el presidente Obama lo llamó al despacho oval y le dijo: «Me gustaría que dejara el Mando Central y regresara como mando principal a Afganistán». ¿Qué pensó en ese momento?

DP: Era una circunstancia extraordinaria, por supuesto. Además, si el presidente te pide que hagas algo, lo haces.

DR: ¿No le dijo: «Déjeme que me lo piense, deme unos minutos»?

DP: Creo que ya le he dicho antes que la única respuesta a una pregunta como esa es sí. En el caso anterior, el de la insurgencia en Irak, fue en realidad el secretario Robert Gates quien me llamó. De hecho, lo hizo mientras estaba con mi mujer y mi hijo en la autopista, dirección norte desde el aeropuerto de Los Ángeles hasta

Valencia, para ver a mi padre; fue la última vez que lo vi antes de volver a Irak.

Mi mujer iba conduciendo y yo respondí a la llamada del secretario Gates. Realmente, me habría gustado conversar un poco más con él antes de decir que sí.

De todos modos, después de decirle que sí añadí: «Señor secretario, me gustaría que supiera a quién está nombrando, porque mi consejo, cuando se trate de reducir la presencia de tropas, se basará en la información sobre el terreno y en nuestra comprensión mutua sobre la misión que nos ha asignado; también en el conocimiento de los asuntos con los que usted y el presidente tienen que lidiar —la política del Congreso, la política interior, la política de la coalición, los déficits presupuestarios, la presión sobre las tropas, etc.—. Pero, al final, mis recomendaciones estarán siempre basadas en lo que suceda sobre el terreno.

Y esto es importante, porque lo que le estoy diciendo, en definitiva, es que le daré esas recomendaciones directamente, no las modificaré por los problemas que usted tenga que afrontar, aunque es obvio que defenderé cualquier decisión que usted y el presidente tomen».

DR: Volviendo a lo anterior, se fue usted a Afganistán. ¿A qué conclusión llegó estando allí? ¿Habíamos hecho realmente un esfuerzo por acabar con los talibanes o reducir su impacto?

DP: Es una buena pregunta, porque, como dije en el Congreso (en la audiencia de ratificación de mi nuevo cargo), yo no creía que fuéramos capaces de transformar Afganistán como lo habíamos hecho con Irak. Sabía que en Irak lo conseguiríamos, pero en Afganistán las condiciones eran muy diferentes.

Lo que me preocupaba al principio en Irak era si podríamos hacerlo lo bastante rápido, si obtendríamos suficientes resultados para informar al Congreso en septiembre de 2007, cuando sabía que debía volver a Washington para las sesiones de seis meses después de la insurgencia en Irak. Y era muy importante lograrlo, porque el apoyo del Congreso era muy débil.

Al final, obtuvimos suficientes resultados en Irak en los primeros seis meses; redujimos la violencia de forma notable y continuamos haciéndolo durante el año siguiente.

Además, hubo una reducción posterior, gradual, de la violencia durante tres años y medio, hasta que, por desgracia, el primer ministro deshizo todo lo que habíamos logrado emprendiendo una serie de acciones altamente sectarias que volvieron a encender las tensiones entre suníes y chiíes y a activar un nuevo ciclo de violencia que desvió la atención de Al Qaeda y le permitió reconstituirse en Irak como el Estado Islámico.

En el caso de Afganistán, como digo, sabía que no podríamos replicar lo de Irak. Las circunstancias eran totalmente diferentes, incluso aunque los niveles de violencia no fueran tan elevados. De hecho, expuse la situación en Afganistán en el informe de evaluación que el secretario Rumsfeld me pidió. La primera diapositiva de esa presentación —por supuesto, PowerPoint es el medio de comunicación clave del general moderno— decía: «Afganistán no es igual que Irak». Y, a continuación, citaba las importantes diferencias que había entre ambos países.

Así nuestro objetivo no podía ser transformar Afganistán de manera radical, como habíamos hecho en Irak. Pero sí alcanzamos nuestros objetivos para ese año: detener el avance de los talibanes, que en ese momento estaban avanzando. De hecho, revertimos ese avance en varias áreas clave, además de llevar a cabo otras de nuestras tareas, que consistía en potenciar el desarrollo de las fuerzas de seguridad afganas y seleccionar instituciones nacionales para empezar a trasladar a ellas la responsabilidad sobre las tareas de seguridad en determinadas áreas.

Así que ese año cumplimos con éxito tales misiones en Afganistán, mientras manteníamos nuestro objetivo principal, que sigue siendo hoy en día una misión importante para Estados Unidos en ese país. Este objetivo es que Afganistán no vuelva a ser nunca jamás un refugio para el extremismo internacional, como era cuando Al-Qaeda planeó allí los atentados del 11 de Septiembre; y debo añadir que lo hizo mientras los talibanes gobernaban la mayor parte del país.

DR: Mientras estaba en Afganistán, la misión para capturar a Osama Bin Laden seguía en marcha.

DP: Sí, capturarlo o matarlo.

DR: Capturarlo o matarlo. Usted conocía los detalles, pero no estaba implicado de forma directa. ¿Por qué entonces lo avisaron si usted no pertenecía a la cadena de mando respecto a esa decisión?

DP: Me avisaron cuando me encontraba en Washington para mantener una serie de reuniones con el presidente sobre la retirada de Afganistán y para mi audiencia de ratificación como director de la CIA.

Poco después volví a Afganistán. Y una semana más tarde, la noche de la operación, estaba ya en Kabul y era la única persona de nuestro cuartel general que estaba al tanto de la operación. Me desperté a eso de las 23 h y estaba solo, sin ayudantes. Teníamos allí destacado, en Kabul, a un Mando Conjunto de Operaciones Especiales en las oficinas centrales de la OTAN.

Salí a dar un paseo y me encontré con ellos. Me preguntaron qué hacía allí. Pedí a todos que se fueran, excepto a un oficial al que conocía muy bien. De hecho, era miembro del pelotón que me disparó en el accidente, veinte años atrás.

Entonces nos conectamos a una serie de «transmisores» altamente confidenciales, para así controlar la operación y estar preparados para ejecutar varios planes alternativos si algo salía mal. La mayoría de las tropas de operaciones especiales que intervinieron y, en concreto, las de ese cuartel general, trabajaban para mí, pero esa noche lo hacían para la CIA, porque era una acción secreta bajo las órdenes de otras autoridades al margen de las militares; lo cual quiere decir que la cadena de mando iba desde el presidente hasta el director de la CIA, Leon Panetta, y después al vicealmirante McRaven y al equipo 6 de los SEAL que llevaban a cabo la operación.

Fue una gran noche, sobre todo teniendo en cuenta que empezamos con mal pie, porque el helicóptero principal hizo un aterrizaje forzoso y no iba a poder salir del complejo. Pero, es curioso, al final no hubo palmaditas en la espalda ni nada parecido: solo pedimos a los demás oficiales que regresaran al puesto de mando y se concentraran en la docena de operaciones que estaban en marcha en Afganistán esa noche, muchas de las cuales eran más exigentes en cuanto al enemigo y al terreno, aunque ninguna fuera tan relevante desde el punto de vista estratégico. La guerra, a pesar de todo, continuó.

DR: Y tras pasar la mejor parte de sus doce meses y medio en Afganistán, el presidente le pidió volver para que dirigiese la CIA. Pero aceptar ese puesto implicaba abandonar su carrera militar.

DP: No necesariamente, pero preferí hacerlo. El presidente y yo hablamos de ello antes de tomar la decisión de nombrarme director. Acordamos que dejar el uniforme sería lo más adecuado, porque para mí era muy importante que los compañeros no pensaran que transformaría la CIA en un cuartel.

DR: ¿Fue emotivo abandonar su carrera militar a esas alturas?

DP: Fue muy emotivo dejar el uniforme, sí. Hubo un desfile, una ceremonia y varios discursos. También me otorgaron una última condecoración. Después me fui a casa y me quité el uniforme, sabiendo que acababa de abandonar la institución en la que había pasado toda mi vida profesional. Pero tenía en mente esa nueva oportunidad, magnífica, de ser el director de la CIA y estaba muy emocionado. La CIA la compone un grupo de hombres y mujeres increíbles; guerreros silenciosos, como se suele decir. Igual que los militares, ellos también levantan la mano derecha y hacen un juramento, pero saben que no les organizarán ningún desfile ni recibirán un reconocimiento público cuando se vayan. Ni siquiera pueden tener la satisfacción de la que gozamos casi todos nosotros al comentar nuestra labor cotidiana con nuestros amigos y vecinos, o, en muchos casos, con la familia.

DR: Cuando entró en la CIA, ¿dijo usted algo así como: «Estos son todos los secretos de mi país y, mira por dónde, no son tantos como imaginaba»; o, por el contrario, dijo: «Guau, cuántos secretos increíbles»?

DP: Prácticamente todos los días que trabajé allí me llevaba alguna sorpresa. Hay secretos increíbles en la CIA.

DR: Ha informado muchas veces al presidente Bush hijo y también al presidente Obama. ¿Qué diferencia hay entre informar a uno y a otro?

DP: Tenga en cuenta que informé muchas más veces a Bush hijo, lo hacía casi cada semana junto con mi increíble socio diplomático, el embajador Ryan Crocker, en el periodo de la insurgencia en Irak. Cada lunes por la mañana, a las 07:30, teníamos videoconferencia de una hora con el presidente y su equipo de seguridad.

El presidente lo había apostado todo a acabar con la insurgencia; lo había puesto todo en juego, ignorando el consejo de la mayoría de sus asesores. Porque muy poca gente estaba a favor de la insurgencia. Por cierto, el general Keane, ya jubilado en ese momento, fue uno de los que la defendió durante una reunión con el presidente Bush.

Así que este estuvo totalmente implicado en esa operación.

Pero cuando Obama llegó a la presidencia la insurgencia en Irak ya no existía. Ese país estaba en una situación bastante buena y la pregunta que nos hacíamos era cuánto tiempo tardaríamos en retirarnos sin poner en peligro todo lo logrado con tanto esfuerzo y sacrificio. Tengo que decir que el presidente Obama hizo muy bien sus deberes; estudió los problemas y los analizó uno por uno. La revisión de la política afgana que llevó a cabo al final de su primer año como presidente fue magnífica. No creo que ningún otro presidente haya implicado de forma directa nueve o diez veces al equipo de seguridad nacional en el tiempo que tardó en tomar una decisión como esta.

DR: Se le considera uno de los grandes líderes militares de nuestra generación y posiblemente de muchas otras. ¿Qué es el liderazgo para usted?

DP: Creo que el liderazgo, sobre todo en los niveles estratégicos, implica cuatro tareas esenciales. Con independencia de que seas el mando superior en Irak o Afganistán, o el director ejecutivo de The Carlyle Group, de KKR o de Amazon, un líder debe acertar con las grandes ideas, comunicarlas de manera efectiva a toda la organización, supervisar su puesta en práctica y determinar cómo pulirlas; y después volver a empezar, claro.

Cada una de estas cuatro tareas esenciales contiene, por supuesto, ciertas subtareas. Por ejemplo, para supervisar la implementación de las ideas el líder necesitará unos indicadores especiales. Tendrá que ver cómo organizar el tiempo que le va a dedicar. Nosotros teníamos una matriz para cada trimestre en la que podíamos ver cómo repartiría mi tiempo. El líder tiene que aportar energía, ejemplo, ánimo, determinación, etc. es el responsable de impulsar la ejecución de la campaña.

Y el último y más importante papel que ha de desempeñar el líder, y que suele pasarse por alto, es disponer de un método para determinar cómo revisar, pulir o rechazar las ideas para volver a empezar, una y otra vez.

Estas tareas son esenciales también en el ámbito civil. Pensemos, por ejemplo, en Netflix, que se ha tenido que reinventar cuatro veces. Desde el principio decidieron que sacarían del negocio a Blockbuster enviando los CD a la gente. No obstante, cuando ya estaba todo organizado, se reunieron y dijeron: «De acuerdo, Blockbuster ya está fuera el negocio, pero ahora hay otros que están haciendo lo mismo que nosotros. Y como la conexión a internet es ya bastante rápida, podemos hacer que nuestros clientes se descarguen las películas».

Lo hicieron y funcionó, pero entonces fueron más allá y pensaron: «Vale, ahora hay otros que también están haciendo eso». E hicieron una enorme apuesta, creo que de cien millones de dólares, en *House of Cards* y otros programas propios. Es decir, concluyeron: «Vamos a crear contenido». Quien supervisó todo ese proceso fue Reed Hastings, que es un líder estratégico realmente admirable, innovador e impresionante, que continúa haciéndolo muy bien. Y más tarde volvieron a reinventarse cuando compraron unos estudios y decidieron embarcarse en grandes producciones.

DR: ¿Quiénes son los líderes militares a los que usted más ha admirado?

DP: Creo que Ulysses S. Grant ha estado siempre poco valorado, aunque ahora ha vuelto a recibir la estima que se merece. Fue un héroe mundial tras dejar la Casa Blanca y hacer una gira internacional con otros líderes de varios países. Además, escribió unas memorias fantásticas y los historiadores que le habían criticado durante los primeros cincuenta años del siglo pasado al final reconocieron su genio militar.

En mi opinión, Grant fue el único general en la historia de Estados Unidos que brilló tácticamente tanto en un nivel de división como por debajo de este; quiero decir, brillante desde el punto de vista operativo con múltiples divisiones, sobre todo en Vicksburg, una de las campañas más extraordinaria de todos los tiempos; y brillante en lo estratégico, cuando desarrolló la planificación para todo el Ejército de la Unión y ganó la guerra del Norte, porque determinadas victorias en el campo de batalla aseguraron la reelección del presidente Lincoln. Hay que recordar que Lincoln se enfrentaba, como candidato a la presidencia, al general McClellan, que se había comprometido si salía elegido a alcanzar un acuerdo de paz con el Sur que habría puesto fin a la Unión tal como la conocíamos.

Y ¿sabe una cosa, David? La gente ha olvidado que la victoria del Norte no era inevitable. En realidad, la idea de que el Ejército de la Unión acabaría destruyendo lentamente el Sur no estuvo clara hasta que Grant lo consiguió. De no haber sido por la estrategia que él desarrolló y por las sucesivas victorias del general Sherman en Atlanta y del general Sheridan en el valle Shenandoah, Lincoln habría perdido las elecciones de 1864. Y si el general McClellan las hubiera ganado, habría pedido la paz y Estados Unidos sería diferente a como lo conocemos ahora.

DR: ¿A qué líderes políticos admira más?

DP: Hay varios que han puesto en práctica grandes ideas y que se merecen nuestro respeto. Es cierto que quienes más se lo merecen son los que están en el monumento nacional del monte Rushmore. En concreto, soy un gran admirador de Teddy Roosevelt. El discurso de El hombre en la arena siempre me ha resultado inspirador. «El reconocimiento pertenece al hombre que está en la arena, con el rostro desfigurado por el polvo y el sudor y la sangre;... y quien, si fracasa, al menos fracasa atreviéndose a lo grande».

CONDOLEEZZA RICE

Exsecretaria de Estado y asesora
de Seguridad Nacional; profesora de la Escuela
de Negocios de la Universidad de Stanford
y miembro de la Institución Hoover.

«Pensaba que de mayor sería una gran pianista. Mis padres
me habían convencido de que, aunque no me sirvieran una
hamburguesa en la barra de Woolworth, podría llegar a la
presidencia de los Estados Unidos si quisiera. En mi familia,
lograbas lo que te proponías».

«Mi padre me dijo una vez: "Si alguien no quiere sentarse
a tu lado porque eres negra, no pasa nada, mientras sea él
quien se mueva". En otras palabras, no dejes que te afecten los
prejuicios de los demás; es culpa suya, es su problema, no el tuyo.
No dejes que te detengan los prejuicios de otros».

Cuando esta chica afroamericana crecía en la década de los sesenta en la segregada Birmingham, Alabama, ni ella ni sus padres preveían su futuro como asesora de Seguridad Nacional o como secretaria de Estado. Soñaban con que se convirtiera en pianista, ya que tenía un gran talento para la música.

Pero el destino quiso cambiar sus planes. Como es lógico, el foco de la educación de Rice en la Universidad de Denver era la formación musical, pero también había algo de política, en especial bajo la dirección del doctor Josef Korbel, el erudito checo padre de Madeleine Albright.

Al final, Rice decidió estudiar el doctorado en Ciencias Políticas y se hizo profesora de la Universidad de Stanford; después la nombraron rectora de esa universidad y más tarde estuvo un tiempo en el Consejo de Seguridad Nacional, como asesora de asuntos soviéticos, bajo la presidencia de George H. W. Bush. El exsecretario de Estado, George Shultz, le recomendó que asumiera la función de asesorar al entonces gobernador George W. Bush en cuestiones de política internacional durante su campaña presidencial del año 2000.

El resto es historia: Condoleezza Rice (más conocida como Condi por sus amigos) se convirtió en la primera mujer afroamericana en ser nombrada para los dos cargos que ocupó bajo el mandato del segundo presidente Bush. Pero ¿cómo pudo llegar tan alto y superar los prejuicios a los que solía enfrentarse en áreas típicamente dominadas por hombres blancos?

Rice comenta todos estos temas, así como su visión sobre el liderazgo, en la entrevista *Peer to Peer* que tuvo lugar, con público, en los estudios Bloomberg de Washington D. C., en mayo de 2018.

Conocí a Condi durante las legislaturas de los presidentes Bush y por ser miembro del Council on Foreign Relations, el Aspen Strategy Group y el Centro Kennedy para las Artes Escénicas, pero nunca la había entrevistado. En esta charla, que mantuvimos poco después de la publicación de su quinto libro, *Political Risk: How Businesses and Organizations Can Anticipate Global Insecurity*, Condi expone que los grandes líderes, como Nelson Mandela, tienen una clara visión acerca de hacia dónde quieren que vaya el mundo, y que suelen gozar de la suficiente inteligencia y humildad para dejar que sean sus seguidores quienes hagan realidad ese sueño. Según Condi, los líderes arrogantes y engreídos nunca lograrán su visión ni atraerán suficientes seguidores.

En cuanto a la discriminación, su padre le inculcó la idea de que no se considerara una víctima, que no dejase que nadie controlara su vida. Siempre le recordaba que no siempre podría controlar las circunstancias, pero sí su respuesta a esas circunstancias. Este consejo suele ser más fácil de decir que de seguir, pero es evidente que Condoleezza Rice no tuvo ese problema en su carrera hacia el liderazgo en la política mundial.

DAVID RUBESTEIN (DR): Si el presidente Trump la llamara ahora y le dijera: «Necesito que vuelva para ayudar a su país», ¿qué le diría?

CONDOLEEZZA RICE (CR): Le diría: «Señor presidente, hay mucha gente maravillosa que está capacitada para ayudar a nuestro país. Aquí tiene mi número de Palo Alto, llámeme si quiere hablar de algo». Estoy muy feliz.

DR: De vez en cuando se oye su nombre como posible candidata a la presidencia o la vicepresidencia. ¿Está segura de que no va a presentarse a ninguno de esos cargos?

CR: Lo puedo decir con toda la certeza del mundo, porque conozco mi ADN y no es el de un político. Me encanta la política, pero no me gustan los políticos. Es más, me enervan.

DR: Se crio en Birmingham, Alabama, en el sur segregado del país. Algunos amigos suyos estaban en el terrible bombardeo de la iglesia de Birmingham. ¿Pensó alguna vez que, habiendo nacido en el sur segregado, llegaría a alguno de los puestos que ocupó?

CR: Nunca, pensaba que de mayor sería una gran pianista.

Mis padres me habían convencido de que, aunque no me sirvieran una hamburguesa en la barra de Woolworth, podría llegar a la presidencia de los Estados Unidos si quisiera. En mi familia, lograbas lo que te proponías: sabías que irías a la universidad si querías hacerlo. David, yo no soy la primera doctora de mi familia.

DR: Su padre también hizo un doctorado.

CR: Mi padre y mi tía Theresa, su hermana. Siempre digo que si crees que lo que hago es raro para una persona negra… ella escribía libros sobre Dickens, sobre cualquier tema.

DR: ¿Era usted hija única?

CR: Sí, era hija única.

DR: Entonces es evidente que sus padres le prestaban mucha atención. Estudió todo lo que quiso y se hizo bailarina.

CR: Recibí clases de todo; en algunas cosas era buena y en otras no. Pero mis padres siempre me ayudaron a seguir adelante. Por ejemplo, aprendí francés porque mi madre creía que todas las jovencitas bien educadas tenían que saber francés. A los nueve años me obligaban a ir clase de francés todos los sábados.

También hice ballet, protocolo y, por supuesto, piano. Mis padres me mantenían siempre muy ocupada.

DR: ¿Su madre era profesora?

CR: Sí, era profesora y también se dedicaba a la música.

DR: Tengo entendido que uno de sus alumnos fue Willie Mays.

CR: En efecto, mi madre fue profesora de Willie Mays en bachillerato. Una vez le pregunté si se acordaba de ella, que le había dado Inglés en segundo. Y él me contestó: «Pues sí, ella me dijo: "Hijo, ahora vas a ser jugador de béisbol, así que, si tienes que irte un poco antes, hazlo, no te preocupes"». Pensé que a mi madre no le pegaba nada decir eso, pero como era una bonita historia me quedé con ella.

DR: Su padre era republicano.

CR: Sí, lo era. Lo que ocurrió es que mi padre y mi madre, antes de casarse, fueron a registrarse para votar. El tipo que los atendió miró a mi padre —que era grande, alto, jugador de fútbol— y le preguntó: «¿Cuántas judías hay en este bote?»; a lo que él, por supuesto, no supo contestar, y entonces el hombre le dijo: «Lo siento, no has superado la prueba».

Así que mi padre volvió a su iglesia y le preguntó a un hombre que era de los mayores; este le dijo: «Oh, reverendo, no se preocupe. Le diré cómo registrarse. Vuelva allí y verá que hay un empleado que es republicano. Está intentando montar aquí una sede del Partido Republicano, así que si va y le dice que es republicano lo registrará».

Y así fue. Mi padre dijo que era republicano y lo registraron. Nunca olvidó esta historia. Siguió siendo republicano el resto de su vida.

DR: Usted fue a la Universidad de Denver y el padre de Madeleine Albright, la famosa política estadounidense, fue su profesor.

CR: Fue él quien que me introdujo en la política internacional. En realidad, fui a la Universidad de Denver como estudiante de piano, pero me licencié con suficientes créditos para hacer la especialidad de Ciencias Políticas. Si mira mi expediente académico verá que hice 100 créditos de música y 45 de políticas.

DR: Después se fue a la Universidad de Notre Dame a hacer un máster y luego estudió en Stanford.

CR: Fui a Stanford a hacer un curso de un año: el programa de control de armamentos y desarme en el que aprendí física de armas nucleares y cuántas ojivas pueden bailar en la cabeza de un SS-18.

Aprendí algo muy importante de esa experiencia, y es que Stanford estaba tratando de diversificar el alumnado de su facultad y emprendió algunas medidas de discriminación positiva muy inteligentes en este sentido. Todavía pienso que este tipo de medidas siguen siendo necesarias, lo cual implica salirse de los canales ordinarios para encontrar gente. Ellos tenían entre sus estudiantes a una joven negra que era especialista en asuntos soviéticos y me ofrecieron un trabajo. Pero me dijeron: «Cuando llegue el momento de renovarte el contrato, dentro de tres años, el que hayas entrado por recomendación no te servirá de nada».

Recuerdo que le dije: «Me dará tiempo a saber si ustedes me gustan y ustedes tendrán tiempo de comprobar si les gusto», cosa que dudo que el decano de Stanford hubiera oído decir a ningún futuro profesor ayudante doctor.

DR: Más tarde le dieron una cátedra y luego la reclutaron para formar parte del personal de la Casa Blanca en la época de George H. W. Bush.

CR: Fui allí como especialista en asuntos soviéticos y tuve la suerte de estar en la Casa Blanca al final de la Guerra Fría.

DR: De hecho, estaba usted allí cuando cayó el muro de Berlín. Dijo el presidente algo así como: «¿Vamos a saltar de alegría y a atribuirnos el mérito?».

CR: Cuando cayó el muro de Berlín, unos cuantos del equipo fuimos al despacho oval. «Señor presidente, tiene que ir a Berlín; debe hacerlo por Kennedy, por Truman, por Reagan». Nos miró y nos dijo: «¿Y qué haría? ¿Bailar en el muro? Este es un momento para los alemanes, no para nosotros».

Nunca lo olvidaré, porque así era el presidente George H. W. Bush, un hombre discreto, tímido, con un gran sentido de la humildad. E hizo lo correcto, tenía toda la razón del mundo.

DR: Lo vio hace poco, en el funeral de Barbara Bush. ¿Pudo hablar con él?

CR: Sí, pude hablar con él y decirle lo mucho que los quería a él y a su esposa. Es una generación a la que se va a echar mucho de menos, personas de una gran amabilidad, humildad y nobleza. Es evidente que cometieron errores, pero cuando piensas en esa familia y en lo que George H. W. Bush hizo como político comprendes que fue una época maravillosa para nuestro país.

DR: Pero entró en escena Bill Clinton y derrotó a su jefe en las elecciones de 1992. ¿Le sorprendió el resultado?

CR: Sí. Yo ya había regresado a la Universidad de Stanford y era decana. Sí me sorprendió, pero el presidente Bush había hecho todo lo que tenía que hacer. Creo que jamás se le reconocerá lo suficiente su manera de ejercer la diplomacia al final de la Guerra Fría, con el respeto que le tuvo a Mijaíl Gorbachov y sin humillar jamás a la Unión Soviética. Vamos, sin bailar sobre el muro.

Una de las últimas cosas que hizo Gorbachov antes de firmar el documento que acabaría con la Unión Soviética y permitiría a Boris Yeltsin ser presidente de la Federación Rusa fue llamar a George H. W. Bush y decirle: «Hemos hecho las cosas bien, ¿verdad? La historia nos juzgará bien». Yo le dije al presidente Bush: «¿Se da cuenta de lo extraordinario que es todo esto?».

El presidente, en su tónica habitual, me contestó que nunca lo había pensado, y yo le repliqué: «Que el presidente de la Unión Soviética, en su último acto antes de la desaparición de su país, llame al presidente de Estados Unidos para buscar su aprobación...». En fin, aquello fue muy importante, pero él era así.

DR: Tiempo después, otro miembro de la familia Bush decide presentarse como candidato a la presidencia, su hijo, George W. Bush. En ese momento a usted la nombraron asesora de Seguridad Nacional; era la primera mujer en ocupar ese cargo. Y justo entonces se produjeron los atentados del 11 de Septiembre. ¿Dónde estaba usted en el momento de los atentados?

CR: El 11 de Septiembre estaba sentada en mi despacho. El presidente Bush había ido a un acto en una escuela de Florida, pero yo no lo había acompañado ese día.

Mi ayudante llegó y me comunicó que un avión se había estrellado contra el World Trade Center. Primero pensamos que había sido un accidente. Telefoneé al presidente y al cabo de unos minutos nos enteramos del choque del segundo avión. En ese momento supimos que se trataba de un ataque terrorista.

Entonces dio comienzo una sucesión, a lo largo del día —o, bueno, en realidad duró varios meses— de decisiones de «lo tomas o lo dejas» por parte del presidente, una detrás de otra. Los Estados Unidos no habían sido atacados en su territorio desde la guerra de 1812. No teníamos infraestructuras, no disponíamos de organismos para la seguridad interna de nuestro país. Íbamos sin brújula.

DR: A continuación, el presidente Bush decidió invadir Irak para derrocar a Sadam Hussein. ¿Cree ahora que fue un error? Si hubiera sabido que no tenían armas de destrucción masiva, ¿habría cambiado de opinión?

CR: Lo que sabemos hoy puede afectar a lo que haremos mañana, pero no a lo que hicimos ayer. Nosotros, al igual que todas las agencias de inteligencia del mundo, creíamos que tenían armas de destrucción masiva, que se estaban rearmando y además rápidamente.

Partiendo de esa base decidimos hacer lo que la comunidad internacional ya amenazaba con hacer, y que iba a tener serias consecuencias. En perspectiva no sé, si lo hubiéramos sabido, qué habríamos hecho.

Pero sigo insistiendo en que el mundo está mucho mejor sin Sadam Hussein. Era un cáncer en la región. Y, aunque Irak pasó por un momento muy difícil, lo que yo cambiaría sería la manera de reconstruirlo.

Cometimos muchos errores después de la guerra, pero diría que ahora preferiría ser iraquí antes que siria. Irak tiene posibilidades de ser un elemento estabilizador en el nuevo Oriente Medio, porque tiene un gobierno responsable. Por fin, los kurdos iraquíes y Bagdad han encontrado la manera de entenderse. Irak es un país muy diferente ahora.

La Primavera Árabe estaba a punto de llegar y creo que Irak habría hecho que lo de Siria pareciera un juego de niños. Nunca se sabe lo que has evitado. Tampoco podrás devolver las vidas perdidas, es algo irremediable; pero creo que, a la larga, Irak acabará bien.

Ojalá no nos hubiéramos ido en 2011. Lo único que creo que me haría pensar de manera diferente al respecto sería que nos hubiéramos quedado en Irak con algunas tropas para ayudarles a hacer la transición.

DR: El presidente Bush fue reelegido y usted fue la primera mujer afroamericana en ocupar el cargo de secretaria de Estado. ¿Qué se siente al representar de ese modo a nuestro país?

CR: Me gustaba mucho, me encantaba representar a nuestro país. Cada vez que bajaba de un avión en el que ponía *Estados Unidos de América* se me ponía la piel de gallina. Cuando tomé posesión del cargo juré una constitución en la que mis antepasados contaban como 3/5 de un hombre. Hice ese juramento ante el retrato de Ben Franklin y con la presencia de una juez judía de la Corte Suprema de los Estados Unidos, Ruth Bader Ginsburg, que era vecina mía en el Watergate.

Me dije: «¿Qué pensaría el viejo Ben de esto?». Porque en cierto modo demostraba lo lejos que había llegado nuestro país. Cuando viajaba siempre pensaba que podía comentar lo difícil que fue el camino hacia la democracia, la importancia de que las instituciones fueran cada vez más inclusivas con la gente que tuvo esos problemas (de discriminación), porque yo los experimenté.

DR: Desde que dejó el Gobierno ha escrito cuatro libros. Ahora ha publicado uno sobre el riesgo político que los empresarios deberían tener en cuenta cuando toman decisiones corporativas. ¿Por qué es importante esa consideración?

CR: Cuando la gente piensa en el riesgo político, en general piensa en el típico dictador socialista que podría expropiar sus bienes o nacionalizar su sector. Pero ahora las fuentes de riesgo político son numerosas y te pueden sorprender.

Por ejemplo, un riesgo político es el siguiente: una persona se sube a tu avión de United Airlines, ve a los auxiliares de vuelo tratar mal a alguien y lo graba con su teléfono móvil. Otro caso sería una cadena de distribución establecida en China y de repente se abre una guerra comercial con ese país. Estas cosas suponen riesgos políticos.

Lo que nosotros decimos es: «Hay muchas fuentes de riesgo político. Observa bien, analiza tu sector y pregúntate cuáles son y hasta qué punto tengo ganas de asumir riesgos. No pretendemos transmitir el mensaje de que no hagas las cosas porque son arriesgadas.

Mencioné antes a los rusos. Bien, Cyber es una categoría de riesgo en sí misma.

DR: Entonces, ¿opina que las empresas deberían tener en cuenta también el riesgo político al tomar decisiones importantes?

CR: Sí, y deberían observar el contexto todo el tiempo para ver cómo se incrementan y cambian esos riesgos.

DR: Echando la vista atrás y observando su magnífica carrera, ¿cuál querría que pensara la gente que fue su mayor logro?

CR: En cuanto a mi carrera en el Gobierno, espero que piensen que he representado bien a los Estados Unidos; que representé nuestros valores y, en especial, que representamos los valores de quienes no tenían voz.

Nosotros defendíamos a las personas que sufrían en las cárceles y que arriesgaban sus vidas por los derechos que casi damos por sentados: poder decir lo que piensas, tener las creencias religiosas que quieras y no temer que los servicios secretos se presenten en tu casa en plena noche. Y creíamos que en ningún rincón del mundo debería existir la tiranía.

En cuanto a mi carrera académica, me gustaría que la gente pensara que ayudé a una o varias generaciones de jóvenes a encontrarse a sí mismos y a reconocer que no era mi labor decirles qué pensar; era asegurarme de que pensaran con rigor, de forma sistemática. Y tal vez varias de las personas a las que formé ocupen algún día puestos de liderazgo.

DR: Es evidente que usted ha conocido a los principales líderes del mundo. ¿Qué cualidades cree que deben tener estos líderes en la actualidad, y de cuáles carecen quienes no llegan a serlo?

CR: La honradez me parece la principal cualidad de un gran líder. Si pierdes la confianza de la gente, lo pierdes todo. Además, los buenos líderes son visionarios, es decir, ven el mundo como debería ser y no como es. Pienso en Nelson Mandela y me asombra que estando sentado todos esos años en su celda de la cárcel no pensara: «Cuando los negros lleguemos al poder, dominaremos a los blancos»; y, en cambio, pensara en una Sudáfrica multirracial, multiétnica, que fuera para todos los sudafricanos.

Creo sobre todo que los grandes líderes piensan con humildad en lo que pueden lograr.

DR: Humildad.

CR: Sí, lo contrario de la arrogancia. La arrogancia y el engreimiento son recetas seguras para el desastre. Mis padres fueron personas maravillosas y me inculcaron tres cosas: la primera, que para liderar y tener éxito debía ser el doble de buena de lo que era. En otras palabras, esforzarme lo suficiente para estar segura de haberme esforzado lo suficiente para ser el doble de buena.

En segundo lugar —y recuerde que me crie en una Birmingham segregada, por lo que en cierto modo trataban de protegerme—, nunca te consideres una víctima, porque entonces estarás cediendo el control de tu vida a otras personas. Quizá no seas capaz de controlar tus circunstancias, pero sí tu respuesta a esas circunstancias.

Y, en tercer lugar, algo que yo solía decir también a los jóvenes procedentes de colectivos marginales, y que mi padre me dijo una vez: «Si alguien no quiere sentarse a tu lado porque eres negra, no pasa nada, mientras sea él quien se mueva». En otras palabras, no dejes que te afecten los prejuicios de los demás; es culpa suya, es su problema, no el tuyo. No dejes que te detengan los prejuicios de otros.

JAMES A. BAKER III

Exsecretario de Estado, exsecretario del Tesoro y exjefe de Gabinete de la Casa Blanca

---

«Siempre he seguido el lema que dice que "la preparación
previene el mal rendimiento". Creo que estas cosas son
las que marcan la diferencia. Mis padres me enseñaron que,
si empiezas algo, lo has de terminar o, al menos,
debes hacer todo lo posible por terminarlo».

Durante el último medio siglo, el Gobierno de Estados Unidos
ha contado con un buen número de personas que han servido
al más alto nivel con un mérito y un éxito extraordinarios. Pero es
difícil pensar en alguien no electo que lo haya hecho tan bien —y
haya sido tan admirado por ambos partidos— y en tantos cargos
diferentes como James A. Baker III.

A lo largo de doce años, entre la dirección de varias campañas
presidenciales victoriosas, Jim Baker fue el primer jefe de Gabinete

del presidente Ronald Reagan (y los resultados de su trabajo en ese puesto son tomados como referencia en todo el mundo); luego fue secretario del Tesoro en la segunda legislatura de Reagan (cargo en el que destacó por contribuir a la mayor reforma fiscal de nuestro país en más de un cuarto de siglo) y secretario de Estado del presidente George H. W. Bush (en ese periodo participó en la formación de la coalición que frustró la invasión de Kuwait por parte de Sadam Hussein).

¿Cómo es posible que haya logrado todo esto un hombre cuya familia siempre le advirtió que se mantuviera al margen de la política y el gobierno, que siempre fue demócrata y que dirigió dos campañas en contra del que sería su futuro jefe, Ronald Reagan?

En su entrevista, Jim Baker nos explica su inesperado ascenso desde su trabajo como abogado de empresa en Houston a las altas esferas de la diplomacia internacional. Esta charla tuvo lugar en mayo de 2018, en el Instituto Baker de la Universidad de Rice, una institución que él mismo fundó tras dejar el Gobierno y que tiene como fines fomentar la educación y el diálogo sobre la política estatal.

He tenido el privilegio de entrevistarle varias veces, porque después de su etapa en el Gobierno fue asesor de Carlyle durante doce años. En ese periodo viajé mucho con él y pude comprobar de primera mano el enorme respeto con el que era tratado en todo el mundo.

Se dice que cuando pasas tiempo con personas importantes o famosas acabas viendo sus defectos y que quizá disminuye tu admiración por ellas. En mi caso no fue así; siempre he admirado el increíble servicio al Gobierno del secretario Baker. Daba la sensación de tenerlo siempre todo organizado, se rodeaba de asesores con mucho talento para alcanzar sus objetivos, negociaba con una inusual paciencia y habilidad, y siempre recordaba que el mérito, en última instancia, se lo tenía que atribuir al presidente para quien trabajaba.

Y, conforme le iba conociendo, se incrementaban mi admiración y mi respeto por él, y eso que ya eran muy altos desde el principio. En parte se debió a sus cualidades humanas como amigo y compañero, y también a sus aptitudes para cualquier campo: inteligencia, capacidad de enfoque, conocimientos, perspectiva, elegancia y un enorme sentido del humor.

En esta entrevista atribuye su éxito y su trayectoria como líder en tantas áreas al lema que su padre le enseñó de joven: la preparación previene el mal rendimiento.

Y es que Jim Baker siempre estaba preparado. Y esa preparación, combinada con las otras cualidades mencionadas, le permitían obtener unos resultados con los que otros miembros del Gobierno solo podían soñar.

DAVID RUBENSTEIN (DR): ¿Echa de menos esos días en los que todo lo que hacía salía en la portada de los periódicos? ¿O está más feliz ahora?

JAMES A. BAKER III (JB): Solo echo de menos no haber sido reelegido en 1992. Estábamos haciendo muchas cosas y podíamos haber logrado algunas más, pero tengo que confesarle que la vida después de la política es mucho mejor. Eres tu propio jefe, te pones tu horario, haces lo que quieres. Hay mucho que decir al respecto.

DR: Hablemos de su carrera y de cómo llegó a esos cargos que ostentó. Usted es de Houston; su familia llevaba allí bastante tiempo.

JB: Desde 1872.

DR: Para ser exactos. Cuando era joven, ¿quería ser secretario de Estado, secretario del Tesoro o jefe de Gabinete de la Casa Blanca?

JB: No, mi familia no tenía nada que ver con la política. De hecho, la consideraban un negocio sucio. Para ellos, los buenos abogados nunca se metían en política. Uno de mis abuelos tenía un lema para los jóvenes abogados que iban a trabajar a Baker Botts, el despacho de la familia: «Trabaja duro, estudia y mantente lejos de la política». Por eso lo elegí para titular mi último libro. Él era bastante apolítico.

DR: ¿Fue una estrella del deporte? ¿O un buen estudiante? ¿Cuál era su interés principal cuando era joven?

JB: Era un atleta bastante decente. Y no diría que fui buen estudiante. De hecho, casi suspendo mi primer curso en la Universidad de Princeton, porque había ido a un instituto de secundaria en Pensilvania, el Hill School, que era muy estricto. No podíamos tener citas con chicas ni recibir visitas suyas. Así que, claro, cuando llegué a Princeton y me encontré con toda esa libertad y con que podía ir a Nueva York... estudié muy poco.

DR: Usted ingresó en el Cuerpo de Marines antes de empezar Derecho.

JB: Sí, y fue una experiencia que me hizo madurar mucho. Me encantaba el Cuerpo de Marines y me sigue gustando. Ya sabe que no hay nada como un exmarine; si has sido marine, siempre lo serás.

DR: Mi padre también estuvo en los marines, por eso le entiendo perfectamente. Cuando usted acabó su servicio allí se fue a estudiar Derecho a la Universidad de Texas. Y le fue bastante bien. Luego, al terminar la carrera, estuvo a punto de entrar a trabajar en el despacho familiar Baker Botts, pero ¿qué pasó?

JB: En Baker no permitían el nepotismo, pero yo tenía ciertas esperanzas. Un día mi padre llegó a casa de trabajar y me dijo: «Hijo, mañana la firma va a considerar la supresión de la norma del nepotismo por ti, porque has aprobado todo y porque serías el cuarto James A. Baker en trabajar aquí».

Al día siguiente volvió y dijo: «Bueno, al final la firma ha decidido no suprimir la norma del nepotismo». Me quedé muy chafado.

Pero, a posteriori, creo que fue lo mejor que me podía haber pasado. Si hubiera prosperado habría sido porque mi padre estaba allí; y si hubiera fracasado la gente habría dicho: «Bueno, ¿qué esperabas? Está allí gracias a su padre». Así que para mí fue mucho mejor que no me quisieran en el despacho.

DR: Su padre fue muy estricto con usted en su infancia y adolescencia. Tenía muy claros ciertos principios sobre la preparación.

JB: Siempre me decía: «Hijo, la preparación previene el mal rendimiento». Y siempre lo he tenido presente en mi vida. Ahora, desde que estoy en el Baker Institute, pienso que sería mejor decir: «La preparación previene un rendimiento deficiente».

DR: Su padre no lo dijo así, ¿es esta su aportación al lema familiar?

JB: Exacto, es una rectificación.

DR: En aquella época usted trabajaba de abogado y se ocupaba de sus negocios. Y jugaba al tenis con alguien llamado George Herbert Walker Bush, quien de repente un día le pide que le ayude a dirigir su campaña al Senado de Estados Unidos. ¿Fue después de que su mujer muriera de cáncer de mama?

JB: Correcto. Murió de cáncer de mama a los 38 años. Barbara y George fueron las últimas personas que no eran de la familia en verla antes de morir. Entonces ya éramos buenos amigos. George vino y me dijo: «Bake, tienes que ayudarme a dirigir mi campaña al Senado».

Le miré y le dije: «Está bien, George, sería una gran idea si no fuera por dos cosas: primero, porque no sé nada de política, y segundo, porque soy demócrata». Entonces él respondió: «El último problema lo podemos arreglar». Y lo hicimos.

Luego, cuando me dirigía a una sala llena de republicanos, les decía que tenía mis propias creencias, y cuando hablaba ante una audiencia mixta les decía que había cambiado de partido.

DR: El caso es que cambió de partido y ayudó a su amigo cuando se presentó para el Senado en 1970.

JB: Entonces ya me había picado el gusanillo de la política, no del todo, pero me pidieron ser el director financiero del Partido Republicano de Texas y dije que sí.

DR: Poco después le ofrecieron ir a Washington durante la presidencia de Gerald Ford y le nombraron subsecretario de Comercio.

¿Cómo llegó a encargarse de buscar delegados para el presidente Ford en su carrera presidencial de 1976 contra Ronald Reagan?

JB: En primer lugar, para el cargo de subsecretario de Comercio siempre buscan a algún abogado de empresa, y yo lo era. George Bush les habló bien de mí.

Pero la segunda tragedia, la que cambió mi vida, ocurrió cuando llevaba seis meses en el cargo. El captador de delegados de Jerry Ford en su campaña presidencial contra Ronald Reagan murió en un accidente de tráfico y necesitaban reemplazarlo. Yo no sabía nada del tema, pero me empapé todo lo posible.

DR: Recordemos que en 1976 Gerald Ford era presidente de Estados Unidos, pero no había sido elegido en las urnas. Y salió, como candidato a la presidencia, de unas primarias en las que su principal oponente era Ronald Reagan; fue una lucha muy ajustada en la que usted se encargó de captar delegados para el presidente Ford. ¿Cómo fue aquella labor?

JB: Fueron las últimas primarias impugnadas por los dos partidos principales del país. Se contó hasta la última papeleta y el resultado fue muy ajustado. Nosotros pretendíamos captar a un pequeño grupo de delegados indecisos. Reagan era muy fuerte, pero lo derrotamos utilizando todos los recursos posibles de la Casa Blanca.

Solía decir que he estado en más cenas oficiales que nadie en el mundo. Cuando era captador de delegados para el presidente Ford, me llevaba a los indecisos a esas cenas. Después me nombraron secretario de Estado y tuve que ir a todas obligado por el cargo, y también lo hice.

DR: Luego Ford se enfrentó en las presidenciales a Jimmy Carter, que iba muy por delante en las encuestas. Sostuvieron varios debates, pero al final Ford perdió por un escaso margen.

JB: Eso fue porque estaba usted de asesor en la Casa Blanca.

DR: Bueno, eso fue más tarde, después de que perdiera.

De acuerdo, había participado en una campaña a la presidencia y su candidato perdió. ¿Entonces regresó a Texas?

JB: Sí, siempre digo que cada vez que perdíamos unas elecciones volvíamos a Texas. Mucha gente se quedaba en Washington, pero yo no.

DR: Y decidió presentarse a fiscal general de Texas.

JB: Como dije antes, ya me había picado el gusanillo de la política, y esas elecciones las perdimos por un escaso margen. Fue muy emocionante. Por cierto, perdimos por solo 10.000 votos de los 81 millones emitidos; si 10.000 votos de Iowa y Hawái hubieran sido para Ford, él habría sido presidente.

En fin, que me había picado el gusanillo, pero había ejercido como abogado durante 18 años y estaba de vuelta en casa. Así que me dije que tal vez debería probar suerte yo mismo en el juego de la política.

DR: Se cuenta que mientras estaba en campaña alguien se le acercó y le dijo que se parecía a Jim Baker.

JB: Es que yo salía mucho en la prensa y en la televisión cuando Ford era presidente. Y la gente solía reconocerme, pero no se acordaban de mi nombre, decían: «Este chico… una vez hizo esto o aquello». Lo que aquel hombre me dijo fue: «¿Le han dicho alguna vez que se parece a Jim Baker?»; y yo le contesté: «Sí, muchas veces». Y pensé: «Vaya, esto es un gran problema». El hombre insistió: «¿Y no le molesta?». En ese momento, David, me di cuenta de que no iba a ganar.

DR: En 1978, su amigo George Bush le volvió a llamar y le dijo que se iba a presentar para presidente de Estados Unidos y que quería que lo ayudase a dirigir la campaña.

JB: Así fue. Ayudé a George Bush de nuevo, porque era muy amigo mío.

DR: Pero al final no fue el candidato del Partido Republicano.

JB: No, lo fue Reagan.

DR: No creo que pensara en ese momento que George Bush sería vicepresidente.

JB: Recuerdo que estaba en una sala con Barbara, George y otras personas que habían participado en nuestra campaña. Ya pensábamos que todo se había acabado cuando Walter Cronkite se acercó y nos dijo que Ford estaba pensando muy en serio en repartirse la presidencia con Reagan.

DR: Cuando Walter Cronkite dijo que sería una especie de copresidencia si Ford fuera el vicepresidente de Reagan, este se enfadó mucho y dijo que no funcionaría. Entonces se lo propuso a George Bush.

JB: Exacto. Yo mismo respondí esa llamada; era Drew Lewis, que trabajaba para Reagan. Me dijo: «El gobernador Reagan quiere hablar con el embajador Bush». Le pasé el teléfono y le oí decir: «¿Sí, señor? Sí, ¿cómo está? Sí, señor». Creo que la única pregunta que Reagan le hizo fue: «¿Defenderá mi postura sobre el aborto?». Y el embajador Bush dijo, «Sí, señor, lo haré».

DR: Más tarde, Ronald Reagan le pidió que le ayudara a prepararse para los debates.

JB: Me pidió ayuda para negociar los debates y también lo ayudé a prepararse para los mismos, sí.

DR: ¿Y fue difícil eso, preparar a Reagan para los debates? La gente pensaba que no se le daba muy bien.

JB: Sus más allegados no querían que participara en los debates, pero yo sí, las encuestas también, y creo que Nancy también. Siempre he pensado que daba genial en cámara, lo hacía perfecto.

DR: Al final, Reagan ganó las elecciones. ¿Pensó entonces que le ofrecería algún puesto? En ese caso, ¿cuál?

JB: No, no pensé nada, pero mi nombre sonaba como posible jefe de Gabinete de la Casa Blanca. Y me dije: «Es imposible que elija a alguien que se ha enfrentado a él en dos campañas». Y ¿sabe una cosa? Creo que esto nunca volverá a pasar en la política estadounidense. Ahora no funcionamos así.

DR: Porque Ronald Reagan le ofreció el puesto y usted se convirtió en el jefe de Gabinete de la Casa Blanca. ¿Fue tan divertido desempeñar esa función como lo es ahora hablar de ella?

JB: Creo que es el peor puesto que existe en el Gobierno. Siempre se lo digo a los que han sido propuestos o elegidos para ese cargo, porque estás justo en la intersección entre los políticos y la política.

Y para mí fue aún peor, porque era un intruso, al no ser californiano.

No me creían por ser conservador, por no ser uno de los suyos. Y hubo mucha gente que intentó echarme, pero Reagan siempre me defendía, y también su mujer, Mike Deaver y Stu Spencer, y mucha más gente.

DR: Reagan era una persona muy cordial. ¿Era fácil trabajar con él? Se dice que le gustaba que le contara un chiste cada día.

JB: Le encantaba.

DR: Y que él también le contaba uno cada mañana.

JB: Era el mejor contador de chistes que he oído jamás, pero no podría repetírselos.

DR: Más tarde fue elegido secretario del Tesoro. Durante su mandato llevó a cabo, entre otras cosas, la reforma más importante del Código Fiscal en los últimos cincuenta años.

JB: De una manera neutral en cuanto a la recaudación, ya que no incrementamos el déficit.

DR: El resultado fue la Ley de Reforma Tributaria de 1986. ¿Cómo lograron que se aprobara? En esa época, el Congreso estaba controlado por los demócratas.

JB: Es que el presidente Reagan sabía cómo atraer a los demócratas. Trabajamos muy duro con los líderes del Partido Demócrata en la Casa Blanca para que aprobaran la ley. No fue nada fácil.

DR: Pero lo consiguieron. Y entonces su amigo George H. W. Bush dijo que quería presentarse a las elecciones presidenciales. En ese momento estaba a punto de concluir la segunda legislatura de Reagan, y Bush era el vicepresidente. De nuevo, le pidió que dirigiera su campaña. ¿Le costó dejar su cargo de secretario del Tesoro para hacerlo?

JB: No me quedaba otra que hacerlo si me lo pedía. Pero no me gustaba la idea de volver al terreno pantanoso de la política.

DR: Bush fue por detrás durante la mayor parte de la campaña, pero luego alcanzó a su oponente y lo derrotó. ¿Pensó usted entonces que ya podía volver a Houston?

JB: No. Entonces ya tenía claro que quería ser secretario de Estado.

DR: ¿Le ofrecieron enseguida el cargo?

JB: Al día siguiente.

DR: Como secretario de Estado tuvo que afrontar una gran cantidad de problemas; uno de ellos fue la invasión de Kuwait por Sadam Hussein. Su trabajo consistió en reunir a un ejército de coalición y recaudar dinero para financiarlo. ¿Fue difícil?

JB: Fue la primera (y la última) vez que se ha hecho algo así. Siempre digo que fue el ejemplo perfecto de cómo hacer la guerra. Primero, explicas al mundo qué harás y esperas a que el mundo te apoye. Y luego vas y haces exactamente lo que has dicho que harías, ni más ni menos. Las tropas regresan a casa y logras que otros paguen por ello.

Nunca se había hecho así y tampoco sé si se volverá a hacer, pero es la forma correcta de hacerlo.

DR: La Guerra Fría terminó en realidad durante la presidencia de George Bush, con la caída del muro de Berlín. ¿Por qué no le aconsejó al presidente que fuera a Berlín para recordar al mundo que habíamos ganado la guerra?

JB: Y para que bailara sobre el muro.

DR: Exacto. ¿Por qué no lo hizo?

JB: Fue decisión del presidente Bush no ir y creo que fue una decisión correcta. Le dolió mucho, pero si hubiera ido a regodearse y presumir de triunfador nunca habríamos podido celebrar las cumbres que luego hicimos con Gorbachov y Shevardnadze, dos líderes de la Unión Soviética que decidieron no hacer uso de la fuerza para mantener su imperio unido, y a quienes creo que la historia tratará muy, muy bien.

DR: ¿Cuál cree que ha sido la razón de su éxito? ¿Su formación como abogado, que trabajaba más que nadie, que es más inteligente... o tal vez que se codeaba con los mejores?

JB: Fue la suerte.

DR: Bueno, probablemente influyera algo más que la suerte.

JB: Tuve unos padres maravillosos, que me inculcaron la ética del trabajo. Y, por cierto, nunca improviso; siempre he seguido ese lema, que la preparación previene el mal rendimiento. Creo que son las cosas que marcan la diferencia. Mis padres me enseñaron que, si empiezas algo, lo has de terminar, o al menos debes hacer lo posible por terminarlo. Esa clase de cosas.

Lo cierto es que fue una época maravillosa. Y lo que creo que fue mejor para mí es que tuve unos compañeros y ayudantes increíbles, que hicieron un trabajo magnífico. Y claro, me beneficié de todo ello.

DR: Durante su etapa como secretario de Estado, ¿qué líderes extranjeros le impresionaron más?

JB: Conocí a muchos líderes extraordinarios, por ejemplo, Gorbachov, Thatcher o Shevardnadze, un miembro del «aparato» soviético que cambió de forma radical.

DR: Se reunió varias veces con Gorbachov. ¿Le deslumbraron su inteligencia y sus capacidades?

JB: Sí.

DR: Hizo una labor increíble para cambiar el rumbo del mundo, hasta cierto punto de una forma quizás involuntaria.

JB: Casi todo lo que hizo fue involuntario.

DR: ¿Le pide consejo el presidente Trump?

JB: No, no.

DR: ¿Qué recomendaciones haría al Congreso, o a la administración Trump, usted que ha sido secretario de Estado, secretario del Tesoro y jefe de Gabinete de la Casa Blanca?

JB: Hemos de ser conscientes de que una de las peores amenazas a las que se enfrenta nuestro país y nuestra democracia es la disfunción política que tenemos hoy en día. Cuando estaba con Reagan hace 25 años, o con Bush, o con Ford, conseguíamos dialogar y llegar a acuerdos con el partido de la oposición. Lo hicimos con Carter y con Clinton.

Ahora eso ya no pasa. Es verdaderamente penoso. Y no pasa por muchos motivos que tenemos que solventar.

DR: ¿Siguen siendo la caza y la pesca sus grandes aficiones?

JB: Sí. Y también me gusta jugar al golf. Sigo yendo al despacho y sigo siendo socio en Baker Botts. Tenemos la norma de jubilarnos a los 65 años, obligatoriamente, pero existe una excepción.

DR: ¿Para los Baker?

JB: Solo si has sido jefe de Gabinete de la Casa Blanca, secretario del Tesoro y secretario de Estado.

DR: Claro, es lógico que exista esa excepción. Permítame decir que cuando dejó el Gobierno tuve el privilegio de trabajar con usted unos quince años, en cuestiones empresariales sobre todo. Y fue uno de los mayores placeres de mi vida conocer tan de cerca a alguien de quien tanto había leído. Espero que todo el mundo siga su ejemplo y llegue a hacer el mismo trabajo que usted hizo por nuestro país. Muchas gracias por su servicio.

LÍDERES
INSTITUCIONALES

Congresista Nancy Pelosi

Adam Silver

Christine Lagarde

Dr. Anthony S. Fauci

Juez Ruth Bader Ginsburg

CONGRESISTA
NANCY PELOSI

Presidenta de la Cámara de
Representantes de Estados Unidos.

«Debemos ser un ejemplo para las mujeres. No hemos de
tener miedo a nada, sino reconocer nuestro poder
y ser nosotras mismas. Sal ahí y lucha por ello,
porque tú sabes tus motivos, sabes por qué has decidido
salir al ring; sabes lo que te importa; sabes cómo hacer
el trabajo y también sabes que puedes contar con
la ayuda de otras personas».

Nancy Pelosi procede de una saga de políticos muy conocida
en Baltimore, pero ha sido la única mujer que también se ha
dedicado a la política en su familia, y en realidad no se esperaba de
ella que tomara ese rumbo. En los años cincuenta y sesenta no era

normal que las mujeres se presentaran a un cargo político y menos aún que fueran líderes nacionales.

Pero Pelosi tenía unas ideas un tanto diferentes. Tras criar a sus cinco hijos decidió presentarse como congresista y, tras casi veinte años de servicio, se convirtió en la primera mujer presidenta de la Cámara de Representantes.

Cuando los demócratas perdieron su mayoría en el Congreso en las elecciones de medio mandato de 2010, ella continuó siendo su líder y fue reelegida como presidenta de la Cámara de Representantes una vez que recuperaron dicha mayoría en 2018. Ninguna mujer en la historia política de los Estados Unidos ha tenido tanto poder durante tanto tiempo como Nancy Pelosi.

¿A qué se debe que haya llegado a esta posición? Ella reconoce que fue adquiriendo influencia en el Congreso gracias a su capacidad para recaudar fondos para las campañas de otros compañeros. Luego, una vez que pasó a liderar a los demócratas en la Cámara de Representantes, también demostró que dominaba la habilidad para obtener votos e imponer disciplina entre sus colegas. Sin ir más lejos, empleó estas capacidades para lograr la tan difícil aprobación de la Affordable Care Act (ACA o Ley de Cuidado de Salud Asequible), conocida popularmente como Obamacare.

Hace años que la conozco, porque asiste a muchos eventos del Centro Kennedy y a otros en los que también participo en el Instituto Smithsonian y en la Biblioteca del Congreso. También tenemos ciertos vínculos porque somos de la misma ciudad, Baltimore, y apreciamos algunas de sus tradiciones.

¿Cómo pasó Nacy Pelosi de ser un ama de casa y madre de cinco hijos a convertirse en miembro de la Cámara de Representantes (por su ciudad de adopción, San Francisco) y luego presidenta de este órgano del Congreso y la política más poderosa, influyente e impresionante en los casi 250 años de historia de Estados Unidos? Le formulé estas preguntas y muchas otras ante un gran número de asistentes a la sesión del Club Económico de Washington D. C., en marzo de 2019.

A lo largo de nuestra charla, la presidenta nos cuenta que entró en la política para resolver algunos problemas sociales —como el hecho de que uno de cada cinco niños en este país viva bajo el umbral de la pobreza— y que sigue dedicándose a ello por la misma razón. Pero no hay duda de que también está en la esfera política con el fin de ser un ejemplo para otras mujeres. Sabe que ellas la observan y lucha sin descanso y con todas sus fuerzas por las causas en las que cree.

Nancy Pelosi, según me cuenta en la entrevista, está intentando demostrar que las mujeres también pueden ser grandes líderes si salen a la palestra y emplean sus capacidades para demostrar cómo hacer bien las cosas. Este tipo de liderazgo enérgico es el que la congresista Pelosi sintió que estaba poniendo en práctica cuando lideró el esfuerzo histórico de la Cámara de Representantes en 2019 para destituir al presidente Donald J. Trump, así como la batalla sin precedentes que esta institución está librando contra la pandemia por la COVID-19.

DAVID RUBENSTEIN (DR): Usted ha declarado en alguna ocasión que tener cinco hijos y nueve nietos le ha ayudado mucho en su servicio al Gobierno, porque le ha dado mucha experiencia. ¿Le sirve más esta experiencia para tratar con su caucus o con la Casa Blanca?

NANCY PELOSI (NP): Quiero animar a todas las madres a que se cuelguen una medalla por cada experiencia que tengan en ese sentido. Al margen de cuáles sean las oportunidades que se les presenten, todo es cuestión de gestionar de forma adecuada el tiempo, la propia personalidad, la diplomacia, la intendencia y la logística. Cuidar a la familia es un maravilloso ejemplo de actividad multitarea y felicito a todas las madres y a todos los padres por lo que hacen. No se trata de gestionar personas, sino de gestionar el tiempo.

DR: Fue elegida presidenta de la Cámara de Representantes del Congreso —fue, de hecho, la primera mujer en serlo— y recuperó la presidencia tras ocho años como líder de la minoría en esa cámara. ¿Es comparable la alegría por ese primer logro con la que genera ser la primera persona en sesenta años que recupera la presidencia?

NP: Cuando me presenté para el puesto de presidenta de la Cámara de Representantes, jamás se me ocurrió decirle a nadie: «Deberías votarme, porque tiene que haber una mujer». Mi misión era demostrar que podía hacer un buen trabajo.

Pero cuando me nombraron presidenta tuve la emocionante sensación de haber roto el techo de cristal de nuestro país. Siempre he pensado, David, que los estadounidenses estábamos más preparados para tener a una mujer como presidenta de lo que lo estaba el Congreso.

La primera reunión a la que asistí como líder de mi caucus —todavía no era presidenta—, siendo Bush presidente, fue en la Casa Blanca. No me daba miedo, porque ya había estado allí muchas veces como miembro del Comité de Inteligencia y como «apropiadora»; en esos puestos me curtí en el Congreso. Pero cuando se cerraron las puertas detrás de mí me di cuenta de que aquella sería una reunión totalmente diferente a las anteriores.

No se parecía a ninguna otra a la que hubiera asistido antes una mujer en la Casa Blanca, porque éramos muy pocos —el presidente, los líderes demócrata y republicano y los líderes de la Cámara y el Senado. A mí no me había citado el presidente por mi poder, por mi persona, sino por el poder de mi caucus.

Bien, cuando me senté y el presidente Bush nos dio la bienvenida con amabilidad, empecé a sentir que no estaba sola en esa silla, que éramos muchas; que estaban conmigo Susan B. Anthony, Elizabeth Cady Stanton, Lucretia Mott, Sojourner Truth, Alice Paul, etc. Estaban todas allí conmigo, en aquella silla. Y casi podía oírlas decir: «Por fin tenemos un lugar en la mesa». Después se fueron y lo primero que pensé fue: «Pues queremos más, queremos más».

DR: Desde que fue elegida líder de la Cámara de Representantes ha habido tres presidentes: Bush, Obama y Trump. ¿Podría comparar sus respectivos estilos de gobierno?

NP: Bueno, no son tan diferentes, pero gracias por la pregunta, porque es muy importante desde el punto de vista histórico. La cuestión es que yo tengo un respeto total y absoluto por la Oficina del Presidente de los Estados Unidos, igual que respeto a las personas que lo han elegido.

Siempre los he tratado con todo el respeto que merecen. Nunca se me ha ocurrido aconsejar al presidente, sea demócrata o republicano, algo que no sea de su interés. Voy a mi calendario y digo: «¿Debería hacer esto?». No, digo: «Esto es de interés público, de interés nacional».

El presidente Bush fue antes gobernador de Texas. El presidente Obama fue senador del estado de Illinois y senador de Estados Unidos. Es decir, que ambos aportaron un cierto nivel de experiencia en el gobierno y de conocimiento de los asuntos políticos cotidianos. Y por eso con ellos era *relativamente* más fácil sostener breves charlas sobre los asuntos en curso.

Trabajamos de forma muy estrecha con el presidente Bush, aunque yo me oponía radicalmente a la guerra de Irak, pero eso no nos impidió colaborar, por ejemplo, de cara a la aprobación del más importante proyecto de ley energética en la historia de nuestro país, así como de muchos otros relacionados con la recaudación de impuestos que tenían como fin ayudar a los niños pobres o a las familias con menos recursos de nuestro país. Trabajamos juntos en todo tipo de asuntos. Teníamos una buena relación profesional.

En cuanto al presidente Obama, era demócrata como yo, y con él tuve una relación muy especial. Pero, aunque fuéramos del mismo partido, también teníamos nuestras diferencias de enfoque, de grado, de ritmo o de lo que fuera.

DR: ¿Y el presidente Trump?

NP: Ruego y he rogado siempre por nuestro país, pero creo que son fundamentales la experiencia, los conocimientos, las opiniones y el saber rodearte de gente que sabe. Cuando alguien me dice que quiere presentarse a las elecciones presidenciales, siempre le pregunto: «¿Y cuál es su visión de futuro para nuestro país? ¿Cuáles son sus motivos? ¿Por qué deberíamos sentirnos atraídos por lo que tiene que decir? ¿Qué sabe sobre su ámbito, sobre su enfoque?».

Es decir, con independencia de cuál sea su interés principal —ya sea el cambio climático, la economía o la educación—, ¿qué sabe sobre esas cuestiones para que sus opiniones puedan ser tenidas en cuenta en un área y quizá trasladadas a otra? ¿Cuál es su plan para resolver los problemas existentes, para pasar a la acción? ¿Cómo piensa llevarse a la gente a su terreno para ser un buen líder y tener éxito en esa labor?

En otras palabras, cuando juzgas a un candidato también estás juzgando a un futuro presidente. Esto es fundamental, porque cualquiera que sea tu visión o tu conexión con el público, tu juicio se debe guiar por la evidencia, por la información, los hechos, la verdad, el conocimiento, y ahí es donde queda mucho trabajo por hacer.

DR: Antes, hace veinte o treinta años, los nuevos miembros del Congreso solían estar tranquilos durante varios bienios. Se esperaba de ellos que no interviniesen demasiado. Ahora parece que la cosa ha cambiado.

¿Le resulta difícil convencer a los congresistas veteranos de que los nuevos necesitan disponer de más tiempo para expresarse? ¿Es difícil dirigir el caucus cuando hay muchos congresistas novatos que reciben tanta atención?

NP: No, al contrario, es una alegría; es revitalizante. Es lo que nuestros padres fundadores querían: elecciones cada dos años. Y debo decir que estoy muy orgullosa de que, en el Congreso de los Estados Unidos, en este Congreso, tengamos ahora a más de cien mujeres a la vez. ¡Más de cien mujeres!

Con el debido respeto a todos los que han sido miembros del Congreso alguna vez, nuestro caucus tiene más de un 60 % de miembros entre mujeres, gente de color y LGBTQ. ¡Más del 60 %! Asombroso, ¿no? Y esta diversidad constituye nuestra fuerza. A los miembros del Congreso les digo: «Moderad vuestro entusiasmo. Nuestra diversidad es nuestra fuerza, pero nuestra unidad es nuestro poder». Es muy importante que sepan, en especial las mujeres y los congresistas novatos, que este no es un juego de suma cero; al contrario, cualquier avance o éxito en el ámbito público supone una ventaja para todos nosotros. No es un juego de suma cero en el que lo que uno gana se le resta al otro. Yo me nutro de la diversidad.

DR: Hace poco ha sido vilipendiada por los republicanos y los votantes de la derecha. En la última campaña se hicieron 132.000 publicaciones en su contra.

NP: 133.000.

DR: ¿Ha sido difícil para usted esa situación, ser tan criticada? ¿O es motivo de orgullo porque significa que reconocen su poder?

NP: Mi nieta Katie me envió después de las elecciones un mensaje de texto que decía algo así: «Tu poder es la razón de que tus oponentes se metan contigo».

Así que esto lo digo porque sé que soy un ejemplo para otras mujeres: no seáis tímidas, haceos valer, atribuíos el mérito de lo que hagáis.

Porque la cuestión es que, si no fuera competente, no habrían publicado esas cosas sobre mí. Me temen porque soy una gran legisladora. Y lo soy porque ya me dedicaba a ello antes. Yo no aspiraba al liderazgo, yo estaba tranquilamente legislando.

Tengo seguidores por todo el país que me apoyan en todos los niveles, así que es difícil que puedan conmigo. Mi obligación es demostrar a otras mujeres que estamos en el ring, que están en el ring. Y una vez que estás ahí tienes que estar preparada para recibir un puñetazo y también para darlo.

Debemos ser un ejemplo para las mujeres. No hemos de tener miedo a nada, sino reconocer nuestro poder y ser nosotras mismas. Sal ahí y lucha por ello, porque tú sabes tus motivos, sabes por qué has decidido salir al ring; sabes lo que te importa; sabes cómo hacer el trabajo y también sabes que puedes contar con la ayuda de otras personas.

Y por eso vienen a por mí. Si no fuera competente en mi trabajo, no habrían sacado 133.000 publicaciones en mi contra durante la campaña; pero al final logramos una victoria determinante.

DR: ¿Nunca ha pensado en presentarse a las elecciones presidenciales?

NP: No, ni siquiera había pensado en presentarme al Congreso. Aunque eso no quiere decir que no me lo hayan sugerido.

DR: Sala Burton, que representó al Quinto Distrito de California en el Congreso hasta su muerte en 1987, era muy amiga suya.

Cuando estaba en su lecho de muerte le pidió que la sustituyera en el Congreso. ¿Había pensado alguna vez en ello antes de ese momento?

NP: No.

DR: ¿Cómo reaccionaron sus hijos y su marido cuando les dijo que se iba a presentar para presidir el Congreso?

NP: Bueno, ese es el tema. En realidad, yo no quería presentarme. Ya has mencionado que cuando nací mi padre era congresista por Baltimore y después fue elegido alcalde de la ciudad cuando yo iba al colegio, y cuando estudié en el Trinity College lo seguía siendo. Fue la única vida que conocimos en casa.

Mis hermanos y yo nacimos en una familia católica muy devota, firmemente patriótica, enamorada de este país, orgullosa también de nuestra ascendencia italoamericana y demócrata de una forma incondicional. Esta conexión entre nuestra fe y cómo poníamos en práctica nuestras creencias es tal como aparece en el Evangelio de san Mateo: «Cuando tuve hambre», cómo tratábamos a la gente con una chispa de divinidad, respetándola porque todos somos hijos de Dios; así fuimos educados, es lo que nos inculcaron nuestros padres.

Pero nunca pensé, ni nadie de mi entorno, que algún día querría trabajar en el Gobierno. Aunque sí fui voluntaria en el Partido Demócrata, para apoyar a otros candidatos.

Más tarde, cuando nos trasladamos a California, mis hijos y yo solíamos ir a la biblioteca a catalogar libros y esas cosas que se hacen como voluntario. El alcalde me llamó un día y me dijo: «Sabemos que le encanta ese trabajo, así que me gustaría proponerla para la comisión de la biblioteca». Le dije que no tenía por qué hacerlo, que reservara ese puesto para otra persona, que nosotros siempre seríamos voluntarios porque nos encantaba la biblioteca.

Pero el alcalde Alioto, que en ese momento no se sabía que era feminista, me insistió: «Nancy, si hace este trabajo le daré un reconocimiento oficial por ello. Será un miembro más de la comisión, tendrá derecho a voto, tomará decisiones. A la gente le gusta saber su opinión».

Así que lo acepté y aún hoy sigo estando muy vinculada a la biblioteca. Lo importante es que las mujeres tengan el reconocimiento que se merecen por su trabajo. No sabía que Sala Burton iba a proponerme para sustituirla como miembro de la Cámara, pero cuando lo hizo yo ya estaba preparada para aceptarlo. Siempre digo que las personas, especialmente las mujeres, tienen que reconocer su poder; que todo lo que hacemos es importante, incluido ser madre. Las mujeres han de reconocer su poder, ser ellas mismas, ser auténticas, sinceras. La autenticidad y la sinceridad son lo más importante. No intentes ser otra persona, sé tú misma.

DR: Y la eligieron. Para sus padres, que aún estaban vivos entonces, debió ser emocionante. Asistieron a su juramento, ¿verdad?

NP: Sí. Mi padre había sido miembro del Congreso y, como tal, tenía ciertos derechos, así que estuvo presente en la Cámara cuando juré mi cargo. Fue muy emocionante. Mi padre murió unos meses después, pero tuve la suerte de que ambos pudieran estar conmigo el día del juramento.

DR: Es evidente que le gusta su trabajo. ¿Cuántos años más va a trabajar? ¿Diez, quince, veinte? ¿Tiene algún límite?

NP: Jerry Brown, exgobernador de California, me dijo hace poco que no hay nada tan liberador como los límites de un mandato. Y es que cada cual solo hace lo que hace. Ahora tengo una misión que cumplir, así que no tengo un cronograma marcado, pero por supuesto que hay otras cosas que quiero hacer en mi vida.

DR: ¿Qué puede decirme de su marido? ¿Qué siente él siendo el marido de la presidenta de la Cámara de Representantes?

NP: Bueno, eso debería preguntárselo a él. De todas formas, de vez en cuando dice: «Esto no es lo que yo esperaba», o «¿Cómo ha podido pasar?». Primero nos casamos, luego empezamos a tener hijos y demás, y de pronto, un día, empieza toda mi carrera política.

DR: ¿Qué le gustaría que el pueblo estadounidense supiera sobre Nancy Pelosi?

NP: Puedo decir que el motivo que me llevó a cambiar los fogones por el Congreso, el ser ama de casa por ser la presidenta de la Cámara de Representantes, es que uno de cada cinco niños en Estados Unidos vive en bajo el umbral de la pobreza. Para mí es injusto que no todos los niños tengan una oportunidad. Este es el mejor país que ha existido en la historia del mundo, pero en él uno de cada cinco niños se va a dormir con hambre cada día.

Así que ese es mi principal motivo para dedicarme a la política. Añadiría también el amor que mis padres me inculcaron por nuestro país, eso que se suele decir, que todo es posible en los Estados Unidos de América. Todo es posible. En otras palabras, que trabajando lo suficiente y rezando lo suficiente podremos alcanzar cualquier objetivo que nos propongamos.

Me gustaría hacer hincapié en la idea de que este país es el más grande que ha existido jamás. Es una nación que puede soportarlo todo, pero para ello todos tenemos que asumir nuestra responsabilidad.

Thomas Paine dijo que «los tiempos nos han encontrado». Bueno, pues los tiempos también nos han encontrado ahora a nosotros, y lo han hecho para que canalicemos nuestras energías, respetemos la diversidad y las diferencias de opinión en nuestro país, y siempre impulsando la igualdad, «*e pluribus unum*» *(de muchos, uno)*.

Lo que me gustaría que los estadounidenses supieran de mí es la razón por la que dejé mi casa, la razón por la que me levanto cada mañana para ir a trabajar, y es que uno de cada cinco niños vive en la pobreza.

ADAM SILVER

Comisionado de la NBA

«Haber estudiado Derecho y aprendido de leyes me ha beneficiado mucho. Gran parte de mi trabajo consiste en negociar, tanto en negociaciones colectivas como en las relaciones personales».

Adam Silver tiene un trabajo en apariencia ideal para cualquiera a quien le guste el baloncesto profesional: es comisionado de la NBA; una competición muy prestigiosa en la actualidad —hace cuarenta años no lo era tanto— que ha hecho ricos a jugadores y dueños de equipos y ha satisfecho bastante a sus aficionados. Lo que antes era una liga nacional es ahora un negocio multimedia de alcance mundial.

Es cierto que el baloncesto profesional ha llegado a ser un deporte muy importante que ahora forma parte del ADN de la sociedad norteamericana. Sus más recientes estrellas —Michael Jordan, Magic Johnson, Larry Bird, LeBron James, Stephen Curry o el fallecido Kobe Bryant— son ahora ejemplos a seguir para jóvenes y adultos de nuestro país. Son ahora lo que los jugadores de béisbol más famosos eran en las décadas de los cincuenta y sesenta; pero son más que eso, son estrellas e *influencers* mundiales.

¿A qué se debe esta transformación y el éxito actual de este deporte?

Adam Silver no duda en atribuir gran parte del mérito al fallecido David Stern, que fue comisionado durante treinta años y que lo contrató a él como adjunto. Pero el propio Adam ha conducido a la NBA a cimas nunca vistas, tanto económicas como de popularidad, y que ni siquiera David Stern hubiera imaginado.

El cargo de comisionado implica múltiples responsabilidades: garantizar la honestidad en el deporte, negociar los convenios colectivos con los jugadores, negociar los contratos con los medios de comunicación, representar a la liga en los organismos públicos y ayudar a que el baloncesto evolucione y se haga cada vez más rentable y popular.

Hace 22 años, Adam accedió al puesto que le llevaría a trabajar para la NBA (antes de que le nombraran comisionado en febrero de 2014) de una forma bastante tradicional: siendo un joven abogado, escribió una carta a Stern para que le aconsejara en su carrera. Al comisionado le impresionó tanto esa misiva que se reunió con él y lo contrató poco después.

No hace mucho tiempo que conozco a Adam. Entró en el Consejo de la Universidad de Duke cuando yo era presidente y quizá también nos ha unido nuestro común interés por el equipo de Duke y haber estudiado ambos Derecho en la Universidad de Chicago. Pero no le había entrevistado nunca, hasta nuestra sesión en el Club Económico de Washington D. C., en mayo de 2019.

Durante la entrevista fue muy modesto al hablar de sus méritos para ascender y gozar de tanto éxito. Pero es indudable que se trata de un hombre inteligente, que siente pasión por su trabajo y tiene la habilidad para llevarse bien con los propietarios de los equipos (que son individuos con mucho poder) y de mantener una estrecha relación con los jugadores y con su sindicato, una tarea nada fácil.

Además, desde el comienzo de su labor de comisionado, mostró una capacidad para el liderazgo que convenció al público y a los dueños de los equipos de que habían elegido a la persona adecuada para suceder a su legendario predecesor. Por ejemplo, respondió a los comentarios racistas del propietario de un equipo expulsándolo de la NBA de por vida y obligándolo a vender de inmediato la franquicia (a un precio récord); unas medidas que nunca había tomado ningún comisionado.

Después de que hiciéramos esta entrevista, Adam y la NBA se enfrentaron a nuevos problemas: por un lado, las tensas relaciones de nuestro país con China, que han puesto a prueba la capacidad de la diplomacia deportiva como herramienta para el compromiso global; por otro, el papel fundamental que ha jugado la NBA en la protección de la salud pública al suspender su temporada en marzo de 2020 para ayudar a controlar la pandemia del coronavirus. Una serie de deportes, actividades de ocio e instituciones culturales siguieron su ejemplo.

Yo me pregunto: ¿qué puede haber mejor que ser forofo del baloncesto y comisionado de la NBA, y que todo el mundo diga que haces muy bien tu trabajo? Creo que nada, mientras no se te suba a la cabeza. Pero eso nunca ha sido un problema para Adam Silver.

DAVID RUBENSTEIN (DR): Desde que es comisionado de la NBA, los beneficios de esta entidad han aumentado. También la venta de entradas, la audiencia en televisión, el valor económico de los equipos (casi el triple)… Vamos, que la NBA parece estar en su mejor momento. Es, además, muy popular en todo el mundo.

¿Por qué cree que sucede esto con la NBA y no tanto con la liga de béisbol o la de fútbol americano?

ADAM SILVER (AS): En parte se debe a que el baloncesto es deporte olímpico desde los años treinta. Eso marca una gran diferencia. Además, se juega en todo el mundo.

El baloncesto lo inventaron los misioneros cristianos, en concreto el misionero Naismith, en Springfield, Massachusetts, y después lo llevó a China.

Desde sus inicios, el baloncesto ha sido un deporte de alcance mundial, en parte por la sencillez de sus reglas. Al ser un deporte fácil de entender, los colegiales de Estados Unidos, donde siempre se ha jugado, se aficionan enseguida. Es muy difícil jugar bien, pero el concepto es muy fácil: botas el balón y lo introduces en la canasta. Además, no se necesita mucho espacio para jugar y se puede practicar en solitario.

También influye que es un deporte de equipo, algo que en nuestra sociedad se considera muy importante para fomentar el trabajo en común.

DR: A algunas personas que han comprado franquicias les ha ido muy bien. Por poner algunos ejemplos, adquirieron a los 76ers hace unos años por 300 o 400 millones de dólares, a los Bucks por 400 o 500 millones. Y luego, cuando Steve Ballmer pagó 2000 millones por los Clippers, ¿se quedaron encantados los demás propietarios porque eso revalorizaba a sus equipos?

AS: Sí, sí, claro, se pusieron muy contentos. Desde que Steve compró a los Clippers otros dos equipos se han vendido por más de lo que se pagó por ellos: los Houston Rockets y los Brooklyn Nets.

DR: Tal vez una de las cosas más difíciles que ha debido hacer como comisionado es obligar al propietario del L.A. Clippers a venderlo por hacer comentarios racistas. ¿Fue una decisión complicada para usted?

AS: Sí. A lo mejor la gente no lo sabe, pero es el único dueño de equipo al que se ha apartado de por vida de un deporte. Yo trabajo para todos los propietarios, tengo treinta jefes, y mi trabajo consiste en hacer lo mejor para la liga en su conjunto.

Antes de ser comisionado llevaba ya 22 años trabajando en la NBA. Y el dueño de L.A. Clippers llevaba incluso más tiempo que yo, así que le conocía bien. Fue una decisión muy difícil, pero no dudé de que era lo que tenía que hacer.

DR: Cuando el estado de Carolina del Norte aprobó la denominada Bathroom Bill (una ley discriminatoria con los transexuales de ese estado que limita el acceso a los lavabos públicos según el género que figure en su certificado de nacimiento), usted anunció que el All-Star Game de la NBA se celebraría en otro estado. ¿Esa también fue una decisión difícil?

AS: Así es, la liga decidió no jugar el All-Star Game en Carolina del Norte mientras la ley HB2 estuviera vigente. No tenemos derecho a decir cómo debe legislar un estado, pero sí sabemos que esa ley no es coherente con los valores de la liga. No se trató de boicotear a Carolina del Norte en general; de hecho, tenemos allí a un equipo que es propiedad de Michael Jordan, el Charlotte Hornets, y a otro de segunda división.

Pero éramos conscientes de que en el All-Star Game, que es todo un acontecimiento, habría mucha gente que no se sentiría bienvenida. Pero bueno, justo cuando decidimos trasladar el evento a otro estado eligieron a Roy Cooper como nuevo gobernador de Carolina del Norte; Cooper cambió la ley y nosotros volvimos.

DR: ¿Esta clase de decisiones la toma usted solo o se reúne con los propietarios y les pide su opinión?

AS: Llamé a la mayoría para pedirles su opinión, pero es un tema que no se resuelve por votación.

No solo los llamé a ellos, también hablé mucho con Michael Jordan, porque es el dueño del equipo de Carolina del Norte, además de ser él mismo de este estado. También lo consulté antes de tomar la decisión con nuestros amigos de la Universidad de Duke, con nuestra asociación de jugadores y con nuestros socios, porque muchos jugadores son de Carolina del Norte. Quería estar seguro de que entendieran los motivos de la decisión. Hablé, además, con muchos de nuestros socios corporativos. Pero, una vez recabadas todas las opiniones, la decisión y la responsabilidad sobre ella eran mías.

DR: Uno de los temas más controvertidos del baloncesto universitario ha sido la denominada situación «uno y listo», según la cual los jugadores de bachillerato pueden ir a la universidad un año y después ser fichados por la NBA. ¿Está a favor de continuar con esta política? ¿Cambiaría algo de ella?

AS: Cuando fui nombrado comisionado, anuncié que creía que la edad mínima para entrar en la NBA debía ser 20 años, en lugar de 19. Hace apenas once años subimos la edad mínima de 18 a 19. Pero es algo que tenemos que negociar con nuestra asociación de jugadores.

Como comisionado, he podido comprobar de cerca cómo funciona realmente la situación «uno y listo». Es evidente que ha habido algunos casos penales de gran repercusión en torno a los deportes universitarios. Y, en medio de todo eso, Mark Emmert, presidente de la NCAA, nombró a una comisión presidida por Condoleezza Rice para analizar los problemas de los deportes universitarios, en especial esta situación. Al final, Rice y su comisión recomendaron volver a la edad mínima de 18 años para entrar en la NBA.

La verdad es que esa decisión me impactó, aparte de que me hizo entender mejor lo que les ocurre a estos jugadores de élite. En muchos casos, no pasan ni un año completo en la universidad; muchos se marchan en cuanto acaba el torneo. Por eso, he cambiado de opinión. Y que conste que es una opinión difícil, con la que no todos los equipos están de acuerdo.

DR: Si a alguien lo seleccionan para jugar en la NBA, ¿cuál es el máximo que puede llegar a cobrar en sus primeros tres años?

AS: En su momento negociamos con nuestra asociación de jugadores un salario máximo para los *rookies* (novatos). El jugador estrella —si no me equivoco— tendrá un contrato de tres años con un salario anual de unos 10 millones de dólares.

DR: Es decir, que al acabar esos tres años habrá ganado 30 millones de dólares, sin contar los contratos de publicidad, y a partir de ahí podrá firmar cualquier contrato que el mercado le permita. Aunque también hay un máximo, ¿verdad? ¿Cuál es?

AS: Sí, tenemos un tope salarial, tanto para el equipo como para cada jugador. Si hay una cantidad fija, se negocia entre los jugadores cuánto puede llevarse el jugador estrella del equipo. Ahora mismo el máximo está en 35 millones de dólares anuales. Los jugadores pueden firmar contratos de cinco años con sus equipos, pero eso se incrementa cada año.

DR: Pensemos, por ejemplo, en deportistas universitarios como Zion Williamson. ¿Cree que la gente como él debería cobrar de la universidad? O deberían decir: «Estamos aquí para recibir una educación, o para prepararnos para una profesión. No queremos que nos paguen». Esta polémica surgió cuando ese jugador se lesionó el año pasado.

AS: Es un tema muy complicado. En realidad se les paga, tienen una beca y todo tipo de beneficios por estar en la universidad. Aunque también está claro que generan muchos ingresos. Pero usted y yo sabemos que ese dinero se reinvierte en otros proyectos deportivos, que no se amortiza, lo cual puede sorprender a la gente.

DR: Hoy en día, excepto en dos o tres universidades, casi ningún equipo deportivo universitario es rentable. Todos tienen que ser subvencionados por la propia universidad.

AS: Estamos de acuerdo en que ese no es un indicador del valor de mercado de esos jugadores. Un economista diría que la razón de que haya tanta corrupción en el deporte universitario es que el jugador vale más para la universidad que la beca y que por eso el mercado se rompe.

DR: Hábleme de los jugadores de la NBA. En cada equipo hay quince, y la liga la forman treinta equipos, lo que hace un total de 450 jugadores en la NBA. ¿Cuántos de ellos juegan más de cinco años?

AS: La media de su carrera es de siete años, pero en el caso de los All-Stars es mucho más, probablemente trece o catorce años.

DR: Cuando dejan de jugar, sea cuando sea, ¿se suelen enfrentar a problemas económicos? ¿O han ganado tanto dinero que pueden vivir sin problemas el resto de su vida? ¿Cómo gestionan el dinero que ganan y qué hacen con él?

AS: En la liga de este año, un jugador normal está ganando unos 8 millones de dólares. Si calculamos lo que gana en siete años en la liga veremos que tiene suficiente para el resto de su vida, aunque quizá no tanto como los que se dedican a invertir.

DR: Tampoco todos los inversores tienen para el resto de su vida.

AS: A la pregunta de si tienen problemas económicos respondería que algunos sí. Algunos no ganaron en su momento lo que ganan ahora muchos jugadores, pero otros sí ganaron mucho dinero y no supieron aprovecharlo o no lo invirtieron con sabiduría. Este tema lo trabajamos mucho con nuestra asociación de jugadores y también de forma directa con los jugadores. Es evidente que nosotros no podemos administrar su dinero, somos sus empleados, pero sí podemos aconsejarles; y además tenemos un plan de pensiones.

DR: 450 jugadores. ¿Cuántos de ellos cree que se han llegado a licenciar?

AS: Un pequeño porcentaje. Aunque no sean de los que están un año y se van de la universidad, la mayoría dejan los estudios al cabo de dos o tres años. Además, el 25 % de nuestra liga está formada por jugadores internacionales, y casi todos ellos, al menos los mejores, se hicieron profesionales a los 14, 15 o 16 años, así que ninguno fue a la universidad.

DR: ¿En cuántos partidos de la NBA se agotan las entradas?

AS: La temporada pasada nuestros estadios se llenaron en un 94 %. Es decir, en muchos partidos se agotan las entradas.

DR: ¿Cómo es que Jack Nicholson, estrella de cine, tiene un abono a pie de pista en el estadio de los Lakers? ¿Es que el equipo quiere que se deje ver por allí o ha sido cuestión de suerte?

AS: Todo el mérito de eso es de Jerry Buss, difunto propietario de Los Angeles Lakers. Dirigía una franquicia increíble y organizaba una cantidad enorme de torneos. Además de contar con unos equipos estupendos, inventó lo que ahora llamamos en la liga «los asientos Jack Nicholson». Jerry fue quien dio con la idea de traer a la cancha a una celebridad.

DR: Hablemos de un tema importante que todavía no hemos tratado. Usted ha dicho que los jugadores a veces sufren depresión y se sienten solos. ¿Cómo es posible que le ocurra eso a alguien que gana 50 millones de dólares al año y es tan admirado?

AS: Lo que yo he dicho es que en el baloncesto no somos inmunes a los trastornos mentales. Con independencia del dinero que ganes, de tu situación o la de tu familia, las causas de los trastornos mentales pueden ser bioquímicas o ambientales, y la depresión se da en cualquier nivel socioeconómico.

Lo que ahora está cambiando en nuestra liga, y creo que es maravilloso, es que los jugadores están más abiertos a hablar de estos temas. El hecho de que lo hagan ha tenido un gran impacto en otros jugadores.

DR: ¿Cómo funciona la venta de entradas? Por ejemplo, el Golden State Warriors gana unos 3,5 millones de dólares en un partido en casa. ¿Guardan todo ese dinero?

AS: Existe algo que nosotros llamamos «valoración de entrada», un porcentaje del 6% que se destina a cubrir los costes administrativos de la liga. Aparte de eso, cada equipo guarda los ingresos de sus partidos de la temporada. En los *playoffs* la fórmula es diferente, con algunos matices; en general, el 25% de los ingresos van a parar a un fondo.

DR: ¿Cuál es el jugador que más camisetas vende?

AS: Creo que LeBron James es el número uno en venta de camisetas. Steph Curry también vende muchas.

DR: ¿Es bueno para la liga que los equipos tengan a tres o cuatro superestrellas?

AS: Depende de cómo se haya construido el equipo. La mayoría de la gente opina que, si el equipo ficha a una serie de jugadores y los convierte en superestrellas, es positivo. En cambio, si una superestrella ficha por un equipo que ya es muy grande, no es lo mejor para que haya cierta paridad en la liga.

En un caso así, entran en juego los convenios colectivos; estos acuerdos no se diseñaron solo para fijar los sueldos de los jugadores, sino también para crear competencia. Es decir, si la NBA ficha a un jugador, este no querrá ir a un equipo que no tenga ninguna posibilidad de ganar.

DR: ¿Cómo llegó a ser comisionado de la NBA? ¿Siempre había querido serlo?

AS: No, nunca lo había pensado. Ni siquiera sabía en qué consistía el puesto. Cuando estudiaba Derecho, si alguien me hubiera preguntado cuál era la función del comisionado le habría dicho: «Pues… es el que reparte los anillos a los campeones y organiza el calendario». Nunca supe qué hacía realmente.

DR: Se licenció en Derecho por la Universidad de Chicago. Después trabajó para un juez federal y más tarde entró en el bufete Cravath, Swaine & Moore, una firma muy importante de Wall Street. ¿Cómo pasó de allí a la NBA? A muchos abogados que no están satisfechos con su profesión les encantaría trabajar allí.

AS: Tuve muchísima suerte. Llevaba trabajando en Cravath dos años más o menos, y uno de nuestros principales clientes era Time Warner; yo llevaba muchos casos de medios de comunicación, en concreto de HBO.

Me encantaba ese sector. En una ocasión, estaba trabajando en un litigio particular y tenía que seguir lo que ocurría en los medios deportivos en el momento del cambio de los deportes a la televisión por cable; Ted Turner se ocupaba de ello, primero a través de TBS y después en TNT.

David Stern, que en aquel entonces era el comisionado de la NBA, estaba al frente de ese movimiento (Stern murió en enero de 2020). Yo no le conocía, pero le escribí pidiéndole consejo para dejar de trabajar como abogado y empezar en los medios.

Eso fue antes de que existiera el correo electrónico; es decir, le escribí una carta al estilo tradicional. Su secretario me llamó al cabo de unas semanas y me dijo: «Le puede ver cuando usted quiera». Fui enseguida y estuvimos hablando una media hora. Me dio algunos consejos, que no seguí. Un mes después, me volvió a llamar y me preguntó qué estaba haciendo, porque tenía una idea. Y después de una serie de reuniones me contrató como adjunto. Fue mi primer trabajo en la NBA.

DR: Si recibiera ahora una carta de un joven abogado pidiéndole consejo sobre lo mismo...

AS: Se la pasaría al departamento de Recursos Humanos.

El cargo de comisionado es mi sexto puesto en la NBA. En los cinco cargos previos trabajé directamente para David. Él me dio algunas oportunidades magníficas. Acabé dirigiendo una entidad llamada NBA Entertainment, que hacía televisión y otros medios de comunicación y después llegó a ser la rama de internet de la NBA. Muchos años después, nombraron comisionado adjunto de la NBA. Y, al final, David me recomendó para el cargo de comisionado, pero los propietarios de los equipos tenían que votarme. Así es como se hace.

DR: ¿Qué rasgo de liderazgo posee para que David pensara que usted tenía que ser el comisionado?

AS: No creo que fuera por nada en especial. Estaba dispuesto a trabajar muy duro y lo he hecho muchos años. Además, es evidente que me encanta el baloncesto.

Gran parte de mi trabajo ahora tiene que ver con los medios de comunicación, que son la principal fuente de ingresos de la NBA. Así que el hecho de que aprendiera a dominarlos con los años fue muy importante.

Además, creo que usted y yo opinaríamos igual: haber estudiado Derecho y aprendido de leyes me ha beneficiado mucho. Gran parte de mi trabajo consiste en negociar, tanto en negociaciones colectivas como en las relaciones personales.

DR: Una buena parte de su interés actual se centra en las redes sociales. Anima a sus jugadores a que participen en ellas; anima a LeBron James y a sus mejores jugadores a que hagan públicas sus opiniones, siempre y cuando no sean polémicas. ¿Por qué lo hace? ¿Ha sido beneficioso para la NBA?

AS: Está claro que no los animo a que sean polémicos, sino a que sean auténticos y sinceros en sus opiniones. Quiero que conozcan que, dentro de determinados límites —y más sobre cuestiones éticas que políticas—, deberían sentirse seguros como jugadores de la NBA.

A fin de cuentas, no entra dentro de nuestras funciones demostrar a los aficionados que son personas multifacéticas. Las redes sociales les permiten mostrarse tal cual son, y de esta manera captamos aficionados a nuestro deporte.

DR: Va a seguir en el cargo de comisionado en el futuro próximo. ¿No tiene pensado, qué sé yo, comprar un equipo, entrar en el mundo de las inversiones o algo así?

AS: No tengo planes de irme a ningún sitio.

CHRISTINE LAGARDE

Presidenta del Banco Central Europeo;
ex directora gerente
del Fondo Monetario Internacional

«Todavía hay veces que entro en una sala llena de hombres y capto una ligera sonrisa en sus rostros, como diciendo: "Ya está aquí otra vez, seguro que va a hablarnos de las mujeres"; o "Me pregunto que tendrá que decir". Ahora ha cambiado un poco, seguro, pero cuando estás en minoría es lo que sientes».

Christine Lagarde fue durante ocho años directora gerente del Fondo Monetario Internacional (FMI), una organización con sede en Washington que se creó después de la Segunda Guerra Mundial con el objetivo de garantizar la estabilidad financiera y el crecimiento económico internacional. Desde ese cargo, Lagarde tuvo que lidiar con crisis económicas en todas partes del mundo:

los impagos de la deuda en Argentina y Grecia, el impacto de una Europa pos-Brexit o la caída de los índices de crecimiento en muchos mercados emergentes y fronterizos.

Para tratar todos estos problemas y enfrentarse a la creciente burocracia del FMI, tuvo que poner de acuerdo a grupos muy dispares empleando para ello su inteligencia, su fuerte personalidad y su gran encanto. Dejó el cargo a finales de 2019 para ocupar la presidencia del Banco Central Europeo, una organización menos global, pero que ostenta la enorme responsabilidad de guiar la economía europea. Antes de dirigir el FMI fue ministra de Economía, Finanzas e Industria de Francia y socia de la firma internacional de abogados Baker McKenzie, en aquel entonces la más importante del mundo.

Lagarde fue la primera mujer en desempeñar estos cargos; por tanto, ha sido pionera y un referente para mujeres de todo el mundo. Pero, además, Lagarde muestra un tipo de liderazgo fuerte y decidido que algunos pensaban que solo era cosa de hombres.

¿Cuál es el secreto del éxito continuado de esta abogada francesa que también en su juventud demostró sus cualidades de líder en ámbitos totalmente diferentes, como el equipo nacional de natación sincronizada? ¿Cómo ha logrado superar la discriminación que ha tenido que sufrir? Lagarde, además de ocupar puestos que siempre habían sido para hombres, ha reclutado a unas cuantas mujeres para trabajar con ella.

Le hice estas y otras preguntas en la sesión *Peer to Peer* que hicimos en las oficinas centrales del FMI en Washington D. C., en septiembre de 2018. En la entrevista, no atribuye sus éxitos profesionales ni sus aptitudes de liderazgo a ninguna causa en concreto, pero creo que es justo decir que los factores clave de su éxito son su gran inteligencia, la confianza que tiene en sí misma y una mentalidad de trabajo duro. Además, aunque ella no lo diga directamente, seguro que siente que haber sido subestimada en un principio y luego haber podido demostrar con rapidez sus evidentes capacidades le ha ayudado también a alcanzar un éxito que pocos esperaban.

Sin ir más lejos, fue nombrada presidenta del FMI al verse obligado a dimitir su predecesor por un escándalo personal. En ese momento, la credibilidad y la competencia del FMI fueron cuestionadas, pero cuando Lagarde dejó el cargo cinco años después había conseguido recuperar, e incluso incrementar, esa credibilidad hasta unos niveles que ni sus fundadores habrían imaginado.

Hice un discurso en su despedida del FMI y dije, con cierta ironía, que su éxito también se debía a las habilidades adquiridas en la natación sincronizada, y que tal vez todo aquel que quisiera liderar una gran organización en Washington debería empezar por practicar ese deporte. Porque debe de ser algo que aprendió en él lo que le ha hecho ser extremadamente apreciada y respetada en su vida.

DAVID RUBENSTEIN (DR): Mucha gente no sabe qué es el FMI.

CHRISTINE LAGARDE (CL): El Fondo Monetario Internacional fue fundado hace 75 años por 44 hombres...

DR: ¿Ninguna mujer?

CL: No en esa época. Fue fundado por 44 hombres en 1944, al final de la Segunda Guerra Mundial, con el objetivo de evitar crisis económicas serias y la inestabilidad en el mundo, que según ellos son las principales causas de las guerras. Esta era la intención.

DR: ¿Y cómo llegó usted al cargo? Se crio en Francia. ¿A qué se dedicaban sus padres? ¿Eran profesores, trabajaban para el Gobierno?

CL: Ambos eran profesores. Mi padre, de literatura inglesa en la universidad, y mi madre enseñaba gramática francesa, latín y griego. Ese era el universo que me rodeaba de pequeña, mucha literatura.

DR: Con unos padres como los suyos, debe de hablar muchos idiomas.

CL: No, no tenía ni idea, los idiomas me costaban mucho.

DR: Lo dudo. Imagino que era muy buena estudiante. También le interesaba la natación sincronizada en aquella época. ¿Podría explicarme qué es exactamente la natación sincronizada y cómo llegó usted al equipo nacional francés?

CL: Mi actividad deportiva tuvo mucho que ver con las revueltas que vivimos Francia en 1968, cuando los estudiantes se hicieron con las calles. A mis padres les horrorizaba que yo participara en esas manifestaciones. Así que me dejaban ir a la piscina del club, aunque me saltara clases. Me pasaba todo el día allí, me encantaba nadar. Poco a poco, fui interesándome por la natación sincronizada, un deporte femenino de equipo que emplea música, por lo que es necesario que te guste la música; y a mí siempre me ha gustado. Así que entré a formar parte del equipo. Participé en los campeonatos de Europa y en muchos eventos internacionales.

DR: ¿Sigue nadando? ¿Sincronizada?

CL: Sí, cada mañana; hoy también he ido.

DR: ¿De dónde saca el tiempo para ir a nadar?

CL: Me levanto a las 5 de la mañana.

DR: Claro, así se puede.

CL: La piscina no abre hasta las 6, pero tengo que hacer gimnasia antes de nadar.

DR: ¿Qué estudió en la universidad?

CL: Tuve una educación clásica. Estudié materias básicas: francés, matemáticas, inglés, geografía, historia, física y química, además de algún deporte, que no era tan importante en Francia en aquella época.

DR: Los que llegan a ser líderes en Francia suelen ir a universidades prestigiosas. ¿Fue su caso?

CL: No, en eso fracasé estrepitosamente. El primer año de bachillerato, porque me enamoré del hombre que luego fue mi marido y no estudié demasiado. Después, en segundo, me junté con un grupo de chicos muy estudiosos, pero no llegué a tiempo para los exámenes.

DR: Pero llegó a ser abogada. ¿Qué le impulsó a estudiar Derecho?

CL: Quería participar en la lucha por la abolición de la pena de muerte. Cuando empecé la carrera de Derecho, la pena de muerte era una de las herramientas del derecho penal en mi país. Pero por mis creencias religiosas, entre otros motivos, quería participar en su eliminación del código penal de Francia. Por desgracia, no pudo ser, porque cuando terminé la carrera la pena de muerte ya había sido abolida.

DR: Sin embargo, trabajó como abogada. ¿Lo hizo en Francia?

CL: Estuve trabajando en Francia varios años, haciendo lo que la mayoría de los abogados jóvenes hacíamos en esa época: derecho tributario, derecho mercantil, derecho antimonopolio y derecho laboral. Por suerte, en esa época fue elegido presidente el socialista François Mitterrand, y su gobierno aprobó muchas leyes laborales que beneficiaban a los sindicatos y a los trabajadores. En Baker McKenzie, muchos de nuestros clientes eran empresas internacionales, o en concreto norteamericanas, que habían invertido en Francia. Tenía mucho trabajo.

DR: ¿Había muchas abogadas en esa época en Francia?

CL: No, no. Uno de los motivos por los que entré en Baker McKenzie era porque en la oficina de París la socia principal era una mujer, y fue un ejemplo para mí.

DR: Baker McKenzie ha sido durante muchos años una de las principales firmas internacionales de abogados.

CL: Sí, era la más grande.

DR: Tenía su sede en Chicago. ¿Cómo logró ser presidenta de la firma en un entorno dominado por hombres? Además, es francesa y, como he dicho, la firma es estadounidense y tiene su sede en Chicago. A usted la eligieron presidenta de la compañía y se tuvo que trasladar a Chicago.

CL: Me gustaría pensar que fue por méritos propios y por la calidad de mi trabajo.

De hecho, es interesante su pregunta, porque cuando me hicieron socia de la oficina de París estaba haciendo un trabajo bastante discreto. Pero me seleccionó la comisión de nombramientos para entrar en la comisión ejecutiva. Fui la primera mujer en esa comisión. Más adelante, en un momento en el que el presupuesto para TIC estaba totalmente fuera de control, el sistema de gestión del conocimiento era un completo desastre y no se confiaba demasiado en la dirección, volvieron a acudir a mí. A la comisión de nombramientos le estaba costando dar con la persona adecuada, y es en esas situaciones cuando suele aparecer una mujer. Entonces me eligieron presidenta de la firma.

DR: Bien, ya era presidenta de Baker McKenzie y vivía en Chicago. ¿Le gustaba residir en el medio oeste de los Estados Unidos siendo de Francia?

CL: Chicago es una ciudad formidable, en la que tuve y sigo teniendo muchos amigos. Me encantó vivir seis años en Chicago.

DR: Usted aún trabajaba en McKenzie cuando Nicolas Sarkozy llegó al poder. ¿Lo conocía?

CL: Lo conocí dos años antes de ser elegido presidente. Jacques Chirac era aún presidente y Dominique de Villepin era el primer ministro. Él fue quien me llamó para ofrecerme el cargo de ministra de Comercio Exterior.

DR: Así que volvió a Francia y ejerció de ministra de Comercio un par de años. ¿Le gustaba ese cargo?

CL: Me encantaba, de verdad, me encantaba. Fue un cambio enorme en mi vida, desde el punto de vista geográfico y también social y económico.

DR: Supongo que el sueldo no sería el mismo.

CL: Era una décima parte de mi sueldo anterior. Pero fue el trabajo con el que más disfruté, porque mi misión era vender Francia al resto del mundo. El presidente Chirac sabía que era una especie de bicho raro que procedía del sector privado, del mundo de la empresa, pero creo que me respetaba mucho, igual que yo a él.

DR: Entonces Sarkozy fue elegido presidente de Francia.

CL: Sí, y me pidió que fuera ministra de Agricultura, algo de lo que no tenía ni idea, pero estaba dispuesta a aprender.

DR: Llegó a serlo unos meses, ¿no?

CL: Sí, dos meses, hasta que me pidió cambiar a Economía. Creo que me ofreció el Ministerio de Agricultura porque sabía que sería la patata caliente de la Organización Mundial del Comercio y quería a alguien que estuviera familiarizado con los problemas internacionales.

DR: ¿Fue usted la primera mujer en ser ministra de Economía de un gran país de Europa Occidental?

CL: Sí, sí, sí. Fui la primera mujer ministra de finanzas de un país del G7.

DR: Usted es abogada de formación, pero la nombraron ministra de Economía y Finanzas de Francia. ¿Le preocupaba no tener conocimientos suficientes en ese campo o pensaba que haber sido ministra de Comercio la ayudaría?

CL: Ciertamente, haber sido ministra de Comercio me iba a ayudar, pero también era consciente de que tendría que aprender mucho del equipo del ministerio. Tuve que trabajar muy duro.

DR: Pues hizo muy buen trabajo, sin lugar a dudas. Entonces quedó vacante el cargo de director gerente del FMI. ¿Aspiraba a ese puesto o la tuvieron que convencer de volver a mudarse a Estados Unidos?

CL: Hay cosas que han ocurrido en mi vida por estar en el momento oportuno con la gente adecuada, y mi sensación siempre es: «Está bien, vamos a intentarlo». ¿Sabe una cosa? Cuando regresé a Francia como ministra, no había pensado ni por un momento en mi pensión, mi sueldo, la organización jerárquica, en cómo funcionaría todo. Simplemente quería hacerlo, quería ayudar a mi país.

Luego, como ministra de Economía, Finanzas e Industria no preví que, tras solo dos meses en el puesto, la crisis financiera empezaría como consecuencia del cierre de los dos fondos de inversión del BNP Paribas, pero me puse a trabajar con un equipo de gente que sabía lo que hacía y tenía una buena base ética. Fue una combinación de todo eso.

DR: En el FMI, una de las principales preocupaciones, aparte de ayudar a los países a los que no les va bien y necesitan dinero, es la economía mundial. Su trabajo consiste en promover la estabilidad y el desarrollo, además del empleo. ¿Estamos ahora mejor preparados para otra crisis económica como la de hace diez años?

CL: Estamos mejor preparados, porque al menos en ciertas áreas hemos aprendido la lección. Si nos fijamos en el sistema bancario, los comités de supervisión o el conjunto de regulaciones que se aplican en este sector, podemos ver que estamos mucho mejor preparados. En todo el planeta, los bancos tienen unas ratios de capital y de liquidez bastante sólidos. Creo que en todos estos frentes hemos logrado un avance importante.

Los riesgos se han trasladado a otros sectores. No estoy segura de que hayamos incrementado la seguridad en la misma medida en otros sectores: gestión de activos, fondos de pensiones o desarrollo de la tecnología financiera.

Actualmente tenemos otras cifras mucho más preocupantes. El peso de la deuda sobre las empresas y la vivienda ha aumentado a causa del estímulo y el endeudamiento que hemos generado en respuesta a la crisis.

DR: ¿Es consciente de que a veces, cuando se presenta un problema muy difícil de resolver, los hombres no quieren hacerse cargo y se lo pasan a una mujer?

CL: Lo dice usted, no yo.

DR: En apariencia, ningún hombre quiere asumir esa tarea porque saben que no van a sacar ningún partido a la situación.

CL: No, lo más seguro es que estén preparados para venir y hacerse cargo después.

DR: Ha declarado que debería haber más mujeres en las juntas directivas de las empresas, en los consejos de administración y ocupando el cargo de directora ejecutiva. ¿Cree que ha habido avances en este sentido? Y ¿por qué cree que las mujeres deberían estar más representadas en esos niveles de responsabilidad?

CL: Se ha demostrado, desde el punto de vista económico, que cuantas más mujeres hay en el consejo de administración de una empresa, en la junta directiva y dirigiendo equipos, mejores son el rendimiento, los resultados y los beneficios. Así pues, aunque alguien tenga un corazón de piedra, no tenga principios morales ni simpatía alguna por las mujeres o por la misma idea de la igualdad, debería considerar incluir a las mujeres para que se sienten a la mesa, a todas las mesas.

¿Hemos logrado avances? Sí, alguno sí. Mirando las cifras veo que hemos progresado, pero todavía nos queda mucho camino por recorrer.

DR: ¿Sufrió mucha discriminación por ser mujer cuando iba ascendiendo en su carrera? ¿Sigue sufriéndola ahora?

CL: Me sentí discriminada desde el primer día en que me entrevistaron en un despacho de abogados. En esa época llegaron a decirme que nunca sería socia porque era una mujer. Todavía hay veces que entro en una sala llena de hombres y capto una ligera sonrisa en sus rostros, como diciendo: «Ya está aquí otra vez, seguro que va a hablarnos de las mujeres»; o «Me pregunto qué tendrá que decir». Ahora ha cambiado un poco, seguro, pero cuando estás en minoría es lo que sientes.

DR: ¿Qué es lo mejor de ser presidenta del FMI?

CL: Trabajar en equipo.

DR: ¿Y lo peor?

CL: Tener que asistir a reuniones en las que siempre se repiten las mismas cosas y no se llega a ninguna conclusión.

DR: Cuando va, por ejemplo, a comer a un restaurante en Washington o en alguna otra gran ciudad, ¿se le acerca la gente para pedirle un selfi? ¿O puede ir donde quiera sin que la molesten? ¿La reconoce la gente?

CL: Me reconocen y me piden selfis. En general, la gente es muy amable y halagadora. Es alimento para mi ego que guardo para las vacaciones.

DR: ¿Se arrepiente de algo de su carrera?

CL: No, de nada, como diría Édith Piaf.

DOCTOR ANTHONY S. FAUCI

Director del Instituto Nacional de Alergias y Enfermedades Infecciosas

«El buen líder no es el que más manda, sino el que manifiesta cuál es su visión, contrata a las personas adecuadas y luego no se entromete en su labor».

Durante la crisis de la COVID-19, el doctor Anthony Fauci, director del Instituto Nacional de Alergias y Enfermedades Infecciosas, se ha convertido en una de las personas más conocidas y respetadas de Estados Unidos y, por supuesto, del mundo entero.

Hace muchos años que conozco a Tony, a quien he entrevistado en varias ocasiones. La primera parte de esta charla se llevó a cabo en Washington D. C. el 15 de abril de 2019, y la segunda en el Club Económico de Washington D. C. el 28 de abril de 2020.

Poco después de esta última entrevista, escribí un artículo sobre él para el *USA Today* que resume mi opinión sobre este extraordinario médico. Lo reproduzco con permiso del periódico:

«Algunos espectadores de las sesiones informativas de la Casa Blanca sobre el coronavirus se preguntarán por qué todo se refiere cada vez más a este pequeño médico de Brooklyn de 79 años, Anthony Fauci. Bien, es así porque —como he podido comprobar tras muchos años de charlar con él y, más recientemente, de entrevistarle— él es, sin duda, uno de los mayores expertos mundiales en enfermedades infecciosas.

En todas las áreas de actividad o conocimiento humanos siempre parece haber una persona que es referente mundial. En el campo de las enfermedades infecciosas, esta persona es Tony Fauci. Los estadounidenses y, por supuesto, todos los ciudadanos del planeta, deberían estar agradecidos de que Tony esté analizando esta crisis con el mismo método basado en hechos y el mismo empeño que ha empleado para servir a su país y trabajar con seis presidentes de Estados Unidos.

Se trata de un hombre totalmente apolítico. No tengo ni idea de si es simpatizante o afiliado a algún partido, pero creo que más bien es independiente hasta el extremo. Su único interés es desvelar los hechos, hallar los mejores tratamientos y la mejor información posibles, y salvar vidas.

Tony empezó a trabajar en los Institutos Nacionales de Salud (NIH) en 1968, tras completar sus estudios de Medicina en el Weill Cornell Medical Center, y es director del Instituto Nacional de Alergias y Enfermedades Infecciosas desde 1984, es decir, desde hace 36 años. Se hace difícil pensar en alguien que haya dirigido tanto tiempo un organismo y siga estando en primera línea de juego, pero Tony es uno de ellos. Durante su etapa como director ha contribuido a la investigación de todas las inmunodeficiencias severas, como el sida, la malaria, la tuberculosis, el síndrome respiratorio de Oriente Medio, el síndrome respiratorio agudo severo (SARS), el dengue, el ébola,

etc.; y, actualmente, la pandemia más grave desde la gripe de
1918: la provocada por la COVID-19.

Entre los principales logros de Tony, además de dirigir el
Instituto y formar a muchos de los mejores especialistas en
enfermedades infecciosas del mundo, se encuentra el de ayudar a descubrir cómo el virus de la inmunodeficiencia humana
(VIH) lleva al Síndrome de Inmunodeficiencia Adquirida
(SIDA); y también el de liderar la elaboración (bajo la dirección del presidente George W. Bush) del Plan de Emergencia
Presidencial para luchar contra el sida, el cual ha revolucionado el tratamiento del VIH/SIDA en África y otras partes del
mundo desarrollado. Gracias a este programa se han salvado
millones de vidas.

De forma más reciente, Tony ha sido el ideólogo y principal defensor del plan del presidente Donald Trump para acabar
con la epidemia de SIDA en Estados Unidos mediante el tratamiento antirretroviral dirigido a las zonas de mayor incidencia
de la infección.

En su tiempo libre, Tony ha escrito más de 1100 artículos
científicos y varios manuales, lo que le ha llevado a ser una de
las autoridades más citadas de toda la profesión médica.

Por estas actividades innovadoras y su gran servicio como
funcionario federal durante más de medio siglo —trabajó 16
años en el NIH antes de ser nombrado director del Instituto
Nacional de Alergias y Enfermedades Infecciosas—, Tony ha
recibido la Medalla Presidencial de la Libertad y un Premio
Lasker (considerado en nuestro país el equivalente al Premio
Nobel). Y sin duda se merece estos galardones.

Después de tanto tiempo como director y de todos los
reconocimientos recibidos, se podría esperar que a Tony se
le hubiera subido el éxito a la cabeza, al menos un poco, pero
nada más lejos de la realidad: siempre está disponible para quienes necesitan tratamiento —sigue dirigiendo un laboratorio
en el NIH— o información. Vive en la misma casa que compró cuando se mudó a Washington, años atrás, y donde él y su

mujer, la doctora Christine Grady, criaron a sus tres talentosas hijas (aunque ninguna de ellas se ha dedicado a la medicina).

Hasta esta última crisis, Tony siempre ha ido a trabajar al NIH en transporte público, normalmente después de correr o caminar varios kilómetros siguiendo una rutina de ejercicio diario. Y, siempre que lo invitan a dar una conferencia en la zona de Washington o de Capitol Hill, rehúsa ir en coche y se desplaza en metro (aunque ha tenido que modificar esta práctica últimamente por razones obvias).

Hay, por supuesto, muchos otros funcionarios federales que, como él, dan más valor a su compromiso con el país y su gente que a las recompensas económicas, pero está claro que no existe nadie, en ningún ámbito, que supere el grado de compromiso desinteresado y a largo plazo de Tony Fauci con su país y con la salud de las ciudadanía.

Hace años, cuando Tony se aproximaba a la edad habitual de jubilación y después de trabajar toda su vida en lo público, traté de averiguar si estaba interesado en aplicar sus valiosas capacidades y sus conocimientos al sector privado, pero enseguida me dijo que no, que el dinero no le motivaba, solo servir a su país. Así que se quedó en el NIH, para beneficio de este país.

Creo con firmeza que, si hay algún profesional médico que pueda ayudarnos a luchar contra la crisis de la COVID-19, este es sin duda Tony Fauci, un ejemplo de lo mejor que han dado los Estados Unidos. No es que haga milagros, nadie los hace; sin embargo, Tony atesora la experiencia necesaria para entender mejor que nadie los problemas que generan las enfermedades infeccionas y prescribir los tratamientos que deberían, con el tiempo, ser relativamente cómodos, aunque a corto plazo sean dolorosos e incómodos».

PRIMERA PARTE

DAVID RUBENSTEIN (DR): Usted dirige el Instituto Nacional de Alergias y Enfermedades Infecciosas desde 1984. Un periodo de 36 años liderando un instituto del NIH es bastante largo. ¿Es un récord?

ANTHONY FAUCI (AF): Sin duda lo es.

DR: ¿No está cansado después de 36 años?

AF: No, porque las cosas cambian constantemente. Aparecen nuevas enfermedades infecciosas, nuevas epidemias, nuevos retos; es como si cada año o cada dos años tuviera un trabajo diferente.

DR: Hace ahora unos cien años, entre 1918 y 1919, unos cien millones de personas murieron por culpa de la gripe. ¿Por qué no pudieron tratarlos mejor en esa época?

AF: Primero, porque era una pandemia, lo cual quiere decir que la causó un virus nuevo, que no había tenido nadie antes y, por lo tanto, no se conocía. Era una gripe totalmente nueva. Y segundo, porque se trataba de un virus muy agresivo, que se contagiaba con mucha facilidad. Fue una catástrofe mundial.

DR: Usted es el mayor experto en enfermedades infecciosas de Estados Unidos y, probablemente, del mundo. ¿Cuántas veces al día se lava las manos?

AF: Varias veces, por distintas razones. La primera, porque todavía visito a pacientes, así que cuando entro y salgo de la habitación de un enfermo me las lavo. Pero incluso en mi despacho, después de saludar a mis pacientes con un apretón de manos, también me lavo las manos. Diría que siete, ocho o nueve veces al día.

DR: ¿Queda mal lavarse las manos justo después de dar un apretón de manos?

AF: Solo si la otra persona se da cuenta.

DR: Hábleme de las enfermedades infeccionas humanas. El *Homo sapiens*, hace más de 300.000 años, tenía una esperanza de vida de apenas 20 años. En la actualidad, la esperanza de vida en Estados Unidos es de unos 80 años. Es decir, que desde el *Homo sapiens* hasta ahora hemos multiplicado por cuatro nuestra esperanza de vida. ¿Por qué era tan corta en aquella época? ¿Eran las enfermedades infecciosas una de las principales causas de muerte?

AF: La respuesta es sí. Después, conforme nos íbamos acercando a los tiempos modernos, surgieron otros problemas. Aunque claro, no solo fueron causa de muerte las enfermedades infecciosas, también estaba el problema de sobrevivir en unas circunstancias medioambientales muy severas. Pero si nos fijamos en los siglos XVII, XVIII y XIX, en los que había una alta incidencia de enfermedades infecciosas porque todavía no existían las vacunas ni los antibióticos, morían muchos niños; y cuando los niños mueren la esperanza de vida baja. Hoy en día hemos incrementado de forma considerable la esperanza de vida, no solo porque hayamos erradicado muchas enfermedades infecciosas, sino también porque se tratan mejor las enfermedades no contagiosas. La hipertensión se controla mejor, las enfermedades cardíacas y el colesterol alto se controlan mejor, la gente fuma menos… Todos estos factores contribuyen a aumentar la esperanza de vida.

DR: ¿Qué es la peste bubónica, que se propagó por Europa hace cientos de años?

AF: La peste bubónica es una infección producida por una bacteria llamada *Yersinia pestis* o *Pasteurella pestis*, que se propaga por la picadura de pulgas infectadas en lugares con escasa higiene. Una de esas pulgas pica a alguien y le infecta.

Existen dos tipos de peste: la bubónica, que provoca la inflamación de los ganglios linfáticos y puede provocar la muerte, y que no se contagia de persona a persona; y la neumónica, que afecta a los pulmones y se puede propagar entre personas.

En el siglo XIV, un tercio de la población europea murió a causa de la peste. Fue devastadora en Europa.

DR: ¿Las posibilidades de que algo así vuelva a ocurrir son remotas?

AF: Con esta bacteria en particular, sí, porque se trata fácilmente con un antibiótico.

DR: ¿Cuándo se empezaron a usar las vacunas? Recuerdo haber leído que ya a finales del siglo XVIII algunas personas se vacunaron contra la viruela. ¿Cómo se hacía en ese momento? ¿Cuándo se dio cuenta el ser humano de que podía vacunarse contra una enfermedad?

AF: Sí, fue en 1796. En ese momento, la viruela estaba muy extendida entre la población. Un hombre llamado Edward Jenner se dio cuenta de un fenómeno muy interesante: que las vaqueras, es decir, las mujeres que ordeñaban a las vacas, contraían una enfermedad leve denominada viruela bovina que estaba muy relacionada con la viruela.

Jenner descubrió que, si contraían la viruela bovina y se recuperaban, se hacían inmunes a la viruela. Entonces sumó dos y dos y pensó: «Si pudiéramos infectar a propósito a la gente con una versión de la viruela —en concreto, la viruela bovina— entonces estaría protegida contra la viruela».

Dicho y hecho: lo probó con un joven, algo que ahora se consideraría poco ético. «Vacunó» al chico con la viruela bovina, después lo expuso a la viruela y comprobó que estaba inmunizado. A partir de ahí, se empezó a vacunar a la gente, hacia finales del siglo XVIII.

DR: ¿Qué efectos tenía la viruela?

AF: Era un virus bastante agresivo, mataba a entre el 20 y el 35% de las personas que se infectaban. Los síntomas eran fiebre muy alta y una terrible erupción con ampollas que podía afectar a múltiples sistemas orgánicos. Esa es la razón de que la mortalidad fuera tan alta.

DR: En aquella época, para vacunar contra la viruela, ¿te inoculaban la enfermedad mediante un pinchazo?

AF: No, tomaban una pústula con el virus dentro, la raspaban y se la metían a través de la piel a otra persona para generar una respuesta inmunitaria. Era un poco peligroso, porque antes de tener las vacunas atenuadas —es decir, la forma más debilitada del virus que se usa ahora para fabricar las vacunas— podías llegar a matar a alguien utilizando este método de vacunación.

DR: Hablemos del VIH. ¿Cuándo reconoció por primera vez el mundo que había un problema con este virus que después producía el sida?

AF: Fue reconocido por primera vez en 1981. Los Centros para el Control y la Prevención de las Enfermedades publicaron un informe sobre cinco hombres, curiosamente todos homosexuales de Los Ángeles, que padecían una extraña enfermedad que nadie había visto antes. Eran hombres previamente sanos que contraían infecciones solo propias de personas con un sistema inmune débil.

Todo el mundo pensó que se trataba de una casualidad, pero un mes después, en julio de 1981, 26 personas —todas ellas homosexuales de Nueva York, San Francisco y Los Ángeles— resultaron infectadas. Entonces nos dimos cuenta de que era una enfermedad nueva. Pero hasta 1983 no se aisló el VIH, y en 1984 se demostró que era la causa del sida.

Aunque Estados Unidos fue el primer país en reconocerlo, el virus circulaba ya por todo el mundo. Se originó en el África subsahariana y no fuimos conscientes de lo mal que estaban allí hasta que fuimos y empezamos a hacer pruebas a la gente.

DR: ¿Se originó en humanos?

AF: Se originó hace cientos de años en primates no humanos, en los chimpancés. Después fue saltando de especie en especie hasta llegar al ser humano.

DR: ¿Es normal que los virus salten de una especie a otra?

AF: El 75% de las infecciones nuevas que contraen los humanos vienen de los animales. Se llaman enfermedades zoonóticas, lo que quiere decir que es un virus animal que salta a un humano por alguna razón como, por ejemplo, la invasión de su hábitat, o porque el virus muta un poco. La gripe es básicamente una infección de las aves. El VIH ya hemos dicho que viene de los chimpancés. El zika y otra gran variedad de infecciones tienen un origen animal.

DR: ¿Cuándo descubrimos que había una manera de moderar el efecto del VIH en el desarrollo del sida?

AF: Cuando encontramos los fármacos adecuados para tratar el virus. Empezamos en 1987 con el AZT, el primer medicamento antirretroviral aprobado para tratar el VIH. Hacia 1996, nos dimos cuenta de que, si combinábamos tres medicamentos, podríamos reducir la carga viral por debajo del nivel detectable. Así las personas infectadas, que de otro modo habrían muerto casi seguro, podían llevar una vida normal. Así que ahora, si alguien se infecta de VIH, se le administra esta triple combinación de medicamentos y la persona se la toma religiosamente, tendrá una esperanza de vida normal.

DR: Hábleme de su pasado. Se crio en Brooklyn y fue a una escuela católica.

AF: Sí, primero a una escuela primaria católica y al Regis High School de Manhattan y luego al Holy Cross College de Worcester.

DR: ¿Desde siempre quiso ser médico? ¿O aspiraba a ser algo más importante, como abogado, inversor o algo así?

AF: No puedo decir que siempre quise ser médico; de hecho, me interesaban mucho las humanidades. Me licencié en Artes y Estudios Clásicos —probablemente porque fui a un colegio de jesuitas—: ya sabe, griego, latín, psicología filosófica y todas las corrientes filosóficas. Puesto que me interesaban las humanidades, pero también la ciencia, pensé que la mejor manera de combinar esos dos intereses sería siendo médico.

DR: ¿Dónde estudió Medicina?

AF: En el Colegio Médico de la Universidad Cornell de Nueva York.

DR: Después de graduarse, ¿se planteó especializarse, por ejemplo, en cirugía cardiaca o neurocirugía? ¿O se dijo ya en ese momento: «Quiero ser especialista en enfermedades infecciosas»?

AF: Quería especializarme en enfermedades infeccionas e inmunología. La inmunología es el estudio de los mecanismos de defensa contra las infecciones. Después de terminar las prácticas y la residencia en medicina interna, lo completé con el de enfermedades infecciosas e inmunología. Me gustaba porque era un ámbito muy emocionante.

DR: ¿Dónde hizo las prácticas y la residencia?

AF: Aquí, en el NIH.

DR: Entró en el NIH en 1968 y después de usted lo hicieron otros médicos que habían ganado ya el Premio Nobel; uno de ellos, el doctor Harold Varmus.

AF: Y Mike Brown, Joe Goldstein, Bob Lefkowitz; todos ellos ganaron el Premio Nobel.

DR: ¿Y cómo es que usted todavía no lo ha ganado?

AF: Yo soy el tonto del grupo. No, en realidad, no podría ganarlo de ninguna forma, porque mi trabajo gira en torno a problemas de salud mundial más amplios. Ellos descubrieron cosas específicas realmente interesantes.

DR: Pero ha ganado la Medalla Presidencial de la Libertad, el premio Lasker y la Medalla Nacional de la Ciencia. ¿Hay algún premio en medicina que todavía no haya ganado?

AF: El Premio Nobel.

DR: Yo le nominaría si supiera cómo hacerlo. Pero permítame que le pregunte: ¿de dónde saca tiempo para escribir más de 1200 artículos, dirigir el Instituto y tratar a los pacientes?

AF: Mi carrera ha sido bastante larga, por eso he escrito tantos artículos. Pero lo cierto es que trabajo muchas horas para poder visitar a mis pacientes, dirigir el laboratorio, dirigir también un gran instituto y colaborar con los temas de salud mundial. Soy adicto al trabajo y me encanta lo que hago.

DR: ¿Qué hace para mantenerse en forma?

AF: Solía correr; participaba en maratones y en carreras de 10 km, pero hace dos o tres años dejé de correr a diario. Antes corría 10 km al día; ahora camino rápido entre 5 y 6 km.

DR: ¿Y nunca se pone enfermo?

AF: No, gozo de buena salud, gracias a Dios.

DR: ¿Alguna de sus hijas ha estudiado Medicina?

AF: No. Una de ellas acaba de doctorarse en Psicología Clínica, así que va a dedicarse a ese ámbito de la salud. Otra es profesora y la más pequeña trabaja en el mundo de la tecnología; trabaja para Twitter, en San Francisco.

DR: Usted es ahora una persona muy conocida en el ámbito de las enfermedades infecciosas. ¿Alguien le ha dicho alguna vez que es hora de dejar el trabajo y hacer algo más lucrativo? De hecho, una vez fui a verle y le ofrecí trabajar en capital riesgo. Le pregunté si se veía a sí mismo como inversor en el sector sanitario, porque sería perfecto para ese trabajo. Pero rechazó mi oferta. ¿Por qué lo hizo?

AF: Bueno, me habría encantado trabajar para usted, David, pero me entusiasma lo que hago y es lo que de verdad me motiva. No es que crea que esas otras profesiones no sirven para nada, sino que a mí me gusta lo que hago.

DR: Lleva al frente de este instituto 36 años. Echando la vista atrás, ¿de qué logros se siente más orgulloso?

AF: Hay dos cosas de las que me siento muy orgulloso: una es dirigir el instituto que ha desarrollado los medicamentos para tratar la infección provocada por el VIH. Antes de disponer de ellos, traté a muchos infectados por este virus y casi todos murieron. Ahora, gracias al trabajo del Instituto, tenemos medicamentos que salvan vidas y les permiten llevar una existencia normal.
Lo otro es algo que ya le he comentado, haber ideado y desarrollado el programa PEPFAR del presidente George W. Bush, un programa de alcance mundial que hasta el momento ha salvado entre 14 y 16 millones de vidas. Estoy orgulloso, pero también agradezco la oportunidad que me dieron para llevarlo a cabo.

DR: ¿Se arrepiente de algo?

AF: No, de nada.

DR: ¿Vivieron sus padres para ser testigos de su éxito?

AF: Mi padre vivió hasta los 97 años, murió hace doce años. Así que presenció los éxitos de cierta parte de mi carrera. Mi madre murió muy joven, ni siquiera me vio graduarme en Medicina.

DR: ¿Le dijo su padre que estaba orgulloso de lo que había hecho?

AF: Sí, estaba muy orgulloso y me lo decía.

DR: Al observar su carrera en perspectiva, ¿qué cree que le ha llevado a ser el líder —y uno de mucho éxito— del Instituto? ¿Cuáles dirían que son las características de un líder?

AF: Los rasgos que he analizado, y que considero que han sido muy importantes para mi liderazgo, son comunes en muchas personas. No creo que sea nada único mío.

Algo que siempre digo, porque lo siento de verdad, es que si diriges una organización, sea del tipo que sea, que tiene una misión o un propósito concreto, debes explicar a tus colaboradores cuál es exactamente tu visión y hacia dónde quieres que vaya la organización. He visto casos de organizaciones mal lideradas en las que los trabajadores se encontraban totalmente perdidos, no sabían hacia dónde ir. El buen líder no es el que más manda, sino el que manifiesta cuál es su visión, contrata a las personas adecuadas y luego no se entromete en su labor.

SEGUNDA PARTE

DR: En primer lugar, me gustaría expresar mi agradecimiento a todos los trabajadores que están en primera línea y al personal sanitario y militar que está ayudando a nuestro país en este momento tan difícil. Doctor Fauci, muchas gracias también a usted por aceptar hacer esta entrevista. Soy consciente de que su tiempo es valiosísimo y le agradezco de manera muy especial que nos conceda parte de él.

Mi primera pregunta es: ¿qué piensa de la imitación que hizo Brad Pitt de usted en el *Saturday Night Live*? ¿Le decepcionó que no fuera otra persona?

AF: No, al contrario, Brad Pitt es uno de mis actores favoritos. Y creo que lo hizo muy bien, supo imitar a la perfección mi voz ronca y los movimientos de las manos, pero tiene que mejorar un poco el acento de Brooklyn. Lo hizo muy bien, fue muy gracioso.

Y, en mi opinión, lo que hizo al final fue un ejemplo de buena educación, cuando se quitó la peluca y nos dio las gracias a mí y a todos los trabajadores sanitarios. Nunca le he conocido en persona, pero me parece un chico con clase.

DR: Por cierto, ¿sabía que iba a imitarle?

AF: No, no lo supe hasta unas horas antes.

DR: Usted dirige el Instituto Nacional de Alergias y Enfermedades Infecciosas desde 1984. En estos 36 años, ¿ha habido alguna crisis sanitaria similar a la actual?

AF: Bueno, hemos tenido múltiples epidemias, tanto naturales (como la del VIH) como provocadas de forma deliberada (por ejemplo, los ataques con ántrax), y otras muchas, como las del virus del Ébola o del Zika, o la gripe pandémica de 2009. Cada epidemia presenta unas características determinadas.

Por ejemplo, la infección del VIH, que provoca el sida, empezó a estar en el punto de mira muy poco a poco. Se extendió, antes de ser descubierto, durante al menos 38 o 39 años. El total de muertes que ha provocado hasta la fecha es de unos 37 o 38 millones, pero esto ha ocurrido en un periodo de tiempo muy prolongado y ha afectado de forma selectiva a personas de unos grupos demográficos determinados y con unos comportamientos específicos.

Lo que ocurre con la pandemia actual es que es tan única que me quita el sueño. Hace años usted me preguntó qué podría quitarme el sueño y le contesté que la aparición de una infección totalmente nueva que fuera de transmisión animal, se contagiara por las vías respiratorias, fuera muy contagiosa y provocase un nivel alto de morbilidad y mortalidad. Todo esto es, precisamente, lo que tenemos ahora.

La razón de que sea tan rara es que nos ha explotado encima. Recordemos que la primera vez que se detectó el virus fue entre finales de diciembre de 2019 y principios de enero de este año. Y ahora, apenas unos meses después, tenemos ya millones de casos. En Estados Unidos ya han muerto 55.000 personas (a finales de junio de 2020, el número había ascendido ya hasta 120.000).

Ha estallado en todo el mundo de un modo que no tiene precedentes, en un periodo de tiempo muy reducido. Y, a diferencia de otras infecciones, como la del virus del Zika, por la que si no vives en una zona de mosquitos no te tienes que preocupar, todo el mundo corre el riesgo de contraerlo. En el caso del VIH, si no perteneces a una categoría de riesgo es muy poco probable que te infectes; en cambio, en el caso de la COVID-19, todos somos vulnerables, porque es una enfermedad altamente contagiosa.

Así que la respuesta a su pregunta, David, es que nunca antes he vivido una crisis como la actual.

DR: ¿Está seguro de que el virus procede de un mercado de China? ¿Suscribe la opinión de que puede haber sido fabricado en un laboratorio chino o la rechaza?

AF: Bueno, no puedes descartar nada que esté fuera de tu control, pero solo fíjate en los datos: los biólogos evolutivos han analizado la evolución de las mutaciones de los virus en murciélagos durante un periodo de tiempo, y han comprobado que hay una altísima probabilidad de que hayan infectado a un huésped intermedio que todavía está pendiente de identificar. Todo en este caso es compatible con los tipos de virus que saltan de un huésped animal a un humano. Ese es el primer y desafortunado paso.

El segundo aspecto que es una tragedia para la especie humana es que este virus concreto ha sido capaz de adaptarse de forma casi inmediata hasta alcanzar un nivel de eficacia muy elevado en cuanto a la capacidad de contagio entre humanos. En ese sentido es diferente al SARS, que llegó y desapareció, o a la gripe aviar, que saltó de un pollito a un humano; estos virus son muy perjudiciales, sí, pero la buena noticia es que son muy ineficientes, si no incapaces, para transmitirse de humano a humano. Este virus tiene todas esas características negativas, pero además es muy contagioso y provoca un alto grado de morbilidad y mortalidad.

DR: Mirándolo en perspectiva, ¿podían haber hecho algo los chinos para advertir a la gente de lo letal que era este virus, o no se podía prever?

AF: Creo que ha habido cierto grado de negligencia que analizaremos cuando todo esto acabe. Al principio, los chinos dijeron que era un virus que había saltado de un mercado de animales a los humanos, pero que no había evidencia de que se pudiera transmitir de humano a humano; o que el contagio, si lo hubiera, sería muy poco efectivo. Pero con esto ya estaban diciendo que existía contagio en China de humano a humano.

Y eso no solo fue negativo para el resto del mundo, también se perjudicaron a sí mismos. Poco después de reconocer la existencia de esta nueva infección —y en su favor diremos que enseguida publicaron la secuencia genética del virus en una web—, lo que también se permitió, al no informar a sus propias autoridades sanitarias de que existía el contagio de persona a persona, fue la celebración de una especie de fiesta popular en Wuhan a la que asistieron unas 40.000 personas. Y lo peor que puedes hacer cuando tienes circulando un virus con alto nivel de contagio es congregar a mucha gente.

DR: Hasta la fecha han muerto entre 55.000 y 56.000 estadounidenses. ¿Cuál cree que será el número total de víctimas, según el patrón que estamos viendo ahora?

AF: Siempre he dicho que, aunque los modelos sean útiles, son tan buenos como las hipótesis que formules en ellos, y te pueden engañar en la misma medida que te pueden ayudar. Por ahora hay 55.000 muertos. El modelo acaba de ser actualizado y ahora dice que en lugar de 60.000 probablemente serán más de 70.000.

Esta hipótesis está basada en nuestra manera de responder al virus; eso es lo que determinará el número de muertes.

Esperemos que todo el mundo siga las directrices y que se puedan volver a abrir las fronteras de Estados Unidos, porque son unas directrices que han sido diseñadas con mucho cuidado y en las que intervine de forma directa, para que fueran muy conservadoras y prudentes. Cuando abramos de nuevo el país desde el punto de vista económico y se detecten nuevos casos —cosa que, con seguridad, ocurrirá—, no hay duda de que, si gozamos de la capacidad para identificarlos, aislarlos y rastrear los contactos de una manera efectiva y eficaz, las cifras se mantendrán bajas.

Podrían ser 80.000 o 70.000 muertes, como dice el modelo. Si no lo logramos, o si intentamos abrir de forma prematura y sufrimos otros brotes que no seamos capaces de controlar, podrían ser muchas más. Podría haber un rebrote que nos volvería a dejar en la misma situación en la que estábamos hace unas semanas.

Por eso tenemos que andar con pies de plomo y ser muy prudentes a la hora de pasar del confinamiento al retorno gradual a un cierto tipo de normalidad.

DR: Ha dicho que es probable que en invierno vuelva el virus, como ocurrió con la gripe española de 1918. ¿Por qué cree que volverá?

AF: Estoy casi seguro de que volverá, porque posee una alta capacidad de contagio y está extendido por todo el mundo. Este tipo de virus suele actuar con más fuerza cuando el clima es frío y seco y la gente está más en interiores que al aire libre.

No sé si aquí será muy diferente, lo que sí sabemos es que ahora mismo, a medida que empezamos a estabilizarlo, hay lugares en el sur de África, como la provincia de KwaZulu-Natal y Ciudad del Cabo, en Sudáfrica, que están empezando a detectar casos. Por eso no va a desaparecer del planeta y, por eso, cuando llegue el frío, el virus volverá; o tal vez nunca se haya ido. Y cuando vuelva será la manera de enfrentarse a él la que determinará nuestra suerte.

Si para entonces hemos puesto en marcha todos los mecanismos de defensa necesarios para enfrentarnos a él, tendría que irnos razonablemente bien. Si, por el contrario, no lo hacemos bien, podríamos tener un mal otoño y un pésimo invierno.

DR: ¿Qué piensa de las pruebas que se están practicando? En otros países se ha centralizado el proceso; aquí se ha dejado en manos de los estados. ¿Cree que es la mejor manera de hacerlo? Si alguien quiere hacerse una prueba hoy, ¿puede?

AF: En un principio, la realización de pruebas no se planificó bien en función de la gravedad de la situación y fracasó. Pero eso ya lo he dicho antes, no estoy diciendo nada nuevo.

Sin embargo, ahora estamos respondiendo de una forma agresiva y apropiada a nuestro país. Por ejemplo, hemos implicado al sector privado, a las grandes empresas que saben lo que hacen, que se ganan la vida con esto. En las últimas semanas el tema de las pruebas ha mejorado mucho y lo seguirá haciendo.

Queda por ver si estamos o no donde queremos estar. Creo que sí, que o ya estamos ahí o nos encontramos muy cerca. El plan que se puso en marcha ayer fue un modelo para poner a prueba una situación futura: cuando volvamos a abrir Estados Unidos. La diferencia que marca este plan, y todo el mundo debería conocerla, es que implica una auténtica colaboración entre los estados y el Gobierno federal, aunque la implementación sobre el terreno debería producirse en un nivel estatal, porque ellos saben cómo funcionan. Pero el Gobierno federal ha de desempeñar el papel de asumir la dirección estratégica y proporcionar la asistencia técnica necesaria.

Esto es algo que no acordamos en un principio. Pero ahora sí, hay ya un compromiso de colaboración entre el Gobierno federal, que actúa como una especie de proveedor de último recurso, pero también que permite la interacción con los estados para que podamos facilitarles dirección estratégica y luego dejarlos que hagan en un nivel local lo que ellos saben hacer. Creo, por tanto, que estamos mucho mejor ahora que hace unas semanas.

DR: ¿Funcionan bien las pruebas? ¿Hay muchos falsos positivos o falsos negativos?

AF: Las pruebas validadas que estamos utilizando son sensibles y específicas. Pero ninguna prueba es perfecta, fiable al 100%.

Creo que a veces la gente no sabe muy bien qué prueba se está haciendo. Hay dos tipos de pruebas: una es para el virus en sí; dentro de esa categoría, unas pruebas son más rápidas que otras, según el método que se utilice. Pero lo esencial es que todas te dicen si estás o no infectado en ese momento.

Por otro lado, se está haciendo ahora un tipo de pruebas —algunas no han sido aún validadas por la FDA, pero otras sí— que son para detectar la presencia de anticuerpos. Es decir, estas no miran si estás infectado o no, solo si lo has estado en algún momento y, por lo tanto, tienes anticuerpos, que son las proteínas que el cuerpo genera en respuesta a una infección; y que lo normal es que te protejan contra una nueva infección del mismo virus. El alcance de esta protección aún debe determinarse para este virus en particular, porque es la primera vez que lo hemos visto.

Lo que podemos concluir es que hay un conjunto de pruebas para el virus que es bastante fiable, mientras que el otro está en camino de serlo.

DR: ¿Y cómo va el tema de las vacunas? En el *New York Times* de hoy se ha publicado un informe según el cual su laboratorio y la Universidad de Oxford están trabajando en una que parece que ya ha funcionado en monos. ¿Qué posibilidades hay de que esta vacuna sea efectiva en humanos?

AF: Es muy probable. Soy hasta cierto punto optimista, no solo respecto a esta vacuna, sino sobre todas las vacunas en las que estamos trabajando en el NIH con nuestros colegas farmacéuticos, y también sobre algunas de las que están desarrollando otros países y diferentes farmacéuticas. Habrá muchas vacunas. Como sabe, algunas de ellas ya están en fase de pruebas con humanos para ver si son seguras o no.

Confiamos en tener una respuesta sobre si son o no efectivas y seguras a su debido tiempo, que, como dije hace unos meses, será probablemente dentro de un año o año y medio. Tal vez este próximo invierno sepamos ya si podemos disponer de una vacuna segura y efectiva.

Después el reto será distribuirla de manera eficaz por este país y por todo el mundo. Es tan importante disponer de una vacuna segura que contar con la capacidad de fabricar suficientes dosis para que no solo los países ricos puedan acceder a ella.

DR: Nunca se ha conseguido una vacuna para el VIH. ¿Por qué es tan optimista con la de este virus? Porque en el caso del VIH también se investigó mucho para desarrollar una vacuna.

AF: Hay una gran diferencia con el VIH, David. Siempre que se produce una vacuna confías en la capacidad del organismo para producir una respuesta adecuada a la infección.

Sabemos que la rubeola, por ejemplo, es una enfermedad grave, pero el cuerpo la elimina en la inmensa mayoría de los casos y deja a esas personas con una respuesta inmune que las protege de una reinfección. En el caso de la rubeola ya se ha demostrado que el cuerpo puede producir una buena respuesta.

Pero, por razones incomprensibles, esto no ocurre en el caso del VIH. El organismo no genera una respuesta adecuada que lo proteja contra el virus; por eso, en los millones y millones de casos de VIH existentes, no hay noticias de ninguno en el que se haya producido una eliminación espontánea del virus en el cuerpo como una respuesta inmune natural.

Sin embargo, con otros virus, como los respiratorios, sabemos que el organismo es capaz de generar una buena respuesta inmune. La gran mayoría de la gente que se contagia del coronavirus se recupera bien de la infección que tantos problemas nos está causando. Por consiguiente, si la gente consigue generar una respuesta inmune natural que elimina el virus, eso me hace ser en cierto modo optimista respecto a que podremos desarrollar una vacuna que imite bastante bien la infección como para inducir ese mismo tipo de respuesta de protección.

No lo podemos garantizar, porque el éxito nunca se puede garantizar, pero el hecho de que el organismo sea capaz de hacerlo me hace ser optimista.

DR: ¿Podría mutar el virus que provoca la COVID-19 y que entonces la vacuna no fuera efectiva?

AF: Eso siempre es posible. Pero es menos probable que mute de manera que eluda el efecto de la vacuna que para ser más o menos virulento o más o menos resistente a un fármaco. Pero sí, es posible que mute y que, como resultado, la vacuna no sea efectiva. Por eso debemos hacer estudios cuidadosamente diseñados y bien controlados para comprobar su efectividad y compararlos con la respuesta inmune al virus concreto que está circulando ahora mismo.

DR: ¿Por qué cree que este virus resulta tan dañino para la gente mayor —digamos, de más de 70 o 75 años— o para las personas afroamericanas o de otras etnias?

AF: Si nos fijamos en la gripe, con la que ya tenemos mucha experiencia, y en otros tipos de virus, veremos que siempre afectan más a los mayores y a las personas que viven en condiciones más desfavorables.

Lo curioso de esta infección es que, en la mayoría de los casos (con algunas excepciones) los que peor lo pasan son quienes ya padecen otras patologías, como hipertensión, diabetes, obesidad y enfermedades pulmonares crónicas.

No hemos valorado aún, ni conocemos lo suficiente, lo que denomino «mecanismos patógenos» de este virus, pero conforme sabemos más de él vemos que emplea una forma complicada de infectar el cuerpo. Si tienes una enfermedad de base, igual que ocurre con muchos virus, presentas un riesgo mucho mayor, no de ser infectado, sino de sufrir consecuencias más perjudiciales.

En el caso de los afroamericanos, hay una desigualdad en el estado de salud que no tiene nada que ver con el coronavirus. Sabemos desde siempre que la comunidad afroamericana sufre mucho más enfermedades como la hipertensión o la diabetes, que en este caso incrementan la posibilidad de que el virus tenga unas consecuencias más graves.

Así que es un agravante doble: además de sufrir mucho más este tipo de dolencias, presentan mucho más riesgo de que se produzcan consecuencias graves en su organismo cuando se infectan con el virus.

DR: Hay 330 millones de personas en Estados Unidos que se preocupan por la salud de usted. ¿Cómo evita el virus? Porque nadie quiere que deje de trabajar justo ahora. ¿Qué hace para mantenerse sano?

AF: No hago nada de lo que recomiendo a la gente que haga, porque mi día a día es una locura. Al principio tenía tanto que hacer que dormía tres horas al día, algo que no es nada bueno si se hace muchos días seguidos. Así que escuché el sabio consejo de mi experta esposa, que fue enfermera, y ahora duermo entre cinco y seis horas cada noche. Eso y no juntarme con gente, en la medida que puedo, haciendo todo virtualmente, como se estila ahora, es lo que creo que me mantiene sano. Me canso un poco, pero es un cansancio bueno.

DR: ¿Qué me dice de su voz? La gente comenta que suena un poco ronca. ¿A qué se debe? ¿Es que habla mucho o qué?

AF: Es justo eso, David. En diciembre tuve la desgracia de contraer la gripe A, H1N1. Y como consecuencia desarrollé una traqueítis que va mejorando. Y después vino el coronavirus, sobre el que tuve que preparar informes, aunque fueran orales, para todos los congresistas, senadores y gobernadores, y hacer entre cinco y siete entrevistas diarias. Y claro, si tienes la tráquea un poco mal (es probable que tenga un pólipo) la única forma de recuperarte es estando callado. Pero en ese momento no podía.

DR: Cuénteme cómo funciona el equipo que trabaja contra el coronavirus. ¿Se sientan todos a una mesa y dicen que todo es estupendo y luego discuten? ¿Cómo son esas reuniones?

AF: No, no, son reuniones muy agradables. Es un buen equipo. Las coordina el vicepresidente, Mike Pence, y otros miembros del Gobierno también participan, sobre todo Alex Azar (secretario de Salud). También Ben Carson, Chad Wolf y otros son ahora miembros bastante activos. Así mismo, acuden algunos médicos, como Bob Redfield (director de los Centros para el Control y la Prevención de Enfermedades y administrador de la Agencia para el Registro de Sustancias Tóxicas y Enfermedades), Debbie Birx (coordinadora del U.S. Global AIDS y representante especial para la Global Health Diplomacy) o Steve Hahn (comisionado de la Food and Drug Administration, FDA). Tenemos, pues, a un equipo que analiza los datos a diario, que estudia los patrones y la dinámica de los brotes, y que trata cada problema que se presenta, algunos de los cuales ya hemos mencionado. Discuten sobre las pruebas, nuestra capacidad para disponer de suficientes respiradores o EPI y los planes para cada estado.

Solemos hablar de estas cosas sobre una hora y media y después nos reunimos y el vicepresidente y su equipo deciden qué decir a los medios de comunicación. Luego hacemos un pequeño resumen tras informar al presidente y salimos a dar la conferencia de prensa.

DR: La gente se pone muy nerviosa cuando usted no sale en esas conferencias de prensa. Cuando no sale, ¿es porque está haciendo algo más importante?

AF: Las conferencias de prensa suelen versar sobre un tema determinado. Si se trata de un tema para el cual hay una persona más experta que yo, es ella quien habla. Por ejemplo, el tema de ayer eran las pruebas, así que hablaron las personas implicadas en ello. Yo soy médico, científico, y una persona dedicada a la salud pública. He participado en casi todas, pero no en todas. Muchas veces, si la gente no me ve cree que hay algún problema entre el presidente y yo, pero nunca lo ha habido.

DR: Tiene 79 años, pero está en plena forma. Practica el *power walking* y hace unos 5 km al día. ¿Qué es el *power walking*, es algo así como andar rápido?

AF: El *power walking*, al menos para mí, significa tratar de alcanzar a mi esposa, que camina más rápido que yo.

DR: Su objetivo es seguir haciéndolo diez años más. ¿Cuánto tiempo más quiere trabajar?

AF: Es una buena pregunta; llevo décadas preguntándome lo mismo. Lo haré hasta que sienta que no puedo hacerlo tan bien como ahora. Pero, por el momento, pienso que soy igual de bueno que siempre, porque, además de que todavía tengo la energía suficiente, tengo mucha más experiencia.

DR: ¿Cree que si hubiera sido unos 5 cm más alto habría sido jugador de baloncesto en la universidad y habría tenido alguna opción de ir a la NBA?

AF: Bueno, la respuesta a eso es que todos los jóvenes de Nueva York que juegan en las ligas universitarias a un cierto nivel tienen aspiraciones, pero muchas veces esas aspiraciones no concuerdan con la realidad.

Heredé un par de cosas de mi padre. Cuando yo estudiaba en la universidad, él era campeón de Nueva York en 200 y 400 metros lisos. Era muy rápido. Y a mí, en la cancha de baloncesto, no había nadie que me alcanzara. También heredé su altura. Pero descubrí algo que es la regla principal del baloncesto: que un base cinco-siete muy rápido, que sea un buen lanzador, siempre será vencido por un base seis-tres muy rápido que sea buen lanzador.

DR: Yo tenía el problema de que tampoco era buen lanzador. No lo hacía nada bien y por eso no llegué muy lejos.

Tony, muchas gracias por concederme su tiempo. Y gracias por lo que está haciendo por nuestro país. Cuídese mucho. Tome té con miel, recupérese de la voz y trabaje todo lo que pueda. Gracias.

AF: Muchas gracias, David. Siempre es un placer hablar con usted. Cuídese.

JUEZ RUTH BADER GINSBURG

Exjuez de la Corte Suprema de los Estados Unidos

«Hasta comienzos de los años setenta, era prácticamente imposible que los tribunales reconocieran la igualdad de derechos de ciudadanía para las mujeres».

«Todos nosotros veneramos a la institución para la que trabajamos y queremos dejarla en el mismo buen estado en el que la encontramos».

De las 114 juezas que han trabajado en la Corte Suprema, ninguna ha alcanzado la notoriedad que ha logrado recientemente Ruth Bader Ginsburg. ¿Por qué este enorme e inaudito reconocimiento para esta juez sabia, diminuta y de voz suave (que es la segunda mujer en la historia que forma parte de la Corte Suprema)?

Por varias razones:

Primero, porque sus trabajos pioneros como profesora de Derecho y luchadora por la igualdad de género —fue cofundadora de la sección de derechos de la mujer en la ACLU [la Unión Estadounidense por las Libertades Civiles]— han adquirido cada vez más fama entre el público (gracias a los libros y al cine), sobre todo entre las mujeres de generaciones más jóvenes.

Segundo, porque durante sus más de 40 años como magistrada (más de 13 en el Tribunal de Apelaciones de los Estados Unidos para el Circuito del Distrito de Columbia y más de 27 años en la Corte Suprema) ha sido una firme defensora de la igualdad de género, del derecho al uso de métodos anticonceptivos y al aborto, y de otras posturas defendidas por organizaciones y grupos liberales o progresistas. Muchas veces, si no la mayoría, sus opiniones se difunden gracias a que las expresa en respuesta a las críticas (y suelen ser auténticas obras de «orfebrería legal»).

Tercero, porque en la última década más o menos, los medios de comunicación le han prestado mucha atención, hablando sobre su rutina de ejercicio físico o su pasión por la ópera como partes de su encanto.

Además, su lucha contra el cáncer y otras enfermedades, y su decisión de seguir en la carrera judicial hasta los 90 años son parte de su sello y demuestran tenacidad (y tal vez el deseo de que sea un presidente demócrata quien elija a su sucesor).

Cualquiera que asista a una conferencia, entrevista o comparecencia suya se da cuenta de que es algo así como una estrella del rock. En sus eventos es capaz de reunir a más de 20.000 personas y suelen dedicarle ovaciones cuando ella asiste a alguno. Lo he visto con mis propios ojos siempre que he presentado o entrevistado a la juez Ginsburg, a la que conozco de los eventos que organiza el Centro Kennedy —es una asistente fiel a nuestras óperas— o de las citas sociales que se organizan en Washington.

Esta entrevista en concreto tuvo lugar en septiembre de 2019, con público, en la calle 92 de Nueva York, y hubo más solicitudes de asistencia que plazas. En la entrevista hace gala de su buen manejo de los idiomas, su gran sentido del humor y su disponibilidad para hablar abiertamente sobre la discriminación de género que ella misma sufrió; también de su compromiso, incluso a estas alturas de la vida, en la lucha contra las injusticias que siguen sufriendo las mujeres.

Pero ¿cómo se convirtió la juez Ginsburg en esta grandísima líder y en todo un referente? Las respuestas se encuentran en esta entrevista. Todo ello se debe a su gran inteligencia (fue de las mejores de la clase en las facultades de Derecho de Harvard y Columbia), su firme lucha por diversas causas y su capacidad (y encanto) para trabajar con quienes no están de acuerdo con ella, como, por ejemplo, el fallecido juez Antonin Scalia, amigo suyo y también amante de la ópera.

Además, la juez Ginsburg también ha encontrado una manera única de ser líder en la Corte Suprema: sus apariciones públicas y su persona han influido de forma muy clara en la opinión pública sobre muchos asuntos clave. Y la Corte, una institución de fuerte tradición legal y erudición, también se hace eco de los puntos de vista de la que puede considerarse su «décima juez»: la opinión pública.

DAVID RUBENSTEIN (DR): ¿Qué se siente al despertarse por la mañana sabiendo que a 330 millones de estadounidenses les interesa su estado de salud?

RUTH BADER GINSBURG (RBG): ¿Qué se siente? Es muy estimulante. Los que hemos sobrevivido a un cáncer sabemos que esta enfermedad es un reto. Así que ayuda saber que la gente te apoya.

Pero esto no es algo general. Cuando tuve cáncer de páncreas en 2009, un senador, cuyo nombre no recuerdo, dijo que me moriría en seis meses. Él ya no está vivo. [Era el senador Jim Bunning, que murió en 2017].

DR: Mientras esté sana y pueda trabajar, pretende seguir en la Corte, ¿no es así?

RGB: Mientras esté sana y tenga agilidad mental.

DR: Los jueces Stevens y Oliver Wendell Holmes se retiraron a los 90 años. ¿Quiere batir su récord?

RGB: La primera semana de julio estuve con el juez Stevens en una conferencia en Lisboa. Resultó ser la última semana de su vida. Era un hombre increíble. Tenía 99 años y, desde que dejó la Corte Suprema a los 90, escribió cuatro libros. Sí, es mi modelo a seguir.

DR: Ahora muchos piensan que la Corte es muy política, que los miembros designados por presidentes demócratas o republicanos tienden a seguir las directrices del partido correspondiente. ¿Cree que es justo ese análisis?

RGB: La gente piensa eso porque el consenso no resulta interesante, pero el disenso sí, y por eso a la prensa le conviene dar bombo a nuestras resoluciones de 5/4 o de 5/3. Pero fijémonos en el último trimestre, a modo de ejemplo: hemos publicado 68 reso-luciones tras haberlas estudiado y discutido de forma exhaustiva. De esas 68, 20 han sido sentencias de 5/4 o de 5/3, pero 29 han sido unánimes.

Es decir, que, en general, hay más consenso que disenso. Es verdad que en algunos temas importantes hay cierta división de opiniones, pero nuestro índice de consenso es siempre más alto que el de disenso.

DR: Si hay una posible resolución de 5/4, ¿suele pasar que algún juez vaya a otro y le pida que cambie de opinión?

RGB: No. En la Corte Suprema no se regatea.

DR: ¿Nadie dice algo así como: «Si votas a mi favor esta vez yo haré lo mismo por ti en otra ocasión»?

RGB: Nunca ha pasado, pero sí que intentamos convencernos los unos a los otros todo el tiempo. Muchas veces lo hacemos por escrito. Por ejemplo, cada vez que redacto una disidencia de cuatro, espero poder recoger un quinto voto. En una ocasión un compa-ñero me asignó una disidencia de 7/2, pero al final la decisión acabó siendo de 6/3; pero no como está pensando usted: el 2 se había con-vertido en 6 y el 7 se quedó en 3.

DR: ¿Y fue gracias a su opinión?

RGB: Sí.

DR: Vaya, es usted muy convincente. Mucha gente en Washington, y en el resto del país, se sorprende por la extrema cortesía que reina entre los jueces, aunque luego no escriban cosas tan favorables unos de otros. El juez Scalia no era precisamente elogioso con sus opiniones y, sin embargo, seguían yendo juntos a la ópera. ¿Le inco-modaba o le resultaba difícil esa situación?

RGB: Para nada. El juez Scalia y yo nos hicimos amigos cuando éramos colegas en el Circuito del Distrito de Columbia. Quizá lo que más me gustaba de él era su contagioso sentido del humor. Cuando estábamos juntos en la sala de tres magistrados del Tribunal de Apelaciones, a veces me murmuraba algo y yo tenía que hacer grandes esfuerzos por aguantarme la risa.

Pero es que además teníamos muchas cosas en común. De verdad, nuestros estilos eran muy diferentes, pero ambos nos preocupábamos mucho de dejar por escrito nuestras opiniones para que al menos otros abogados y jueces supieran por qué lo decíamos. El juez Scalia era experto en gramática. Su padre había sido profesor de latín en el Brooklyn College y su madre maestra de primaria. Así que él dominaba la gramática.

De vez en cuando venía a la Audiencia o me llamaba por teléfono y me decía: «Ruth, has cometido un error gramatical». Eso sí, nunca lo hacía por escrito, para no avergonzarme ante mis compañeros. Pero bueno, de vez en cuando yo le devolvía la pelota: «El borrador de tu proyecto es demasiado incisivo. Serías más persuasivo si bajaras el tono». Nunca hizo caso a mis consejos.

DR: Ambos han sido muy amantes de la ópera. ¿De dónde le viene su pasión por este arte?

RGB: Mi pasión por la ópera comenzó cuando tenía once años y estudiaba en una escuela primaria de Brooklyn, Nueva York. Mi tía, que era profesora de inglés en secundaria, me llevó a un instituto de Brooklyn a ver una ópera. Era *La Gioconda*, que tampoco es la mejor opción como primera ópera para una niña.

En aquel entonces había un hombre llamado Dean Dixon, cuya misión en la vida era conseguir que los niños escucharan música, música maravillosa. Dirigía una orquesta municipal, organizaba representaciones de ópera y luego las llevaba por las escuelas, condensadas en una hora y acompañadas de una narración. El vestuario y la puesta en escena eran muy sencillos. Así que mi introducción en la ópera fue gracias a Dean Dixon en 1944.

Luego, en 1948, Dixon se marchó de Estados Unidos, porque decía que en todos los años que llevaba dirigiendo óperas nadie le había llamado *maestro*. Era afroamericano. Así que se marchó a Europa, donde todo el mundo le adoraba. Y a finales de los sesenta, veinte años después de irse, regresó a Estados Unidos. En ese momento, todas las orquestas sinfónicas del país lo reclamaban como director invitado.

Era el Jackie Robinson de la dirección de orquesta. Esta diferencia entre los años cuarenta, cuando se marchó, y los sesenta, cuando regresó, demuestra el avance experimentado por los Estados Unidos.

Una vez estaba en el teatro, en el intermedio de una representación en la Metropolitan Opera. Lo normal es que haya un debate en el descanso, pero esa vez yo no participé. Pero, cuando había dos intermedios, solía haber una especie de charla con un aficionado amante de la ópera. Aquella vez fue conmigo y hablé sobre Dean Dixon. No sé cuántos correos electrónicos recibí después, de gente de todo el país, contándome que ese hombre tan maravilloso también los había introducido en el mundo de la ópera.

DR: Va a la ópera cada vez que puede. Y en Washington D. C. va al cine para ver la retrasmisión de las óperas desde la Metropolitan Opera de Nueva York y, a veces, también acude a la representación en directo. Después de tantos años viendo óperas, ¿cuál diría que es su favorita?

RGB: La mayoría de los días le diría que es *Las bodas de Fígaro*. A veces, *Don Giovanni*. Lo que tienen en común es que ambas son de Mozart, con libreto de Da Ponte. Mozart y Da Ponte son una combinación maravillosa.

DR: Es decir, que sería como una sentencia de 5/4 entre ambos, ¿no? ¿Es cierto que ha actuado en algunas óperas?

RGB: En la Washington National Opera hice de extra en *Ariadna en Naxos*, junto con el juez Scalia, y también salí en *El murciélago* con los jueces Kennedy y Breyer. Pero mi mayor hito fue cuando actué en *La hija del regimiento*. Hay en ella una parte muy pequeña que es hablada, no cantada. Muy pocas óperas tienen alguna parte hablada. Yo era la duquesa de Krakenthorp. Y escribí mis líneas para ella, fue muy divertido.

DR: Usted nació y se crio en Brooklyn. Debe admitir que todavía tiene acento de Brooklyn. La actriz Felicity Jones la interpretó en una película, pero ella no es judía ni de Brooklyn. ¿Qué opina de su actuación?

RGB: Fue fantástica. Cuando la conocí le dije: «Hablas el inglés de la reina. ¿Cómo vas a hacer para parecer una chica nacida y criada en Brooklyn?». Bueno, pues escuchó muchísimas cintas de mis discursos y mis alegaciones en la Corte. Y lo hizo estupendamente.

DR: Hace poco ha suscitado mucho interés su rutina de entrenamiento. ¿Cuándo empezó a hacer deporte? Tiene un entrenador personal. ¿Sigue levantando pesas o qué hace ahora?

RGB: Precisamente el martes fue el último día que hice ejercicio. Tengo el mismo entrenador personal desde 1999, cuando me diagnosticaron mi primer cáncer; aquel fue de colon. Después de la operación, la quimioterapia y la radioterapia, mi querido esposo me dijo: «Pareces una superviviente de Auschwitz, tienes que hacer algo para recuperarte. Contrata a un entrenador personal».

Así fue como empecé. Hay veces que mi trabajo me absorbe tanto que no quiero parar. Pero cuando llega la hora de ver a mi entrenador, lo dejo todo. Por muy cansada que esté al principio, siempre me siento mejor cuando acabo.

DR: Estuvo casada 56 años con su marido, Marty, al que conoció en Cornell, ¿verdad?

RGB: Sí, nos conocimos cuando teníamos él 18 años y yo 17.

DR: ¿Qué posibilidades tiene una mujer de Cornell de conocer a alguien y casarse con él, y que esa persona quiera ocuparse de criar a sus hijos, de cocinar y de las demás labores del hogar? ¿En su opinión, esto es común?

RGB: Sigue siendo insólito, pero lo era más aún en la década de los cincuenta. Por cierto, Cornell tiene una ratio de cuatro a uno, cuatro hombres por cada mujer. Así que era el lugar al que todos los padres querían enviar a sus hijas: si en Cornell no encontrabas marido, es que eras una inútil.

Marty fue, de hecho, el primer chico que conocí al que le importaba que tuviera cerebro. Siempre me animaba en todo lo que emprendía.

Él achacaba su habilidad en la cocina a dos mujeres: su madre y su esposa. Creo que citar a su madre en este caso no es demasiado justo, pero a mí sí. Yo tenía un libro de cocina titulado *El chef en 60 minutos*. Desde que entraba en casa hasta que la comida estaba en la mesa no pasaba más de una hora. Hacía siete platos y después del séptimo volvía al primero.

DR: ¿Le dio la madre de Marty algún consejo sobre cómo ser feliz en el matrimonio?

RGB: Me dio algunos consejos maravillosos. Nos casamos en su casa y justo antes de que empezara la ceremonia me dijo:

—Cariño, me gustaría contarte el secreto de un matrimonio feliz.

—Me encantará escucharlo. ¿Cuál es?

—De vez en cuando… te has de hacer un poco la sorda.

He seguido este sabio consejo hasta el día de hoy, sobre todo al tratar con mis colegas. Si alguien dice algo desagradable o absurdo, me hago la sorda.

DR: En Cornell sacó muy buenas notas. Luego entró en Harvard para estudiar Derecho. ¿Había el mismo número de hombres que de mujeres en esa época?

RGB: No, para nada. En aquel entonces —estudié derecho del 56 al 59— había más de 500 alumnos en mi clase de primero de Derecho en Harvard, y solo éramos nueve mujeres. Aunque eso era un gran avance si tenemos en cuenta que el año anterior, cuando estudió Marty, había cinco mujeres. Ahora mismo son mitad y mitad.

DR: Usted hizo una carrera extraordinaria y trabajó en la revista universitaria *Harvard Law Review*. Fue de las primeras de su promoción, tal vez la primera o empatada con la primera. Poco después, cuando su marido tuvo que mudarse a Nueva York, usted pidió el traslado de expediente a la Universidad de Columbia. El rector de la Universidad de Harvard le dijo que no era muy buena idea si quería licenciarse por Harvard.

RGB: Me dijo que tenía que hacer el tercer año en Harvard. Pero no lo hice, porque a Marty le diagnosticaron un cáncer de testículos cuando estudiaba tercero. En esa época los tratamientos del cáncer no estaban demasiado avanzados, no había quimioterapia, solo radioterapia. No sabíamos si sobreviviría. Y yo no quería quedarme sola con nuestra hija Jane, que tenía catorce meses. Así que preferimos permanecer juntos, como una familia.

Marty tenía un buen trabajo, en un despacho de abogados de Nueva York. Le pregunté al decano de Harvard si terminando Derecho en la Universidad de Columbia podría licenciarme en Harvard. Aunque, bueno, yo ya conocía la respuesta a esa pregunta. Me dijo: «Por supuesto que no. Tienes que hacer el tercer año aquí».

Pero yo también tenía preparada mi réplica. Una compañera de clase en Cornell había hecho primero de Derecho en Penn y había trasladado el expediente para hacer segundo en mi clase. Así que le dije al decano: «La señorita Isselbacher hace aquí segundo y tercero y le darán el título de licenciada por la Universidad de Harvard. Pero todo el mundo sabe que primero y segundo son, con diferencia, los cursos más importantes. Ella habrá hecho segundo y tercero aquí, y yo, primero y segundo. No tendría que haber ninguna diferencia». Pero él insistió: «Las normas son las normas».

DR: De modo que se trasladó a la Universidad de Columbia y se licenció allí. Sus notas fueron magníficas. También en esa universidad fue editora de la revista *Columbia Law Review*. Por haber trabajado en esas dos publicaciones tan prestigiosas le debieron de llover las ofertas de trabajo de las mejores firmas de abogados.

RGB: Pues no, no había ni un solo bufete en toda la ciudad de Nueva York que me quisiera. Siempre he dicho que tenía tres cosas en mi contra: una, que era judía, y las firmas de Wall Street solo estaban empezando a incorporar a abogados judíos; la segunda, que era mujer; pero la peor de todas es que era madre. Mi hija tenía cuatro años cuando me licencié. Algunos empresarios contrataban a mujeres, pero nunca a una madre.

DR: Uno de sus profesores de Derecho, el profesor [Gerald] Gunther, le consiguió una pasantía con el juez [Edmund] Palmieri. ¿Fue fácil para él lograrlo?

RGB: El juez Palmieri no tenía reparos con las mujeres; de hecho, ya había tenido a una mujer como pasante. Pero era evidente que algo le preocupaba. El juzgado del Distrito Sur de Nueva York tenía siempre mucha actividad y a veces necesitaba que el pasante trabajara los domingos. Temía que yo no pudiera asumir tanto trabajo.

Así que el profesor Gunther —me enteré de esto más tarde— le dijo al juez Palmieri: «Dele una oportunidad. Si no da la talla, otro chico de su clase que va a trabajar a una firma del centro de la ciudad estará encantado de ocupar su puesto».

Esa fue la zanahoria, pero también había un palo, que era: «Si no le das una oportunidad, nunca más te recomendaré a un estudiante de Columbia».

Así funcionaban las cosas para las mujeres de mi época. Conseguir el primer trabajo era extremadamente difícil. ¿Sabe cómo obtuvo su primer trabajo la juez Sandra Day O'Connor? Era una de las mejores de su clase en la Universidad de Stanford, y aun así nadie le ofrecía un puesto de abogada. Así que se presentó para trabajar de voluntaria para el fiscal del condado durante cuatro meses y le dijo: «Si después de este periodo cree que soy válida, podrá meterme en plantilla». Evidentemente, al cabo de cuatro meses él vio con claridad que se lo merecía.

Tenías que poner el pie en la puerta para que no te la cerraran en las narices, era muy difícil. Pero cuando una mujer conseguía un trabajo lo hacía igual de bien que un hombre; por lo tanto, el segundo trabajo ya era más fácil de obtener.

DR: Después de trabajar de pasante, ganó una plaza de profesora de Derecho en Rutgers.

RGB: Sí, me entrevistaron en Rutgers cuando estaba trabajando para el proyecto de la Facultad de Derecho de la Universidad de Columbia sobre procedimientos internacionales.

DR: ¿Y cómo logró conectar a la ACLU con su lucha pionera por la igualdad de género?

RGB: Primero, mis alumnos de Rutgers me pidieron que les diera unas clases sobre las mujeres y la ley. Entonces fui a la biblioteca y en menos de un mes me había leído todas las resoluciones federales sobre las diferencias de género. Había muy poco, la verdad.

Al mismo tiempo, empezaban a llegar quejas a la filial de la ACLU en New Jersey acerca de temas que nunca habíamos visto. Un grupo de denunciantes fueron maestras de escuelas públicas a las que se concedía la licencia por maternidad en cuanto el embarazo se les empezaba a notar, porque a la junta del distrito escolar le preocupaba que los niños pequeños pensaran que sus maestras se habían tragado una sandía. Por aquel entonces esa licencia no era remunerada y tampoco había garantías de que volvieran a trabajar. Así que empezaron a quejarse.

Pero también hubo quejas de trabajadoras que pretendían que su seguro de salud cubriera a sus familias, y las aseguradoras les contestaban: «La cobertura familiar solo está disponible para los hombres trabajadores, no para las mujeres». Es decir, que el seguro de una trabajadora la cubría a ella, pero no a su familia.

Estas dos cosas ocurrieron al mismo tiempo: que los estudiantes querían saber más sobre la situación de la mujer y que llegaron nuevas quejas a la ACLU.

Para mí fue un tremendo golpe de suerte, porque hasta principios de los setenta fue prácticamente imposible que la justicia reconociera la igualdad de derechos para las mujeres.

DR: Usted ganó varios casos sobre discriminación por género para la ACLU y a raíz de ello se empezó a hacer famosa. Luego dio clases en la Universidad de Columbia y, más tarde, el presidente Jimmy Carter la nombró juez del Tribunal de Apelaciones del Distrito de Columbia. ¿Le sorprendió ese nombramiento? ¿Quería ser juez o estaba feliz como profesora?

RGB: El presidente Carter se merece nuestro reconocimiento, porque gracias a él la Corte Suprema es como es hoy en día. Cuando llegó a presidente, se dio cuenta de que todos los jueces federales se parecían a él: eran hombres blancos. Y Carter supo reconocer que Estados Unidos no era así.

De modo que se propuso poner a mujeres y a miembros de distintas minorías en los tribunales federales, pero no como hecho anecdótico, sino en un gran número. Creo que nombró a más de 25 mujeres como magistradas de los tribunales de distrito y a once para los de apelación. Yo fui la última de esas once.

DR: Y fue juez del Tribunal de Apelaciones del Distrito de Columbia trece años. Transcurrido ese tiempo, ¿se imaginaba que tenía alguna posibilidad de llegar a la Corte Suprema?

RGB: Creo que nadie tiene como objetivo en la vida ser juez de la Corte Suprema. Es poco realista. Solo somos nueve personas en la Corte Suprema y la suerte influye mucho en la elección de esos nueve en un momento dado. En mi juventud nunca me planteé en ser juez. Como siempre digo, las mujeres apenas tenían presencia en esa institución.

Cuando Carter fue elegido presidente, solo había una mujer en la Corte de Apelaciones; era Shirley Hufstedler y estaba en el Circuito Noveno. Gracias a Carter fue la primera secretaria de Educación de la historia de nuestro país, y entonces la Corte de Apelaciones se quedó sin ninguna mujer. Pero Carter cambió esa situación y ningún otro presidente ha retrocedido. Por ejemplo, Reagan no quería ser menos que Carter y se propuso designar a la primera mujer para la Corte Suprema de Estados Unidos. Hizo una búsqueda por todo el país que le llevó a hacer una elección estupenda: la juez Sandra Day O'Connor.

DR: Pero el presidente Carter no nombró a ninguna mujer para la Corte Suprema. Años más tarde dijo que habría designado a Shirley Hufstedler. Quién sabe, ¿no?

Más tarde, cuando Bill Clinton fue elegido presidente, usted ya era una persona muy conocida. Entonces habló con alguien que insistía en su nombramiento, Daniel Patrick Moynihan. Pero Clinton dijo que las mujeres no la querían. ¿Cómo era posible aquello, si usted había sido la principal defensora de los derechos de la mujer? ¿Por qué cree que algunas mujeres no la querían en la Corte Suprema?

RGB: Bueno, solo algunas mujeres; la mayoría apoyaba mi designación. El problema es que hice una observación por escrito sobre el caso *Roe vs Wade* y no todo el mundo me aplaudió por ello. Lo que decía era que el tribunal lo tenía muy fácil, porque la ley de Texas era la más extrema del país en relación con el aborto, que solo se podía practicar en caso de riesgo de que la madre falleciera en el parto. No importaban las consecuencias negativas para su salud, o que hubiera sido víctima de una violación o de incesto. Yo tenía claro que *Roe vs Wade* era un caso fácil y que la Corte Suprema diría que esa ley tan extrema era inconstitucional y firmaría su abolición.

En cambio, lo que hizo fue redactar una opinión que consideraba ilegal cualquier restricción al aborto en todo el país, de un plumazo. Y no es así como suele funcionar la justicia; normalmente se espera hasta el siguiente caso, y el siguiente. De cualquier modo, algunas mujeres pensaron que yo tenía que haber estado completamente a favor de la resolución sobre *Roe vs Wade*.

DR: Entonces el presidente Clinton se reunió con usted. Y resulta obvio que la reunión fue muy bien, porque le ofreció el cargo de juez de la Corte Suprema de Estados Unidos. Luego su nombramiento fue confirmado sin problemas.

RGB: Sí, fue confirmado con 96 votos a favor y 3 en contra.

DR: Ahora lleva 26 años en la Corte Suprema. En total, ha formado parte del poder judicial 39 años. Cuando llegó por primera vez a la Corte Suprema, ¿se alegraron de verla los demás jueces? ¿O se mostraron un poco distantes? ¿Cómo era su relación con Sandra Day O'Connor, como segunda mujer en ese tribunal?

RGB: No era un territorio desconocido para mí. Había trabajado en la Corte de Apelaciones, que estaba unas calles más abajo. Y, de vez en cuando, el veterano juez David Bazelon me llamaba y me decía: «Ruth, vamos a Kronheim a comer». ¿Y quién era Kronheim? Pues el mayor distribuidor de licor de la zona.

Así que íbamos a su bodega a comer, pero antes nos parábamos en la Corte Suprema y recogíamos al juez Brennan y al juez Marshall. Además, conocía al juez Scalia por nuestros días juntos en la Corte de Apelaciones. También conocía al juez Clarence Thomas, que estuvo en el Circuito del Distrito de Columbia. Pero Sandra y yo nos hicimos tan amigas que llegó a ser casi una hermana para mí. Yo había tenido una hermana mayor, pero murió.

De hecho, la juez O'Connor fue la que mejor me recibió. Me dio algunos consejos muy buenos, tanto como nueva juez como cuando me diagnosticaron mi primer cáncer, porque ella también había sobrevivido a uno de mama y regresó al trabajo solo nueve días después de la operación. Me explicó con mucha claridad lo que tenía que hacer: «Ruth, pide que te den la quimioterapia los viernes, así tendrás todo el fin de semana para recuperarte y el lunes podrás estar de vuelta en los tribunales».

DR: ¿Qué es más importante para ganar un caso en la Corte Suprema: presentar una defensa sólida o hacer una buena vista oral?

RGB: Lo que más importa es tener un caso con una buena base. Una vista oral no es un debate que gana quien mejor argumenta. Diría que, de los dos elementos de una defensa, el escrito de alegaciones es, de lejos, el más importante. Es por lo que empezamos y por lo que acabamos cuando volvemos a nuestros despachos.

En cambio, la vista oral es fugaz. En la Corte Suprema, dura exactamente media hora cada parte. Por lo tanto, en una vista oral no puedes hacer más que intentar que los jueces fallen a tu favor. Pero el escrito de alegaciones tiene más peso.

DR: Después de una vista oral, los jueces se reúnen dos veces por semana y deciden cómo votar o al menos hablan de ello. ¿Quién decide qué magistrado se encarga de redactar el dictamen?

RGB: El presidente, siempre que pertenezca a la mayoría, asignará la preparación del dictamen. Si no es así, será el juez más veterano quien haga esa asignación. En el último trimestre, yo he asignado tres dictámenes de la mayoría. Eso quiere decir que tanto el presidente como el juez Thomas estaban en la otra parte y, por tanto, yo era la más veterana de la mayoría.

DR: La Corte Suprema se reúne de octubre a junio, más o menos. ¿Qué hacen los jueces en julio y agosto? ¿Leen los escritos de alegaciones o hacen otras cosas?

RGB: Un asunto que nos preocupa en todo el mundo, y durante todo el año, es la pena de muerte, que los tribunales tratan como un pelotón de fusilamiento. Lo habitual es que cuando se fija la fecha de una ejecución haya una petición de última hora para que se suspenda.

En esos casos, ningún juez es responsable del voto final; a todos se nos pide opinión, estemos donde estemos. También intento ponerme al día con las peticiones de revisión durante el verano para que así, al volver —nuestra ceremonia de apertura es a finales de septiembre— no me encuentre con mucho trabajo atrasado.

Además, muchos de nosotros nos dedicamos a la enseñanza. Y muchas facultades de Derecho de Estados Unidos ofertan cursos de verano. También, a veces, participo en intercambios con jueces de otros países. Este verano empecé en Lisboa con el juez Stevens y el juez Sotomayor; era una conferencia patrocinada por la Universidad de Nueva York.

DR: ¿Cuál es ahora mismo su mayor esperanza para el futuro de la Corte Suprema y su manera de funcionar? Supongo que es optimista sobre esto último, que está satisfecha con la forma en que trabajan los jueces.

RGB: Todos nosotros veneramos a la institución para la que trabajamos y queremos dejarla en el mismo buen estado en que nos la encontramos.

DR: Si no me equivoco, cada juez tiene cuatro pasantes. Por si alguien que nos esté escuchando quiere ser pasante de la Corte Suprema, ¿basta con enviar una solicitud? ¿Cómo funciona ese proceso?

RGB: Recibimos cientos y cientos de solicitudes. Pero lo normal es que mi mejor fuente de pasantes sean los demás jueces. Los profesores de derecho suelen escribir unas magníficas cartas de recomendación; según ellos, todos los estudiantes son «los mejores y más brillantes que se han graduado en esta universidad». Pero mis compañeros de otros tribunales federales me cuentan la verdad.

Muchas veces, recibo la llamada de algún colega que me dice, por ejemplo: «Tengo un pasante este año que creo que te iría muy bien». Ellos son los que mejor me recomiendan.

Recuerdo que, siendo la juez Kagan decana de la Facultad de Derecho de la Universidad de Harvard, escogió a uno de mis pasantes, y el decano de Derecho de Columbia seleccionó a otro. Los restantes que tengo suelen venir sobre todo de pasantías previas con jueces de distrito o de apelaciones.

DR: Si pudiera modificar algo de la Constitución, ¿qué sería y por qué? Si hubiera sido madre fundadora, ¿qué habría añadido?

RGB: Añadiría la enmienda de igualdad de derechos.

Cuando les enseño a mis nietas la versión de bolsillo de la Constitución, les muestro siempre la primera enmienda, que garantiza la libertad de expresión y de prensa, pero no puedo enseñarles ningún artículo que diga que los hombres y las mujeres son ciudadanos con los mismos derechos.

Todas las constituciones del mundo, aprobadas desde 1950, contienen una afirmación equivalente a esta: hombres y mujeres son iguales ante la ley. Me gustaría que mis bisnietos tuvieran una Constitución que incluyera una afirmación de este tipo, reconociendo que es una premisa fundamental de nuestra sociedad, como también lo es la libertad de pensamiento y de expresión.

DR: ¿Qué le da más esperanza para el futuro?

RGB: Mis nietas. Estoy muy orgullosa de mi nieta mayor, que es abogada. Se preocupa mucho por nuestro país y sus valores supremos. Ella y otros jóvenes como ella nos ayudarán a seguir el buen camino de nuevo.

DR: ¿Y cuál cree que es la mayor amenaza a nuestra democracia?

RGB: Que haya un sector de la población que no se preocupe de preservar los derechos que ya tenemos. En un gran discurso sobre la libertad, el ilustre juez Learned Hand dijo: «Si el fuego que hay en el corazón de la gente se extingue, ninguna constitución ni ningún juez podrá reavivarlo». Confío en el espíritu de la libertad.

EXPERTOS

Jack Nicklaus

Mike «Entrenador K» Krzyzewski

Renée Fleming

Yo-Yo Ma

Lorne Michaels

JACK NICKLAUS

Leyenda del golf

«Mi palmarés es bueno, pero habría podido ser mejor. Esto es lo bueno del golf: por brillante que seas, siempre puedes mejorar».

«La mente juega un papel muy importante. Tienes que creer en lo que sabes hacer; tienes que aprender a jugar dentro de ti, en cualquier cosa que hagas. Sea cual sea tu trabajo, siempre debes trabajar contigo mismo».

«Todos los récords están hechos para ser batidos».

No juego al golf —es un deporte que requiere demasiado tiempo y para mí es muy frustrante, porque no tengo talento para el deporte—, pero siempre he admirado a Jack Nicklaus, considerado el mejor jugador de golf de la historia. Sus aptitudes para ganar con regularidad, sobre todo en los torneos más importantes, y para hacerlo siempre con una actitud humilde y discreta, me impresionan, y diría que es el ejemplo perfecto de liderazgo deportivo, ya que actúa de una manera que tanto compañeros como aficionados admiran y respetan.

Sus logros en el golf son legendarios: ostenta varios récords con 18 torneos *majors* en su haber, 73 victorias en el circuito de la PGA y una en un torneo Masters, lograda a la edad de 46 años. E igual de legendario es su compromiso con su familia: 5 hijos, 22 nietos, una esposa, Barbara, de 60 años, y la decisión de no alejarse nunca de su familia más de dos semanas, lo cual es difícil para alguien que es golfista profesional, diseñador de campos de golf, empresario y representante.

¿Cómo llegó a ser Jack Nicklaus el mejor jugador de golf del mundo y, a mitad de su carrera, un magnífico diseñador de campos de golf, compatibilizándolo con su familia y su interés filantrópico por la atención médica a la infancia? ¿Y cómo se convirtió en el golfista que más admiración despierta y, sin duda, en la imagen pública de este deporte?

Jack atribuye su éxito en estas áreas tan dispares a la confianza en sí mismo y en sus capacidades. Tiene claro que cualquier persona de éxito debe creer en sí misma y en sus objetivos para llegar a ese éxito; es decir, que ha de tener una gran autoconfianza.

Triunfar en un deporte no implica necesariamente que la gente te admire, pero, en el caso de Jack, su personalidad humilde y el compromiso que demuestra con su familia han llevado a que el público lo lleve adorando más de medio siglo.

Hace unos años di un discurso en un evento benéfico en el Bear's Club (un club de golf fundado por Nicklaus en Florida) y él estaba entre el público. Yo no entendía qué podía aprender de mí, pero enseguida descubrí que ahora dedica gran parte de su tiempo a causas solidarias, sobre todo a proyectos relacionados con la salud infantil. El principal hospital infantil de Miami se llama ahora Nicklaus Children's Hospital y hay por lo menos 17 centros de salud y de urgencias repartidos por Florida que forman parte del Nicklaus Children's Health System. Él y Barbara invierten mucho tiempo en recaudar dinero para la fundación Nicklaus Children's Health Care, la cual sostiene estas instalaciones e impulsa iniciativas por toda Norteamérica.

Le pregunté si podía entrevistarle sobre su carrera y su vida actual y enseguida me dijo que sí.

Esta entrevista tuvo lugar en junio de 2019 en los estudios Bloomberg de Nueva York, con público. Y bueno, no salí de allí pensando que si hubiera creído en mí habría llegado a ser un gran golfista, pero pude comprobar que ese sí fue el caso de Jack Nicklaus; él logró eso y mucho más.

DAVID RUBENSTEIN (DR): La verdad es que no juego al golf. Probé a hacerlo con nueve años y lo dejé con diez.

JACK NICKLAUS (JN): Yo tampoco juego ahora.

DR: Bueno, pero usted es muy famoso en el mundo del golf.

Lo que no entiendo es que haya tanta gente aficionada a algo tan humillante y frustrante como el golf. La bola nunca va donde se supone que tiene que ir.

JN: Sí, una lucha interminable para un objetivo inalcanzable, eso es el golf. Nadie ha llegado nunca a dominar este juego. A casi todos los deportistas les gusta jugar al golf por lo difícil que es; les supone un reto, sea cual sea su nivel. Y a mí, precisamente, lo que me gustaba del golf era que, por bueno que fuera, siempre podía mejorar.

DR: Su padre le inició en este deporte. ¿Él jugaba bien?

JN: Era un jugador del montón cuando era niño. Después lo dejó durante quince años y estudió Farmacia. Una vez se rompió el tobillo jugando al voleibol y eso resultó en tres operaciones. El médico le dijo: «Charlie, si no quieres acabar en silla de ruedas, será mejor que empieces a caminar otra vez».

Entonces se trasladó a Upper Arlington [un suburbio de Columbus, Ohio], que estaba cerca del Scioto Country Club. Así que se hizo socio del club y me hacía acompañarle para que le llevara la bolsa de los palos. Ese año en concreto, un chico llamado Jack Grout entró en el Scioto Club y el campeonato de la PGA se celebró allí. Todo eso ocurrió el primer año que jugué al golf. Y, de alguna manera, me animó a aprender este deporte.

Mi padre era mi mejor amigo y mi ídolo. Lo quería mucho, lo hacía todo conmigo. Lo dejó todo por mí.

DR: Al principio no sabía si ganaría mucho dinero como jugador de golf profesional. ¿Pensó en sacarse algún título para poder ser, qué sé yo, contable o farmacéutico?

JN: La mayoría de los niños quieren ser lo que son sus padres. Mi padre era farmacéutico, así que me matriculé en el curso de preparación para la carrera de Farmacia. Pero odiaba las tardes que pasaba en el laboratorio. Mi padre, antes de que yo entrara en Farmacia, me preguntó si quería hacer otra cosa, y así fue como empecé a vender seguros. La verdad es que me encantaba vender seguros de vida a mis compañeros de la fraternidad (esto lo dijo Jack con un gran sarcasmo). Porque era justo lo que necesitaban. Y se me daba bastante bien (más sarcasmo). Ganaba bastante dinero con ello, así que me casé y tuvimos a nuestro primer hijo. Pero lo que de verdad quería hacer era jugar al golf. Y eso hice.

DR: Entonces ya se planteaba hacerse profesional, ¿no? Pero no estaba seguro. Y justo conoció a Bob Jones, el golfista amateur más famoso de todos. ¿Cómo fue ese encuentro?

JN: Dio un discurso en el banquete de clausura del primer torneo U.S. Amateur que jugué con 15 años.

Me vio jugar en la última ronda de prácticas y me dijo: «Chaval, volveré mañana para verte jugar un poco más». Y allí estaba yo, un chico de 15 años, jugando mi primer U.S. Amateur, y el mejor jugador de todos los tiempos, Bob Jones, iba a ir a verme jugar.

Lo hizo, vino a verme y empecé a hacer *bogeys* y doble *bogeys*; perdí el partido, pero fue una gran experiencia. Nos hicimos amigos y me daba muy buenos consejos. Era un hombre extraordinario.

DR: Decidió hacerse profesional al año siguiente de ganar su segundo U.S. Amateur. Es decir, que tras ganarlo dos veces decidió ganarse la vida con el golf.

JN: No tenía más metas ni más cosas que hacer en el golf amateur. Quería ser el mejor jugador de golf posible, así que pensé: «Lo único que puedo hacer es jugar contra los mejores; y para ello he de enfrentarme a profesionales»; y así fue como me hice profesional.

DR: En aquellos tiempos, la remuneración de un golfista era buena, pero nada que ver con la de ahora.

JN: Ganaba lo mismo vendiendo seguros que jugando al golf.

DR: ¿Cómo le fue en su primer año como profesional?

JN: Ese año gané cuatro torneos. En el U.S. Open creo que me dieron unos 15.000 dólares. Era el tercero en la lista de los mejor pagados. Arnold Palmer era el número uno; ganó en total unos 64.000 dólares y yo unos 61.000. Pero gané la World Series de Golf, el primer gran torneo del momento, y ahí el primer premio eran 50.000 dólares.

DR: De modo que empezó a ganar títulos y a rivalizar con Arnold Palmer, que, como ha dicho, era el número uno cuando usted empezó como profesional; pero después le superó. ¿Qué sentía al ir subiendo en el ranking, cuando él aún era el número uno?

JN: Bueno, eso no me dio mucha popularidad, porque estaba empezando a ganar a Arnold; quiero decir que no me hizo muy popular conmigo mismo, porque yo era un gran admirador suyo. Arnold era muy buen chico. Nos hicimos muy amigos, y nuestras esposas también.
Solía viajar desde Latrobe [Pensilvania] a Columbus para recogerme y recorríamos todo el país haciendo exhibiciones. Nos divertíamos mucho. No le daba importancia a que le hubiera ganado más veces que él a mí. Tal vez le importase, pero nunca me lo dijo. Siempre me protegió. Tenía diez años más que yo y para mí era maravilloso. Solo tengo palabras de afecto para Arnold Palmer.

DR: A lo largo de su carrera, ganó 18 *majors*, más que ningún otro jugador. Tiger Woods ha ganado por ahora quince, contando su última victoria en un Masters. Pero mucha gente cree que batir su récord es casi imposible.

JN: No lo sé. Tiger es muy bueno.

DR: Ganó el Masters seis veces. ¿Es su torneo favorito?

JN: Sí, probablemente lo sea.

DR: Y ha ganado el U.S. Open cuatro veces, el British Open tres veces y el circuito de la PGA cinco veces. Eso está muy bien. También se ha llevado la victoria en otros 120 torneos, incluidos 18 *majors*. Ha sido ocho veces el golfista mejor pagado del mundo. No hay ningún récord en el golf que no haya batido. ¿Es cierto?

JN: No sé si hay algún récord que no haya batido. Mi palmarés es bueno, pero siempre habría podido ser mejor. Eso es lo bueno del golf. Por bueno que seas, siempre puedes mejorar.

DR: ¿Cuál es la clave para ser un buen golfista? ¿Diría que es la concentración, la destreza física o una combinación de ambas?

JN: La mente juega un papel muy importante. Tienes que creer en lo que sabes hacer; tienes que aprender a jugar dentro de ti, en cualquier cosa que hagas. Sea cual sea tu trabajo, siempre debes trabajar contigo mismo.

Y después debes hacer lo que se te da bien a ti, no a otra persona. Tienes que empezar creyendo en esto. Porque las victorias generan victorias. Yo tuve la suerte de ganar el U.S. Open, el torneo más importante del golf de nuestro país, en mi primer año como jugador profesional. Confiaba en que sabía jugar y, de repente, cada vez me resultaba más fácil ganar títulos.

DR: Se dice que uno de los torneos con los que más disfrutó fue el Masters de 1986, que jugó teniendo ya más de 46 años.

JN: Sí, muy mayor, ¿verdad?

DR: En aquella época se consideraba que eso era ser mayor. Ahora a mí no me lo parece.

JN: A mí tampoco, David.

DR: Nadie había ganado jamás el Masters con más de 41 o 42. Luego Tiger lo ganó con 43. Se suponía que a los 46 años ya tenías que jugar con carrito de golf o en silla de ruedas. Pero aquella vez hasta el último momento no se situó como líder del torneo; iba cuatro golpes por detrás del líder cuando quedaban nueve hoyos por jugar. ¿Pensó que podía ganar?

JN: Hice *birdie* en los hoyos nueve, diez y once. Después, en el doce, hice *bogey*, pero volví a concentrarme. En el trece hice un *birdie*. Y cuando hice *eagle* en el quince y *birdie* en el dieciséis y el diecisiete, empecé a pensar que sí, que podía ganar.

DR: ¿Ha sido la victoria más emocionante de su vida?

JN: Es gracioso, porque justo en esa época había dejado de jugar al golf. A los 40 años gané dos *majors* y entonces empecé a jugar solo por diversión. Aquella semana fue, bueno, como atrapar un relámpago.

Llegué a los últimos nueve o diez hoyos y entonces recordé cómo jugar. En ese momento empezó la batalla, fue algo como lo que le ha ocurrido a Tiger en el Masters de este año: cuando vi que los demás empezaban a agolparse en el arroyo Rae, que está frente al hoyo doce, y entonces él ejecutó un golpe seguro y la bola cayó en medio del *Green*… Ahí supe que el torneo se había acabado, porque Tiger sabría cómo jugar en los hoyos restantes.

Eso hice yo: recordé cómo jugar y me acordé de cómo terminar. Fue muy divertido ser capaz de hacerlo.

DR: El palo más importante en el golf es el *putter*, ¿verdad?

JN: El *putter* y el *driver*.

DR: ¿Qué quiere decir que los jugadores «pierden el pulso»? ¿Que se ponen nerviosos?

JN: Realmente no sé qué es eso, porque nunca me ha pasado, pero sí lo he visto en otros chicos. Pierden la confianza y los nervios se los comen hasta tal punto que no pueden golpear bien la bola. Es muy triste presenciarlo. Henry Longhurst, que es un magnífico escritor y comentarista de golf, solía decir: «Cuando pierdes el pulso, estás acabado». No es nada bueno que te pase.

DR: Después de jugar una ronda del Masters, ¿volvía al campo de prácticas a tirar bolas?

JN: Solía hacerlo, sí. Ahora solo trato de acabar los dieciocho hoyos. Practicaba casi el 98 % del tiempo después de jugar.

DR: Y para jugar un torneo, ¿se preparaba un par de días antes?

JN: Solía ir una semana antes, porque los *majors* siempre eran las pruebas más difíciles. Tal vez fueran los torneos más fáciles de ganar, porque la gente les tenía miedo, pero sin duda eran las pruebas más difíciles, así que tenías que estar preparado.

Mi mujer siempre dice: no hay excusa para no estar bien preparado. Y tiene toda la razón. Siempre iba al campo a estudiar la velocidad de los *greens*, el ancho de las calles, la altura del *rough*, la firmeza de los *greens*, las condiciones del campo, etc. Me lo estudiaba todo y así la semana del torneo lo único que tenía que hacer era jugar al golf.

DR: Acaban de batir uno de sus récords después de 59 años: La puntuación más baja como amateur en el U.S. Open. Ahora un joven jugador lo ha superado: Viktor Hovland [que se hizo profesional en ese torneo]. ¿Pensó alguna vez que podrían batir un récord de tantos años?

JN: Todos los récords están hechos para ser batidos.

DR: ¿Con los años el equipamiento ha cambiado la manera de jugar?

JN: Se lo explicaré con el ejemplo de la bola. Entre 1930 y 1995, la distancia media que recorría la bola aumentó entre 5 y 6 m, solo por la mejora en el proceso de fabricación. Entre 1995 y 2005, la distancia de recorrido de la bola ha aumentado 45 m.

Ese es el cambio más importante que se ha hecho en el equipamiento del golf. Cuando pasamos de tener una bola enrollada a una compacta, esta experimentó un cambio enorme. Debían haber cambiado las normas en aquel momento, pero lo que hicieron fue cambiar el equipamiento.

Y los golfistas, en los últimos diez o quince años, han mejorado muchísimo en cuanto a forma física. No solo en el golf, en todos los deportes. Así que tenemos a un montón de chicos grandes y fuertes, con un equipamiento que golpea la bola a una gran distancia… y claro, están destrozando los campos de golf.

DR: Hace treinta o cuarenta años, los golfistas no hacían mucho ejercicio. ¿Ahora sí, ahora hacen preparación física?

JN: Creo que sí. Pero bueno, nosotros también entrenábamos. En mi caso, no es que estuviera todo el día metido en el gimnasio, pero corría. Y fuera de temporada hacía pesas y demás. Mira, Gary Player, que es un hombre muy divertido, tiene 83 años y va al gimnasio a diario.

Gary todavía juega al golf y lo hace muy bien. Pero me sorprende que siga entrenando. A mí nunca me ha atraído entrenar. Cuando nosotros jugábamos, ni siquiera los jugadores de fútbol americano levantaban pesas.

DR: ¿Cómo ha cambiado el diseño de los campos con los años? ¿Son ahora más largos o más difíciles?

JN: Los campos han tenido que cambiar para adaptarse a las mejoras en las bolas y el equipamiento del golf. Hace cincuenta años, el campo de golf de un U.S. Open debía tener entre 6100 y 6300 m. Ahora ha de tener entre 7050 y 7150 m. Se han ido adaptado al equipamiento.

DR: Los golfistas profesionales están entrenados para no hacer trampas. Son muy cuidadosos con las reglas.

JN: Más les vale. Porque la gente los ve en televisión y dice: «Oye, ese chico ha hecho algo mal».

DR: Sí, los golfistas son probablemente, de todos los deportistas profesionales, los que más respetan las reglas. ¿Nunca hacen trampas?

JN: Son sus propios árbitros.

DR: Bastante al principio de su carrera como golfista profesional decidió dedicarse también a diseñar campos de golf. Hasta la fecha ha diseñado unos 310, y su empresa, más de 400; en total, en esos campos, se han jugado más de mil torneos en 46 países y 40 estados. Es impresionante. ¿Cuál es el secreto para diseñar un campo de golf? ¿Cómo se metió en esto?

JN: Me metí en el mundo del diseño de campos de golf por un compañero que se llama Pete Dye. Pete llevaba más de treinta años siendo el mejor diseñador de campos de golf. Un día me llamó, a mediados de los sesenta, y me dijo: «Jack, estoy construyendo un nuevo campo para un compañero que se llama Fred Jones y quiero que vengas y lo veas, que opines sobre él». Le dije que yo no sabía nada de diseño. Pero él me respondió: «Sabes más de lo que crees». De manera que fui con él y revisé el campo.

Luego me preguntó un par de cosas y le dije que no sabía; y me volvió a contestar: «Sí que sabes. Solo dime qué te gustaría ver». Y se lo dije. Eso despertó mi interés.

Más tarde, en 1968, recibí una llamada de Charles Fraser desde el resort Sea Pines Plantation, situado en la Hilton Head Island. Me pidió que hiciera un campo de golf para ellos. Yo le respondí que no sabía nada de diseñar campos de golf, pero que había un joven, Pete Dye, y que podría hacerlo con él.

Hicimos 23 visitas con Pete al resort. Eso hizo que se me despertara el gusanillo creativo. Hasta ese momento no tenía ni idea de que tuviera creatividad alguna, pero descubrí que era capaz, observando una parcela, de decidir cómo encajar un hoyo y demás. Se puede decir que empecé a diseñar un poco por instinto; había jugado mucho, había visitado muchos campos y, en realidad, no hay nada totalmente original en el diseño de un campo de golf; es cuestión de adaptar un diseño base a cada terreno.

DR: Hablando de campos de golf, ¿cuál es su favorito, aparte de los que usted mismo ha diseñado?

JN: Si tuviera que jugar una ronda, quizá escogería el Pebble Beach [California]. Me encanta ese campo; allí gané el U.S. Amateur, el U.S. Open y tres Crosbys. Pero mis dos campos favoritos son probablemente el Augusta National [Georgia] y el St. Andrews [en Escocia].

DR: ¿Por qué le gusta tanto St. Andrews?

JN: Porque es la cuna del golf, y por lo que representa para este deporte y para todas las personas que han jugado y ganado allí a lo largo de los siglos.

DR: El último torneo que jugó, en 2005, cuando se retiró del golf profesional, fue el British Open en St. Andrews. ¿Le resultó especialmente emotivo?

JN: Por supuesto. Mi familia estaba allí, todos estaban allí. Mi hijo Steve me hizo de *caddie* entre semana. El último día posamos en el famoso puente Swilcan, que está en la calle del hoyo dieciocho, para que los periodistas nos hicieran unas fotos; mi hijo Steve no paraba de llorar.

Todos estábamos muy emocionados. Yo intentaba terminar el torneo y mientras tanto todos lloraban por mí. Pero nos lo pasamos muy bien, fue muy divertido, me encantó.

No quería acabar el viernes, pero acabé el viernes.

DR: ¿Hizo *birdie* en su último hoyo?

JN: Es gracioso, porque ese día quería pasar el corte. Después de patear tres veces en el hoyo diecisiete tratando de hacer un *birdie*, golpeé la bola desde la salida del hoyo dieciocho y la dejé a unos cuatro metros de él.

En todo el día no había logrado dejarla cerca del hoyo, pero en ese último *putt* sabía que, fuera donde fuera la bola, el hoyo se movería para que entrara, y así fue. Empecé mi carrera en un *major* en 1957 con un *birdie* en el primer hoyo y la terminé en St. Andrews con un *putt* de cuatro metros para *birdie*.

DR: Usted ha jugado con muchos de los mejores golfistas del mundo. Si tuviera que escoger a uno como pareja para un torneo de dobles, ¿quién sería?

JN: Creo que hoy en día escogería a Tiger. Nunca pude jugar con Bob Jones, aunque lo conocía y lo quería mucho. Me habría encantado jugar con él. Jugué alguna vez con [Ben] Hogan. Era un tipo fantástico. Con cualquiera de los tres jugaría.

DR: También ha jugado con algunos presidentes de Estados Unidos. ¿Cuál juega mejor?

JN: De todos con los que he jugado, tal vez el mejor sea Trump; juega muy bien, tiene un juego muy parecido al mío. No siempre termina los hoyos, pero golpea la bola muy bien y disfruta jugando. Ha ganado varios campeonatos del club.

Luego, Gerald Ford —con quien he jugado unas quince veces— era hándicap 13 y lo cumplía. En cambio, con Clinton nunca se sabía lo que iba a pasar: un día cumplía hándicap 10 y otro 30. Pero tenía un bonito swing de golf.

Todos ellos disfrutan jugando. No creo que ninguno se lo tome demasiado en serio, pero disfrutan. Y es bueno para el golf que el presidente de Estados Unidos diga que es su deporte favorito.

DR: ¿De qué se siente más orgulloso?

JN: Para mí el golf es un juego. Lo más importante en mi vida es mi familia. Tengo cinco hijos y todos me conocen muy bien. Mi mujer se ha preocupado de que mis hijos crecieran y me conocieran bien. He pasado mucho tiempo con ellos. Toda la familia venía conmigo a los torneos nacionales; quería que supieran quién era su padre.

Y luego tengo 22 nietos maravillosos. Me paso el día haciendo cosas con ellos. Para mí, esto es lo más importante; el golf es un juego. Me encanta jugar y, obviamente, estoy muy orgulloso de todos los torneos que he ganado, pero no son más que una parte del juego.

DR: Se autoimpuso la norma de no estar fuera de casa más de dos semanas.

JN: Eso es, nunca estaba más de dos semanas fuera de casa; era el tiempo que duraba un torneo.

DR: ¿Fue difícil para sus hijos tener un padre famoso? ¿Les costaba estar a su altura?

JN: Nunca los obligué a jugar al golf y puede que me equivocara. Tres han acabado siendo jugadores profesionales y el otro casi *scratch*. Pero, desde luego, no gracias a mí. No quería que jugaran al golf porque yo se lo impusiera, sino porque ellos lo eligiesen con libertad.

Dos de mis hijos me dijeron: «Papá, ¿por qué no nos insististe más cuando éramos pequeños?». Les expliqué que no quería que acabaran rechazándolo. Lo único que podía hacer era introducirlos en el golf. Veo a muchos padres que obligan a sus hijos a practicar algún deporte y creo que se equivocan.

Los puedes orientar hacia él, presentárselo, darles tu apoyo…, pero no puedes jugar por ellos. Han de querer hacerlo por sí mismos; y, si de verdad quieren, serán buenos jugadores.

DR: ¿Hay algo que todavía no haya conseguido en su profesión o en el mundo de la filantropía? En este momento de su vida, ¿cuál es su principal objetivo?

JN: Mi principal objetivo es ver progresar a mis hijos y que mis nietos vayan por el buen camino.

No me queda ninguna meta profesional; disfruto diseñando campos de golf, visitando lugares del mundo y reuniéndome con gente de diferentes culturas para ver cómo viven ellos el golf. Disfruto mucho también juntándome con mis compatriotas; jugamos algunos torneos a los que mis colegas llaman «los grandes del golf», pero nos da igual el resultado; simplemente salimos ahí, damos unos cuantos golpes y nos divertimos. No tengo ninguna meta. Mi objetivo siempre ha sido mi familia y estar con ella.

MIKE KRZYZEWSKI, «ENTRENADOR K»

Entrenador del equipo masculino de baloncesto de la Universidad de Duke; exentrenador del equipo olímpico masculino de Estados Unidos.

«Solo no vas a llegar, necesitas a un equipo. Rodéate de gente buena y aprende a escuchar. No aprenderás nada si te limitas a hablar, así que, si hablas, que sea dialogando. Y no pongas excusas; busca la solución».

Mike Krzyzewski, más conocido como «Entrenador K», es considerado el mejor entrenador vivo de baloncesto. Ha ganado cinco campeonatos de la División I de la NCAA y tres oros olímpicos; eso sin mencionar sus más de 1100 victorias dirigiendo al equipo de baloncesto del Ejército de Estados Unidos y al de la Universidad de Duke en los últimos 44 años.

Como graduado por la Universidad de Duke y ferviente segui-
dor de su equipo de baloncesto masculino, y durante cuatro años
presidente del Consejo de Administración de esta universidad,
conozco y admiro profundamente al Entrenador K. Sus récords son
tan impresionantes como parecen, pero quizá lo más destacable de
él es su compromiso con la preparación de sus magníficos deportistas (muchos de ellos, futuros jugadores de la NBA).

En cambio, su actitud, igual que en el caso de otros grandes
líderes, contrasta con sus logros: es un tipo humilde, siempre está
centrado en sus jugadores y en la importancia del trabajo en equipo
y la disciplina (valores adquiridos, sin duda, en sus años como jugador y luego entrenador en West Point) más que en sí mismo. Como
muchos importantes entrenadores de otras especialidades deportivas, Mike es un gran competidor y anda siempre buscando la
manera de motivar a sus jugadores, de lograr que se preocupen más
por el equipo que por la labor individual, para que formen parte
de lo que ahora, en la Universidad de Duke, se conoce como «la
fraternidad».

Él mismo reconoce que el programa de Duke es a la vez muy
popular (por su duradero éxito) y muy impopular (por el mismo
motivo). El Entrenador K acepta esa realidad y, para ello y para
seguir siendo competitivo al más alto nivel del baloncesto universitario, debe fichar a jugadores con suficiente talento para jugar en la
NBA después de solo un año en la universidad.

Por esta razón, ahora pasa mucho más tiempo seleccionando
jugadores y entrenando a equipos capitaneados por chicos muy
jóvenes, novatos. Y, a pesar de que pasarse el día seleccionando a
chavales de 17 años no debe de ser la parte más gratificante de su
labor como entrenador de baloncesto universitario de alto nivel, el
Entrenador K disfruta transformando a esos jóvenes deportistas en
adultos y en campeones nacionales. Y esto le resulta más atractivo
que entrenar a equipos de la NBA, cosa que podría haber hecho
muchas veces (es célebre, por ejemplo, su rechazo a la oferta del
fallecido Kobe Bryant para entrenar a los Lakers, con un sueldo
mucho mayor que el que tiene en Duke).

¿A qué atribuye él su largo éxito (más de cuarenta años, un periodo muy extenso para situarse en lo más alto de cualquier profesión)? ¿Qué ha hecho de él un líder tan duradero?

Mike da tres respuestas sobre ello en esta entrevista: 1) cambiar y actualizar lo que haces para adaptarte a los vaivenes del mundo en el que trabajas; 2) averiguar cómo hacer esos cambios escuchando a otras personas; y 3) rodearte de gente buena, que te ayudará cuando necesites consejo y ayuda.

He entrevistado al Entrenador K muchas veces y, siempre que lo he hecho, he aprendido algo sobre cómo alcanzar el éxito. Hicimos esta entrevista en enero de 2017, en su oficina de la Universidad de Duke, justo después de otra que me hizo él a mí para su programa de radio *Basketball and Beyond with Coach K*.

DAVID RUBENSTEIN (DR): Cuénteme cómo empezó en el baloncesto. Nació y creció en Chicago y su padre era bombero.

ENTRENADOR K (EK): No, era operador de ascensores. Mi hermano es quien era bombero.

DR: ¿Cuando era niño se imaginaba que sería un gran entrenador de baloncesto? ¿Jugaba al baloncesto en su infancia?

EK: Era jugador All-State y fui a una escuela católica. Ostenté el récord de canastas en la liga católica de Chicago durante dos años y por eso me seleccionaron para ser All-State.

Mi madre no hizo el bachillerato, y mi padre, solo dos años, así que cuando me contrataron para West Point no se podían creer que un chico polaco de Chicago fuera a la academia militar a la que solían ir los presidentes de Estados Unidos.

En realidad, yo no quería ir a West Point, lo que quería era driblar, lanzar rebotes bonitos, cosas así. No me apetecía usar un rifle, pero mis padres insistieron. Ellos hablaban en polaco delante de mí. Nunca tuvimos una casa, solo un apartamento, y hablaban polaco.

DR: Pero usted no sabía polaco.

EK: No, nunca quisieron que lo aprendiera, aunque eso no lo supe hasta más tarde. No querían que hablara polaco cuando estaba en primaria y secundaria para que no se me pegara el acento.

DR: En West Point, ¿había mejores jugadores de lo que usted esperaba?

EK: Éramos buenos. El legendario Bob Knight era el entrenador. El equipo estaba formado por los veinte mejores jugadores, y yo llegué a ser base y capitán del equipo. Todo lo que soy se lo debo a West Point.

DR: ¿Le decía la gente que tenía que ir al ejército, pero que era lo bastante bueno para jugar en la NBA?

EK: No, no era lo bastante bueno para jugar en la NBA.

DR: ¿Lo sabía?

EK: Claro. Además, en ese momento tampoco era el sueño de todo el mundo. Mi sueño para cuando acabara el colegio era ser profesor y entrenador.

DR: Pero fue a West Point y el compromiso era por cinco años. Transcurrido ese tiempo, empezó a entrenar. ¿A quiénes entrenó primero?

EK: Fui a Indiana como ayudante del entrenador. Estaba haciendo mi MBA en Indiana y el entrenador del equipo de baloncesto era Knight. Estuve en esa universidad un año, pero no terminé el MBA. Tuve la suerte de volver a mi universidad a los 28 y entrenar en West Point. Nos hicimos cargo de un equipo que tenía 7 victorias y 44 derrotas en dos años. Vamos, que tuve el mejor comienzo posible.

DR: Mientras entrenaba en West Point, la Universidad de Duke empezó a buscar entrenador. Le entrevistaron y su historial del año anterior había sido, creo, de 9 victorias y 16 derrotas.

EK: 9 y 17.

DR: No era un historial demasiado prometedor. ¿Por qué le contrataron?

EK: Querían tomar una buena decisión. Como en cualquier negocio, si miras solo un dato no puedes hacerte una idea de la historia completa. Tomamos un equipo que inicialmente tenía 7 victorias y 44 derrotas, pero tras cinco años obtuvimos 73 victorias y 59 derrotas.

El último año perdimos a seis jugadores entre las lesiones y los que se licenciaron, pero pudimos jugar en Virginia, Purdue, Illinois y St. John's. Tendríamos que haber acabado la temporada con algo así como 3 victorias y 20 derrotas, pero fueron 9 y 17. Para serte sincero, creo que fue uno de nuestros mejores trabajos, aunque el público no lo supiera reconocer. Cuando pasas un tiempo en el que cada jugada y cada posesión del balón es importante, te haces más fuerte.

DR: El director deportivo de la Universidad de Duke era entonces Tom Butters y apostó por alguien al que apenas conocía. Su palmarés se podía justificar, pero está claro que no era bueno. ¿Sabía él pronunciar su nombre?

EK: Sí. Nos caímos bien desde el primer momento. Yo estaba a punto de dejar West Point; justo después de la entrevista en Duke me ofrecieron ser primer entrenador en Iowa State.

Tampoco era yo el candidato principal para trabajar en Duke. Así que mucha gente me decía que aceptara la oferta de Iowa State, pero al final les dije que no me esperaran, que buscaran a otra persona, porque iba a apostar por Duke; aunque tal vez no saliera bien.

DR: Pero salió bien, consiguió el puesto. Sin embargo, los dos primeros años no fueron lo que se dice maravillosos.

EK: No.

DR: Al cabo de tres años tenía el récord de derrotas de toda la liga.

EK: 38 y 47. La gente quería que me echaran. En esta universidad tenemos una herramienta para recaudar fondos llamada Iron Dukes. En esos primeros tres años, creé otra que se llamó Concerned Iron Dukes (Iron Dukes «preocupados»). Digamos que... les preocupaba que yo fuera su entrenador.

Pero el director deportivo, Tom Butters, y el rector, Terry Sanford, me dijeron cuando me contrataron: «Tienes mucho trabajo que hacer. Hay que reconstruirlo todo. Tú ve haciendo». Por eso no me preocupaba, no sé si era muy ingenuo o qué.

De repente, al año siguiente todo cambió y empezó a ir fenomenal. Esa es una de las razones por las que me he quedado en Duke: fueron leales conmigo. Me encanta Duke, pero soy como un niño grande, ya sabes; si eres honesto conmigo, confías y crees en mí, siempre estaré comprometido contigo. Y eso es lo que siento en esta universidad.

DR: Logró transformarla por completo. Desde 1986, tiene un equipo muy bueno. Ese año no ganó el campeonato nacional, pero estuvo muy cerca. Y en 1991 lo ganaron por primera vez. Para ello hubo que derrotar a un equipo que los había arrollado en la Final Four de 1990, el de la Universidad de Nevada, los UNLV. Al año siguiente jugaron casi con el mismo equipo [también en la Final Four] y les ganaron. ¿Cómo preparó a su equipo para ese partido?

EK: Ellos habían ganado 45 partidos seguidos, mucha gente pensaba que era uno de los mejores equipos de la historia del baloncesto, y lo era, pero nosotros también éramos buenos. No habríamos entrado en la liga nacional el año anterior si no hubiéramos tenido buenos jugadores.

Nuestros dos mejores jugadores, [Bobby] Hurley y [Christian] Laettner, se quedaron en el equipo. Con Grant Hill añadimos a un jugador que era el mejor de todos.

Preparar a nuestros chicos para ese partido, desde el punto de vista psicológico, era difícil, porque al habernos ganado por mucho la vez anterior no estaba seguro de si tenían los mismos límites que nosotros. Al final ganamos uno de los mejores partidos en la historia del baloncesto universitario, pero no era la final del campeonato.

Después del partido tuvimos 48 horas para recuperarnos, jugar contra Kansas y ganarles. Gracias a esa victoria sí que ganamos nuestro primer campeonato nacional.

DR: Bien, ganó su primer campeonato y también su confirmación como entrenador y la de todos los que estaban con usted y lo respaldaban. El equipo del año siguiente era prácticamente el mismo que el anterior, y por eso la gente pensaba que ganaría el campeonato nacional, tal vez no enseguida, pero si con facilidad. Se enfrentaron a Kentucky en la semifinal, en uno de los mejores partidos de la historia. ¿Podría explicar qué ocurrió al final de ese partido?

EK: Rick Pitino —uno de los mejores entrenadores que han existido, es miembro del Salón de la Fama— estaba recomponiendo el programa del equipo de Kentucky. Era una eliminatoria a doble partido. Ellos se pusieron por delante en el marcador, 102 a 101, con un lanzamiento desde el centro-derecha, a unos tres metros de la canasta. Tuvieron mucha suerte.

En esa época, el cronómetro no se paraba en los dos últimos minutos de la prórroga. Pero nuestros chicos pidieron tiempo muerto cuando faltaban 2,1 segundos para el final del partido.

Íbamos perdiendo por un punto. Un líder ante todo ha de demostrar fuerza y resistencia, así que cuando los chicos se aproximaron al banquillo les dije: «Vamos a ganar. Vamos a ganar».

No sé si me creyeron, pero insistí. Después me senté.

Muchas veces es mejor preguntarle a alguien si puede hacer algo en vez de decirle que lo haga. Así que le dije a Grant Hill:

—¿Puedes hacer un lanzamiento desde 23 m? —Y él me contestó que sí—. Pues quiero que lances el balón y Laettner estará arriba.

Entonces miré a Laettner, que era muy seguro, muy orgulloso, y le dije:

—¿Puedes hacerte con el balón?

Él me contestó:

—Entrenador, si Grant hace un buen pase, lo atraparé.

—Está bien. Él lo lanza, tú lo agarras y habrá dos chicos corriendo hacia la canasta. Si no puedes encestar, dásela a uno de ellos y a ver qué pasa.

Lanzó el balón y Laettner lo atrapó. Dribló a un jugador y yo tenía el corazón en un puño, porque…

DR: ¿Porque no era buen driblador?

EK: Exacto, pero solo teníamos 2,1 segundos. Laettner tenía mucho coraje y experiencia, y lanzó la bola y encestó. Era su vigésimo tiro del partido; había tenido diez tiros libres y los había encestado todos. Lo que mucha gente no sabe es que era un jugador «diez de diez»; su juego era perfecto.

DR: De ese modo ganaron el partido y el campeonato nacional. En 2001, ganó otro campeonato nacional con un equipo que tenía entre sus jugadores a Shane Battier y Jay Williams. ¿Cómo era aquel equipo?

EK: El mejor que tuvimos —ese y el de 1992—, porque teníamos a algunos jugadores de la NBA. Battier era el mejor líder en la cancha y fuera de ella; además, fue el jugador universitario del año. Jason Williams también fue jugador nacional del año.

En fin, era un equipo que siempre ganaba. Uno de nuestros mejores partidos fue la semifinal contra Maryland, que era un equipo muy bueno y en la primera parte nos ganaba 39 a 17.

Nuestros chicos no sabían qué hacer y en el descanso les dije: «Chicos, es sábado por la tarde. Estáis jugando atemorizados. Imaginaos que es un partido cualquiera y salid a jugar con ganas». Y lo conseguimos. Ganamos por 11 puntos.

La gente no se acuerda de estos partidos, solo de las finales.

DR: Les dijo aquello muy tranquilo, ¿nunca chillaba a sus jugadores?

EK: Algunas veces, pero en ese momento no habría servido de nada. ¿Qué teníamos que perder? Estábamos 22 puntos por debajo y les dije: «Limitaos a jugar el balón». Y lo hicieron. Eran muy buenos, pero estaban jugando por las razones equivocadas.

DR: Ese año ganó el campeonato y después estuvo un par de años sin ganarlo. En 2010 volvió a ganarlo con un equipo del que nadie esperaba gran cosa, ¿verdad?

EK: Era un equipo inusual para nosotros, porque eran jugadores muy altos. Teníamos a muchos jugadores altos: [Brian] Zoubek medía 2,15 m, Lance Thomas, 2,05 m. Pero era un equipo muy cohesionado. Casi siempre hay algún chico en la universidad que te impulsa, y ese era Zoubek.

Era muy buen jugador, aunque en cuatro años tuvo muchas lesiones. El último año de universidad medía 2,15 m y pesaba 118 kg. A mediados de febrero, estábamos jugando en Maryland y Zoubek 19 puntos y 15 rebotes. Le dije: «Caramba, ¿cómo lo has hecho?». A partir de ese momento se convirtió en uno de los diez mejores jugadores del país. ¿Cómo lo hizo? Ni idea.

DR: ¿No fue el entrenamiento?

EK: No sé lo que fue. Tal vez cambiamos las comidas en los entrenamientos o algo similar. Lo que quiero decir es que a veces un chico de repente logra algo y al hacerlo impulsa a los demás. Zoubek fue la pieza clave de nuestro equipo durante el siguiente mes y medio, y ganamos.

DR: El último campeonato que ganó —el que hacía el número 51, en 2005— fue con un equipo en el que casi todos los jugadores eran estudiantes de primer año, cuatro de manera simultánea en la cancha. Consiguió reclutar a un buen número de buenos jugadores. ¿Cómo fue aquello?

EK: Fue un año bastante extraño. El baloncesto universitario había cambiado. Todavía quedaban buenos equipos de los antiguos, pero muchos eran nuevos. La cuestión es que si sabes combinar a un par de jugadores antiguos con otros nuevos, y encajan, lo puedes conseguir.

Escogimos a ocho chicos que pudieran jugar para que todos se sintieran importantes y hubiera cohesión. En ese sentido, el liderazgo de Quinn Cook, nuestro único jugador sénior, fue impresionante. Tres jugadores de primer año se hicieron profesionales después de eso; se fueron pronto, antes de acabar el año, no les importaban sus estadísticas. Eran [Jahlil] Okafor, [Justise] Winslow y Tyus Jones; solo querían ganar y sabían cómo hacerlo.

DR: Hábleme ahora del proceso de selección de jugadores. Cuando usted empezó, ese proceso ya era competitivo. Pero ahora mismo reclutar a estos jugadores durante el primer año de universidad lo es más aún. Hoy en día, con 79 años, tiene usted que convencer a un chico de 17 de que vaya a su universidad. ¿Cómo lo hace?

EK: Trabajo mucho más en la selección de jugadores ahora que antes, porque ahora hay que hacerlo con más frecuencia; nunca sabes si los jugadores estudiarán allí solo un año y luego se irán, lo que sí sabes es que los buenos de verdad se irán pronto. Eso quiere decir que has de estar todo el rato seleccionando.

DR: En este momento, se puede decir que el equipo de baloncesto de Duke es el rey. Por ese motivo, porque tiene tanto éxito, mucha gente está en contra suya. ¿Eso es un problema para usted? ¿Se lo toma como algo personal?

EK: No, nunca me tomo nada de esto como algo personal. Sería inútil hacerlo. Si eres bueno, siempre habrá gente que te critique por haber ganado mucho dinero y tener mucha influencia. No puedes vivir tu vida pensando en eso. Esta gente me respeta a mí y respeta mi programa.

Hay muchas más personas a las que les gusta nuestro programa que a las que no. En los últimos diez años, nos han votado nueve veces como el programa favorito de Estados Unidos y siete u ocho como el más odiado. No lo entiendo.

Nuestro deporte es muy íntimo: juegas con pantalones cortos y la gente te ve, está encima de ti. No es tanto lo que digan los periódicos como durante un partido, cuando la gente te dice cosas horribles que, por supuesto, no voy a repetir aquí. Y los jugadores tienen que ser muy duros para no enfadarse. A mí también me dicen cosas feas, pero ya soy mayor y me río. Veo a cinco chicos sentados en la primera fila del estadio, con pinta de abogados o de médicos, que me señalan con el dedo y me insultan, y yo pienso: «Caramba, ¿de dónde narices han salido estos?».

DR: Después de haber entrenado tantos años, ¿cuáles cree que son las lecciones más importantes que ha aprendido sobre el liderazgo? Las cosas que de verdad quiere transmitir a sus jugadores.

EK: Lo primero es que, para mejorar, tienes que cambiar los límites. Y cuando los cambies es muy probable que no te guste y que fracases. En West Point aprendí que el fracaso nunca es un destino. En otras palabras, averigua el porqué y después cambia.

Otra cosa que he aprendido es que solo no vas a llegar, necesitas a un equipo. Rodéate de gente buena y aprende a escuchar. No aprenderás nada si te limitas a hablar, así que, si hablas, que sea dialogando. Y no pongas excusas; busca la solución. Pero no tienes que hacerlo tú solo. Sobre esta base hemos tratado de construir nuestro programa en los 42 años que llevo como entrenador.

DR: ¿Cuál le gustaría que fuera su legado?

EK: Prefiero que lo diga la gente. A mí lo único que me gusta es trabajar duro a diario. Me encanta lo que hago y para mí cada día es mi primer día, pero con la experiencia de 42 años.

Sí me gustaría decir que siempre he sido muy ambicioso; que les he dado a todos la mejor oportunidad posible; que siempre he querido formar parte de un equipo y liderarlo; y que lo interesante en la vida es ser líder.

RENÉE FLEMING

Cantante; Medalla Nacional de las Artes.

«Comparto con usted esa impresión maravillosa sobre el abanico de posibilidades que tenemos como norteamericanos. Mi abuelo era minero del carbón en Pensilvania. Yo, en cambio, he actuado para la realeza y he comido con ellos. Y siempre pienso que es sorprendente que en solo dos generaciones puedan haber mejorado tanto las cosas».

«No tengo una lista de deseos, pero sí una mente abierta y fe en el futuro. Creo firmemente que, si trabajas duro y con dedicación, si te gusta lo que haces y eres apasionado, acabas consiguiendo lo que quieres».

Renée Fleming es una de las cantantes de ópera de mayor talento, más respetadas y conocidas del mundo. Pero, a diferencia de otras sopranos que están en la élite, Renée no da una imagen de *prima donna*; todo lo contrario, es una de las personas más graciosas y encantadoras que he conocido en mi vida, y no me refiero solo al ámbito de las artes escénicas.

Todos los que han tenido la suerte de conocerla durante su decidida y comprometida búsqueda de la perfección artística —sea representando una ópera, dando un concierto como solista, como cantante de Broadway o como artista de jazz— han podido observar su naturaleza amable y cálida. En las artes escénicas, las carreras son siempre muy difíciles (el rechazo es algo común), pero además pocas artes presentan tantas dificultades como la ópera: hay muy pocas oportunidades; las funciones no suelen ser en la lengua materna de los cantantes; el público es a veces muy exigente; el calendario de viajes por el mundo es agotador y la voz de los cantantes ha de estar siempre en perfectas condiciones.

Renée superó todos estos obstáculos trabajando con unos profesores expertos en voz y canto, aprendiendo otros idiomas, estando siempre dispuesta a viajar (muchas veces llevándose a sus hijos con ella) y aprendiéndose un sinnúmero de papeles. La carrera de una estrella de la ópera no suele ser muy larga: la voz acaba pasando factura y la fatiga por los viajes es enorme, pero Renée Fleming es un caso aparte; ella ha ampliado su repertorio cantando en muchos otros estilos musicales y dedica gran parte de su tiempo a ayudar a futuras estrellas de la ópera y a sus actividades solidarias, en especial, su trabajo con los Institutos Nacionales de Salud (NIH), que emplea la música como terapia.

Conocí a Renée hace poco, gracias a mi trabajo en el Centro Kennedy para las Artes Escénicas, donde ella es asesora artística, y a otros foros y actividades relacionados con las artes escénicas. En estos ámbitos, y en muchos otros de fuera de Estados Unidos —puesto que sigue estando muy solicitada en el extranjero—, Renée sigue implicada tanto en la actuación como en formar a la próxima generación de cantantes de ópera.

Es posible que su interés por este mundo venga del hecho de que sus padres eran profesores de canto (su madre, de hecho, sigue ejerciendo). Yo carezco de oído musical y por eso sé que las clases magistrales de Renée nunca lograrán afinar mi voz para poder cantar en público. Esta entrevista tuvo lugar en los estudios Bloomberg de Nueva York, en abril de 2018.

DAVID RUBENSTEIN (DR): Cuénteme cómo ha llegado a ser una soprano tan famosa, quizá la más famosa del mundo. Se crio en el norte de Nueva York.

RENÉE FLEMING (RF): Sí, en Rochester, Nueva York.

DR: Y sus padres eran profesores de canto. ¿Le solían decir que de mayor debería ser cantante de ópera? ¿O les daba igual?

RF: No, no, se quedaron impresionados cuando les dije que quería ser cantante. Me dijeron: «Olvídalo, es imposible. Estudia Magisterio». Imagínese su sorpresa. Mi madre sigue siendo profesora de canto y le encanta, la enseñanza es su pasión. Pero para seguir una carrera artística has de tener mucha voluntad y resiliencia, porque es un ambiente muy competitivo.

DR: Como quería ir a una universidad que tuviera un programa musical excelente, se matriculó en la Universidad de Oberlin, que era privada, pero sus padres no podían pagarla, así que al final tuvo que ir a una universidad pública de Nueva York.

RF: Correcto, fui a la SUNY Potsdam.

DR: Y le fue muy bien allí, porque tenían una escuela de música estupenda, ¿verdad?

RF: Sí, la Escuela de Música Crane. Además, el profesor de canto era magnífico. Una de las claves del éxito en mi profesión es tener a alguien que te ayude a educar tu voz. No es fácil, es algo muy personal. Porque, si lo piensas, cada «instrumento» es diferente; es algo interno, la voz y cada estructura ósea, física, requieren un conjunto de reglas y técnicas ligeramente distintas.

DR: ¿Cuándo se dio cuenta de que era lo bastante buena para ser cantante profesional?

RF: Fue algo que salió solo, no es que tomara esa decisión. Ganar la beca Fullbright fue un punto de inflexión para mí: estar en Europa, empaparme de un idioma extranjero y estudiar. Me encantaba.

DR: ¿Cómo fue su despegue artístico?

RF: Siempre hay alguien que debe arriesgarse por ti. Solo hace falta una persona, un empresario que diga: «No me importa lo que piensen los demás, me gusta esta soprano y la voy a hacer despegar».

DR: ¿Y cómo fue? ¿La llamaron y le dijeron: «Alguien se ha puesto enfermo y quiero que vengas a cantar?».

RF: Exacto. Había cantado antes en el programa de jóvenes artistas de la Houston Grand Opera. Unos meses después me llamaron para decirme que habían tenido una baja para un papel principal en una producción.

DR: Cuando está cantando ópera, ¿canta más desde el diafragma o desde la garganta?

RF: Los cantantes de ópera realizamos una expansión óptima de la respiración: inspiramos y aguantamos. Aguantar el aire es la clave para optimizar la cantidad de sonido que puedes emitir sin ejercer presión, sin cansarte.

Alguien que vaya a un evento deportivo y se pase el rato gritando para animar a su equipo es probable que al día siguiente esté afónico. En cambio, nosotros podemos cantar durante tres horas, que es lo máximo que podemos utilizar nuestra voz, y al día siguiente volver a hacerlo con la misma calidad.

DR: ¿Es difícil cantar una ópera en un idioma que no conoces?

RF: Canto en ocho o nueve idiomas, si incluyes *El señor de los anillos*. En realidad, solo hablo tres idiomas, cuatro con el inglés. Las óperas en idiomas que no conozco me las estudio de memoria, memorizo los sonidos. Lo que importa es que parezca auténtico. Además, también tienes que memorizar lo que los demás cantan. Todo esto lleva mucho tiempo.

DR: Usted canta ópera, pero también otros géneros musicales.

RF: Básicamente hago conciertos. Es lo que llevo haciendo desde hace quince años. Diría que paso el 80 % de mi tiempo de actuación en un escenario, lo que me permite viajar por todo el mundo. Disfruto creando mis espectáculos, que son una mezcla de repertorios que me gustan, y creo también que son los que más gustan al público. Me encanta descubrir a nuevos públicos y sentir esa conexión.

DR: Muchas sopranos famosas, por ejemplo, Maria Callas, tuvieron fama de divas, de *prima donnas*. Pero usted, no. ¿Qué ha hecho para evitarlo?

RF: Quise fomentar un poco esa reputación para ser el tema de conversación durante las cenas, pero no lo conseguí. Nunca se me dio bien.

DR: En otras palabras, la combinación de un gran ego y las dotes para el *bel canto* es muy común.

RF: Creo que la culpa es de la enorme ansiedad que sufrimos por la presión de actuar. No hay que menospreciar la importancia de esa presión; supone un reto enorme. Y, aunque consigas llegar a la cima, mantenerte en ella es extremadamente difícil.

En mi caso, he logrado interiorizar la presión que he ido sintiendo a lo largo de los años, pero tampoco es lo ideal, porque resulta muy estresante. Otros cantantes hacen lo contrario, la exteriorizan y se desquitan con la gente de su entorno. Y luego suben al escenario y son magníficos.

DR: ¿Y qué hace para relajarse de esa presión que supone ser cantante de ópera?

RF: Soy una fanática de la cultura. Me encanta aprender y voy todo el tiempo a museos y teatros. También me gusta mucho la naturaleza. Y claro, disfruto formando a jóvenes con talento y espero seguir haciéndolo en el futuro.

DR: Cuando los jóvenes intérpretes le dicen que quieren ser famosos cantantes de ópera, ¿qué consejo les da?

RF: Siempre les digo que, sobre todo, no acepten ninguna limitación. Ahora no basta con cantar a la perfección, tener una técnica excelente y confiar en tu voz; además debes tener un aspecto fabuloso, parecerte mucho a tu personaje, actuar bien y tener una red social muy amplia. Muchos de esos requisitos no existían cuando empecé a cantar y estoy segura de que en el futuro surgirán otros nuevos.

DR: Si yo quisiera aprender a cantar ópera... Bueno, ya no estoy a tiempo. Porque hay que empezar joven, ¿verdad?

RF: No necesariamente.

DR: Cuando imparte sus clases magistrales y enseña a sus alumnos, ¿distingue enseguida a los que tienen talento?

RF: Por supuesto. Me suelo encontrar con muchos diamantes en bruto. Los cantantes solemos decir que los mejores del mundo muchas veces ni siquiera saben que tienen buena voz.

DR: Si tuviera que pagar para ir a la ópera, ¿a quién le gustaría ver? ¿Quiénes son los cantantes por los que pagaría?

RF: Madre mía. La primera sería Leontyne Price, una soprano con una voz exquisita y que además ha sido profesora mía. También me habría encantado escuchar a Maria Callas, por su musicalidad. Suelo escuchar mucho sus grabaciones. Victoria de los Ángeles es otra, creo que nunca la he oído cantar en vivo; soy muy fan de su forma de cantar. Y Elisabeth Schwarzkopf; hice una clase magistral con ella, pero tampoco la oí nunca en vivo.

Pertenecemos a una generación de este mundillo que es realmente histórica. Me encanta celebrar esta conexión con quienes me han precedido, me encanta. Es algo que ahora estamos perdiendo, por la rapidez con que se producen los cambios y por estar tan centrados en el aquí y el ahora.

DR: Tiene dos hijas. ¿Han querido ellas ser cantantes?

RF: Ambas son unas cantantes maravillosas. Pero siempre les digo en broma que no saben lo suficiente. Ninguna ha querido ser cantante profesional. Nuestro estilo de vida es muy complicado; viajo mucho, hay épocas en que tomo un avión cada tres días.

DR: Suele contar que cuando sus hijas eran más pequeñas se las llevaba con usted a las giras. ¿Era complicado?

RF: Sí, pero valía la pena. Creía de verdad que era mucho más importante estar juntos, que su hogar estaba allá donde estuviéramos sus seres queridos. Y fue muy bien. Ahora son dos maravillosas jovencitas.

DR: Si le dieran la oportunidad de cantar la misma ópera el resto de su vida, ¿cuál elegiría?

RF: *El caballero de la rosa* es, sin duda, mi favorita. La mariscala es una mujer muy interesante, es el personaje más complejo, es tridimensional, y eso no resulta habitual en una disciplina artística tradicional como es la ópera, donde las mujeres son víctimas o propiedad de los hombres. Por eso la mariscala, con su poder y complejidad, es tan interesante para mí.

DR: Ha cantado en Broadway, ha hecho ópera y música clásica. ¿Hay algo que todavía no haya probado y le gustaría?

RF: ¿Sabe una cosa, David? Todo lo que he hecho hasta ahora es mucho más enriquecedor de lo que me hubiera podido imaginar. Si me hubieran dicho que algún día cantaría en un musical en Broadway, no me lo habría creído. No tengo una lista de deseos, pero sí una mente abierta y fe en el futuro. Creo firmemente que, si trabajas duro y con dedicación, si te gusta lo que haces y eres apasionado, acabas consiguiendo lo que quieres.

DR: Siendo cantante de ópera, no puedes chillar por nada ni chillarle a nadie, porque podrías estropearte la voz. ¿Le preocupa esto?

RF: Cometí una vez ese error. Una de mis hijas estaba en el piso de arriba y, en cuanto le grité, sentí que me había fastidiado la voz. Tuve que cancelar tres actuaciones en el Met, en una producción que se había montado expresamente para mí. Fue una desgracia.

DR: Ya le he dicho que no canto nada bien, que no tengo oído, pero sí canto en la ducha. ¿Puede un cantante de ópera cantar en la ducha?

RF: Es maravilloso cantar en la ducha. Es un buen sitio para calentar la voz, por la humedad que hay. Si cantas en la ducha puedes mejorar tu canto.

DR: Además de criar a dos jóvenes talentosas, sus hijas, ¿de qué otras cosas se enorgullece? ¿Tal vez de ser una de las sopranos más famosas del mundo viniendo de una familia y unas circunstancias muy modestas?

RF: Comparto con usted esa impresión maravillosa sobre el abanico de posibilidades que tenemos como norteamericanos. Mi abuelo era minero del carbón en Pensilvania. Yo, en cambio, he actuado para la realeza y he comido con ellos. Y siempre pienso que es sorprendente que en solo dos generaciones puedan haber mejorado tanto las cosas.

DR: ¿Qué le gustaría que la gente pensara de usted dentro de veinte años, por ejemplo?

RF: Espero que reconozcan que he trazado mi propio camino. Creo también que he ampliado las posibilidades para los cantantes que vendrán después de mí, al cantar diferentes estilos musicales: jazz, rock y teatro musical. Cuando empecé a cantar, nadie quería que diversificara mi estilo, me decían: «Vas a arruinar tu prestigio, la forma en que te ven. No saques los pies del tiesto. De hecho, cuanto más te especialices, mejor». Pero yo me decía: «Soy demasiado curiosa, quiero probar cosas nuevas», e ignoraba sus consejos.

DR: Cuando sale a saludar, la ovación puede durar diez o veinte minutos. ¿Cuánto tiempo debe pasar para que considere que ha llegado el momento de abandonar el escenario?

RF: El saludo en la ópera es un arte en sí mismo; es como otra actuación. Hay cantantes que lo hacen genial, y al público eso le encanta, lo necesita. Tengo amigos que me dicen: «Quédate en el escenario. El público quiere mostrarte su agradecimiento». Pero es algo que no me sale de forma natural.

YO-YO MA

Violonchelista, ciudadano del mundo y ganador de la Medalla Presidencial de la Libertad

«El mayor placer es la energía del público. Siempre digo que lo fundamental es para quién tocas. La música, la música en vivo, es una comunión. Nadie nos obliga a estar allí, ni a ti ni a mí. Así que, si vamos a pasar un tiempo juntos, hagamos que valga la pena. Si no es así, si tú mañana te olvidas de lo que has hecho hoy y yo mañana me olvido de lo que he hecho hoy, ¿qué sentido tiene hacerlo?».

Durante muchos años, Yo-Yo Ma ha sido el intérprete de música clásica más popular y aclamado del mundo. En la actualidad, además de mantener un calendario de actuaciones por todo el mundo, dedica gran parte de su tiempo a ser embajador cultural, es decir, trabaja para concienciar a audiencias de todas las edades sobre la importancia de las artes para nuestra educación, nuestro crecimiento como seres humanos y el progreso de la civilización.

Gracias a ello lo he podido conocer mejor, porque uno de los objetivos del centro Kennedy es la educación artística. Con este fin, Yo-Yo Ma ha sido embajador artístico del centro y he tenido la oportunidad de trabajar y viajar con él como parte de su proyecto para que las personas aprecien la importancia de las artes escénicas.

Todos los que han tenido la suerte de pasar tiempo con Yo-Yo Ma saben que es una fuerza de la naturaleza. Además de sus grandes aptitudes como violonchelista —se le considera el sucesor del legendario Pablo Casals—, es un apasionado de la vida, de sus amigos, de su papel de embajador cultural y de su labor como profesor y educador.

Nacido en París, de padres chinos, se trasladó a Estados Unidos siendo muy joven y aquí se convirtió en un niño prodigio de la interpretación (tocó para el presidente Kennedy, entre otras personalidades) y en un estudiante e intérprete superdotado en Juilliard y Harvard. A pesar de haber compartido bastante tiempo con él, nunca lo había entrevistado, hasta esta ocasión, en una sesión *Peer to Peer* que tuvo lugar en el Centro Kennedy en abril de 2017.

¿Cómo se llega a ser Yo-Yo Ma? No existe una única respuesta a esa pregunta, pero él reconoce que su talento artístico y su renombre se deben a su capacidad para concentrarse en lo que hace. Y considera que sus dos principales aptitudes (interpretar y educar) son su contribución a la vida cultural. Y que tales contribuciones son esenciales para él.

Pero no hay duda de que haber llegado a ser un referente cultural se debe a su capacidad como intérprete, ya que es un virtuoso y alguien mundialmente reconocido y admirado por su talento. Este talento artístico ha ido madurando desde que empezó como niño prodigio hasta llegar a ser en el gran maestro mundial que hoy es (muchos niños prodigio no alcanzan esta última etapa, porque se queman antes).

Su extraordinario nivel interpretativo se debe en parte a las casi interminables sesiones de práctica diaria durante muchas décadas, pero también a la inmensa e incomparable pasión por la música y la perfección que pone Yo-Yo Ma en cada actuación y, en general, en su vida.

DAVID RUBENSTEIN (DR): Nació en Francia y vivió allí un par de años. ¿Es cierto?

YO-YO MA (YM): Nací en el invierno más frío que vivió Francia en varias décadas. Mis padres se trasladaron a un hotel durante mi primer mes de vida, porque en casa no había calefacción.

DR: ¿Su idioma materno es el chino?

YM: El chino y el francés.

DR: Tiene una hermana mayor que toca el violín. Su padre, que era profesor de música, le animó a tocarlo también. ¿Por qué no se hizo violinista?

YM: Mi hermana tocaba mucho mejor que yo. Creo que hay algo en cada persona que es innato en términos del tipo de sonido que te gusta. Por ejemplo, yo pensaba que no podía lograr un buen sonido con el violín.

Durante un tiempo no toqué ningún instrumento. No había escuchado nunca el sonido de un contrabajo, pero vi uno cuando tenía cuatro años y pensé: «Vaya, es enorme. Quiero aprender a tocarlo». Entonces, como haría cualquier niño de cuatro años, empecé a insistir en que quería un contrabajo. Pero, claro, no lo podía tocar. Así que... el violonchelo era el siguiente mejor instrumento para mí.

DR: Fueron a Nueva York, donde su padre estaba tratando de convencer a su hermano de que no regrese a China. ¿Pensaba su padre que este era el mejor lugar para que su hijo aprendiera a tocar el violonchelo?

YM: Lo que ocurrió fue por pura coincidencia. Resulta que mi hermana, que tocaba muy bien el violín, y yo hicimos una pequeña actuación en un lugar de Manhattan, en nuestra última parada. Allí nos vio una mujer franco-estadounidense que andaba buscando a un profesor de música para la escuela de primaria que había abierto en Nueva York, y había oído hablar del señor Ma.

DR: Su padre.

YM: Sí. Vino al concierto y en ese mismo momento decidió preguntarle si quería enseñar en su escuela. Si no hubiéramos conocido a esa mujer, nos habríamos vuelto a Francia.

DR: Usted ya era medio famoso, porque había estado con Pablo Casals, al que mucha gente considera el mejor violonchelista del siglo xx, o por lo menos de la primera mitad de ese siglo. ¿Cómo lo conoció y qué opinaba él de su forma de tocar?

YM: Me hicieron tocar para él cuando tenía siete años y le pedí que me escribiera algo en mi libreta de autógrafos. Toqué para él y me dijo: «Muy bien, pero también deberías jugar al baloncesto»; lo cual fue muy gracioso, porque Casals en ese momento tenía casi 90 años. Recuerdo que en una autobiografía o en una entrevista dijo: «Soy, antes que nada, hombre, después, músico y, por último, violonchelista».

Creo que esa es una afirmación muy interesante. Por ¿dónde situamos nuestra identidad? En el caso de los chicos, suele ser en lo que hacen, en su profesión. A mí mucha gente me ve simplemente como un violonchelista, pero la parte de «ser hombre» para Casals era la más importante. Es algo en lo que siempre he pensado.

DR: Entonces le recomendó a Leonard Bernstein para un evento en Washington. Y usted salió en televisión, en directo, a los siete años, en un concierto dirigido por Leonard Bernstein en el que también estaba el presidente Kennedy. ¿Cómo fue aquello? ¿Muy intimidante?

YM: Nosotros éramos inmigrantes casi recién llegados. ¿Sabía yo quién era el presidente Kennedy? Probablemente, no. ¿Sabía que era una persona muy importante? Sí. ¿He pensado en ello durante el resto de mi vida? Sí.

DR: Estudió en la Juilliard School of Music antes de entrar en la Universidad de Harvard.

YM: Las materias que más me interesaban eran la Antropología y la Arqueología. Se preguntará por qué.

DR: Porque ambas empiezan por la letra a y a usted le gustan las aes.

YM: Exactamente. ¡Es usted muy inteligente! El caso es que era un niño muy despistado. Cuando cambian las cosas que consideras inmutables y auténticas —desde una perspectiva visual y también emocional, pero también en términos de hábitos de la gente—, cambia todo; las reglas también cambian.

La gente dice cosas diferentes. Muchos de nuestros amigos franceses no entendían que nos mudásemos a Estados Unidos. Es cierto que los estadounidenses creen que Estados Unidos es el mejor país del mundo, pero mis padres siempre me decían que la cultura china es muy importante.

Así que yo andaba un poco desorientado, porque, claro, no todo el mundo puede tener siempre la razón. Y la antropología me permitía estudiar los valores culturales: ligeros cambios de valores dan lugar a distintas sociedades y se expresan tanto en el arte como en cualquier otra manifestación cultural.

DR: Cuando llegó a Harvard se dio cuenta de que existe mucha gente inteligente. ¿Había también muchos que quisieran ser los mejores violonchelistas del mundo?

YM: En realidad, no sabía de nadie, ni siquiera yo, que quisiera serlo. Una cosa muy interesante de la música es que te esfuerzas por dominar un instrumento cuyo único objetivo es la expresión.

El objetivo de una carrera musical es encontrar «tu voz». Pero en la música no existe tal cosa, porque la propia música es lo máximo. Así que el objetivo es estar siempre aprendiendo y buscando la manera más precisa de expresar algo.

DR: Ha grabado noventa y tantos álbumes, o tal vez más.

YM: No lo sé. No los cuento.

DR: Y ha ganado veintitantos premios Grammy o más. Ha llegado a ser el intérprete de música clásica más famoso del mundo. ¿Le supone mucha presión el hecho de tener que actuar siempre a un nivel tan alto? ¿Se puede relajar de vez en cuando?

YM: ¿Conoce esa frase que dice que «eres tan bueno como tu última actuación»? Pues tiene algo de cierto. Usted se refiere al reconocimiento externo, algo que no pretendo menospreciar, pero ser músico es otra cosa, tiene que ver con el desarrollo interior.

Entonces, ¿qué hace que alguien sea un artista único? ¿Qué hace que usted sea David Rubenstein y nadie más lo sea? ¿Por qué los sonidos que yo genero solo son posibles por el deseo de escuchar determinados sonidos de una manera concreta? A eso me dedico. Ganar premios es fabuloso, pero solo porque te da más posibilidades de hacer lo que deseas hacer.

Pero bueno, estamos hablando de los premios como un reconocimiento externo versus la satisfacción interna. Lo que he aprendido con los años es que, si persigues un objetivo externo y lo alcanzas, el placer es momentáneo. Es algo así como: «Genial. He ganado un premio. ¿Y ahora qué?».

Igual que hay diferentes niveles de placer, hay también diferentes niveles de satisfacción profunda; y aquí es donde interviene el término inexacto que voy a utilizar: la *cultura*. Si haces algo en las artes y en las ciencias, en la cultura, lo que deseas es construir algo lo bastante sólido para que luego venga otra persona y pueda construir sobre él.

DR: Ahora mismo está de gira mundial. Tiene mucha demanda. En realidad, podría pasarse los 365 días del año dando conciertos o tocando con orquestas sinfónicas. ¿Cómo selecciona dónde tocar cada año?

YM: Bueno, no me preocupa qué tocar ni dónde hacerlo, sino para quién y con quién. Nunca me ha importado tocar en Nueva York, Yakarta, Peoria, Waco o Texas.

Lo que de verdad me importa es estar totalmente presente e implicado. Eso es lo prioritario. Cuando tocas para un grupo de gente, da igual si es en una escuela infantil o en la Casa Blanca, debes pensar qué intentas expresar y a quién se lo estás diciendo. Lo único imprescindible es que después de la actuación el público recuerde algo que les lleve a pasar a la acción. Una actuación es materia viva.

DR: ¿Le ha pasado alguna vez estar tocando una pieza y estar pensando en otra cosa?

YM: Cuando toco la concentración es total, no hay nada que interfiera. Aunque de vez en cuando puedo tener lapsus mentales que vienen y van.

DR: ¿Alguna vez se ha quedado en blanco tocando?

YM: A veces sí y a veces no. Siempre digo que para memorizar las partituras lo tienes que hacer antes de los veinte años; entonces todo lo que aprendes se te queda grabado para siempre. Si tienes más de cuarenta, olvídate.

DR: Hábleme de las salas de conciertos. ¿Hay algún auditorio o sala que tenga mejor acústica que otro?

YM: Hay gente que dice: «Guau, este auditorio es magnífico, así que seguro que es fantástico tocar aquí». Y es verdad que resulta muy placentero tocar en un buen auditorio, pero el mayor placer es la energía del público. Es lo que decía antes, que lo importante es para quién estás tocando. La música, la música en vivo, es una comunión.

Nadie nos obliga a estar allí, ni a ti ni a mí. Así que, si vamos a pasar un tiempo juntos, hagamos que valga la pena. Si no es así, si tú mañana te olvidas de lo que has hecho hoy y yo mañana me olvido de lo que he hecho hoy, ¿qué sentido tiene hacerlo?

DR: En un momento dado, tomó la decisión de hacer algo más que música clásica.

YM: La música, para mí, es la expresión en sonidos de las ideas, los pensamientos, los sentimientos y las estructuras espaciales. No puedo pensar en la música clásica como algo aparte del resto del mundo. Me gustaría pensar que forma parte de la música del mundo. No se la considera «música del mundo», pero yo sí creo que la música clásica es una de las mejores cosas que el mundo ha inventado. Me molesta mucho que se considere a la música clásica como una categoría aparte.

DR: Usted es un símbolo de la importancia de la cultura. ¿Forma una parte crucial de su vida y de su legado convencer a la gente de que la música y otras formas de expresión artística son muy valiosas para la sociedad?

YM: Vuelvo a la pregunta de siempre: ¿quiénes son las personas? ¿Por qué hacen lo que hacen? ¿Cómo aprenden? ¿Cuál es el sentido de nuestra vida?

Para mí no es algo teórico. Si tengo una actuación de cuatro horas por la noche y he de pasar lejos de mi familia, de mis hijos pequeños, dos terceras parte de mi tiempo, más me vale tener una buena razón para hacerlo. Entonces es cuando llegas a ese nivel existencial. Tienes que preocuparte, debes tener buenas razones para hacerlo. Conforme me hago mayor y observo lo que se está haciendo, cada vez me involucro más en los problemas de la sociedad.

Y yo también pienso en el patriotismo, en la civilización, en la ciudadanía, pero lo hago desde mi punto de vista, que consiste en «tocar pequeñas notas». Podrías pensar que qué sentido tiene continuar tocando cuando hay tantos problemas en el mundo. Bueno, yo quiero demostrarle al mundo, y a mí mismo, que mi humanidad o el simple hecho de tocar unas cuantas notas en el violonchelo significan algo.

LORNE MICHAELS

Creador y productor ejecutivo
de *Saturday Night Live*

«Sé por experiencia que nadie quiere tener a alguien vigilándole
todo el rato. Para dirigir bien a los creativos has de darles rienda
suelta, es la única manera. Se trata de estar siempre presente y
disponible, pero no necesariamente en la misma sala».

«Si estás en una habitación llena de gente con mucho talento,
no haces sugerencias, porque casi todo lo que sugieras ya lo
habrá dicho alguien. Tu forma de liderar es dando ejemplo;
porque eso es lo que representas, lo que conoces y, sobre todo,
se trata de acertar más veces de las que fallas».

El 11 de octubre de 1975 se hizo historia en televisión: un programa de humor diferente a cualquier otro, *Saturday Night
Live* (aunque entonces se llamaba *NBC's Saturday Night*), empezó

su andadura y hasta ahora, 45 años más tarde, ha sido el líder absoluto del humor estadounidense. Este programa, además, ha sido la escuela de muchos cómicos legendarios, como Chevy Chase, Gilda Radner, Bill Murray, John Belushi, Eddie Murphy, Will Ferrell, Tina Fey, Billy Crystal, Martin Short, Chris Rock, Julia Louis-Dreyfus, Amy Poehler y tantos otros que llegaron a dominar el mundo del humor en este país durante más de medio siglo.

El hombre que produjo el primer episodio, y que sigue siendo el productor del programa, es Lorne Michaels, además guionista y humorista canadiense, a quien se le encomendó la tarea de crear *SNL* a la edad de 30 años.

¿Cómo obtuvo ese encargo y, sobre todo, cómo ha podido continuar durante más de cuatro décadas distinguiendo lo que es divertido y quién es divertido, cuando los gustos humorísticos de los norteamericanos está en permanente evolución (como ocurre con la música popular, también, por cierto, un factor de éxito del programa)? En la entrevista para *Peer to Peer* que le hice en los estudios Bloomberg de Nueva York en junio de 2019, responde a esta pregunta y a muchas otras.

Antes de este encuentro habíamos coincidido unas cuantas veces, aunque justo unas semanas antes él me invitó a charlar durante la emisión de *SNL*. Es una maravilla ver cómo se hace un programa en directo de 90 minutos con tantas actuaciones, parodias y cambios de escenografía a lo largo de semanas y semanas.

Lorne Michaels no concede demasiadas entrevistas. Es comprensible que se muestre reacio a comparar a los diversos personajes del *SNL* o a comentar el impacto político de muchas de sus parodias (recientemente, por ejemplo, el presidente Trump ha sido el foco de su humor político, aunque todos los presidentes, empezando por Gerald Ford en 1975, han sido objeto de parodias en este programa).

Al preguntarle cómo ha sido capaz de liderar al equipo de un programa tan visto y popular, durante tanto tiempo, y sobrevivir a las críticas —que no son pocas—, Lorne Michaels responde que la clave es estar abierto a nuevas ideas, a cambiar la mente y a aceptar que las mejores ideas pueden llegar de cualquier parte. También piensa que ha podido hacerlo porque no le recuerda constantemente a la gente que él es quien manda, pero siempre hace lo que cree mejor para el programa, no para sí mismo; y opina que, al anteponer el programa a cualquier otra cosa, incluso a los egos de algunos, ha dado ejemplo. Para él lo más importante es el programa y espera que así sea para todos los que participan en su producción.

Por ahora este enfoque es obvio que le ha funcionado. Y continuará utilizándolo mientras siga siendo el productor, esperemos que otros diez años como mínimo. Y tal vez, durante esta década, Lorne se dé cuenta de que su único fallo ha sido no contar con un inversor privado para *SNL*.

DAVID RUBENSTEIN (DR): El programa se emitió por primera vez el 11 de octubre de 1975. ¿Se imaginó entonces que cambiaría la historia de la televisión y de la comedia?

LORNE MICHAELS (LM): Nunca me lo imaginé. Pensaba que, si salíamos al aire y hacíamos el programa, habría gente que se quedaría en casa para verlo. Pensaba que habría mucha gente como nosotros, porque prácticamente todos veníamos de la audiencia. Quizá era yo la persona del equipo que tenía más experiencia en la televisión, pero para los demás era la primera vez.

DR: ¿Tenía solo treinta años cuando empezó?

LM: Sí, Dan Aykroyd tenía 23, John Belushi, 26, Gilda Radner, 29, y Chevy Chase era un poco mayor que yo.

DR: ¿Por qué la NBC dijo de repente: «Debemos tener un *late show* en la televisión»?

LM: Sustituimos a un programa que se llamaba *The Best of Carson*, de Johnny Carson, el de *The Tonight Show*. Su programa tuvo su momento y no quiso que se repitiera, así que pidió que dejara de emitirse. Herb Schlosser, que era el director de la cadena y que, al estar en Nueva York, se acordaba del apogeo de la televisión en directo, tenía muchos estudios vacíos, porque el negocio había migrado a Los Ángeles.

De modo que pensó que sería magnífico hacer un programa en directo. «El directo» era lo importante. Él nunca había hecho tele en vivo, pero sí teatro, y sabía más o menos cómo funcionaba. Dick Ebersol, a quien contrató para dirigir la programación nocturna, entrevistó a mucha gente y al principio pensó en hacer una serie de programas diferentes.

Después nos conocimos y congeniamos. Le expliqué lo que quería hacer y cómo lo haría. Así que se tomó la decisión de que sería un solo programa, en vez de varios, y se tuvo que elegir cuál de ellos sería. Y resultó ser el mío.

Al principio se anunció con el título *Saturday Night Live*, pero entonces Roone Arledge, una gran figura del sector en la cadena ABC, anunció un programa para junio que se llamaba *Saturday Night Live with Howard Cosell*, así que tuvimos que cambiar el título: le pusimos *NBC's Saturday Night*. Cuando al año siguiente el programa de Cosell dejó de emitirse, le escribí para preguntarle si le importaba que recuperáramos nuestro título original. Dijo que no había ningún problema.

DR: ¿Por qué eligieron a un chico de treinta años para producir el programa? ¿Qué había en su pasado que les llevara a pensar que tenía experiencia en ello?

LM: En primer lugar, la programación nocturna no era responsabilidad de nadie. Carson estaba cinco noches a la semana y le iba muy bien.

Yo había hecho televisión en Los Ángeles a finales de los sesenta y después, cuando volví en 1972. Siempre me decían, de las cosas ambiciosas que les sugería, que no funcionarían en *prime time*. En aquella época necesitabas un 40 de cuota para seguir emitiendo.

DR: «Un 40 de cuota» significa…

LM: Que el 40% de la audiencia te está viendo. El público es quien decide si no va a funcionar o si solo funcionará en las costas. Soy de Canadá, así que soy algo así como «de entre costas». Pensaba que había mucha gente como yo, que éramos una generación diferente. Al fin y al cabo, fuimos los primeros del *baby boom*.

Había trabajado de guionista en programas como *Laugh-In*. Y había hecho programas con Lily Tomlin y Richard Pryor, que siempre eran especiales. Es decir, que había hecho lo suficiente para saber cómo enfrentarme a ello. Se trataba de organizar un programa que fuera, en cierto modo, el mismo perro con distinto collar.

Adopté varios elementos de otros programas y supe que triunfaríamos, porque lo habíamos hecho nosotros.

DR: Hubo un montón de programas de variedades en Estados Unidos en las décadas de los cincuenta y los sesenta; Sid Caesar, entre otros. Pero a mediados de los setenta la cosa empezó a decaer.

LM: Sí, y fue algo que ocurrió más en Nueva York que en Los Ángeles. El caso es que se transformaron en un tipo diferente de programas, como *Laugh-In* o *The Smothers Brothers*.

DR: Usted venía de Toronto. ¿En su adolescencia quería ser abogado o médico, como todos los chicos judíos de la época?

LM: No. Mis abuelos tenían una sala de cine. Si me hubieran preguntado a los ocho años qué quería ser, probablemente hubiera dicho «abogado», porque es lo que se suele decir. Pero lo que me gustaba de verdad era estar en el cine.

DR: Se graduó en la Universidad de Toronto, donde se especializó en inglés. Pero después decidió dedicarse al mundo del entretenimiento. ¿Empezó actuando o escribiendo?

LM: Desde el bachillerato siempre estuve escribiendo, actuando y dirigiendo de varias formas. También en la universidad.

DR: ¿Y decidió en algún momento que quería hacer carrera en Canadá, o era en Estados Unidos donde estaban las oportunidades?

LM: En 1967 se celebró el centenario de Canadá. Había algo así como un aire nuevo en mi país, y pensé: «Sería feliz si me quedara aquí el resto de mi vida». Pero luego me ofrecieron la oportunidad de hacer un programa en California que se llamaba *The Beautiful Phyllis Diller Show*. Un programa de variedades.

Trabajaba entonces con un socio, Hart Pomerantz, con quien escribía los guiones y los gags. Escribimos monólogos para Woody Allen, Joan Rivers, gente así. No es que influyéramos en sus carreras, pero teníamos suficiente experiencia y sabíamos hacer las cosas bien.

Después de ese primer trabajo en California, me dieron un par más: *The Dean Martin Summer Show* y *Laugh-In*. Luego la Canadian Broadcasting Corporation nos preguntó si queríamos volver y hacer nuestro propio espectáculo, y lo hicimos durante tres años.

DR: Y llegamos a octubre de 1975, cuando se emite en directo por primera vez *NBC's Saturday Night*. ¿Entrevistó usted a toda la gente que interpretaría a los personajes en el programa? ¿Pensó desde el principio que Dan Aykroyd y John Belushi lo harían tan bien?

LM: Yo fui el primer contratado. Cuando en 1975 llegué a la sede de la NBC, en el Rockefeller Center, me quedé impresionado: solo había espacio.

Nos pusieron en el piso 17, donde seguimos estando. Contraté a un ayudante, Tom Schiller, y pedí un plazo para la preproducción. Firmé el contrato el 1 de abril, que en el mundo de la comedia es una fecha propicia.

Luego tardé tres meses en formar el equipo. Entrevisté a y me reuní con cientos de personas. Cuando encontraba a alguien que, por algún motivo, me parecía bien o era gracioso de una manera diferente, lo contrataba.

DR: El nombre del reparto original del programa fue *The Not Ready for Prime-Time Players*, que significa algo así como «la compañía que no está lista para las horas de máxima audiencia».

LM: Sí, fue el nombre que le dio Herb Sargent.

DR: Muchos miembros del reparto a los que usted eligió han alcanzado gran fama y éxito. El primer día que se emitió el programa, ¿pensó que tendría tanto éxito?

LM: Tengo la suerte en mi vida de que solo veo los errores. Al término del primer programa había detectado muchos errores y me propuse rectificarlos; no como una obsesión, sino como parte de mi trabajo. Por ejemplo, un momento que se perdió o un corte de cámara que llegó tarde. Ningún programa es perfecto, por eso siempre estoy allí.

Bueno, aquella noche salimos airosos. Siempre digo que cuando empezamos teníamos todos los ingredientes, solo nos faltaba la receta.

Entre el primer programa y el segundo, cambiamos. En el segundo estaba Paul Simon. En el tercero, Rob Reiner con Penny Marshall. En el cuarto programa, con Candy Bergen, dimos con la fórmula definitiva, muy similar a lo que hacemos en la actualidad.

DR: Creo que la idea original era tener un reparto —esa «compañía que no estaba lista...»— y un presentador.

LM: Sí, pero un presentador diferente cada semana. Había entonces un programa, *The Hollywood Palace*, que producía un chico llamado Nick Vanoff, en el que el presentador cambiaba cada semana.

DR: ¿Quién fue su presentador en el primer programa?

LM: George Carlin.

DR: ¿Y resultó tan gracioso que ya sabía que tendría éxito? ¿O era demasiado complejo?

LM: Sabía que tenía monólogos que funcionarían; y le consideraba muy divertido. El mayor problema en ese primer programa fue que la cadena quería que el tipo llevara traje y corbata, y él no quería, se quería poner una camiseta.

No es que a mí me importara eso, en absoluto; por mí, se podría haber puesto lo que quisiera. Pero al final llegamos a un acuerdo, después de negociar mucho y el mismo día de la emisión: llevaría traje con camiseta. Fue la solución perfecta.

Tuve también a dos músicos invitados. Emitimos algunos anuncios que parodiaban a los reales y creamos algo de confusión, pero el programa continuó y George Carlin hizo tres o cuatro monólogos.

DR: Para los que no lo recuerden, diremos que en aquella época no había tanta televisión en directo como hubo, por ejemplo, en los años cincuenta o sesenta.

LM: Solo los deportes se emitían en directo.

DR: Por ejemplo, Johnny Carson grababa un programa en directo, con público, pero al grabarlo podía hacer los cambios que quisiera.

En cambio, ustedes emitían completamente en directo, no podían hacer cambios. ¿Tenían a un censor para vetarles palabras, digamos, no apropiadas?

LM: Había mucha polémica sobre lo que podíamos hacer y lo que no, y sobre lo que podíamos hacer a las 23:30 y lo que podíamos hacer a medianoche. Éramos aquello que estaba de moda en los setenta: éramos *innovadores* y *traspasábamos los límites*.

Pero yo creo que, simplemente, intentábamos reflejar la vida tal cual la vivíamos. En 1975 acabó la Guerra de Vietnam, el presidente dimitió, la ciudad de Nueva York entró en bancarrota. Nuestro programa era una pequeña ventana a un mundo diferente a lo habitual.

DR: El «Weekend Update» es una parodia de un informativo que siempre se ha hecho en el programa.

LM: En un primer momento pensé que, puesto que había hecho algo similar en Canadá, lo haría yo mismo. Después, cuando volví a pensarlo, decidí que no podía cortar las cosas de los demás e incluir solo las mías, porque ese no era el espíritu del programa.

DR: Dirigió la producción del programa desde 1975 hasta 1980 y después decidió dejarlo para producir películas.

LM: Lo dejé porque la gente cambia, porque ese es un ritmo agotador y porque se te presentan nuevas oportunidades. El programa tenía tanto éxito que no había manera de que la cadena me dejara formar un nuevo elenco con tiempo suficiente. Digamos que no éramos una prioridad. Yo había hecho un equipo del que nadie había sido despedido en cinco años. Creí que era el momento de marcharme. Había muchas otras cosas que quería hacer.

DR: Empezó entonces a producir cine y otros programas de televisión.

LM: Eso es. E hice muchos espectáculos musicales. Y me construí una casa con jardín.

DR: En 1985 volvió y, desde entonces hasta 2019, ha seguido produciendo el programa.

LM: Hasta hace unas semanas, sí.

DR: ¿No cansa hacer lo mismo durante más de cuarenta años?

LM: No. Desde el punto de vista físico, sí, pero es lo único que hago.

DR: ¿Cómo ha cambiado el humor desde los años setenta u ochenta? ¿Se ríe la gente de las mismas cosas? ¿Hay chistes que antes hacían gracia y ahora no, o viceversa?

LM: No hay casi nada de lo que hacíamos en los setenta que podamos hacer ahora. Por ejemplo, Gilda Radner no podría interpretar ya a Roseanne Roseannadanna; John Belushi no podría hacer de japonés; ni Garrett Morris podría hacer la sección «Noticias para duros de oído», porque se estaría riendo de una discapacidad. Los valores cambian. Entre las películas *Arthur* y *Arthur 2,* el alcoholismo se había convertido en una enfermedad y nadie quería reírse ya de los alcohólicos; mientras que doscientos años atrás todo el mundo se reía de los borrachos.

DR: Si le parece, vamos a explicarle a la gente cómo se produce el programa. ¿Los lunes se recupera de la semana anterior o va a trabajar?

LM: Sí, los lunes tenemos que trabajar. Tengo una reunión a las 17 h con todos los guionistas, el reparto y el presentador. También con el departamento de música y el de cine.

Nos reunimos en mi despacho; bueno, ellos se reúnen y yo estoy detrás de la mesa y les voy pidiendo ideas. No es una reunión para inspirarlos, porque las ideas ya las tienen; saben que tienen que decir algo, aunque solo sea un chiste.

Una vez, en 1978 o 1979, Bill Murray se sacó un papel del bolsillo y leyó: «Tienda de pinturas». Luego añadió: «Ahora no sé si es que tengo que ir a la tienda de pinturas o es una idea para un sketch».

Tampoco podemos estar hablando todo el rato del programa anterior, porque cada semana tenemos uno nuevo y la persona que presenta debe tener algo que decir.

DR: ¿Le llama la gente para echarle flores, para halagarle?

LM: Hay gente que lo hace, pero sobre todo son agentes y directores. En los años setenta era más la gente en general.

DR: Bien, entonces llega el lunes y el equipo se reúne para aportar nuevas ideas. Luego, el martes y el miércoles, escriben el guion.

LM: Lo que suele ocurrir es que alguien escucha la idea de otro en la reunión y entonces se da una especie de «polinización» y la gente dice: «Trabajaré en esto». La lectura previa de los miércoles empieza sobre las 16 h y a esas alturas todo el mundo tiene que haber hecho su trabajo.

Es decir, que los martes por la noche casi todos trabajan hasta muy tarde, por lo que suelo llevarme a cenar al elenco, a los guionistas y al presentador. Los días más estresantes para el presentador son los lunes y los miércoles, porque no hay nada escrito, así que no sabe qué tendrá que decir. Tiene que confiar en que saben lo que hacen, lo cual resulta difícil al principio.

DR: ¿Los jueves y viernes hacen la prueba de vestuario?

LM: Decidimos el programa el miércoles. Leemos entre 40 y 45 piezas, para seleccionar 13 o 14. Una vez elegidas, los diseñadores empiezan a esbozar decorados; esos bocetos salen hacia la tienda esa misma noche y empiezan a construirlos. La unidad de cine se pone a mirar cómo rodar las dos o tres piezas que le corresponden. Siempre estamos analizando quién tiene menos trabajo del que nos gustaría. Y siempre dejamos la apertura del programa y uno o dos espacios más abiertos, para lo que pueda surgir a última hora.

DR: ¿Alguna vez se ha preocupado porque pensara que un invitado no iba a dar la talla?

LM: Sí.

DR: ¿Y cómo los prepara entonces? ¿Les dice que quizá podrían hacerlo mejor?

LM: Siempre conseguimos que lo hagan bien. Es una extraña mezcla, porque estás en escena —y hay mucha gente que es muy buena en el escenario—, pero también hay cámaras, y el guion cambia constantemente, hasta el último minuto. Así que se necesita cierto nivel de concentración. Hay un punto en el que el presentador se rinde y dice: «Vale, tengo que confiar en que todo saldrá bien».

DR: ¿Hacen los sábados un ensayo general?

LM: No. Los jueves añadimos la música y ensayan. Casi al mismo tiempo llegan los decorados. También hay dos mesas de reescritura trabajando en las piezas que hemos escogido. La unidad de cine está preparándose, porque ruedan el jueves por la noche o el viernes por la mañana a primera hora. Después harán otra filmación entre las 23 h y las 3 o las 4 de la mañana.

DR: ¿Alguna vez ha seleccionado un sketch o un guion que creía muy divertido y luego nadie se rio en el estudio? ¿O al contrario, que pensara que no era gracioso y todo el mundo se riera?

LM: Sí. A ver, eliges las piezas el miércoles; las ensayas el jueves y el viernes, y de nuevo el sábado por la tarde, ya vestidos y maquillados. Después hacemos un ensayo con público, y esa es la primera vez que lo verán 300 o 400 personas. Y, pienses lo que pienses tú, si a ellas no les gusta… El público siempre tiene razón.

Así que tenemos que adaptarnos. Cosas que pensabas que eran seguras no funcionan. En general, son detalles relacionados con el orden, con la estructura del programa: si una pieza difícil la colocas demasiado pronto en la emisión, es posible que no funcione. Es muy importante el lugar donde pones las cosas —el orden de emisión, la escaleta— y también si resultan o no adecuadas.

DR: ¿Ha escogido alguna vez a alguien como miembro fijo del elenco sin estar seguro de que fuera muy gracioso y luego se ha convertido en una superestrella? ¿O al contrario?

LM: No. Las pruebas son muy exigentes. Si estás en una sala con alguien que no es gracioso, enseguida saltan las alarmas.

DR: Se ha hecho famoso por producir este programa durante más de 45 años. Así que, aunque tuviera que dejarlo mañana mismo, dejaría un gran legado. ¿Pretende seguir mientras pueda?

LM: Mientras pueda físicamente.

DR: ¿Cuál cree que ha sido el mayor logro de su vida? ¿Haber reinventado la comedia en televisión?

LM: Siempre estoy maquinando lo que haremos la próxima semana. No dedico ni un segundo a pensar que he hecho cosas importantes en mi vida.

DR: Aparte del programa, ¿tiene algún interés o afición? ¿Qué hace para relajarse?

LM: Cuando terminamos la temporada, estoy agotado. Es como un curso escolar, que empieza en septiembre y acaba en mayo.

Y yo tengo una norma basada en la experiencia: no tomes ninguna decisión en junio. Primero, porque lo habitual es que no me apetezca ver a nadie del equipo con el que he estado trabajando toda la temporada, y también porque no tengo una opinión al respecto. Así que procuro viajar o irme al campo. Se me da bien pensar mientras camino; doy largos paseos para aclarar mis ideas.

DR: Al mismo tiempo que hace *Saturday Night Live*, también produce otros programas de televisión.

LM: Sí, hago *The Tonight Show* y *Seth Meyers*, el programa nocturno.

Tina Fey fue una guionista sensacional del *SNL* y después formó parte del reparto que hacía la sección «Weekend Update». Nosotros hicimos *Mean Girls* juntos. Ella quería hacer series y acabó siendo la protagonista de la comedia televisiva *30 Rock*.

Lo que suelo hacer es estar muy encima al principio, para asegurarme de que va bien y de que es la mejor versión posible. Una vez está en marcha y funciona bien, me voy de puntillas y vuelvo a mi otro trabajo, que es *Saturday Night Live*.

Y es que sé por experiencia que nadie quiere tener a alguien vigilándole todo el rato. Para dirigir bien a los creativos has de darles rienda suelta, es la única manera. Se trata de estar siempre presente y disponible, pero no necesariamente en la misma sala.

DR: ¿Hay algo que le haga tanta gracia que no pueda controlar la risa?

LM: Siempre hay algo en el programa que me hace sentir muy orgulloso. La comedia es algo disruptivo: la gente no tiene planificado reír. Se le dice cuándo aplaudir, pero no cuándo reírse. Es decir, que en la comedia siempre hay algo sorprendente. Es fascinante ver la combinación de un buen guion y una actuación brillante.

DR: La gente que se ha hecho famosa trabajando en su programa y después han ganado mucha más fama y prestigio ¿le llama para agradecerle lo que ha hecho por ella?

LM: Hay sentimientos muy fuertes en ambos lados. Cuando celebramos el cuarenta aniversario, hace un par de años, invitamos a todos los que habían trabajado en el programa, además de a sus presentadores. Creo que cuando la gente echó un vistazo a la sala y vio las diferentes generaciones que habían pasado por el programa se dio cuenta de la importancia de lo que hemos hecho.

DR: ¿Le costó que acudieran? ¿Les tuvo que decir que dejaran sus egos a un lado?

LM: Todos estaban muy contentos de volver a verse. Y fue difícil, porque solo había 350 plazas.

DR: ¿Se arrepiente de algo en su increíble carrera?

LM: De millones de cosas. ¿Sobre qué en concreto?

DR: Algo que hubiera querido lograr y que no haya podido, por ejemplo. El programa ha sido un éxito rotundo, pero ¿habría hecho algo de una forma diferente, en el programa o en su vida?

LM: Hay tantas cosas… Cuando algo no funciona y sale mal, o cuando algo no funciona porque otra cosa no entró bien y el corte de la cámara se hizo tarde, y después hay que arreglarlo todo… Cuando algo no funciona se hace el silencio; los actores lo saben, todos lo sabemos.

Pero no hay idea que alguien brillante no sea capaz de entender y poner en práctica. Así que siempre tienes esperanzas en este sentido.

DR: ¿Le gustaría hacer algo en el programa que no haya hecho todavía?

LM: El programa está en continua evolución. Desde las últimas elecciones se ha vuelto mucho más político, porque es lo que pide la audiencia. Hubo una época, a mediados de los noventa, en que si le hubieras preguntado a un miembro del reparto quién era el líder de la mayoría en el Senado, no lo habría sabido.

Es evidente que la política a partir del *caso Watergate* fue muy importante y la generación del *baby boom* seguía siendo importante. Pero en los buenos tiempos es como que esa importancia disminuye. Siempre tratamos temas de actualidad, aunque estos tengan que ver con la política, como ahora.

DR: Si alguien dice: «Quiero ser como Lorne Michaels. Quiero ser un productor de éxito»…

LM: Yo le diría: «¿Por qué?».

DR: Para ser un maestro de la televisión, ¿qué cualidades debe tener una persona? ¿Trabajar duro? ¿Tener sentido del humor? ¿Llevarse bien con la gente? ¿Saber motivar a las personas? ¿Qué aspectos son los más importantes?

LM: No me gusta dar consejos sobre esto, pero creo que el liderazgo en este ámbito concreto consiste en la habilidad para cambiar de opinión, y para hacerlo bastante a menudo. Si a un guionista novato se le ocurre una idea mejor… adelante con ello.

Es una cultura que funciona así; no viene determinada por el estatus o la jerarquía.

Cada semana, alguien se frustra porque hemos tenido que recortar su pieza, quizá porque nos pasábamos de tiempo. Pero siempre hay una siguiente semana y has de seguir adelante. Intento crear un ambiente en el que todos se sientan escuchados.

DR: Muchas veces pregunto a mis entrevistados qué se necesita para ser líder. Resulta evidente que, en su terreno, usted es un líder. Desde su experiencia, o a raíz de observar a otras personas con mucho talento, ¿qué cualidades ha visto que deben tener los grandes líderes?

LM: Si estás en una posición de poder todo el mundo lo sabe, no hace falta que lo digas. Si estás en una habitación llena de gente con mucho talento, no haces sugerencias, porque casi todo lo que sugieras ya lo habrá dicho alguien.

Tu forma de liderar es dando ejemplo; porque eso es lo que representas, lo que conoces y, sobre todo, se trata de acertar más veces de las que fallas. También se trata de impulsar a la gente, porque, en mi caso, saben que lo que más importa es si el programa es bueno o no.

Y que yo seré implacable en la búsqueda de la perfección. Si no entiendes por qué hago algo, no tendré tiempo de explicártelo, pero después de un rato verás un patrón. Disponemos de los 45 minutos que hay entre que nos vestimos y empieza la emisión para entenderlo.

Yo me suelo pasear por la sala preguntando: «¿Qué opinas? ¿Qué opinas? ¿Qué opinas? ¿Y si ponemos esto aquí?». Y todos hablan. La decisión es técnicamente mía, pero puedes sentir el consenso. Y todo el mundo quiere que salga bien.

Agradecimientos

Hay muchas personas que han hecho posible este libro y me gustaría agradecerles a todas ellas su apoyo y ayuda.

Mi editorial, Simon & Schuster, ha respaldado la publicación de este libro desde el principio y me gustaría dar las gracias en especial a Jonathan Karp, su estupendo director ejecutivo. Quisiera expresar mi agradecimiento también a mi editor, Stuart Roberts, que ha demostrado una gran habilidad para corregir mis borradores y me ha hecho muchas sugerencias para mejorar el libro.

Mi amigo de la facultad de Derecho, Bob Barnett, ha sido mi asesor y representante en todas las negociaciones y cuestiones legales con Simon & Schuster.

Por supuesto, quiero dar las gracias también a todas las personalidades incluidas en este libro, por dejarme entrevistarlas y por permitirme publicar las transcripciones corregidas de nuestras conversaciones.

También quiero dar las gracias a Sahron Rockefeller, presidente de WETA, el canal de televisión pública del área de Washington, por organizar la transmisión de *Peer to Peer* en WETA y en otros canales PBS del país.

Me gustaría agradecer a Chris Ullman su gran ayuda con las relaciones públicas necesarias para la elaboración de este libro.

Las entrevistas que se incluyen en este libro han sido posibles gracias al apoyo del Club Económico de Washington D. C. y de Bloomberg TV. La directora ejecutiva del Club, Mary Brady, hizo todo lo posible para que las entrevistas se llevaran a cabo ante los miembros del club. A ella la ayudó en esta tarea la directora de medios del club, Judi Irastorza.

Estoy en deuda, además, con un gran número de personas de Bloomberg TV que han hecho posible *Peer to Peer*. La idea original del programa fue de Juleanna Glover, miembro del Club Económico; ella se lo sugirió a Justin Smith, también miembro del club y director ejecutivo de medios en Bloomberg. El respaldo que ha dado al programa desde el principio ha sido fantástico. Por su parte, Mike Bloomberg aprobó asimismo la idea del programa y agradezco su amistad y apoyo durante tanto tiempo.

En la supervisión del programa ha estado Al Mayers, responsable de Bloomberg TV, y su apoyo ha resultado clave para el éxito de aquel.

Al principio, el productor era Matt Saal, muy experimentado en televisión, así que sus capacidades y su esfuerzo contribuyeron a que el programa tuviera un buen arranque. Además, Matt hizo la primera fase de edición de estas entrevistas para su publicación.

Luego, cuando dejó Bloomberg TV para trabajar con el gobernador Andrew Cuomo, se encargó su sucesora, Laura Chapman, una profesional que ya tenía experiencia en Bloomberg TV. Laura también contribuyó a la buena marcha del programa antes de irse a trabajar en la campaña presidencial de Bloomberg.

A su vez, ella fue sustituida por otra productora con mucha experiencia en esta cadena, Kelly Belknap, que regresó a Nueva York desde la filial en Hong Kong para producir el programa. Kelly ha sido de gran ayuda en la mejora del programa y de cara a la obtención y revisión de las transcripciones a partir de las cuales se ha elaborado este libro. En este sentido, la productora Samantha Shivraj y la asesora de Bloomberg Media, Patricia Suh, ayudaron con los trámites para obtener el permiso de utilización de las transcripciones.

Hay una serie de personas de mi oficina que han sido de mucha ayuda en la preparación del libro: Mary Pat Decker, mi jefa de personal desde hace años, que ha hecho malabares con mi agenda para programar las entrevistas; Laura Boring, que me ha echado una mano con los frecuentes cambios en el manuscrito; Amanda Mangum, que ha trabajado con Laura en la preparación del manuscrito; y Robert Haben, que se ha implicado en el proceso de documentación necesario para preparar las entrevistas.

En particular quiero dar las gracias a Jennifer Howard, que hizo el laborioso trabajo de revisar y corregir las transcripciones de las entrevistas, así como de hacer lo propio con mis resúmenes de cada una. Ella también se encargó de esta tarea en mi libro anterior y en este caso ha vuelto a demostrar que es una gran correctora, redactora y conocedora del lenguaje.

Los beneficios de este libro que normalmente irían al autor se entregarán en este caso al Johns Hopkins Children's Center. Pertenezco al Consejo de Administración del Johns Hopkins Medicine y siempre he apoyado su centro infantil.

Estoy seguro de que he cometido algunos errores en el libro. Por supuesto, tales errores son de mi exclusiva responsabilidad.

Las personas entrevistadas

JAMES A. BAKER III ha sido la única persona en ocupar los cargos de secretario de Estado, secretario del Tesoro y dos veces jefe de Gabinete de la Casa Blanca, para los presidentes Ronald Reagan y George H. W. Bush. Como secretario del Tesoro durante el mandato de Reagan, Baker jugó un papel fundamental en la redacción de la Ley de Reforma Tributaria, que simplificó el código fiscal de la nación. Durante su etapa como secretario de Estado, sentó las bases diplomáticas para la unificación de Alemania y forjó la coalición internacional que obligó a las tropas de Sadam Hussein a abandonar Kuwait. Después de dejar el Gobierno, fundó el James A. Baker III Institute for Public Policy en la Universidad de Rice, fue el comisionado especial de las Naciones Unidas para buscar una solución política al conflicto del Sahara Occidental y también el del presidente para reestructurar la deuda soberana de Irak. Es socio de la firma de abogados Baker Botts. Él y su mujer, Susan Garrett Baker, tienen ocho hijos y diecinueve nietos.

JEFF BEZOS fundó Amazon.com en 1994. Amazon tiene el objetivo de ser la compañía del mundo más centrada en el cliente. Ofrece precios más baratos y entrega rápida de millones de artículos, así como el acceso en *streaming* a películas y programas de televisión a través de Prime Video. También diseña y fabrica dispositivos de enorme éxito, como Kindle, Fire y Echo, y el sistema de reconocimiento de voz Alexa, y ofrece a empresas y gobiernos de más de 190 países una infraestructura de servicios en la nube, Amazon Web Services. Bezos también fundó la compañía aeroespacial Blue Origin, que está trabajando para rebajar el coste e incrementar la seguridad de los vuelos espaciales, y es el actual propietario del *Washington Post*. En 2018 fundó Bezos Day One Fund, cuyo objetivo es financiar a las ONG que ayudan a familias sin hogar y crear una red de centros de educación infantil para las comunidades desfavorecidas. Bezos se graduó *summa cum laude*, Phi Beta Kappa, en Ingeniería Electrónica y Ciencias Informáticas por la Universidad de Princeton en 1986 y fue nombrado Persona del Año por la revista *Time* en 1999.

SIR RICHARD BRANSON es el fundador de Virgin Group, un conglomerado de empresas de diferentes sectores como la telefonía móvil, los viajes y los transportes, los servicios financieros, el ocio y el entretenimiento, la salud y el bienestar. Virgin es un grupo puntero de inversiones a escala internacional y una de las marcas más reconocidas y respetadas del mundo. Desde que creara la revista cultural juvenil *Student* a los 16 años, Richard ha ideado diferentes fórmulas empresariales para generar un cambio positivo en el mundo. En 2004 fundó Virgin Unite, la fundación sin ánimo de lucro del grupo Virgin. En la actualidad pasa la mayor parte del tiempo creando empresas que produzcan cambios positivos en el mundo y trabajando con Virgin Unite y otras organizaciones que han surgido a partir de ella, como Elders, B Team y Ocean Unite. Vive en la isla Necker con su mujer, Joan, con la que tiene dos hijos, Holly y Sam, y cinco nietos.

WARREN E. BUFFETT nació en Omaha, Nebraska, el 30 de agosto de 1930. Es presidente y director ejecutivo del holding Berkshire Hathaway Inc., que posee 89 negocios en curso y es la número 5 en la lista *Fortune* de empresas más reconocidas y respetadas del mundo. Junto con Bill y Melinda Gates, el señor Buffett es cofundador de The Giving Pledge, iniciativa que anima a las grandes fortunas norteamericanas a donar al menos la mitad de su patrimonio neto a causas benéficas. El propio señor Buffett se ha comprometido a donar con fines solidarios todas sus acciones de Berkshire Hathaway, que equivalen más o menos al 99% de su patrimonio neto. Estudió en la Wharton School de la Universidad de Pensilvania y en 1950 se licenció en la Universidad de Nebraska. También estudió Economía en la Universidad de Columbia y se licenció en 1951. Estuvo casado con Susan T. Buffett hasta su muerte en 2004 y tuvieron tres hijos, Susan, Howard y Peter. En 2006 se casó con Astrid Menks.

GEORGE W. BUSH fue el 43º presidente de Estados Unidos, desde 2001 hasta 2009. Tras los ataques terroristas del 11 de septiembre de 2001, respondió con una amplia estrategia para proteger a la población estadounidense. Bajo su liderazgo, Estados Unidos consiguió formar varias coaliciones internacionales para acabar con los regímenes violentos de Afganistán e Irak, y ofreció un apoyo sin precedentes a las jóvenes democracias y a los disidentes de todo el mundo. El presidente Bush también lanzó una serie de iniciativas internacionales para luchar contra la malaria y el VIH/SIDA que han salvado millones de vidas. Antes de ser presidente fue el 46º gobernador de Texas, desde 1995 hasta el año 2000. Después de su periodo presidencial, Bush y su esposa, Laura, fundaron el George W. Bush Presidential Center en Dallas, Texas, que alberga la Biblioteca Presidencial y el Museo George W. Bush; además del Instituto George W. Bush, un centro sin vinculación política alguna, dedicado al desarrollo de las dotes de liderazgo. Él y Laura tienen dos hijas gemelas, Barbara y Jenna, y tres nietos.

WILLIAM JEFFERSON CLINTON, el primer presidente demócrata en seis décadas que fue elegido dos legislaturas, consiguió llevar a Estados Unidos al mayor crecimiento económico de su historia, incluyendo la generación de más de 22 millones de empleos. Tras abandonar la Casa Blanca, creó la Fundación Clinton para continuar trabajando en las causas que le preocupan. A través de ella ha ayudado a reforzar a las comunidades gracias al desarrollo e implementación de programas de mejora de la salud, potenciación de las economías locales y protección del medio ambiente.

Además del trabajo en su fundación, el presidente Clinton ha sido el principal comisionado de las Naciones Unidas para los trabajos de recuperación del océano Índico tras el tsunami de 2004 y también en Haití. Así mismo, ha colaborado en numerosas ocasiones con los presidentes George H. W. Bush y George W. Bush en intervenciones humanitarias en comunidades devastadas por catástrofes naturales.

El presidente Clinton nació el 19 de agosto de 1946 en Hope, Arkansas. Él y su mujer, exsecretaria de Estado, viven en Chappaqua, Nueva York. Tienen una hija, Chelsea, y tres nietos: Charlotte, Aidan y Jasper.

TIM COOK es el director ejecutivo de Apple y miembro del Consejo de Administración de la compañía. Antes de llegar al cargo en agosto de 2011, Tim era el director de operaciones mundiales de Apple, por lo que asumía la responsabilidad de todas las operaciones y ventas internacionales, incluida la gestión de la cadena de distribución de Apple, el servicio y el apoyo logístico. También dirigió Macintosh, una de las divisiones de Apple, y jugó un papel fundamental en el desarrollo de las relaciones estratégicas con distribuidores y proveedores. Antes de trabajar en Apple, Tim fue vicepresidente de documentación corporativa en la empresa informática Compaq y bajo su responsabilidad se produjo la adquisición y gestión de todo el inventario de productos Compaq. También pasó doce años en IBM, donde su último cargo fue el de director en Norteamérica y asumió el mando de los departamentos de fabricación y distribución de los ordenadores personales de esta marca en Norteamérica y en América Latina. Hizo un MBA en la Escuela de Negocios Fuqua de la Universidad de Duke y se graduó en Ingeniería Industrial por la Universidad de Auburn.

JAMIE DIMON es presidente y director ejecutivo de JPMorgan Chase & Co., una firma de servicios financieros con activos de 3,1 billones de dólares y que lleva a cabo operaciones en todo el mundo. Dimon fue nombrado para este cargo el 1 de enero de

2006. Empezó su carrera en American Express Company, donde ocupó el puesto de director financiero, primero, y de presidente de Commercial Credit, después. También fue director de operaciones de Travelers desde 1990 hasta 1998 y de su filial, Smith Barney Inc., antes de convertirse en copresidente y codirector ejecutivo de Smith Barney y Salomon Brothers, tras su fusión. En 1998 fue nombrado presidente de Citigroup Inc. Se unió a Bank One como presidente y director ejecutivo en el año 2000. Dimon obtuvo su licenciatura por la Universidad de Tufts, y su MBA, de la Escuela de Negocios de Harvard. Es miembro del consejo de administración de varias instituciones, como Business Roundable, Bank Policy Institute y la Escuela de Negocios de Harvard.

ANTHONY S. FAUCI es director del Instituto Nacional de Alergias y Enfermedades Infecciosas (NIAID), perteneciente a los Institutos Nacionales de Salud de Estados Unidos. Allí se encarga de supervisar una extensa cartera de investigaciones para la prevención, diagnóstico y tratamiento de enfermedades infecciosas e inmunes. El doctor Fauci ha sido el principal asesor de seis presidentes de Estados Unidos y sus correspondientes administraciones sobre el sida y las iniciativas para mejorar la preparación médica y sanitaria contra posibles enfermedades infecciosas, como el ébola o el zika, y, más recientemente, la COVID-19. Fue uno de los diseñadores principales del President's Emergency Plan for AIDS Relief (PEPFAR), que ayudó a salvar millones de vidas en los países en vías de desarrollo. El doctor Fauci es miembro de la Academia Nacional de las Ciencias y de la Academia Nacional de Medicina de Estados Unidos y ha recibido numerosos premios de prestigio por sus logros científicos y médicos, incluyendo la Medalla Presidencial de la Libertad.

RENÉE FLEMING es una de las cantantes más aclamadas de nuestros tiempos y ha actuado en las óperas, salas de conciertos y teatros más famosos del mundo. Además de haber ganado cuatro premios Grammy y la Medalla Nacional de las Artes de Estados Unidos, Renée ha cantado en citas memorables, como la ceremonia de entrega del Premio Nobel de la Paz o el Diamond Jubilee Concert, que se celebró en el palacio de Buckingham en honor de la reina Isabel II. En 2014, Renée se convirtió en la primera artista clásica en cantar el himno nacional de Estados Unidos en la Super Bowl. Como asesora artística del Centro Kennedy, Renée ha iniciado un proyecto, en colaboración con los Institutos Nacionales de Salud de Estados Unidos y la participación del National Endowment for the Arts, que se centra en el estudio de las conexiones entre la música, la salud y el cerebro. Entre sus múltiples premios figuran la Medalla Fullbright a los Logros de toda una Vida, la Cruz de la Orden del Mérito de Alemania y la Legión de Honor del Gobierno francés. Es autora del libro autobiográfico *The Inner Voice*.

BILL GATES es copresidente de la fundación Bill & Melinda Gates. En 1975, fundó Microsoft con Paul Allen y la convirtió en la compañía líder mundial de software y servicios para ordenadores personales y de empresa. En 2008, Bill decidió dedicarse por completo al objetivo de su fundación: fomentar las oportunidades de las personas más desfavorecidas del mundo. Junto con la copresidenta, Melinda Gates, coordina la puesta en práctica de las estrategias de la fundación y determina su dirección. En 2010, Bill, Melinda y Warren Buffett fundaron The Giving Pledge, un compromiso mediante el cual ellos y otros multimillonarios se comprometen a donar, en vida o como herencia, al menos la mitad de su riqueza a causas benéficas y ONG. Además, en 2015, Bill creó la Breakthrough Energy Coalition, un colectivo de personas y entidades comprometidas con la innovación en el ámbito de la energía limpia; poco después, en 2016, hizo lo propio con Breakthrough Energy Ventures, un fondo liderado por inversores cuyo objetivo es proporcionar «capital paciente» [a largo plazo] para apoyar a empresas innovadoras de energía limpia.

MELINDA FRENCH GATES es filántropa, empresaria y defensora de las mujeres en todo el mundo. Como copresidenta de la Fundación Bill & Melinda Gates, define las líneas de actuación y las prioridades de la mayor institución benéfica del mundo. Es también fundadora de Pivotal Ventures, una firma de inversiones y vivero empresarial que trabaja para el desarrollo de las mujeres y las familias en Estados Unidos, y es autora del *bestseller The Moment of Lift*. Melinda se crio en Dallas, Texas. Se graduó en Ciencias Informáticas por la Universidad de Duke e hizo el MBA en la Escuela de Negocios Fuqua de esta universidad. Luego dedicó la primera década de su carrera a desarrollar productos multimedia en Microsoft, antes de dejar la compañía para centrarse en su familia y en sus iniciativas solidarias. Vive en Seattle, Washington, con su marido, Bill. Tienen tres hijos: Jenn, Rory y Phoebe.

RUTH BADER GINSBURG es juez asociada de la Corte Suprema de Estados Unidos. Nació en Brooklyn, Nueva York, el 15 de marzo de 1933 [y falleció en Washington D. C. el 18 de septiembre de 2020]. Se casó con Martin D. Ginsburg en 1954 y tuvieron dos hijos: Jane y James. Estudió con una beca en la Universidad de Cornell y luego hizo Derecho en la Universidad de Harvard, pero se licenció en la Universidad de Columbia. Desde 1961 hasta 1963 fue investigadora adjunta y luego directora adjunta del proyecto sobre procedimientos internacionales de la Facultad de Derecho de la Universidad de Columbia. Fue profesora de Derecho en la Universidad de Rutgers desde 1963 hasta 1972 y en la de Columbia desde 1972 hasta 1980. En 1971 fundó la sección de derechos de la mujer en la Unión Estadounidense por las Libertades Civiles (ACLU) y fue asesora general de la misma desde 1973 hasta 1980. Fue nombrada juez de la Corte de Apelaciones del Circuito del Distrito de Columbia en 1980, por el presidente Jimmy Carter. Por su parte, el presidente Bill Clinton la nombró juez de la Corte Suprema, cargo que juró el 10 de agosto de 1993.

KEN GRIFFIN empezó a hacer negocios en 1987, a los 19 años, desde su dormitorio en la Universidad de Harvard, donde estudiaba segundo, empleando un fax, un ordenador personal y un teléfono. Poco después atrajo la atención del pionero de los fondos de inversión y cofundador de Glenwood Partners, Frank Meyer, consiguiendo así la oportunidad de crear lo que un día sería Citadel. Ken fundó esta firma en 1990 y desde entonces es su director ejecutivo. Es un apasionado de las causas benéficas y ha donado más de mil millones de dólares a numerosas organizaciones, incluidas la Universidad de Chicago, el Hospital Infantil de Chicago Ann & Robert H. Lurie, el Museo de Historia Natural, el Instituto de Arte de Chicago, el Museo de Arte Moderno y el Museo Estadounidense de Historia Natural. Ken se licenció en Harvard y es un gran defensor de su universidad. En 2014 le donó 150 millones de dólares, la mayor donación jamás recibida por la entidad.

MARILLYN HEWSON es presidenta ejecutiva de Lockheed Martin Corporation desde junio de 2020. Antes había sido su presidenta y directora ejecutiva durante siete años, con lo cual lideró esta compañía durante una de las etapas de mayor éxito en su historia. La señora Hewson entró en Lockheed Martin en 1983 como ingeniera industrial. La revista *Time* la catalogó como una de las cien personas más influyentes del mundo y ha sido elegida por la revista *Fortune* como la primera en su lista de las 50 mujeres más poderosas del mundo empresarial dos años seguidos. Antes ya había sido nombrada ejecutiva del año por la revista *Chief Executive*, empresaria del año por la revista *Fortune* y una de las cien mujeres más poderosas del mundo por *Forbes*. La señora Hewson obtuvo su título de licenciada en Administración de Empresas y su Máster en Economía por la Universidad de Alabama.

PHIL KNIGHT, director ejecutivo de Nike desde 1968 hasta 2004, es ahora el presidente emérito de la Junta Directiva de Nike, Inc. Knight es cofundador de la compañía y quien la ha liderado desde su creación, basada en un apretón de manos y 500 dólares, hasta llegar a ser la mayor empresa de equipamiento deportivo del mundo. Ha sido su presidente y director ejecutivo desde 1968 hasta 1990 —excepto entre junio de 1983 y septiembre de 1984— y desde junio de 2000 hasta diciembre de 2004. Knight se graduó en

Periodismo en 1959, en la Universidad de Oregón, y allí fue corredor de media distancia en el equipo de atletismo, entrenado por el famoso Bill Bowerman. Luego hizo un MBA en la Escuela de Negocios de la Universidad de Stanford, en 1962. Sigue siendo un incondicional de ambas universidades y colabora de forma asidua en sus programas académicos y deportivos. Knight es también autor de *Shoe Dog*, un libro en el que habla de la creación de Nike. El matrimonio Knight y su familia viven en Oregón.

MIKE KRZYZEWSKI, «ENTRENADOR K» es el primer entrenador del equipo de baloncesto de la Universidad de Duke. En cuarenta temporadas en Duke, Krzyzewski —seleccionado para el Salón de la Fama del Baloncesto, cinco veces campeón nacional y doce veces participante en la Final Four— ha construido una trayectoria que pocos equipos en la historia de este deporte pueden igualar. Krzyzewski posee un récord de 1157 victorias y 350 derrotas en 45 años como entrenador. Desde su primera victoria como primer entrenador en el Ejército, el 28 de noviembre de 1975, hasta la más reciente —el 7 de marzo de 2020 su equipo ganó a Carolina del Norte—, Krzyzewski ha marcado la pauta de los ganadores en la División I del baloncesto masculino. En 2001 fue seleccionado para el Salón de la Fama del Baloncesto en Naismith. Después de asumir el cargo de primer entrenador de la Selección Nacional de Baloncesto de Estados Unidos el 26 de octubre de 2005, el Entrenador K vivió una de las épocas doradas del baloncesto estadounidense, durante la cual el equipo ganó tres oros olímpicos. Mike se graduó en West Point y luego se enroló en la Academia Militar de Estados Unidos para recibir una educación de calidad, jugar al baloncesto y llegar a ser oficial de la Armada de los Estados Unidos.

CHRISTINE LAGARDE es presidenta del Banco Central Europeo desde el 1 de noviembre de 2019. De nacionalidad francesa, Lagarde se graduó en la Facultad de Derecho de la Universidad de París X y obtuvo un Máster en Ciencias Políticas en el Instituto de Estudios Políticos de Aix-en-Provence. Luego se unió a la firma internacional de abogados Baker & McKenzie y, tras veinte años ejerciendo la abogacía, fue elegida presidenta de la firma. En junio de 2005, el Gobierno francés la nombró ministra de Comercio, y en junio de 2007 se convirtió en la primera mujer de un país del G7 a cargo de la política económica de Francia, como ministra de Economía, Finanzas e Industria. En julio de 2011 fue nombrada directora del Fondo Monetario Internacional (FMI); también la primera mujer en ocupar dicho cargo. Dimitió en septiembre de 2019, tras su nombramiento como presidenta del Banco Central Europeo. En 2019, Lagarde fue elegida la segunda mujer más influyente del mundo por la revista *Forbes*. Es oficial de la Legión de Honor y exmiembro del equipo nacional francés de natación sincronizada, y tiene dos hijos.

YO-YO MA es probablemente el violonchelista vivo más famoso del mundo. Nació en 1955, de padres chinos que vivían en París. Empezó a estudiar violonchelo con su padre cuando tenía cuatro años; tres años más tarde se trasladó con su familia a Nueva York, donde continuó sus estudios en la Escuela de Música Juilliard. Después del conservatorio, siguió formándose por libre y se licenció en Antropología por la Universidad de Harvard. La carrera de Yo-Yo es una muestra de su fe en el poder de la cultura para generar la confianza y la comprensión del mundo que son esenciales para construir una sociedad fuerte. Esta creencia le inspiró para fundar el colectivo cultural mundial Silkroad y, más recientemente, el Proyecto Back —una gira por los seis continentes tocando las suites de J. S. Bach para violonchelo y dando extensas charlas sobre cultura, sociedad y otros temas de interés general.

LORNE MICHAELS es productor y guionista, además de ganador de varios premios Emmy. se le conoce sobre todo por haber sido el creador y productor del programa *Saturday Night Live*. *SNL* es el *late show* de la televisión estadounidense con más tiempo en antena y que ha sido más veces nominado a los Emmy. Michaels también es productor ejecutivo del programa (asimismo nominado a los Emmy) *The Tonight Show Starring Jimmy Fallon* y de *Late Night with Seth Meyers*, de la NBC, entre otros. Anteriormente participó en otros programas, como *Portlandia, Late Night with Jimmy Fallon, 30 Rock* y *Late Night with Conan O'Brien*. Además, ha sido productor de programas como *Mean Girls, Wayne's World* y *Whiskey Tango Foxtrot*. Michaels ha ganado personalmente 18 premios Emmy como guionista y productor de televisión. En 2016 le concedieron la Medalla Presidencial de la Libertad, la mayor condecoración civil de nuestro país, por su contribución cultural a la nación. Además, en 2008 y en 2015 fue incluido entre los «*Time* 100» de la revista *Time* y en 2013 le otorgaron el Premio Peabody.

JACK NICKLAUS es conocido en todo el mundo por ser el mayor campeón de la historia del golf. Fue nombrado mejor deportista masculino del siglo XX por *Sports Illustrated* y uno de los diez mejores deportistas del siglo por ESPN.com. Jack tiene en su haber 120 victorias en torneos profesionales, incluyendo el récord de 18 campeonatos *major*. A partir de ahí, y utilizando su éxito como plataforma para lograr un bien mayor, llegó a ser la cuarta persona en la historia (y el primer deportista) en ser condecorado con la Medalla Presidencial de la Libertad, la Medalla de Oro del Congreso y la Medalla Lincoln. En 1962 fundó Nicklaus Companies, una de las marcas de golf más conocidas del mundo. Él mismo se ha encargado de diseñar más de 310 campos de golf en todo el planeta. Jack y su esposa, Barbara, crearon también la Fundación Nicklaus Children's Health Care, con el objetivo de dar acceso a todos los niños a una asistencia sanitaria de calidad y de apoyar una serie de programas innovadores, centrados en diagnosticar, tratar y prevenir las enfermedades infantiles.

INDRA NOOYI es expresidenta y ex directora ejecutiva de PepsiCo (de 2006 a 2019). También fue una de las creadoras de Performance with Purpose, el compromiso de Pepsico con la responsabilidad corporativa en pro de las necesidades del mundo. Durante su mandato,

PepsiCo incrementó sus ingresos netos en más del 80%, y la rentabilidad total para los accionistas fue del 162%. Antes de empezar a trabajar en PepsiCo en 1994, la señora Nooyi ocupó puestos directivos en Boston Consulting Group, Motorola y Asea Brown Boveri. En la actualidad es miembro del Consejo de Amazon, directora independiente del International Cricket Council y miembro de la Academia Estadounidense de las Artes y las Ciencias. En 2007 fue elegida Outstanding American [estadounidense extraordinaria] por el Departamento de Estado de los Estados Unidos. Se licenció en el Madras Christian College y tiene un MBA del Indian Institute of Management de Calcuta y un Máster en Administración Pública y Privada por la Universidad de Yale. La señora Nooyi está casada y tiene dos hijas.

NANCY PELOSI es la 52º presidente de la Cámara de Representantes de Estados Unidos y además ha hecho historia por ser la primera mujer en ocupar el cargo. Durante 33 años, Pelosi representó en el Congreso al 5º distrito de San Francisco, California. Ha sido líder del Partido Demócrata en la Cámara de Representantes durante 17 años, y antes había sido congresista. Pelosi aporta a su actual cargo una brillante trayectoria de logros legislativos. Como presidenta de esta cámara del Congreso ha intervenido en la aprobación histórica de la reforma de la Seguridad Social, en las inversiones para ayudas universitarias, energías renovables e innovación, así como en iniciativas para apoyar a la pequeña empresa y a la población mayor. Durante décadas ha sido adalid en la defensa de los derechos humanos y civiles en todo el mundo. Procede de una familia de larga tradición de servicio público en Baltimore. Casada con Paul Pelosi, tiene cinco hijos y nueve nietos.

GENERAL DAVID H. PETRAEUS (militar retirado del Ejército de Estados Unidos) es uno de los líderes militares más prominentes de la era posterior al 11 de Septiembre. Sus años de brillante servicio le han llevado del campo de batalla y la academia a ocupar puestos de responsabilidad en el Gobierno y en el mundo de las inversiones.

Su carrera militar, de más de 37 años, culminó al mando de seis operaciones militares, entre ellas las de Irak y Afganistán. Después de retirarse del ejército, fue nombrado director de la CIA. En la actualidad es socio de la firma internacional de inversiones KKR y presidente del KKR Global Institute. Graduado con honores por la Academia Militar de Estados Unidos, también obtuvo un doctorado en Relaciones Internacionales en la Escuela Woodrow Wilson para Asuntos Públicos e Internacionales de la Universidad de Princeton. En los últimos quince años, el general Petraeus ha sido nombrado uno de los 25 Mejores Líderes de Estados Unidos por *U.S. News & World Report*, seleccionado por *Time 100* y finalista a Persona del Año por la revista *Time*. Entre los muchos premios y condecoraciones recibidos figuran la Defense Distinguished Service Medal [Medalla por Servicio Distinguido de Defensa], la Bronze Star Medal for Valor [Estrella de Bronce] y la Combat Action Badge o CAB [Insignia de Acción de Combate].

GENERAL COLIN L. POWELL (militar retirado del Ejército de Estados Unidos) ha dedicado más de 50 años al servicio público, durante los cuales ha ocupado puestos militares y diplomáticos de alto rango para cuatro administraciones presidenciales. Fue el 65º secretario de Estado de los Estados Unidos, desde 2001 hasta 2005. Además, el general Powell ha servido al ejército de su país durante 35 años y en él ha alcanzado el grado máximo de general de cuatro estrellas, y ha sido presidente de la Junta de Jefes de Estado Mayor de 1989 a 1993. En la actualidad es presidente de la Junta de Inspección de la Colin Powell School for Civic and Global Leadership, en su universidad, el City College de Nueva York. También es fundador y presidente emérito de la America's Promise Alliance, así como autor de dos *bestsellers*: *My American Journey* e *It Worked for Me: In Life and Leadership*.

CONDOLEEZZA RICE es profesora de Economía y Empresa Global en la Escuela de Negocios de la Universidad de Stanford, alto miembro de la sección de políticas públicas de la Fundación

Thomas and Barbara Stephenson, en la Institución Hoover, y profesora de Ciencias Políticas en la Universidad de Stanford. Es también socia fundadora de Rice, Hadley, Gates & Manuel LLC, una firma internacional de consultoría estratégica. Desde 2005 hasta 2009, Rice fue la 66ª secretaria de Estado de Estados Unidos; también fue consejera de Seguridad Nacional para el presidente George W. Bush entre 2001 y 2005. Rice es autora y coautora de varios libros; los más recientes son: *To Build a Better World: Choices to End the Cold War and Create a Global Commonwealth* (2019), coescrito con Philip Zelikow, y *Political Risk: How Businesses and Organizations Can Anticipate Global Insecurity* (2018), coescrito con Amy B. Zegart. Entre sus obras figuran también los bestsellers *Democracy: Stories from the Long Road to Freedom* (2017) y *Extraordinary, Ordinary People: A Memoir of Family* (2010).

VIRGINIA M. (GINNI) ROMETTY es actualmente presidenta ejecutiva de IBM. Entre 2012 y 2020 fue presidenta y directora ejecutiva de esta compañía. Durante su mandato ha implementado cambios radicales para reposicionar a IBM de cara al futuro, rediseñando más del 50% de su catálogo, construyendo un negocio híbrido en la nube y afianzando su liderazgo en IA, informática cuántica y tecnología *blockchain*. Ginni también ha conseguido situar a IBM como un modelo de dirección responsable en la era digital. Ella llevó la voz cantante en los temas de ética tecnológica, diversidad e inclusión. Su labor pionera fue reconocido en 2018 con la concesión del prestigioso Premio Catalyst por sus iniciativas en pro de la diversidad y el avance de las mujeres. Empezó su carrera en IBM en 1981, ocupando varios puestos de dirección, y encabezó la exitosa fusión de PricewaterhouseCoopers Consulting. Ginni se graduó con honores en Ciencias Informáticas y en Ingeniería Eléctrica por la Universidad de Northwestern.

ERIC SHMIDT es tecnólogo, emprendedor y filántropo. En 2001 entró a trabajar en Google y, junto con sus fundadores, Sergey Brin y Larry Page, logró que la empresa pasara de ser una pequeña *start-up* de Silicon Valley a líder mundial del sector tecnológico. Eric fue su director ejecutivo y presidente desde 2001 hasta 2011, además de presidente ejecutivo y asesor técnico. Bajo su liderazgo, Google ha mejorado de forma considerable su infraestructura y ha diversificado su oferta de productos, manteniendo al mismo tiempo una fuerte cultura de la innovación. En 2017 cofundó Schmidt Futures, una iniciativa filantrópica pensada para ayudar a la gente excepcional a hacer más por los demás, empleando para ello la ciencia y la tecnología y buscando la colaboración interdisciplinar.

ADAM SILVER fue elegido por unanimidad comisionado de la NBA en 2014 por su Consejo de Gobierno. Así que en la actualidad dirige una empresa deportiva y de medios de comunicación audiovisuales construida en torno a cuatro ligas profesionales de este deporte: la Asociación Nacional de Baloncesto (NBA), la Asociación Nacional de Baloncesto Femenino, la Liga G de la NBA y la Liga 2K de la NBA. Silver fue nombrado ejecutivo de la década por el *Sports Business Journal* y ha sido el primero en la lista anual de las 50 personas más influyentes en el mundo del deporte. Antes de ser comisionado de la NBA, fue comisionado adjunto y director de operaciones de esta entidad. Ha sido, además, una figura fundamental para la firma de muchos acuerdos, entre ellos tres de negociación colectiva con la Asociación Nacional de Jugadores de Baloncesto, el desarrollo de la WNBA, la Liga G de la NBA, la Liga 2K de la NBA, la Liga de África de Baloncesto y la creación de la NBA de China.

ROBERT F. SMITH es fundador, presidente y director ejecutivo de Vista Equity Partners, compañía que gestiona compromisos de capital social por más de 57.000 millones de dólares y supervisa una cartera de más de 70 empresas de software, datos y tecnología para empresas. En 2017, Smith fue nombrado por *Forbes* una de las 100 principales mentes empresariales. Nacido en Colorado y de padres médicos, el señor Smith estudió Ingeniería en la Universidad de Cornell y obtuvo su licenciatura en Ingeniería Química. Más tarde hizo un MBA en la Escuela de Negocios de Columbia y lo culminó con honores. Smith es director-fundador y presidente de Fund II, entidad sin ánimo de lucro dedicada a preservar el legado afroamericano y a sostener los principales valores de nuestro país. En 2017, Smith firmó el acuerdo The Giving Pledge y hasta el momento ha sido el único afroamericano en hacerlo. Su donación, de 20 millones de dólares, es la más importante hecha por un particular al Museo Nacional de Historia y Cultura Afroamericana. En 2019, copó los titulares de los medios por anunciar que pagaría los préstamos de estudios a casi 400 graduados del Morehouse College.

OPRAH WINFREY es líder de los medios de comunicación, productora y actriz, además de una filántropa entregada. Durante una visita a Nelson Mandela en diciembre de 2002, se comprometió a construir una escuela en Sudáfrica y ha aportado más de 200 millones de dólares para garantizar la educación de las alumnas especialmente dotadas procedentes de entornos socioeconómicos desfavorecidos. En 2019, la señora Winfrey hizo una donación de 20 millones de dólares al programa de becas del Morehouse College. Además, es donante y fundadora del Museo Nacional de Historia y Cultura Afroamericana del Instituto Smithsonian. En junio de 2018, este museo inauguró «Watching Oprah: *The Oprah Winfrey Show* and American Culture», una exposición que recorre la vida de Winfrey y el impacto causado por su programa en la vida de la gente, gracias a objetos personales, vestuario de sus películas y entrevistas interactivas. En 2013 se le concedió la Medalla Presidencial de la Libertad, el mayor reconocimiento civil de la nación. En 2018, la Hollywood Foreign Press Association le otorgó el premio Cecil B. DeMille.

Índice

El autor

David M. Rubenstein es cofundador y copresidente ejecutivo de The Carlyle Group, una de las firmas de inversión de capital privado más grandes y de mayor éxito del mundo.

El señor Rubenstein es presidente del Consejo de Administración del Centro John F. Kennedy para las Artes Escénicas y del Consejo de Relaciones Exteriores; miembro de la Harvard Corporation; rector del Instituto Smithsonian; administrador de la Galería Nacional de Arte, de la Universidad de Chicago, del Memorial Sloan Kettering Cancer Center, de la Johns Hopkins Medicine, del Institute for Advanced Study, del National Constitution Center, del Instituto Brookings y del World Economic Forum; así como director del Centro Lincoln para las Artes Escénicas y de la Academia Estadounidense de las Artes y las Ciencias, y presidente del Club Económico de Washington D. C.

También ha sido presidente del Consejo de Administración de la Universidad de Duke y del Instituto Smithsonian, y copresidente del Consejo del Instituto Brookings.

Es uno de los firmantes originales de The Giving Pledge y ha ganado la Medalla Carnegie a la filantropía.

En la actualidad, presenta el programa *The David Rubenstein Show: Peer to Peer Conversations*, que se emite en las cadenas de televisión norteamericanas Bloomberg y PBS, y es autor de *The American Story: Conversations with Master Historians* (Simon & Schuster, 2019).

Nacido en Baltimore, se graduó *magna cum laude* en 1970 por la Universidad de Duke, donde además fue elegido Phi Beta Kappa. Después, en 1973, se graduó en Derecho por la Universidad de Chicago. Antes de cofundar Carlyle en 1987, ejerció como abogado en Nueva York y Washington, y durante la administración Carter fue ayudante adjunto del presidente para asuntos de política interior.